제2개정판

[조 직]

이창순 저

傳 英 社

서 문

많은 사람들이 조직책이라고 하면 딱딱하고 무미건조하게 생각한다. 전문관리자나 조직을 특별히 공부해야 하는 사람들이나 들여다 볼 필요가 있는 정도로 생각하는 것이다. 그러나 우리는 조직을 알 필요가 있다. 조직은 기본적으로 사람들의 삶의 존재기반이다. 조직은 사람들이 먹고 입는 의식주에서부터 자아실현, 교육, 종교, 취미생활에 이르는 거의 모든 것을 제공한다. 조직은 정부이고, 학교이고, 방송국이고, 백화점이고, 기업이자 직장이다.

현대사회에서 조직은 개인과 마찬가지로 사회의 주요 구성원이자 행위주체이다. 우리는 원하든 원치 않든 조직 속에서 그리고 조직행위자와 부대끼며 살아가고 있다. 조직 안에는 사회가 돌아가는 다양한 모습과 메커니즘이 담겨 있다. 따라서 현대를 살아가는 사람들은 어느 정도 조직의 구조와 생리를 알고 이해할 필요가 있는 것이다. 더군다나 10년 만에 다시 찾아 온 경제위기의 여파로 전반적인 사회개혁과 기업구조조정으로 조직변화의 흐름이 그 어느 때보다도 거세지고 있다.

이 책의 목적은 조직의 다양한 현상과 측면에 대해 학생이나 일반인이나 쉽게 이해할 수 있도록 소개하는 것이다. 이와 함께 중요한 목적은 사회학의 학문적 지향에 토대한 조직론의 소개이다. 이미 조직론 교재들은 많이 소개되어 있으며, 그 중에는 훌륭한 책들이 많다. 다만 이들 책들이 주로 경영학이나 행정학 쪽에서 소개되는데 이들 분야의 조직에 대한 학문적 지향이 사회학에서와는 다소 거리가 있어 보인다.

구조와 과정이라는 부제가 붙어 있듯이 책의 주요 내용은 조직의 구조와 과정으로 구분되어 있다. 1부에서는 조직연구의 기초로서 조직의 형성, 조직과 시장 관계, 조직 목표 등과 함께 조직이론의 다양한 관점들에 대하여 소개하고 있다. 2부에서는 조직의 구조와 과정에 대하여 다루고 있다. 우선 조직의 다양한 구조들과 이러한 조직구조에 영향을 미치는 주요 변수들인 전략, 환경, 기술 나아가 권력에 대한 이론들과 연구들을 다루고 있다. 이어서 조직의 의사전달, 갈등, 의사결정, 리더십, 효과성들의 조직과정의 여러 측면에 대하여 다루고 있다. 3부는 조직변화와 혁신, 학습들에 대해 다루고 있다. 마지막 장에서는 단위조직을 넘어선 조직과 사회라는 좀더 거시적 틀에서 조직의 사회적 의미를 살펴보고 있다.

이 책을 저술하는 과정에서 기존에 나와 있는 국내외 많은 관련문헌들을 참고하였으며, 소개되는 내용 거의 모두는 이들 문헌들에서 활용하였다. 본 책의 기본적인 목표는 학생들이 이해하기 쉽게 관련 이론들을 효과적으로 제시하는 것이라는 점에서 저자 자신의 독창적인 사고를 담지 못한 것에 대한 변명을 대신하기로 한다.

개정을 수락해 주신 박영사의 안종만 회장님, 기획부의 조성호 부장님, 그 외 편집에 애써 주신 여러 선생님들께 감사드린다. 경희대학교 사회학과 학생들에게도 감사의 마음을 표하고 싶다. 무엇보다도 학생들과 같이 조직을 공부하는 과정에서 학생들이 지적한 부분들은 가장 소중한 피드백이었다.

2009. 1.

저 자

차 례

제 1 부 조직연구의 기초

제1장 조직이란

제 2 장 조직이론의 제관점

제3장 조직의 목표

제 2 부　조직의 구조와 과정

제4장 조직구조의 차원

제5장 조직구조의 형태

第6장 전 략

第7장 환 경

제9장 권력과 통제

제10장 조직의사전달

제11장 조직의사결정

제12장 조직갈등

제13장 리 더 십

제14장 조직의 효과성

제 3 부 조직변화와 사회

제15장 조직문화

第16장 조직변화

第17장 조직혁신과 학습

第18장 정보통신기술의 발달과 가상조직

제19장 조직과 사회

제 1 부　조직연구의 기초

제 1부에서는 조직이 현대사회에서 갖는 전반적인 위상과 조직연구의 다양한 관점들을 살펴보고 있다. 제 1장에서는 현대사회에서의 조직의 출현과 위상, 조직의 유형, 조직의 수명주기를 살펴보고, 제 2장에서는 조직에 대한 다양한 이론적 관점들을 소개하고 있다. 그리고 제 3장에서는 조직목표와 다원성, 그리고 경쟁과 합의 등의 조직목표의 분석에서 제기되는 논쟁적 측면들에 대해 이해한다.

제 1 장
조직이란

1. 현대사회와 조직

현대사회에서 조직은 수많은 활동을 수행한다. 조직은 사람들이 살아가는 데 필요로 하는 재화와 서비스를 생산한다. 사람들이 입고 먹는 것에서부터 자기발전을 위한 교육, 나아가 직장 · 여가활동에 이르는 거의 모든 것을 제공하는 것이다. 조직의 가장 기본적인 활동은 사람들이 개인적으로 수행할 수 없는 복합적인 과제의 집합적 수행이다.

베버(Max Weber)는 관료조직이 출현하게 된 사회적 배경으로 근대국가의 형성과 함께 행정규모의 대단위화와 복잡성의 증대를 주목하였다. 중앙집권적 국가가 출현하고 시장경제가 확대되면서 사회적 조정이 증대하게 되었으며, 이는 바로 조직활동의 증가로 이어진 것이다. 테일러(Frederick Taylor)의 과학적 관리론 역시 산업현장에서의 날로 복잡해지는 생산활동에 대한 관심으로부터 비롯되었다. 이와 같이 현대조직의 형성과정에서 가장 부각되어 온 관심은 집합적인 과제의 합리적인 수행을 위한 조정 · 통제이다. 이러한 것들은 복잡성의 집합적 수행을 위한 도구로서의 조직의 중요성을 반영하는 것이다.

그러나 현대사회에서 조직이 차지하는 위치는 단순히 사람들에게 필요한 서비스와 재화를 제공하는 도구라는 데서 그치지 않는다. 조직을 이해해야 하는 좀더 근본적인 이유는 현대사회에서 조직은 사람과 마찬가지로 사회의 구성원이자 주요 행위주체라는 점이다. 현대사회에서의 조직은 개인과 마찬가지의 사회적 지위를 지니는 실체이다. 즉, 개인과 마찬가지의 사회적 법적 권리와 책임이 조직에도 부여된다. 오히려 조직의 활동영역이 급속히 확장되면서 현대사회에서 조직이 차지하는 비중은 개인을 능가하고 있다. 더군다나 조직은 사람과 달리 시간을 초월하여 존재한다. 이에 따라 사회에서 이루어지는 사건이나 현상 중 적지 않은 부분에서 조직이 그 중심에 있다(James Coleman, 1974). 대량 인명사고를 냈던 성수대교붕괴와 같은 사고에서 책임의 주체는 시공회사이다. 관련업무자에게 과실에 대한 책임이 부과되지만, 개인으로서의 책임이 아닌 조직의 대리인으로서의 책임이다.

조직의 사회적 행위주체로서의 역할이 확대되면서 사회와 개인생활에 미치는 영향도 크게 증대하고 있다. 이에 따라 현대의 사회구조는 이전의 전통적인 사회구조와 크게 달라지고 있다. 이러한 변화에서 콜맨(Coleman, 1974)은 자연인(개인)과 조합인(조직)간의 상호작용관계에서의 역학관계에 주목하였다. 사회에서 이루어지는 상호작용에서 개인과 개인, 조직과 조직의 상호작용의 경우 비교적 그 관계가 대칭적인 데 비해, 개인과 조직의 상호작용에서는 개인이 상대적으로 불리한 비대칭적인 경향이 있다는 것이다. 이러한 비대칭성은 또 다른 조직을 출현시키는 요인으로 작용한다. 예를 들어 어떤 사람이 기업에게 제품이나 서비스상의 문제를 제기하는 경우, 개인으로서의 그의 요구는 빈번히 묵살될 것이다. 사람들이 이러한 경험을 자주 겪게 되면서, 이들은 개인적으로 대응하기보다는 그들의 이해관계를 효과적으로 대변할 수 있는 소비자단체 같은 조직을 결성하게 된다. 이렇게 되면 비로소 개인과 기업의 관계는 소비자단체와 기업의 관계라는 같은 조직으로서의 좀더 대칭적인 것으로 되며, 이 경우 기업은 개인에 대해서와 같이 쉽게 무시할 수 없게 된다. 마찬가지로 노동자가 기업을 상대로 협상할 때도 개인으로서보다는 노동조합이라는 조직을 통해 훨씬 효과적으로 그들의 요구를 관철시킬 수 있다. 콜맨은 현대사회에서의 조직의 증대를 부분적으로는 이와 같이 조직과 개인간의 비대칭적인 관계를 대칭화 시키는 맥락에서 이해하였다(Scott, 1998 : 150-151).

이렇게 개인이 상호작용의 대상으로서 조직과 맺게 되는 관계 외에도 사람들은 살아가면서 무수한 조직에 속하게 된다. 독일의 사회학자 짐멜(Georg Simmel, 1955)은 수많은 특정목적조직의 출현이 개인주의화에 미치는 영향에 주목하였다. 과거 전통적 사회에서 사회적 배열이 일차원적으로 상호관련된 동심원적으로 이루어졌던 시대에는 사회적 공간에서의 위치에 따라 사람들은 소수의 동질적인 집단에 완전히 소속되어 있었다. 그리하여 사람들은 사회에서 동일한 사회적 위치를 공유하면서 동일한 사회정체성을 지녔다. 그러나 사회내 배열이 중첩되고 교차하는 복합적인 다중체계로 변화하면서 수많은 사회적 공간들이 파생되었으며, 이러한 사회체계에서는 사람들이 동일한 사회적 정체성을 갖거나 또는 동일한 사회적 위치를 공유할 가능성이 매우 희박해지게 되었다. 이제 어느 한 집단에 개인이 완전히 소속되는 경우는 매우 드물며, 따라서 과거 전통적인 집단의 전인적인 구속에서 벗어나 개인은 그 자신의 관심이나 이해관계를 좀더 자유롭게 추구할 수 있게 된 것이다. 이와 같은 개인주의의 발달은 특정목적조직의 발달과 매우 밀접하고도 상호 상승적인 관계 속에서 강화되어 온 것이다(Scott, 1998 : 150-152).

현대사회를 살아가는 사람들은 조직과의 대면을 피할 수 없게 되었으며, 또한 조직의 일원으로서 정체성을 갖게 마련이다. 또한 나날이 사회에서 이루어지는 수많은 활동이나 현상에는 거의 예외 없이 조직이 그 중심에 있는 것을 볼 수 있다.

2. 조직 · 시장 · 비공식집단

조직은 복잡한 과제를 집합적으로 수행하는 한 방식이다. 이와 같이 복잡한 과제를 수행하는 방식으로는 조직 이외에도 시장 · 비공식집단들이 가능하다. 조직의 특성을 좀더 분명히 보기 위해 이들 각기 다른 방식들을 조직과 비교해 보자(Scott, 1998 : 155-161).

1) 조직과 시장

거래비용 경제학의 조직관을 대표하는 윌리암슨(Oliver Williamson, 1975)은 "시장과 위계"(조직)(markets and hierarchies)의 구분을 하였다. 시장기제의 가장 큰 특징은 아담 스미스(A. Smith)가 말하는 "보이지 않는 손"의 기능이다. 개개인의 행위들의 전반적인 토대가 되는 구매자 · 판매자 · 가격 체계들이 보이지 않는 손에 의해 조정되는 것이다. 이러한 시장기제의 이점은 조정을 위해서 별도의 자원이 요구되지 않는다는 점이다. 즉 계획이나 집단적 의사결정 또는 통제나 조정을 위한 조직비용이 불필요하다. 그러나 소수의 기회주의(opportunism and small numbers)와 인지적 한계(cognitive limit)라는 문제로 인해서 시장에서의 거래비용은 증가하게 된다. 즉 외부거래상대의 소수성 또는 비경쟁시장의 등장, 교활하게 자기이익을 추구하는 기회주의성향, 환경의 미래상태와 그 미래세계에 대처하는 데 필요한 요건의 불확실성, 이에 따른 제한된

[도표 1-1] 시장실패의 요인

인간적 요인		환경적 요인
제한된 합리성	←→	불확실성/복잡성
기회주의	←→	소수 교환관계

자료 : Scott, 1998 : 157.

합리성 또는 정보처리의 인지적 한계이다.

외부거래자와 시비하고 감시하는 데 따르는 거래비용은 이러한 외부요소를 조직내 위계구조로 통합해 들임으로써 줄일 수 있다. 과도한 환경요구에 당면하여 이에 대한 적절한 정보처리가 어렵게 되면서 그 대안으로 외부행위자를 조직내 위계구조로 편입시키는 것이다. 별도의 조직비용이 필요 없다는 점에서 시장이 조직보다 효율적이지만, 시장의 불완전성과 불확실성이 클 경우에는 오히려 조직비용을 감안하더라도 조직이 효율적이다. 윌리암슨은 현대기업의 출현과 발달원인으로 거래비용의 절감이라는 요인을 꼽았다. 시장거래관계에서 발생하는 불확실성이나 부정행위를 줄이고 효율성을 증대시키려는 시도로 시장을 통해 이뤄지던 거래를 조직내 위계제로 통합해 들인 것이 기업형성의 중요한 동인의 하나라는 주장이다.

챈들러(Alfred Chandler)는 그의 "보이는 손"(1977)에서 미국의 대기업들이 창업자구조로부터 사업부제구조로 변천되어 오는 과정에서 거래비용을 줄이고 기업의 합리성을 확보하고자 하는 것이 중요한 요인임을 제시하였다. 보이는 손은 보이지 않는 손의 시장기제에 대한 대비개념으로 조직의 조정 내지는 전략을 의미한다.

페퍼(Jeffrey Pfeffer, 1972)나 갤브레이스(Jay Galbraith, 1973)도 시장거래를 조직내부로 끌어들임으로써 불확실성을 줄이고 조직안정성을 확보할 수 있다고 보았다. 그러나 이들은 윌리암슨이 강조한 거래비용의 효율성보다는 조직생존성을 더 중요한 요인으로 인식하였다. 이상의 논의들은 기본적으로 시장이 효율적이지만, 복잡성과 불확실성의 조건하에서는 조직비용를 감안하더라도 조직이 시장에 비해 많은 유리한 점을 지닌다는 것을 의미한다.

2) 조직과 비공식집단

조직이 비공식집단과 구별되는 가장 큰 특징은 공식적 구조를 가진다는 점이다. 조직의 공식적 구조는 조직내의 다양한 지위분화 · 권력분포 · 공식적 의사전달체계들이다. 이 중에서도 권력분포와 의사전달체계로서의 위계구조는 공식적 구조의 핵심이다. 과제의 집합적 수행에 있어서의 공식구조를 갖춘 조직과 그러한 체계가 없는 비공식집단간에 어느 것이 더 효율적인가 하는 것은 집단의사전달구조에 대한 사회심리학적 연구에서 유추될 수 있다. 집단의사전달구조에 대한 사회심리학적 연구들은 원형 · 개방형 · 바퀴형 등의 의사전달유형 중에서 대체로 바퀴형이 가장 효율적인 것으로 밝혀내고 있다(Scott, 1998 : 159). 여기에서 바퀴형은 기본적으로 그 성격이 위계구조이다. 이로부터 조직의 공식구조로서의 위계구조가 원형이나 개방형 등의 비공식적인 의사소통과 비교하여 보다 효율적일 것을 기대할 수 있다. 비공식집단에 대한 조직의 강점은 의사전달체계가 효율적이어서 복잡한 활동을 수용할 수 있다는 점이다.[1)]

사이몬(H. Simon, 1962)은 위계구조의 의미를 복잡성의 구성이라는 측면에서 접근하였다. 즉 위계구조란 복합적인 체계를 효율적으로 단순화시키는 한 방식이다. 예를 들어 수많은 부품으로 이루어진 복잡한 체계로서의 자동차를 보자. 자동차는 엔진부 · 배기가스부 · 조작부 등의 큰 부품에서부터 다시 이들 부품 밑에 수많은 하위부품으로 구성된다. 자동차라는 체계는 수만 개의 부품을 그대로 나열했을 때보다 중간단계의 큰 부품단위로 나누고, 다시 그 밑의 단계로 나누는 방식으로 되어 있을 때 분해나 조립이 훨씬 용이하다. 또한 복합체계에서 그 밑에 여러 단계의 하위체계를 두게

[도표 1-2] 의사전달유형

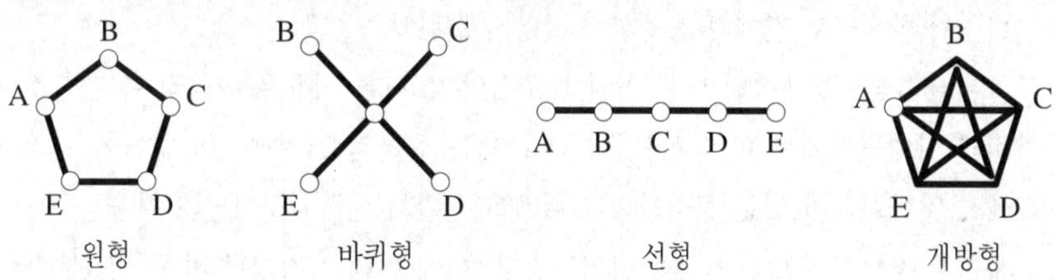

자료 : Scott, 1998 : 159.

1) 그러나 반드시 위계구조로서의 바퀴형이 분권화된 개방형보다 우수한 것은 아니다. 이 부분에 대하여는 제 10 장의 의사전달구조에서 좀더 자세히 보기로 한다.

되면 전체로서의 체계의 안정성이 높아지게 된다. 여기에서 하위체계는 '안정된 하위결합단위'(subassembly)로서 상위체계에 영향받지 않고 안정된 형태를 유지한다. 복합체계를 상대적으로 안정된 하위체계로 분할시켜 복잡성을 단순화시키고 전체로서의 안정성을 확보하는 것이다. 즉 위계구조로서의 조직은 무엇보다도 복잡성을 단순화시키고 안정성을 높이는 기제로서의 의미를 갖는다.

3. 조직의 비용

조직에 이점만 있는 것은 아니다. 우선 조직에는 시장과 비공식집단에는 없는 비용이 따른다. 즉 공식적인 구조를 만들고 이를 유지하는 데 들어가는 비용으로 직접생산비에 대한 간접생산비의 개념이다. 현대사회의 두드러진 특성은 바로 이러한 관리기능만을 수행하는 화이트 칼라 관리직의 급격한 증대이다. 이들은 조직에서 직접적인 생산활동에 종사하지 않고 단지 전반적인 관리활동 등의 간접적인 생산활동에 종사하는 사람들이다. 자선단체의 예를 보자. 이 경우 수입 전액이 직접적인 자선활동에 쓰여질 때 가장 효율적이다. 그러나 실제로는 수입액 중 상당부분이 자선단체를 조직 · 운영하고 자선활동을 실행하는 데 부수적으로 드는 비용, 즉 조직경상비로 지출된다. 직접적인 자선지출 이외에 조직을 유지하고 활동을 조정하는 데 추가적으로 상당한 비용이 드는 것이다. 경쟁시장의 조건에서 이러한 조직관리를 위한 비용은 최소한의 수준으로 유지된다. 그러나 독점시장이나 공공부문에서와 같이 경쟁이 별로 중요하지 않는 경우, 이러한 관리구조는 필요 이상으로 확대되는 경향이 있으며 따라서 불필요한 비용이 발생하고 전체의 효율성이 떨어지게 된다.

물리적 · 경제적인 비용 이외에 조직의 또 다른 비용은 심리적 측면의 것이다. 조직의 위계관계에서 하위구성원이 갖게 되는 심리적 스트레스의 문제이다. 많은 조직에서 일반화되어 있는 공식화되고 위계화된 관계는 하위구성원의 자율성을 저해하고, 사기를 저하시키며 소외감을 야기시킨다. 이에 비해 시장이나 비공식집단에서 사람들은 공식적인 명령체계로부터 자유로울 수 있다. 조직생활의 이러한 부분에 대하여는 브레이버만(Harry Braverman, 1974) 등의 마르크스주의 이론가들이 가장 집중적으로 문제를 제기하였다. 이들은 특히 조직에 의한 인간의 매몰 · 탈숙련화 · 소외현상에 관심을 집중하였다. 이들 외에도 베버 역시 관료제 안의 개인을 쇠우리 속에 갇힌 존재로 비유하여 조직 속에서 개인이 경험하는 인간성의 상실이라는 문제에 고심하였다. 더욱이 이와 같은 조직의 문제는 전계층에 걸쳐 균등하게 분포되는 것이 아니다. 많은 조직에서 이러한 문제는 하위구성원들에 편중되는 경향이 있으며, 상위구성원이나 전문직구성원은 하위구성원들에 비해 조직에의 종속을 상당부분 성공적으로 방어하고 있는 것으로 나타나고 있다(Scott, 1998).

4. 조직의 형성

집합적인 요구가 있다고 해서 조직이 저절로 만들어지는 것은 아니다. 조직이 만들어지기 위해서는 조직구성에 필요한 자원이 동원될 수 있어야 한다. 조직구성에 필요한 가장 기본적인 자원은 사람 · 원료 · 정보 등이다. 이 중에서도 사람의 동원은 가장 핵심적이다. 전통사회에서는 토지 등의 물리적 자원은 봉건제적 소유관계에 묶여 있었으며, 사람 역시 신분제나 친족체계에 묶여 있었다. 근대사회에 들어와 이러한 자원들에 대한 전통적인 소유관계가 해체되면서 근대적 의미에서의 조직이 출현될 수 있는 일반적인 여건이 마련되게 된 것이다(Scott, 1998 : 152-153).

스틴치콤(Stinchcombe, 1965)은 조직이 출현하고 발달하는 데에는 여러 사회경제적 요인이 있다고 보았다. 대중교육의 확대와 높은 문자해독률, 도시화, 화폐경제의 발달, 사회생활의 밀집성 등이 조직의 출현을 가능하게 하는 사회적 요건들이다. 주로 문서 등의 공식화된 기제에 의해 수행되는 조직활동은 대면적 상호작용으로 이루어지는 비공식집단과 달리 구성원들의 최소한의 교육과 문자해독능력을 필요로 한다. 이와 함께 조직이 성공적으로 출현하기 위해서는 특정의 조직활동을 가치 있고 정당한 것으로 수용하는 사회적 환경과 분위기가 자리잡아야 한다. 조직의 형성에 필요한 이러한 다양한 자원의 가용성은 시대와 사회에 따라 달라지기 때문에 특정조직의 출현에 유리한 사회적 조건은 계속 변화하게 된다. 예를 들어 노동조합이 어느 특정시기에 몰려서 결성된다거나, 특정 조직이 어느 시점에 집중적으로 출현하는 것은 바로 그 시기에 특정의 조직이 출현하는 데 요구되는 여러 사회적 조건이 완비되고 또한 유리하게 조성되었다는 것을 의미한다.

5. 조직의 수명주기

조직은 사람과 마찬가지로 성장과 쇠퇴의 과정을 밟는다. 조직의 성장과 쇠퇴과정은 사람의 유년기, 청년기, 장년기, 노년기와 같이 몇 개의 단계로 이루어진다. 그라이너(Larry Greiner, 1972)는 조직의 수명주기(life-cycle)를 다섯단계로 나누었는데, 즉 창업단계, 집단공동체단계, 위임단계, 공식화단계, 협력화단계이다. 수명주기의 각 단계에 따라 조직의 활동이나 전략, 구조들도 변화하게 된다. 조직은 성장하면서 각 단계별로 독특한 위기상황을 맞게 되는데, 이러한 위기를 성공적으로 극복하면서 조직은 다음 단계로 넘어가게 된다. 그러나 적지 않은 조직들이 이러한 과정에서 위기를 극복 못하고 쇠퇴의 길로 접어들기도 한다(Daft,1998 : 112-116; Hatch, 1997 : 173-177; Robbins, 1990 : 472-474).

(1) 창업단계

창업단계(entrepreneurial phase)는 조직이 처음 형성되고 자리잡아 가는 단계이다. 주로 과학자나 기술자출신인 창업자들은 새로운 제품이나 시장 기회에 대한 아이디어를 기반으로 조직을 창업한다. 창업단계에서 조직은 조직존속의 사활이 걸려 있는 아이디어의 상품화와 시장 개발을 위해 조직의 모든 에너지를 쏟는다. 이 단계의 조직구조는 사업주의 개인적인 통제방식에 의존하는 소규모의 비공식적인 구조가 일반적이며 사업주가 조직내 대부분의 의사결정이나 활동 전반을 직접 관리한다.

조직이 성장하면서 이와 같은 비공식적인 구조는 문제에 당면하게 된다. 즉 사업주 일인 중심의 조직관리의 부담이 과다해지면서 관리능력에 한계를 맞게 되는 리더십의 위기이다. 창업자로서의 사업주의 능력은 조직의 창업단계에서는 효과적이지만, 일단 조직규모가 일정 수준에 달하고 이에 따른 조직 내 다양한 관리활동의 필요가 느는 상황에서는 더 이상 조직을 이끌어 가는 데 충분하지 못하다. 이에 따라 좀더 전문적인 관리능력을 갖춘 리더가 요구되게 된다. 그러나 많은 사업주들이 처음에는 이러한 변화하는 요구를 쉽게 수용하지 못하고 기존대로 끌고 가고자 하면서 리더십의 위기가 악화되고, 결국 적지 않은 조직들이 다음 단계로의 성공적인 전환을 이루지 못하고 쇠퇴의 길을 걷게 된다. 반면에 이러한 문제를 성공적으로 극복하는 조직은 전문관리진의 리더십체제로 전환하면서 집단공동체단계로 넘어가게 된다.

(2) 집단공동체단계

집단공동체단계(collectivity phase)에서는 전문적인 관리능력의 새로운 리더진이 갖춰지고 조직목표와 새로운 비전 등의 조직의 방향성이 명료화된다. 이를 위해 조직내 의사전달체계가 좀더 공식화되고, 조직활동의 기능별 분업화와 위계화가 이루어지면서 관료제적인 구조가 나타나기 시작한다. 이 단계의 조직은 급속한 성장을 이루면서 구성원들이 조직의 비전과 미래 성공에 대한 기대로 의기투합하여 전력을 다하여 몰입하는 특성을 지닌다. 관료적 구조가 나타나기 시작하지만 아직까지는 비공식적인 특성이 많이 남아있으며, 리더는 대체로 카리스마적 특성을 갖는다.

집단공동체단계는 조직의 집권적인 통제체제가 굳어지면서 새로운 위기를 맞게 되는데, 즉 하위구성원들의 자율성이 축소되는데 따른 불만이 커지는 **자율성의 위기**이다. 이러한 위기는 조직관리방식을 좀더 분권화시키면서 해소되고, 조직은 다음 단계로 넘어가게 된다.

(3) 위임단계

위임단계(delegation phase)에서는 조직의 관리체제가 분권화되면서 하위구성원들에게 좀더 많은 권한과 책임이 주어진다. 하위구성원은 부서운영상에 좀더 자율적인 권한을 확보하게 되고 최고경영진은 장기적인 전략기획 등의 활동에 주력하게 된다. 조직의 각 기능부서나 사업부문은 위로부터의 간섭 없이 자율적으로 조직과제를 수행한다. 그러나 분권화로 하위구성원들의 권한이 늘면서 하위구성원들간의, 또는 하위구성원과 상위관리자들간에 조직자원이나 기타 사안을 둘러싼 갈등이 나타나기 시작한다. 또한 하위구성원 중에는 조직전체의 목표보다는 그들의 하위 목표에 매달리는 경우도 나타나면서 조직의 총괄적인 통제와 관리에 어려움이 나타나는 **통제의 위기**를 맞게 된다.

(4) 공식화단계

지나치게 분권화된 체제에서 비롯된 통제의 위기를 극복하기 위해 하위관리자들의 의사결정이나 활동을 모니터하기 위한 정교한 조직통제시스템이 개발된다. 라인활동을 평가, 지원, 감독하는 스탭진이 새로 추가되고 조직내 활동의 통제와 조정을 원활히 하기 위한 다양한 기제들이 갖추어지는 등 명문화된 규정이나 절차 등의 조직의 관료적 체제가 완비되면서 공식화단계(formalization phase)에 들게 된다. 이렇게 정교화된 통제와 조정기제들은 또 다른 문제를 빚게 되는데, 지나친 규정, 통제들에 대한 하위 구성원들의 불만이 점점 커지는 **레드테이프의 위기**이다. 이것이 적절히 해결되지 못하면 조직내 목표도치현상의 만연과 같은 문제에 봉착하게 된다.

(5) 협력화단계

레드테이프의 위기에 대한 해결로써 구성원들간의 조화로운 협력관계가 구축되는 협력화단계(collaboration phase)에 들어서게 된다. 이 단계에서는 조직의 과제수행이나 활동이 구성원들간의 협력중심으로 재구성된다. 이를 위해 지나치게 세분화된 과제들을 통합시킨 팀단위의 활동이 강화되고 태스크포스와 같은 특별 팀도 활성화된다. 조직통제에 있어서도 공식적인 규정이나 절차보다는 구성원들의 자율적인 규범이나 조직문화의 비중이 높아지면서 조직구조는 관료적 구조에 유기적 요소가 결합된 형태로 전환한다. 이 단계에서의 조직리더의 역할은 질적인 변화를 하게 되는데, 앞에서는 리더의 역할이 주로 공식적인 통제나 지휘에 비중이 주어졌지만, 이 단계에서는 구성원들을 적절히 자극하고 작업 동기를 부여하면서 활력적인 조직분위기를 유지할 수 있는 리더역할이 강조된다.

그러나 조직의 수명주기상 완숙기에 도달하면서 끊임없이 조직에 활력을 불어넣는 것에도 한계가 오게 되고 조직내 축적된 타성이나 보수성이 만연하게 된다. 이런 문제들을 극복하여 새로운 활력을 불어넣는 것이 제대로 이루어지지 않으면 조직전체적으로 방향감을 상실하고 무기력에 빠지는 갱신의 위기를 맞게 되는 것이다. 이러한 갱신의 위기를 적절히 극복하게 되면 조직은 계속 존속하게 되지만, 이를 극복하지 못하게 되면 쇠퇴하면서 수명주기의 막을 내리게 된다.

조직의 수명주기의 각 단계에는 자체붕괴를 가져오는 위기의 근원을 내장하고 있다. 즉 각 위기를 극복하기 위한 해결책으로 도입된 것들이 다음 위기의 근원으로 작용하게 되는 것이다. 이것은 각 단계의 초기에는 적합했던 전략이나 개혁들이 조직이 계속 성장하면서 오히려 조직발전에 해가 되는 요인으로 작용하기 때문이다. 요컨대, 첫번째 창업단계에서 맞게 되는 전형적인 조직위기는 리더십의 위기로서, 이것은 좀더 전문적인 경영진중심의 집권적인 리더체제를 갖춤으로써 극복되며 다음 단계로 넘어간다. 그러나 지나치게 집권화된 통제체제로 인해 자율성의 위기가 나타나고 이에 대응하여 분권화된 위임방식이 채택된다. 그러나 분권화된 위임은 다시 통제의 위기를 낳게 되어 이를 위해 추가적인 통제와 조정기제가 강화되면서 관료제적 레드 테이프의 위기가 발생한다. 이러한 위기를 해결하기 위해 신뢰와 비공식적인 협력체제를 강화시키게 된다.

그라이너는 조직수명주기모형을 조직의 성장과정을 설명하는 하나의 보편적인

[도표 1-3] 조직의 수명주기 모형

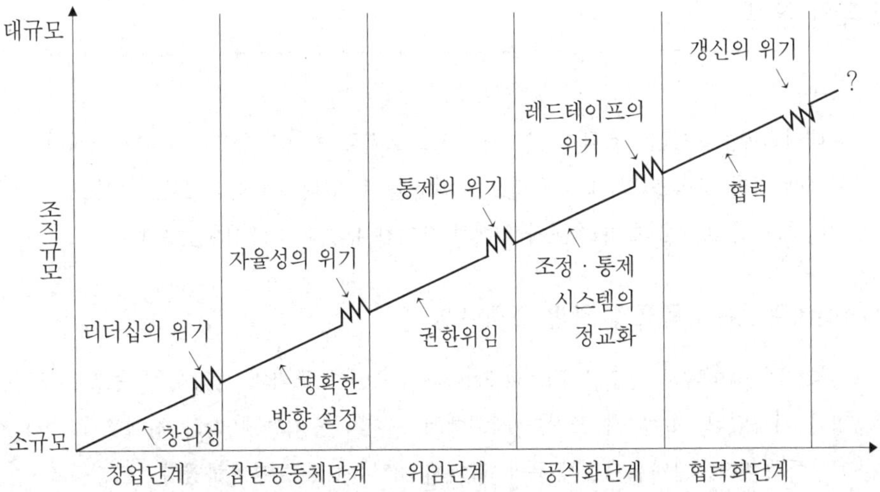

자료 : Robbins, 1990 : 473.

도식으로 제시했지만, 수명주기의 각 단계에서 다음 단계로의 이동이나 걸리는 기간들에는 조직들간에 상당한 편차가 있다고 보았다. 사람의 생물학적 수명주기는 모든 사람이 거치는 과정이지만, 조직의 경우 모든 조직이 반드시 이러한 단계를 거치는 것은 아니다. 또한 사람의 경우에는 청년기, 장년기, 노년기가 연령적으로 거의 비슷하지만, 조직의 경우 이러한 정해진 연령은 없다. 조직에 따라서는 위기를 잘 넘겨 아주 오래도록 계속적으로 왕성한 성장기를 유지하는 조직도 있을 수 있으며, 때로는 그 전 단계로 회귀하는 경우도 있을 수 있다. 반면에 짧은 시간에 그 수명을 다 할 수도 있다.

수명주기모형의 유용성은 수명주기의 각 단계에서의 리더십, 조직구조, 통제체제, 목표 등의 측면에서 조직이 성장하면서 맞게 되는 독특한 문제상황들을 제시하고 있는 점이다.

6. 조직의 유형

현대사회에는 수많은 조직이 있으며, 어느 조직도 똑같지 않다. 그러나 조직이 갖는 특성에 따라 조직을 몇 개의 유형으로 분류할 수 있다. 조직의 목표, 지배구조, 기술 기타 사회적 관계들에 따라 조직에 대한 다양한 유형화가 제시되고 있다.

1) Parsons의 AGIL목표에 의한 조직유형

기능주의 사회학자 파슨즈(Talcott Parsons, 1960)는 조직의 목적을 기준으로 조직유형을 나누었다. 그는 각 조직이 사회에서 수행하는 기능에 따라 경제조직 · 정치조직 · 통합조직 · 체계유지조직 등의 네 가지 조직유형으로 분류하였다.

경제조직 사회의 적응(Adaptation)기능을 수행하는 것으로 사회가 필요로 하는 각종재화와 용역을 생산하는 조직이다. 대부분의 영리사업조직이 여기에 속하며, 기업이 그 예이다.

정치조직 목표달성(Goal attainment)의 기능을 수행하는 조직이다. 사회의 바람직한 목표와 가치를 수립하고, 그것을 추진하고 실행하는 기능을 수행하는 조직으로 정부조직이 대표적 예이다.

통합조직 통합(Integration)의 기능을 수행하는 조직이다. 사회갈등을 조정하고 사회 각 부분의 균형을 유지하는 기능을 수행하는 조직으로 정당 · 사법기관 · 경찰조직 등이다.

체계유지조직 사회체계를 유지시키고 사회의 문화적 유형을 전승시키고 사회화시키는 기능과 오락이나 스포츠, 문화, 종교활동 등을 통해 사회의 여러 긴장을 완화시키는 잠재기능(Latency)을 수행하는 조직들이다. 여기에는 교육기관, 종교단체 및 기타 다양한 스포츠 · 문화조직들이 포함된다.

파슨즈의 모형의 독특한 점은 조직이 수행하는 사회적 기능에 의해 조직유형이 달라지지만, 동시에 하나의 독립된 체계로서의 조직의 개별 하위수준에서도 각각의 AGIL의 기능이 있다는 점이다. 따라서 각 개별조직은 AGIL의 기능을 수행하는 각 하위부분으로 다시 나눌 수가 있다.

2) Weber의 지배구조에 의한 조직유형

베버는 조직의 지배구조의 특성에 따라 조직유형을 전통적 조직 · 관료적 조직 · 카리스마적 조직의 세 가지로 분류하였다(Weber, 1924). 전통적 조직은 지배구조가 전통적 권위에 토대하며, 관료적 조직은 합리적 · 법적 권위에 토대하며, 카리스마조직은 카리스마적 권위에 토대한 조직이다. 이 셋 중에서 전통적 조직과 관료적 조직은 공식적 조직으로서의 영속성과 안정성을 지닌다. 반면에 카리스마조직은 카리스마권위에 내재한 불안정성으로 인해 불안정성과 일시성이라는 특징을 지닌다. 따라서 카리스마조직은 궁극적으로 카리스마의 소멸과 함께 사라지든지, 아니면 제도화와 카리스마의 안정화과정을 통해 전통적 조직이나 관료적 조직으로 전환하게 된다. 이러한 카리스마조직은 조직의 초기 형성단계에서 나타나는 유형으로, 조직이 성장하고 제도화되는 과정에서 전통적 조직 또는 관료적 조직으로 전환하게 되는 것이다.

3) Blau와 Scott의 주수혜자에 의한 조직유형

블라우와 스콧트(Blau and Scott, 1963)는 조직의 주수혜자를 기준으로 조직유형을 분류하였다. 이들은 일반구성원 · 소유자 및 관리자 · 고객 · 일반시민의 네 가지 범주의 조직에 관련된 사람들 중에서 조직의 주수혜자가 누구인가(Who benefits?)에 따라 호혜적 조직 · 사업조직 · 서비스조직 · 공익조직의 네 가지 조직유형을 구분하였다.

호혜적 조직 조직의 일반구성원이 주수혜자가 되는 조직이다. 정당 · 노조 · 동창회 · 사교단체 · 전문단체들이 이 유형에 속하는 조직들이다.

사업조직 조직의 소유자나 관리자가 주수혜자가 되는 조직이다. 기업, 도 · 소매상 등의 일반영리조직이 이 유형의 조직들이다.

서비스조직 조직의 서비스를 이용하는 고객이나 시민이 주수혜자인 조직이다. 사회사업기관 · 학교 · 종합병원이 이러한 조직유형이다.

공익조직 일반시민이 주수혜자가 되는 조직이다. 정부관청 · 군대 · 경찰서 · 교도소 · 국가연구소 등이 이러한 유형에 속하는 조직들이다.

이들 각 조직유형에 따라 조직운영의 논리가 달라지게 된다. 즉 호혜적 조직의 주요문제는 조직구성원의 자격을 통제하고 조직내 민주주의를 유지하는 것이다. 사업조직의 가장 큰 관심은 운영상의 효율성을 확보하는 것이다. 서비스조직의 주요 관심은 고객들에 대한 서비스의 전문성과 질적 수준을 유지하는 것이다. 마지막으로 공익

조직의 가장 중요한 운영논리는 일반사회에 대한 민주성의 확립이다.

4) Etzioni의 통제와 순응양식에 의한 조직유형

에치오니(Amitai Etzioni, 1961)는 조직의 통제방식과 구성원의 순응양식에 따라 조직유형을 분류하였다. 그는 조직의 구성원들에 대한 통제방식을 강제적 · 금전적 · 규범적의 세 가지 방식으로 분류하고, 이어 구성원의 순응양식을 소외적 · 타산적 · 도덕적의 세 가지 유형으로 구분하였다. 이 둘을 조합하면 9가지 유형이 나오게 되나, 실제로는 통제양식과 순응양식은 중복적인 개념이다. 즉 구성원의 순응양식이 도덕적이라면, 조직의 통제방식에서 강제적 · 금전적 방식은 필요가 없으며 단지 규범적 통제로써 족할 것이다. 마찬가지로 타산적 순응에는 주로 금전적 통제, 소외적 순응에는 주로 강제적 통제가 유효하다. 결과적으로 에치오니의 조직유형은 다음 세 가지 유형으로 수렴된다.

강제적 조직 강압적 통제의 사용과 소외적 순응이 특징이다. 구성원의 통제는 강제적인 물리적 · 육체적 수단 등의 방식에 의하며, 구성원들의 조직에 대한 소속은 소외적이다. 교도소 · 강제수용시설이 이러한 조직이다.

공리적 조직 금전적 통제와 타산적 순응이 특징이다. 구성원에 대한 통제는 물질적 보상에 의해 이루어지며, 구성원들의 조직에의 순응은 타산적이다. 기업 등의 영리조직이 이러한 조직의 대표적인 유형이다.

규범적 조직 도덕적인 권위가 통제의 주원천으로서 조직구성원들의 자발적이고 규범적인 순응을 특징으로 하는 조직이다. 정당 · 종교단체 · 자발적 사회운동단체 등이 이러한 유형에 속한다.

5) 중심기술에 의한 분류

우드워드(Joan Woodward, 1985)와 톰슨(James Thompson, 1967), 페로우(Charles Perrow, 1967)는 기술을 기준으로 조직의 유형을 나누었다. 우드워드는 기술의 복잡성의 정도에 따라 소량단위생산조직 · 대량생산조직 · 연속공정생산조직의 셋으로 나누었고, 톰슨은 상호의존성의 내용에 따라 중개적 기술조직 · 연속적 기술조직 · 집약적 기술조직의 세 유형으로 나누었다. 페로우는 복잡성과 불확실성을 기준으로 일상적 기술조직 · 공학적 기술조직 · 장인적 기술조직 · 비일상적 기술조직의 네 가지 유형으로 나누었다. 이들 기술에 의한 조직유형의 분류는 공통적으로 조직의 기술과 구

[도표 1-4] 조직유형화의 모형

이 론 가	기 준	유 형
Parsons	목표(기능)	경제조직 · 정치조직 · 통합조직 · 체계유지조직
Weber	지배유형	전통적 조직 · 카리스마조직 · 관료적 조직
Blau and Scott	주수혜자	호혜적 조직 · 사업조직 · 서비스조직 · 공익조직
Etzioni	통제와 순응양식	강제적 조직 · 공리적 조직 · 규범적 조직
Woodward	기 술	소량단위생산조직 · 대량생산조직 · 연속공정생산조직
Perrow	기 술	일상적 기술조직 · 공학적 기술조직 · 장인적 기술조직 · 비일상적 기술조직
Thompson	기 술	중개적 기술조직 · 연속적 기술조직 · 집약적 기술조직

조간의 상황적 적합성이라는 논리에 따라 조직의 효율성을 규명하고자 하는 분류라는 특징을 갖는다.

조직유형화에 대해 제기되는 문제는 조직의 다양한 유형화에도 불구하고 이 중 어느 방식으로도 현실 속의 조직들을 완벽하게 분류해 낼 수 있는 것은 아니라는 점이다. 실제의 많은 조직은 이렇게 분류된 어느 한 유형에 들어맞기보다는 여러 유형의 특성을 부분적으로 모두 갖는다. 예를 들어 에치오니의 유형에서 교도소는 비교적 무리 없이 강제적 조직으로 분류시킬 수 있을 것이다. 이 경우에도 교도관의 입장에서 보게 되면 교도소는 공리적 조직의 성격을 갖게 된다. 또한 학교와 군대조직은 어떤 유형의 조직인가. 강제적인 측면이 강하지만, 또 일면 규범적 측면도 지닌다. 대표적인 규범적 조직으로 분류되는 교회의 경우에도 때로는 구성원들의 헌신을 순수하게 도덕적으로만 보기에는 문제가 있을 수 있다. 예를 들어 기복신앙이 상당부분 퍼져 있는 상황에서 교인들의 헌신에는 어느 정도 타산적인 부분이 있는 것이다. 정부부처조직의 주수혜자를 공무원이라고 보는 견해도 있을 수 있다. 국민에 대한 봉사는 뒤로 하면서 평생 직장을 보장받고 공무원으로서 누리는 많은 사회적 위신 등을 고려했을 때, 그런 생각이 전혀 터무니 없다고 만은 할 수 없는 것이다.

현실적으로 어느 조직도 완벽하게 특정유형에 분류시키기 쉽지 않기 때문에 일부에서는 이러한 유형화 자체의 유용성에 대하여 회의적으로 보기도 한다. 오히려 조직을 특정유형으로 꿰어 맞추게 되면, 조직의 실제를 왜곡시킬 것이라는 우려도 제기된다. 이러한 문제점에도 불구하고 조직유형은 이념형적 분류로서 유용성이 없는 것은 아니다. 이념형으로서의 조직유형은 수많은 조직들간의 공유하는 특징들을 어느 정도 대별해 냄으로써 각 유형에 적합한 조직행동의 논리나 구조들을 분석하는 데 유용할 수 있기 때문이다. 예를 들어 블라우와 스콧트의 주수혜자모형에서 호혜적 조직과 사업조직은 그 목표와 운영상의 논리에서 뚜렷한 차이가 있다. 즉 사업조직의 경우 조직운영에서의 수익성이 가장 핵심적이다. 이에 비해 호혜적 조직의 경우, 수익성보다는 구성원들의 민주적 의견수렴이나 운영이 보다 중요하다. 따라서 기업에서 기업주나 최고관리자의 독재는 수익성이 확보되는 한에서는 조직내에서 별 저항을 불러일으키지 않는다. 반면에 노조나 정당 같은 데서 나타나는 노조위원장이나 상위집행부의 독선이나 독재는 그 조직의 효율성과는 관계 없이 매우 부정당한 것으로 간주되고 상당한 조직내 저항을 야기하게 되는 것이다.

7. 조직의 연구

조직은 구성원 · 목표 · 사회구조 · 기술로 구성된다. 이러한 구성요소들이 조직연구의 일차적인 대상이다. 그러나 조직은 진공 속에 독자적으로 존재하는 것이 아니며, 그가 속한 환경과 밀접한 인과관계를 갖는다. 따라서 조직을 둘러싼 환경은 조직연구의 빼놓을 수 없는 중요한 요소이다(Scott, 1998 : 17-23).

구 성 원 조직의 구성원들은 다양한 역할을 수행한다. 각 구성원들의 조직에의 헌신의 정도는 상당한 차이가 있으며, 또한 갖고 있는 기술에 있어서도 차이가 있다. 조직의 구조란 구성원들의 이러한 다양한 참여수준 · 기술 등의 요소들의 일정한 결합이다.

사회구조 사회구조는 조직구성원들간의 조직내 상호작용 관계에서 나타나는 규칙성 내지는 정형화된 관계이다. 이러한 조직의 사회구조는 크게 공식구조와 비공식구조로 나뉜다. 공식구조는 조직내 사회적 직위들간의 관계가 분명하게 규정된 것으로 조직의 직제에 의해 명시적으로 짜여진다. 비공식구조는 구성원 상호간의 인간적인 접촉에 의해 자연발생적으로 형성된 구조이다.

목 표 모든 조직에서는 특정의 과업이 수행된다. 이러한 과업은 기본적

[도표 1-5] 조직의 구성

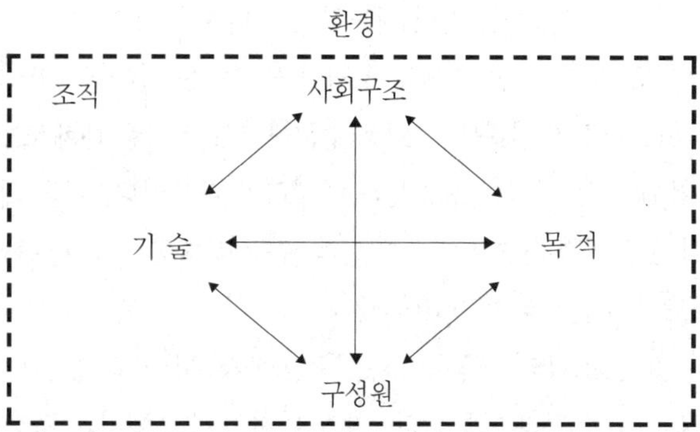

자료 : Scott, 1998 : 17.

으로 조직이 추구하는 바람직스러운 목표와 직접적으로 관련을 갖는 부분이다.

기 술 기술이란 조직목표를 달성하는 수단으로서 투입을 조직산출로 전환시키는 과정 · 관련지식 · 하드웨어를 총괄하는 개념이다. 기술은 모든 조직에 공통적으로 요구되나 조직에 따라 기술의 복잡성 · 유동성, 그리고 일상성의 정도 등에서 큰 차이가 있다. 조직연구의 많은 부분은 조직에 따라 달라지는 기술적 다양성을 조직구조와 연결시켜 설명하고자 하는 시도들이다.

환 경 엄격한 의미에서 환경은 조직의 구성요소는 아니다. 그러나 모든 조직은 특정의 물리적 · 기술적 · 문화적 및 사회적 환경에 둘러싸여 있으며, 어떠한 조직도 그 자체 환경으로부터 완전한 독립성을 지니지 못한다. 무엇보다도 환경은 조직이 필요로 하는 자원과 정보의 원천으로서 조직에 중요한 인과관계를 갖는다.

조직의 분석에서 유용하게 활용되는 개념이 파슨즈(Parsons, 1960)의 조직에서의 기술적 · 관리적 · 제도적 수준의 개념이다. 조직의 기술적 수준은 교사의 강의, 소득세반납처리, 범법자들 처리, 생산 등의 조직에서의 과제를 실질적으로 수행하는 하위수준이다. 이러한 기술적 업무의 특성은 처리해야 되는 원료와 업무를 효과적으로 수행하기 위해 요구되는 여러 사람들의 활동들간의 통합과 관련을 지닌다. 두 번째 수준은 관리적 수준이다. 이것은 조직이 기술적 기능을 수행하는 데 필요한 자원을 획득하여 기술적 수준을 지원한다. 관리적 수준은 기술적 수준이 수행하여야 하는 업무범위 · 운영규모 · 정책과 같은 문제들을 결정함으로써 기술적 부분을 통제하고 관리한다. 마지막으로 제도적 수준은 조직의 목표달성을 가능하게 하는 의미와 정당성을 제공하고, 조직활동을 좀더 광범위한 사회체계와 연결시킨다. 즉 조직활동을 지역사회에 상호연결시키고 조정하는 것이 제도적 수준의 기능이다.

일반적으로 위 세 수준 중에서 조직이 당면하는 불확실성은 제도적 수준에서 가장 높게 나타나는데, 왜냐하면 제도적 수준에서의 조직은 대체로 조직내의 공식적 권위나 통제 밖에 있는 환경의 요소들과 관계하기 때문이다. 이들 세 수준과 관련한 조직연구의 이론적 관심은 초기에는 기술적 수준에 대한 관심이 주류를 이루다가 점차 관리적 · 제도적 수준으로 발전되어 왔다.

이상과 같은 조직의 구성요소와 환경들에서 어느 측면에서 주로 접근하는가에 따라 분석의 수준이 달라지게 된다. 가장 미시적 수준에서는 조직에서의 구성원들의 동기화 등의 개인행동에 관심을 두는 사회심리학적 접근이 이루어진다. 그 다음이 조직과 그 하위부문을 특징짓는 조직의 구조적 특성 내지는 조직과정에 관심을 두는 접근이다. 가장 거시적인 수준에는 집합적 행동단위로서의 조직과 환경간의 관계 및 조직간 관계 등에 대한 분석이 이루어진다. 어느 수준을 취하는가에 따라 필요한 자료의 종류나 분석방법이 달라진다.

8. 본서의 구성

이 책은 조직의 핵심적인 현상과 이론에 대하여 지금까지의 다양한 연구성과를 중심으로 소개하고 있다. 여기에는 조직의 전략 · 환경 · 기술 · 구조 등의 구조적 측면, 의사결정 · 권력관계 · 갈등 · 문화 등의 조직행동 및 과정의 측면, 그리고 좀더 포괄적인 의미에서의 사회에서의 조직의 위상과 역할 등이 포함된다. 조직에 대한 관심이 조직관리자로서의 조직성과라는 측면에의 직접적인 응용에 있든, 조직 자체에 대한 일반적인 이해에 있든, 본서에서 다루고 있는 주제나 내용들은 궁극적으로 현대사회에서의 조직에 대한 사고력을 확장시킨다는 의도로써 선별되었다.

제 2 장에서는 고전조직이론에서부터 상황이론 · 의사결정이론 · 환경이론 · 현상학적 이론 등의 현대이론까지 포괄하여 각 이론이 관심을 두는 측면과 중심적 논리에 대하여 소개하고 있다. 이들 이론적 관점들은 조직의 다양한 현상과 측면을 이해하는데 길잡이가 될 것이다. 제 3 장에서는 조직목표의 다원성을 중심으로 목표를 둘러 싼

합의 · 경쟁 등의 논쟁적 측면 등에 대해 다루고 있다.

제 4 장에서 제 8 장까지는 주로 구조적 측면을 다루고 있다. 여기에는 조직의 구조 · 전략 · 환경 · 기술이 중점적으로 다루어지고 있다. 이 부분은 기본적으로 조직이 특정의 목적달성을 위해 의도적으로 짜여진 도구라는 사고에 상당부분 바탕을 두고 있다. 여기에서는 조직의 구조를 전략, 환경, 기술과의 관계에서 접근하고 있다.

제 9 장에서 제14장까지는 조직의 활동과 과정의 측면을 중심으로 다루고 있다. 조직에서의 권력과 통제, 리더십, 의사전달, 의사결정 그리고 갈등 등의 측면들을 살펴보고, 조직의 효과성에 대한 논의를 소개하고 있다.

제15장에서 제17장까지는 조직문화 · 조직변화와 혁신 · 학습과 관련한 제반연구 관심들을 소개하고 있으며, 제18장에서는 새로운 조직모형으로서의 가상조직을 소개하고 있다. 마지막으로 제19장에서는 현대사회에서의 조직과 사회 · 개인의 관계에 대해 살펴보고 있다.

제 2 장
조직이론의 제관점

1. 조직이론의 형성

초기 조직이론의 태동은 19세기 말 사회 전반적인 구조적 변화들과 밀접하게 맥을 같이 하면서 시작되었다. 산업화가 전개되면서 조직관리, 즉 경영이라는 새로운 문제가 등장하게 되고, 이것이 초기 조직이론이 출현하게 되는 주요 배경이 되고 있는 것이다. 또한 근대국가의 성숙으로 국가행정구조가 발달하면서 새로운 행정조직에 대한 관심이 부상하게 되었다.

이와 같은 사회적 배경과 함께 조직이론들의 학문적 배경 역시 사회학 · 심리학 · 경영학 · 행정학 등의 다양한 학문에 걸쳐져 왔다. 이들 학문들간에는 조직을 연구하는 목적이나 지향들에 있어서 상당한 차이가 있다. 사회학에서의 조직에 대한 접근이 조직현상 자체에 대한 이론적 관심이 중심적인 데 비해, 경영학이나 행정학에서의 조직에 대한 관심은 직접적인 효용성 내지는 현실에의 응용이 중심적이다. 따라서 사회학에서의 조직에 대한 연구가 주로 조직의 거시적인 사회맥락 및 구조적 특성에 집중되는 데 비해, 행정학이나 경영학에서는 효율적인 조직관리를 위한 조직설계 및 조직행동, 동기부여 등의 미시적 측면이 주요 관심이다.

사회일반에 대한 새로운 시각의 출현도 조직이론의 다양화에 기여하였다. 1950년대 말까지 주류를 이루던 구조기능주의 시각이 쇠퇴하고 갈등적 시각이 확산되면서 조직현상의 갈등적 측면에 대한 관심이 증대하게 되었다. 또한 1970년대 들어서는 현상학적 사회시각이 조직이론에 유입되면서 조직을 보는 관점이나 내용에 있어서 근본적인 변화가 나타나게 되었다.

나아가 사회에서의 차지하는 역할과 비중이 증대하면서 조직이 조직생산성이나 기업이윤 등에 의해서만 그 존재가치를 한정시키기 어렵게 되었다. 이에 따라 조직연구에서도 조직이 좀더 포괄적인 의미에서의 사회와 개개인의 삶에 미치는 영향, 조직생활의 질, 나아가 현대사회에서 과거 전통사회의 가족이나 공동체의 대안으로서의 조직에 대한 사회일반의 폭넓은 관심이 나타나기 시작하였다. 이제 조직에 대한 관심은 전문적인 분야에 국한되기보다는 현대사회를 특징짓는 포괄적인 현상의 한 부분으로 확대되고 있는 것이다.

2. 조직이론의 분류

조직에 대한 다양한 이론들은 조직과 환경과의 관계, 조직행동의 논리, 그리고 분석과정에서 비중을 두는 조직측면 등에서 상당한 차이를 드러낸다. 우선 조직과 환경과의 관계에서 조직을 기본적으로 환경으로부터의 분리된 폐쇄체계로서 보는 입장과 환경과의 상호의존적인 개방체계로서 보는 입장으로 나뉜다. 조직행동의 논리에서는 조직을 의도적인 합리적 도구로서 접근하는 합리적 시각, 자연체계로서의 조직생존의 논리를 강조하는 자연적 시각, 그리고 조직을 사회정의적으로 구성되어 나오는 구성원들간의 공유된 실재로서 보는 현상학적 시각으로 나뉜다. 이외에도 주로 조직내 미시적 측면에 이론적 관심을 두는 입장과 보다 거시적인 조직과 환경, 나아가 사회의 수준에 두는 입장으로 나뉘어진다.

1) 환경과의 관계 : 개방적 · 폐쇄적

개방체계로서의 조직은 그 활동이 환경과의 상호작용의 맥락 속에서 이루어지며, 조직구조, 활동들에 있어서 환경적 요인들에 의해 크게 영향을 받는다. 반대로 폐쇄체계로서의 조직은 외부환경 영향으로부터의 차단이 가정된다. 이러한 폐쇄체계로서의 조직관은 초기 고전적인 조직이론에 국한되며, 현대 조직이론들에서는 조직을 폐쇄체계가 아닌 환경과의 상호의존적인 관계를 지닌 개방체계라는 시각이 지배적이다. 따라서 현대조직이론은 모두 기본적으로 개방체계로서의 조직을 전제하는 이론들이다.

2) 조직행동의 논리 : 합리적 · 자연적 · 현상학적

조직행동의 논리를 보는 관점에는 합리성을 가정하는 합리적 조직관과 조직에서 자연스럽게 출현하는 측면들에 관심을 두는 자연적 조직관, 그리고 조직현상의 사회구성적 측면에 관심을 두는 현상학적 조직관이 있다.

합리적 관점에서 보는 조직은 기본적으로 특정의 목적을 효율적으로 달성하기 위한 합리적 도구이다. 조직의 구조란 "조직의 합리성을 획득하기 위한 수단"으로서 설계된다(Thompson, 1967). 조직과 구성요소들은 목표달성을 위해 의도적으로 선택되어지며, 조직구조들은 최고의 효율성을 달성하기 위하여 합리적으로 설계된다. 이러한 시각은 특히 합리적 고전 조직이론에서 가장 분명하게 드러난다. 자연적 체계로서의 조직관은 조직의 의도적인 합리성보다는 체계로서의 조직의 생존과 이러한 체계 생존을 가능하게 하는 조직과 환경의 상호의존성, 그리고 조직내의 인간관계 등의 다양한 비공식적 측면들을 강조한다. 현상학적 관점은 조직을 조직행위자들간의 상호과정 속에서 공유 의미가 출현하고 유형화되는 현상으로서 이해하며, 따라서 그 연구관심도 사회적으로 구성되는(socially constructed) 조직실재의 사회정의적(social-definitional) 측면에 비중을 둔다.

3. 고전조직이론

조직에 대한 고전이론으로는 관료제이론, 과학적 관리론, 공식적 관리론, 그리고 인간관계이론으로 이어지는 이론들이 포함된다. 인간관계이론을 제외하고는 이들 이론들은 모두 조직이 특정목표를 달성하는 합리적인 도구라는 데 입각해 있었다. 고전이론들은 특히 조직의 환경으로부터의 폐쇄성을 가정하였다. 폐쇄체계라는 것은 현실적으로 존재하지 않기 때문에, 여기에서 폐쇄성의 가정은 어디까지나 조직내 관리 · 통제의 효율성의 극대화를 위해 기대되는 전제조건일 뿐이다. 현대조직이론이 상당부분 과거이론들에 대한 비판적 조우를 통해 성장해 왔다는 점에서 현대이론들을 이해하는 데 있어서 고전이론의 중심적인 주제나 논리는 여전히 유효하다.

1) 관료제이론

관료제이론(bureaucracy)은 막스 베버(Max Weber)가 서구사회의 합리화라는 시대적 흐름 속에서 과거의 전통적 지배가 약화되고, 합리적 · 법적 지배유형의 확산과 함께 출현하는 근대조직의 독특한 유형으로 규명한 조직모형이다. 베버가 주목했던 것은 근대 이래의 서구사회를 중심으로 한 거대기업 또는 행정조직의 출현이다. 베버는 합리화된 관리기구로서의 관료제의 출현에는 근대 화폐경제 등의 특정의 사회 · 정치적 조건의 선행이 요구되기 때문에, 관료제는 합리화의 흐름이 상당 부분 진행된 근대국가 중에서도 가장 발전된 국가에서만 독특하게 발전되어 나오는 조직구조라고 보았다.

이념형[1)]으로서의 관료제는 전문성에 토대한 과제의 분담 및 명확한 관할영역, 공식화된 위계구조, 명문화된 일반적 규칙, 공과 사의 엄격한 분리, 기술적 자격에 의거한 관료의 선발 및 승진체계, 그리고 전문적인 경력발전의 과정으로서의 고용을 특징으로 한다. 이러한 관료제는 기본적으로 객관적이고 몰인격적이라는 특성을 지닌다. 베버는 관료제를 사회적 행위를 '합리적으로 조직화된 행위로 전환시키는 가장 효율적인 조직구조' 로서 다른 어떠한 관리체계보다 기술적인 우위를 지닌다고 보았다.

관료제이론은 조직의 폐쇄체계적 합리성을 강조하는 전형적인 고전모형이다. 톰슨(Thompson,1967)은 베버 자신 경험적 현실이 그가 기술한 관료제의 순수유형과는 다르다는 것을 인식하고 있었으나, 관료조직의 합리성을 확보하기 위해 조직의 합리성을 교란시키는 경험적인 외적 요인으로부터 조직의 폐쇄성을 가정하였다고 보았다. 베버는 관료제가 추구하는 공식적 합리성은 개인의 실질적 합리성의 쇠퇴라는 대가를 딛고 얻어진다는 점을 인식했다. 인간본유의 자주성 · 창조성이며, 나아가 영웅적인 요소들은 몰인격적이고 일상화된 관료제 안에서 쇠퇴되게 되는 것이다.

베버의 관료제이론을 계승한 후기 베버주의 이론가들은 인간합리성의 쇠퇴 등 베버가 고심했던 관료제의 제반문제에 주목하는 한편, 동시에 베버가 간과했던 경험적 검증이라는 것으로 그들의 이론을 발전시켰다. 이들 후기 베버론자들이 가장 관심을 기울였던 문제들은 관료제에 있어서의 조직차원의 공식적 · 명목적 합리성과 개인에게 야기되는 실질적 합리성간의 괴리라는 문제와 다른 한편으로는 관료적 조직에서

1) 이념형(ideal type)은 문제현상의 특징적인 요소들의 가장 순수한 요소들을 지칭하는 베버의 방법론적 개념이다.

공식적 권위와 함께 비공식적으로 형성되는 실질적 권력의 괴리와 권력의 다양한 원천에 대한 문제들이다.

2) 과학적 관리론

과학적 관리론(scientific management school)은 미국의 급변하는 산업현장에서 테일러(Frederick Taylor, 1911)가 당시의 여러 분야에서 제시된 기업경영에 관련된 제반기술과 사고들을 하나의 일관된 체계로서 종합한 것이다(Nicos Mouzelis, 1967 : 79-80). 조직생산성의 극대화를 추구하는 데 있어서 테일러는 작업장의 수준에 이론적 관심을 집중하였다. 그는 생산현장의 과정과 작업에는 최선의 수행방법(the one best way)이 있다는 가정하에 산업조직의 과학적 분석을 지원하고 조직합리화를 추진시키기 위한 방법으로 작업분석, 시간동작연구 및 기타 다양한 기법들을 개발하였다. 그는 생산활동을 중심으로 업무표준화의 설정, 노동자로부터의 순응확보, 그리고 기술적 논리에 의한 조직통제 등을 통해 조직능률의 극대화를 도모하였다.

테일러의 이론에는 관리자들은 기업에서의 합리적 방법을 기획하고 실행하는 한편, 노동자들은 새로운 일의 체계를 수용하고 실행한다는 관리자와 노동자의 역할에 대한 이분법적 사고가 깔려 있다.[2] 이러한 과학적 관리의 실행을 가능하게 하는 기본적인 전제조건은 노사협력이다. 테일러는 효율성의 극대화를 통해서 조직갈등이 완화될 수 있다고 기대했다. 그에게 있어서 과학적 관리는 단순히 조직산출의 증대만을 목적으로 하는 것이 아니라 궁극적으로 노동자와 경영자간의 끊임없는 소모적 갈등, 즉 계급갈등의 확고한 해결책을 제공하고자 하는 것이었다.

과학적 관리론은 산업전반에 관리지침으로 수용되고 적용되었을 뿐만 아니라, 조직이론의 발전에도 지대한 영향을 남겼다. 사실 그 후에 발전되어 나온 많은 이론들은 테일러체계를 비판 · 보완하는 작업을 통해서 출현하고 있는 것이다.

3) 공식적 관리론

공식적 관리론(formal theory of administration)은 공식적 관리원칙에 의거하여 '위로부터의' 합리화의 측면을 강조하면서, 과학적 관리론에서 작업장수준에 국한되었던 합리화의 문제를 조직전체의 수준으로 확대시켰다(Mouzelis, 1967 : 87).

---

2) 이와 같은 과학적 관리론의 가정은 이후 마르크스주의 조직이론가들에 의해 소위 조직에서의 '구상과 실행의 분리' 라는 문제로서 신랄하게 비판되는 부분이다.

페이욜(Henri Fayol, 1919)은 과제의 분담, 권위, 규율, 명령 · 지시의 통일성, 일반이익에 대한 개인이익의 종속, 보수체계, 집권성, 스칼라적 권위계통, 질서, 형평성, 관리직의 안정성, 진취성, 단결심 등의 조직전반의 관리와 관련된 관리원칙들을 제시하였다. 페이욜은 이러한 관리 원칙들이 모든 종류의 조직에 보편적으로 적용되어질 수 있는 것으로 보았다. 이러한 페이욜의 생각은 1930년대 무니와 라일리(James Mooney and Allan Reiley, 1939), 걸릭과 어윅(Luther Gurlick and Lyndall Urwick, 1937) 등에 의해 널리 퍼지게 되었다.

공식적 관리론의 이론적 관심은 기본적으로 조직의 공식적 측면이나 기계적 기제에 있었다. 무니와 라일리가 제시한 관리원칙의 주축은 조정의 원칙, 스칼라의 원칙 및 기능의 원칙들이다. 조정의 원칙은 이들 관리원칙 중에서 가장 관심이 모아졌던 부분이다. 모든 조직에는 수행되어야 할 많은 개개 일의 합으로써 달성되는 집합적 과제가 있으며, 경영으로써 수행되는 관리업무란 바로 이러한 목적을 위해 동원되는 개개 활동들의 조정인 것이다. 조직구조는 수직적으로는 위로부터 아래로 권위와 책임의 분포에 의해 만들어지는 스칼라적 위계구조로 짜여진다. 수평적으로는 기능적 차원에서의 분화가 이루어진다. 이와 함께 조직활동은 조직목표의 달성과 직접적으로 관련되는 라인활동과 조언 · 서비스 또는 지원업무로서의 스탭활동으로 구분된다.

공식적 관리론자들은 합리적인 조직관리의 보편적인 원칙들이 존재한다고 보았으며 이러한 원칙들이 관리행위에 있어서의 전통적인 주먹구구식의 직관적 방식을 대치할 수 있다고 보았다. 그러나 작업장수준에서의 합리화의 문제를 조직전체 수준의 합리화라는 문제로 확대시키면서 결과적으로 정신노동과 육체노동의 분리는 더욱 심화되게 되었다. 공식적 관리론이 제시한 여러 가지 관리원칙은 오늘날의 조직연구나 실제 업무 속에서 여전히 큰 영향력을 남기고 있다.

4) 인간관계이론

고전이론들 중에서 인간관계이론(human relations school)은 초기 자연적 조직관을 대표한다. 인간관계이론은 공식적 합리성이 아닌 조직 내 인간관계 등의 조직에서 자생적으로 생성되어 나오는 비공식 구조를 강조하였다. 인간관계이론이 출현하게 되는 주요 계기가 되었던 메이요(Elton Mayo, 1945)의 호돈연구(Hawthorne study)는 원래 과학적 관리론에 의거하여 작업조건들과 능률간의 관계를 분석하기 위한 것이었다. 그러나 연구가 진행되면서 조직구성원의 행동을 결정하는 변수로서 심리적 · 사회심리적 요소들이 중요하다는 것이 인식되게 되었다. 즉 작업동기를 유발시키는 데 있어서 우호적이고 비강제적인 인간관계가 금전적인 보상보다 훨씬 중요하다는 것이 일련의 실험에서 관찰되었던 것이다. 조직에서 중요한 것은 구성원들간의 잘 짜여진 비공식적인 인간관계로서 이것은 구성원의 만족을 증대시키고 이직과 결근을 줄여 조직의 성과에 긍정적으로 작용하게 된다. 호돈연구를 통해 이러한 비공식규범이나 공유가치들이 집단구성원의 행태에 갖는 중요성이 부각되게 된 것이다.

인간관계이론이 출현하는 1930년대와 1940년대 사이는 미국사회에서 노조의 증대하는 사회정치적 영향력으로 인해 관리자들이 인간적 요소들의 중요성을 인식하고, 노동자의 감정이나 태도에 관심을 갖기 시작한 시기였다(Mouzelis, 1967 : 97-98). 이 시기는 또한 산업화과정에 의한 사회적 연대의 파괴에 대한 문제의식이 크게 제기되던 시기이기도 하였다.

인간관계이론의 조직이론의 발전에서의 중요한 기여는 공식구조와 비공식구조를 구별하는 개념을 발전시킨 것이다. 이전의 과학적 관리론이나 공식적 관리론이 조직현상을 공식구조의 측면에 국한시켰던 반면, 인간관계이론에 의해 조직의 비공식구조의 중요성이 인식되게 된 것이다. 조직에서의 비공식적 구조의 중요성이 인식되게 되면서 집단결속, 인화, 감독기술이나 리더십의 형태 등에 대한 연구들이 본격적으로 시작되었다.

이후의 연구에서 인간관계이론이 지닌 관리자적 이데올로기의 편향성이나 연구결과의 객관적 타당성의 문제들이 제기되었다. 그럼에도 불구하고 인간관계이론의 중요한 의의는 조직에 대한 다양한 접근이 발전되어 나오는 중요한 전기가 되었다는 점이다. 즉 합리적 도구로서의 조직에 대한 공식구조적 접근으로부터 조직의 자연스러운 현실에 대한 관심을 불러일으키고, 조직의 행태적 측면에 대한 이론적 관심을 자극하였으며, 또한 조직연구에서 좀더 종합적인 사회과학적 통찰의 중요성을 부각시켰던 것이다.

요컨대 인간관계이론은 그 이전 조직이론의 주류를 이루었던 과학적 관리론의 기계적 모델에 대한 비판적 작업이라는 것과 다른 한편으로는 조직연구에 대한 경험적인 행태지향적 접근의 시작이라는 것으로 특징지워진다. 이런 점에서 인간관계이론은 고전이론보다는 신고전이론의 하나로 분류되기도 한다.

4. 현대의 조직이론

현대조직이론은 고전조직이론의 합리적 폐쇄체계로서의 조직관의 한계를 그 출발로 하였다. 우선 현대의 조직이론들은 예외 없이 개방체계로서의 조직관에 토대하고 있다. 현대조직이론들은 크게 몇 가지 흐름으로 나누어 볼 수 있다. 그 첫번째는 합리적 조직관을 견지하면서 고전이론이 전제했던 합리성의 개념을 현실적으로 수정하여 발전시킨 이론들이다. 우선 사이몬(Herbert Simon) 등이 중심이 되어 발전시킨 의사결정이론이 그 하나다. 여기에서는 인지적 제약을 강조하면서 제한된 합리성으로서의 조직이론을 발전시켰다. 그 다음이 합리적 조직구조와 관련하여 상황적 변수를 강조한 상황이론이다. 이와는 다른 측면에서 합리적 조직관으로 분류될 수 있는 것이 마르크스주의 조직이론이다. 여기에서는 지배를 위한 합리적 도구로서의 조직관을 가정하고, 지배관계로서의 조직현상의 본질을 강조한다. 두 번째가 합리적 목표달성보다는 체계생존 등의 변수를 중시한 자연적 조직관의 흐름이다. 여기에는 체계이론, 조직과 환경과의 관계에 초점을 맞추면서 체계생존성의 논리를 더욱 강화시킨 제도화이론 · 자원의존이론 · 조직군생태이론이 포함된다. 마지막으로 조직현실의 사회정의적 성격을 강조하는 현상학적 조직관으로 신제도이론이나 조직화이론이 포함된다.

합리적 조직이론

1) 의사결정이론

의사결정이론(organizational decision theory)은 고전이론에 가장 직접적으로 맞닿아 출현하여 1940년대 중반부터 최근에 이르기까지 오랜 기간에 걸쳐 그 이론적 주장들이 단계적으로 정교화되어 왔다. 이 이론은 사이몬(Herbert Simon, 1945)에 의해 시작되어 그의 카네기 멜론대학의 동료인 마아치(James March), 사이어트(Richard Cyert)가 합류하면서 그 이론적 초점이 단계적으로 변화해 왔으나 그 중심적인 관심은 조직의 의사결정이라는 측면에 모아진다.[3)]

---

3) 이 때문에 이 이론은 주로 의사결정이론으로 불리운다. 이 이론은 또 다른 명칭으로 관리행태론(administrative behavior theory)으로도 불린다.

의사결정이론의 전통에는 크게 세 개의 이론이 포함된다. 가장 먼저 발전되어 나온 것이 사이몬이 합리적 고전이론을 비판적으로 수정하면서 제시한 '제한된 합리성'(bounded rationality)의 모형으로 조직의 의사결정에 대한 인지적 모형이다. 이어 사이어트와 마아치(Cyert and March, 1963)는 사이몬의 제한된 합리성의 이론을 좀더 거시적인 수준으로 발전시킨 '연합체'(coalition)로서의 조직이론을 제시하였다. 즉 초기에 주로 사회심리적 · 인지적 한계라는 측면에서 접근했던 조직의 제한된 합리성이라는 문제에 연합모형에서는 연합체로서의 조직의 역학관계적 제약을 추가하고 있는 것이다. 마지막으로 무정부적 조직이론은 의사결정이론에서 제기된 조직합리성의 제약이라는 문제를 더욱 극단적으로 끌고 가는 한편, 현상학적 요소를 도입하고 있다(이런 점에서 무정부적 조직이론은 합리적 조직관보다는 현상학적 조직관에 포함된다). 이 세 이론이 발전해 온 하나의 흐름은 사이몬이 합리적 고전이론에 대한 비판적 관점에서 발전시킨 제한된 합리성의 문제를 보다 강조하는 방향으로의 전개이다.

사이몬의 의사결정이론의 출발은 조직내 의사결정과정에 미치는 사회심리적 인지적 한계로 고전적 합리이론가들이 추구했던 객관적 합리성을 위한 전제들을 충족시킨다는 것은 현실적으로 불가능하다는 인식이다. 그리하여 완전한 정보를 요하는 객관적 합리성에 대신하여 사이몬은 제한된 합리성을 제시하였다. 의사결정자는 완벽한 객관적 합리성을 충족시키는 그러한 결정이 아닌 제한된 합리성으로 대충 만족할 만한 수준에서의 결정을 하는 것이다.

조직에서 개인은 의사결정의 합리성을 제한하는 온갖 종류의 제약에 부딪히게 된다. 이러한 제약은 크게 세 가지 종류이다. 우선 개인의 기술, 습관 또는 어느 정도는 무의식적이라고도 할 수 있는 태도들이 조직에서의 과제수행과 의사결정과정에 영향을 미친다. 이러한 요소들은 과학적 관리론이 조직합리성이라는 차원에서 가장 관심을 기울였던 측면들이다. 다음에는 개개인의 동기화, 가치 및 조직에 대한 헌신도이다. 개인이 조직의 가치와는 배치되는 다른 집단의 가치에 강하게 동일시한다면, 그의 행동은 조직합리성의 실현을 매우 어렵게 할 것이다. 이러한 측면은 인간관계이론이 비공식조직이라는 개념으로써 가장 관심을 기울였던 부분이다. 마지막으로 합리적 행동이나 합리적 의사결정은 그 전제가 되는 기본적 지식과 정보가 얼마나 있는가에 의해 제한된다. 이러한 종류의 제약은 이전의 이론에서 가장 등한시되어 온 것으로 의사결정이론에서 비로소 부각되고 있는 것이다(Mouzelis, 1967 : 124). 이와 같은 제약들이 복합적으로 작용하여 조직에서의 현실적으로 합리성이 기대될 수 있는 가능한 한도를 설정하는 것이다.

사이어트와 마아치의 연합체로서의 조직(organization as coalition) 이론은 의사결정이론의 전통에서 출발하여 조직 내에서의 의사결정에 있어서 권력과 관련하여 더욱 진전된 생각들을 발전시켰다. 우선, 이들은 조직목표를 설정하는 데 있어서 단일의 또는 통합된 의사결정자로서의 가정을 폐기하고 느슨하고도 유동적인 '연합체'의 개념을 도입하였다. 이러한 전제하에 조직의사결정의 합리성의 제약이라는 문제에 인지적 한계에 추가하여 조직의 각 하위집단들간의 정치적 역학관계에 의한 제약을 추가한 것이다.

2) 상황이론

상황이론(contingency theory)은 고전이론들이 지녔던 조직구조에 있어서의 보편적인 합리성의 가정을 부정하여 어떠한 조직에도 보편적으로 적용될 수 있는 단일의 최선의 조직구조는 없다고 보았다. 조직설계의 최선의 논리는 보편적으로 주어질 수 있는 것이 아니라 개개조직이 속한 상황에 따라 달라진다. 즉 조직설계의 방법은 조직이 관계하는 기술이나 환경의 특성에 따라 달라지며, 조직의 합리적 구조는 각각의 상황적 조건에 가장 적합한 형태로서 이해되어야 한다는 것이다.

로렌스와 로쉬(Paul Lawrence and Jay Lorsch, 1967)는 기술이나 시장환경 등에 있어서의 차이가 조직구조들간의 다양성을 야기한다고 보았다. 환경의 여러 측면들 중에서도 이들은 불확실성이라는 변수에 관심을 가졌다. 환경의 불확실성이나 영향력은 조직이 수행하는 일이나 과제로 조직에 유입된다. 조직의 각 부문은 각기 다른 정도의 환경의 영향 또는 불확실성에 접하게 되며, 이에 따라 조직의 하위부문들은 다양한 이해관심으로 분화되게 된다. 이해관심의 분화와 함께 상황이론이 주목했던 측면은 조직내외의 권력분화이다. 조직에서의 권력의 토대는 다양하지만 상황이론에서 중요하게 다루는 권력의 토대는 '환경에 의해 야기되는 불확실성에 대한 대응능력'이다. 상황이론은 환경의 문제를 중심적으로 조명한 초기이론으로서 이후의 조직연구에서의 환경에 대한 본격적인 관심을 촉발시켰다.

3) 마르크스주의 조직이론

조직연구에서의 마르크스주의 사고는 구조기능주의 관점이 쇠퇴하고, 전반적으로 갈등론적 사고의 확산과 함께 나타났다. 마르크스(Karl Marx) 자신은 일반적 의미에서의 조직이란 것에 대해 특별히 이론화하지 않았으나, 그가 국가에 대해 견지했던 '국가는 자본가의 지배도구' 라는 생각과 다른 한편으로는 산업현장에서의 소외의 문제들은 이후의 마르크스주의 조직이론에서 핵심적인 부분이다. 마르크스주의 조직이론에서 조직이란 기본적으로 '힘 있는 자의 지배를 위한 도구' 이다. 그렇기 때문에 이 이론은 조직분석 그 자체에 이론적 관심을 발전시키기보다는 조직에 대한 비판적 고찰이라는 부분에 더 비중을 두는 편이다.

오늘날 마르크스주의 조직분석은 대부분 자본가계급의 지배하에 조직이 의도적이며 합리적인 전략적 행위를 취한다는 전제에서 출발하고 있다. 마르크스주의 조직이론은 구체적으로 조직의 두 개의 측면에 관심을 갖는다. 하나는 노동조직으로서의 고용관계의 성격, 노동과정 등의 조직내 측면과 다른 하나는 자본가 계급지배구도하의 기업조직, 정부 기타 사회집단 사이의 조직간 사회적 권력관계라는 측면이다 (Pfeffer, 1982 : 163).

마르크스주의 조직이론의 또 다른 중요한 특징은 사고와 행동의 결합으로서의 실천을 강조하는 점이다. 여기에서 실천은 광범한 사회적 변혁의 의미이다. 현대사회가 많은 이해관계가 얽힌 복합적인 권력관계라는 점에 대하여는 자원의존이론을 비롯하여 다른 정치경제적 조직이론과도 공유하는 부분이나, 마르크스주의 조직이론이 다른 관점들과 구별되는 점은 그러한 권력복합현상을 보는 데 있어서 계급이라는 변수를 중심에 놓고 있는 점이다.

오늘날 마르크스주의 조직이론은 대략 세 갈래 흐름으로 전개되고 있는데, 가장 정통적인 마르크스적 관심을 계승하는 한 흐름은 산업사회학을 중심으로 노동과정론이라는 분야로 발전하고 있다. 두 번째로는 비판조직이론으로 조직현상이 지배의 도구라는 측면에서 현대자본주의의 사회조직 자체에 대하여 보다 포괄적인 측면에서 비판적 사고를 발전시키고 있는 입장이다. 마지막으로 권력 · 갈등 · 변혁이라는 문제들을 조직의 본질적인 측면으로 보고, 이러한 조직현실에 관심을 집중하는 조직에 대한 정치경제권력모형이다. 1970년대 이래 계급관계에 국한시키지 않으면서 권력 · 갈등 등의 마르크스의 주요 사고를 조직분석의 중심에 놓는 조직이론이 출현하고 있다. 특히 벤슨(Kenneth Benson, 1977) 같은 현상학적 지향의 마르크스주의 조직이론가는 조직의 실재를 규정하고 기존의 권력관계를 재생산하고 유지하는 정치경제적 논리에 의거하여 조직의 여러 구조라든가 문화 · 규범들을 분석한다.

자연적 조직이론

1) 제도화이론

제도화이론(institutional school)은 콜롬비아대학을 중심으로 이루어진 후기 베버론적 관료제연구의 일환으로 셀즈닉(Philip Selznick, 1949)에 의해 발전되었다. 이 이론은 조직의 합리성보다는 조직의 생존이라는 문제에 관심을 두는 대표적인 자연체계적 관점이다. 제도화이론에서 보는 조직은 외부환경의 영향에 대한 적응과정과 조직 내 구성원들의 특성이나 헌신양식에 의해 형성되어 나오는 독특한 적응적 유기체이다. 공식구조로서의 조직은 특정의 조직목표를 달성하기 위해 합리적으로 짜여진 도구이다. 그러나 셀즈닉은 이러한 공식구조가 조직행동의 비합리적 측면들을 극복해 내지 못한다고 보았다. 이러한 제약이 있게 되는 것은 기본적으로 조직은 목표를 달성하기 위한 합리적 도구이기도 하지만, 동시에 조직에게는 조직 그 자체의 생존성이라는 좀더 근본적인 문제가 있기 때문이다.

셀즈닉은 각각의 조직에는 충족되어야 할 일련의 요건이 있다고 보았다. 이러한 요건을 충족시키는 과정에서 조직은 외부로부터의 적대적인 환경이나 조직내부로부터의 마찰에 직면하게 된다. 따라서 조직은 생존을 위해 다양한 자기방어적 기제를 발전시킨다. 이러한 자기방어적 기제들 중에서 셀즈닉이 관심을 두었던 것은 비공식구조, 이데올로기 및 호선이다(Scott, 1987 : 65). 호선(cooptation)이란 조직안정이나 존속을 위협하는 요소들로부터 조직을 방어하기 위해 조직지도부나 정책결정구조에 문제가 되는 외부요소를 흡수해 들이는 것이다. 이러한 호선전략에 의해 조직외부의 환경요소들이 조직내로 유입되게 되지만 이 결과 조직의 지도부나 정책에 변화가 초래되기도 한다.

호선이란 기본적으로 조직내 공식적 권위와 사회적 권력 또는 세력간의 긴장의 결과이다. 공식적 권위는 조직의 구조와 리더십에 의해 분명하게 구체화되는 반면, 사회적 권력은 광범위한 지역사회로부터의 신뢰나 정당화를 통제하는 주관적이고도 객관적인 요소들과 관련을 갖는다. 조직의 공식적 권위가 동시에 사회적 권력도 장악하고 있을 때 조직의 안정성은 확보된다. 그러나 공식적 권위가 사회적 권력과 괴리되게 되는 경우, 조직의 지속적인 존속은 어려워지게 된다. 호선은 외부요소를 유입하여 이러한 괴리를 메움으로써 사회적 정당성을 높이고자 하는 전략이다(Selznick, 1948 : 130).

호선의 중요성은 이러한 것을 통해 결과적으로 조직의 특성이나 역할 자체가 변화하게 된다는 점이다. 셀즈닉은 공식적인 구조와는 독립적으로 조직이 하나의 특징적인 구조를 발전시켜 가는 과정을 '제도화'의 과정으로 이해하였다. '제도'는 사회적 요구와 압력으로부터 비롯되어 나오는 좀더 자연스런 산물로서, 즉 반응적이고 적응적인 유기체로서의 조직을 보는 개념이다. 제도적 활동은 한편으로는 조직이 외부환경으로부터의 제약이나 압력과 다른 한편으로는 조직내부의 비공식적 관계, 제반이해관계, 구성원들의 변화에 적응하면서 시간을 두고 형성되게 된다. 제도화이론은 조직의 공식적 구조나 대외적으로 표명된 목표보다는 이러한 이면에 깔린 수많은 비공식적 구조, 집단간 갈등, 경쟁, 공동체적 가치, 법적 제도 등의 요소들에 대한 분석을 통해 조직현실에 더 가까이 접근할 수 있다는 점을 강조하였다.

2) 체계이론

체계이론(system theory)은 조직을 체계로서 인식하는 이론이다. 체계라는 용어는 기본적으로 전체를 구성하는 하위부분들이 특정의 목적을 위해서 일련의 상호의존성에 의해 통합되어 있는 것을 나타낸다. 체계로서의 조직은 전체가 특정의 목적을 위해서 하위구성요소들간의 일련의 규정된 상호관계에 의해 통합되어 있으며, 생존을 위해서 환경의 부단한 변화에 적응해 나가야 한다. 체계로서 조직을 연구하는 것은 조직을 부분적으로 떼어내서가 아닌 전체로서의 상호의존성의 틀 속에서 보고자 하는 것이다.

조직은 문제를 규명해내고, 그에 대응하여 행동을 취하고, 피드백에 대해 반응을 하는 자기조절적 능력을 지닌 사이버네틱스체계이다. 따라서 조직은 환경과의 끊임없는 교환과정에서 변화에 적응하고, 그에 따른 적절한 반응을 유도해내게 된다. 조직은 외부환경으로부터 에너지와 정보를 받아 들여 내부전환과정을 거쳐 조직산출물을 생산하여 환경에 내보낸다. 부정적 피드백과 좀의 엔트로피에 의해 이러한 과정은 계속적으로 순환된다. 이 결과 조직은 역동적 균형으로서의 항상성을 유지할 수 있게 되는 것이다.

고전이론들이 조직을 주로 정적인 구조라는 측면에서 연구하였던 데 비해, 체계이론은 조직요소들간의 상호의존적인 상호작용의 과정이라는 역동적인 측면에서 접근한다. 조직이란 유기체와 같이 그들의 환경에 대해 개방적이며, 따라서 생존을 위해서는 환경과의 적절한 관계를 유지해야 하는 것이다. 요컨대 체계이론은 구조보다는 과정중심의 이론으로서 조직의 다차원적 복합과정이라는 전체 관련요소들간의 상호의존성의 측면에서 조직현상을 접근하는 이론이다.

3) 조직군생태이론

조직군생태이론(population ecology model)의 기본가설은 '환경이 그것에 가장 적합한 조직을 선택한다'는 것에서 출발한다. 환경이 가장 적합한 조직, 즉 최적의 조직을 선택하며, 이러한 선택과정에서 개개조직은 거의 어떠한 영향도 미치지 못하는 것으로 가정된다(Howard Aldrich and Jeffrey Pfeffer, 1976 : 83). 특히 이러한 가설을 전개시키는 데 있어서 분석단위가 개별조직이 아닌 조직 '군'의 거시적 수준이라는 점에서 다른 조직이론들과 구분된다. 또한 이 이론은 조직의 단기적 변환보다는 장기간에 걸친 조직변동이라는 측면에 관심을 두며, 방법론에 있어서 역사적 접근을 선호한다. 그리하여 이 이론이 전형적으로 관심을 갖는 조직현상들은 환경과 관련하여 특정조직군이 도태되고, 새로운 조직군이 출현하게 되는 역사적 변천과정이다.

조직형태의 다양성은 환경의 다양성과 구조동형(isomorphism)을 이루게 되는데, 이러한 구조동형은 개개 조직의 환경에 적응하기 위한 의도적인 노력과 관계 없이 환경이 스스로 최적의 조직을 선택함으로써 이루게 되는 것이다. 환경에 대한 조직의 능동적인 학습이나 적응가능성은 극히 미미하다. 예컨대 조직이 새로운 기회로서의 환경적소를 발견한다 하더라도 쉽게 진입할 수 없는데, 왜냐하면 기존의 조직에 비해 크게 불리하기 때문이다. 무엇보다도 진입에 요구되는 절대적인 비용이 기존의 조직에 비해 너무 높아 진입잠재력이 있다고 해도 실제 진입은 어렵다.

조직군생태이론은 그의 극단적인 환경결정론적 입장으로 인해 이 이론의 안팎으로부터 많은 논란과 비판을 야기하였다. 그러나 고전조직이론들의 폐쇄적 · 합리적 조직관으로부터 이어져 내려오는 조직변동에 대한 설명이 조직의 능동적인 측면을 지나치게 강조해 왔다는 점을 고려할 때, 조직군생태이론이 조직이 아닌 환경의 역할을 부각시킨 것은 조직연구에 있어서 조직과 환경간의 균형을 이루는 데 어느 정도 기여한 부분이다. 이 이론은 분석의 단위를 미시적인 개개 조직단위로부터 조직군으로 확대함으로써 조직연구에서의 거시적 관점을 제시하였다는 점에서 유용하다. 또한 조직의 적합성이라는 문제를 단순히 특정시기에 국한시킨 횡단적 연구가 아닌 장기간에 걸친 종단적 변화라는 측면에 주목함으로써 그 동안 조직연구에서 상대적으로 등한시되어 왔던 역사적 연구에 대한 관심을 크게 제고시키고 있는 것이다. 그리하여 이 이론은 거시적인 수준이나 장기적으로 일어나는 조직변동의 문제에 이론적으로 접근할 수 있는 유용성을 지닌다. 예를 들어 스틴치콤(Arthur Stinchcombe, 1965)의 연구에서처럼 항공산업이나 기타 장거리 고속버스산업이 확대되면서 나타나는 미국철도산업의 부침과 같은 역사적 과정을 보는 데 있어서라든가, 또는 우리 나라에서 종래의 동네 슈퍼마켓 등의 소매유통조직들이 쇠퇴하고 24시간 편의점이나 대형창고매장들이 늘고 있는 현상 같은 것을 분석할 수 있는 유용한 방법론과 개념을 제공해 주는 것이다.

4) 자원의존이론

자원의존이론(resource dependence model)은 조직활동의 많은 부분을 환경으로부터 필요자원들을 획득하고 동시에 장애요인이 되는 불확실성 등을 제거하기 위해 조직이 능동적으로 구사하는 다양한 전략으로 이해한다. 조직은 그들의 조직만을 관리하고 통제하는 것이 아니라 필요한 경우에는 환경까지도 지배하고자 한다. 조직의 환경에 대한 관리는 구체적으로 환경으로부터 조직이 필요로 하는 자원을 동원한다든가, 또는 조직이 긴요하게 관계를 맺어야 하는 환경요소들의 우발성 내지는 불확실성 또는 상호의존성의 문제를 적극적으로 관리하고 완충시키고자 하는 제반활동들로 구성된다(Aldrich and Pfeffer, 1976 : 83).

조직의 환경과의 관계는 다음 두 가지 측면에서 이루어진다(Jeffrey Pfeffer, 1982 : 193). 하나는 조직이 외적으로 통제되는 측면이고, 다른 하나는 외적 환경에 대한 조직의 능동적인 관리라는 측면이다. 조직은 지속적인 생존을 위해 많은 핵심적 자원을 환경으로부터 공급받아야 하며, 환경에 대한 이러한 자원의존성으로부터 조직에 대한 외적인 통제가 비롯된다. 조직의 또 다른 측면으로서의 조직의 능동적인 적응이라는 것은 조직이 외적 통제나 압력을 가능한 줄이고, 조직의 자율성을 확보할 수 있는 다양한 전략을 구사하는 것을 의미한다. 따라서 자원의존이론이 가장 관심을 두는 문제는 자원의존성에 의해 야기되는 외적 통제의 문제와 능동적인 적응과 관리라는 측면에서 조직이 전략적으로 구사하는 다양한 방식들이다.

자원의존이론은 기존의 합리적 조직이론들이 조직활동의 주요 동인으로 내세운 효율성이 아닌 조직생존성이라는 문제를 부각시키면서, 경제적 합리성이나 효율성으로는 설명하기 어려웠던 조직행동의 다양한 면모들을 분석할 수 있는 개념적 도구를 제공하고 있다. 그러나 이 이론에 대하여는 조직의 자율적인 능력을 실제보다 과장되게 가정한다는 비판이 제기된다.

5) 혼돈이론

많은 조직이론들이 비교적 질서정연한 세계관에 토대한 조직의 규칙성 · 균형 · 안정 · 예측성에 초점을 맞추는 경향이 있다. 이에 비해 혼돈이론은 기계적 모형의 한계를 넘어 복합적이고 전체적인 시각에서 조직을 이해하고자 한다. 이러한 혼돈 이론은 급증하는 조직불확실성과 유동화로 조직에 대한 좀더 유연하고 창의적인 모형의 요구 속에서 출현하였다.

혼돈이론은 복잡성과학의 한 관점으로서 그 중심에는 복잡성에 대한 관심이 자리잡고 있다. 복잡성은 조직연구에서 주로 분화와 조직구조의 측면에서 다루어져 왔으나 혼돈이론에서는 복잡계로서의 조직이 드러내는 복잡한 현상과 과정이 주요 관심을 이룬다. 복잡계로서의 조직은 인위적인 계획이나 명령과 통제로 제어하는 데는 한계가 있다. 혼돈이론은 무질서와 혼돈으로부터 체계 내 요소들의 복잡한 상호작용을 통해 질서가 출현하는 과정에 주목한다. 다수의 행위자가 자율적으로 상호적응하고 학습하고 진화하면서 복잡계로서 조직은 의도하지 않은 집단적 결과와 특정한 구조와 규칙을 생성시킨다는 것이다.

조직은 질서로의 안정의 힘과 변화로의 불안정의 힘을 동시에 받는다. 계획, 구조화, 통제 등의 조직활동으로 대표되는 안정과 질서의 힘과 변화, 혁신과 실험 등의 불안정과 무질서의 힘들이다. 이 두 대립된 힘들의 상호작용으로 조직은 혼돈의 영역에 속하게 된다. 혼돈의 영역에 처해진 조직은 혼돈체계로서의 특징들을 발현하게 되는데 초기상태의 민감성, 변화의 불연속성, 특정결합에의 유인들이다(Thietart and Forgues, 1995: 19). 이러한 특징을 지닌 비평형상태의 혼돈조직에서는 매우 작고 사소한 요동들이 비선형 순환고리의 복합작용 속에서 체계의 구조를 혼란시키고 파괴시키는 거대한 요동으로 증폭된다.

혼돈상태의 체계행동들은 복잡하고 불안정하나 자세히 보면 그 안에 포괄적인 수준에서의 자기생성적 규칙성이 발견된다. 체계 스스로 새로운 질서를 만들어 가는 자기조직화의 과정은 낮은 수준의 상호작용으로부터 높은 수준의 질서가 생성되는 창발성, 계층성, 자기유사성, 피드백, 끌개의 특징들을 포함한다. 창발성은 특히 개별행동의 단순 합을 넘어서는 새로운 체계 특성이 생성되는 것으로 조직에는 이같은 창발적 집단 특성을 보이는 개별단위들 간의 상호작용이 복잡하게 결합되어 있다.

프리고진(Prigogine, 1984)은 어떠한 체계건 조금씩은 다 질서가 깨져 있다는 점에서 무질서가 오히려 정상이라고 보았다. 즉 대부분의 체계는 질서와 무질서 사이 어딘가에 위치하여 새로운 변화의 동력이 유입되면 혼돈의 가장자리로 밀렸다가 우연한 요동에도 창발하게 된다는 것이다. 카우프만은 새로운 변화를 모색할 수 없을 정도로 과도하게 위축되거나 또 그 반대로 질서가 불가능할 정도로 과도하게 활성화되지 않은 경계지대에서 새로운 질서로의 자기조직화가 가장 활발하다고 보았다. 혼돈의 가장자리는 이러한 경계지대이다.[4]

체계가 평형으로부터 떠밀려 혼돈의 가장자리에 놓이게 되면 체계는 분기점을 지나 질적으로 전혀 다른 체계 상태로 나아가게 된다. 자기조직화의 측면에서 보면 분기점은 조직이 요동을 거치며 새로운 동태적 질서로 나가는 지점이다. 이에 비해 평형상태에서는 체계의 변이나 다양성이 상쇄되어 새로운 질서가 출현하기 어렵다.

조직이 환경과 규칙적으로 상호작용한다는 대전제는 질서정연함 속의 질서, 즉 분석가능한 환경을 상정하는 균형모형의 경우에만 타당하다. 반면에 혼돈이론에서는 모든 체계들이 끊임없이 요동치고 있는 종속적인 체계를 포함하고 있다고 본다. 환경으로부터의 위기가 증가함에 따라 환경의 분석가능성이 낮아지고 항상성의 유지자체가 곤란해지는 분기점에 이르는 혁명적인 순간에는 변화가 어느 방향으로 일어날 것인가 하는 것을 미리 예측하는 것은 불가능해진다(최창현, 1996: 93-96). 그러나 이러한 급격한 변동으로의 힘은 조직을 기존의 궤도에서 밀어내는 힘으로 작용하는 동시에 또 다른 안정을 모색하는 기회를 제공한다. 결과적으로 변동으로의 힘은 궁극적으로 예측할 수 없는 미래의 환경요구들에 대한 조직의 적응력에 기여하게 되는 것이다(Thietart and Forgues, 1995: 19).

혼돈이론은 체계가 지닌 안정과 불안정이라는 양면성과 이에 따른 예측과 통제불능의 특성을 받아들이고 단절적 조직변화를 이해하는데 유용한 관점을 제공한다. 오늘날의 조직변화를 특징짓는 무질서. 불안정. 다양성. 비평형 등을 부각시키고 이에 대한 이해를 시도하고 있는 것이다.

현상학적 이론

현상학적 조직이론들은 조직에 대해 가장 새롭고 논쟁적인 시각을 제시한다. 대부분

4) Prigogine. I. 1984. *Order out of Chaos*. New York: Random House. (유기풍 역). 혼돈 속의 질서. 민음사. 윤영수 · 채승병, 2005: 146에서 재인용.

의 조직이론들은 개인의 의식이나 활동과 독립된 외적 구조로서의 조직의 안정되고도 객관적인 실재성을 전제한다. 그러나 현상학적 시각에서 보는 조직은 조직행위자들간의 상호작용이 반복되면서 유사한 의미가 부여되고, 유형화되고, 제도화되면서 사회적으로 창출된 실재이자 과정이다. 이와 같은 현상학적 시각은 1970년대 이래 조직현상을 보는 중요한 관점으로 그 영향력이 증대하고 있다. 현상학적 시각을 취하는 대표적인 조직이론에는 미시적 수준에서의 조직화이론, 좀더 거시적인 수준에서의 신제도이론, 그리고 의사결정이론의 전통에서 출발한 무정부적 조직이론 등이 포함된다.

1) 조직화이론

조직화이론(organizing theory)은 현상학적 사고에 기초하여 기존이론과는 크게 구별되는 조직관을 제시하고 있다. 여기에서 보는 조직은 기본적으로 조직구성원들간의 상호작용 속에서 형성되어 나오는 인간의 주관적이고도 창조적 구성물이다. 조직구성원의 활동이나 행위는 공식적 규칙이나 권위 또는 합리적 행위규범에 의해 통제되는 것이 아니라, 사회구성적으로 형성되는 문화적 규범, 가치, 신념 및 전제들에 의해 통제된다. 조직화이론의 대표적 이론가인 와익(Karl Weick, 1969)은 구조로서의 조직이 아닌 과정으로서의 "조직화"(organizing)의 측면을 강조하였다. 구조가 아닌 과정으로서의 조직에 대한 강조는 조직행위를 생성적이고 상황적으로 정의되는 독특한 것으로 보고자 하는 것이다.

조직화는 '내규화된 환경의 모호성을 조건적으로 상호연관된 과정 속에서 상호연결된 행동들(interlocked behaviors)을 통해서 해결하는 것'으로 정의된다. 이러한 조직화의 과정은 환경으로부터의 투입물의 내규화 · 선택 · 보유의 세 과정으로 이루어진다. 내규화과정은 조직의 관점에서 능동적으로 환경을 규정해 들이는 과정이다. 조직구성원의 환경에 대한 적응은 객관적으로 존재하는 환경에 대해 이루어지는 것이 아니라 내규화된 환경에 대해 이루어지는 것이다. 즉 외부환경으로부터의 자극은 일단 내규화되고, 이 내규화된 환경에 대해 체계의 적응이 이루어지게 된다. 이 과정에서 환경정보의 모호성을 감소시키기 위해 조직규칙이 선택적으로 적용된다.

조직화이론의 가장 중심적인 관심은 행위자들간의 상호작용과정에서 의미가 주관적으로 해석되고 창출되어 나오는 능동적 과정에 있다. 그렇다고 조직화이론이 조직의 모든 상호작용에서의 상황적 의미가 그때그때 수시로 생성되는 것으로 간주하는 것은 아니다. 일단 생성된 의미가 조직 내에서 안정화되게 되면, 이것은 이후의 유사한 상호작용에서는 행위자들이 당연하게 받아들이는 전제로서 기능하게 되는 것이다.

조직화이론에 대하여는 조직현상에 대해 지나치게 주관화시키고 환경을 지나치게 관념화시킨다는 비판이 제기된다(Stewart Clegg and David Dunkerley, 1980 : 289-290).

2) 신제도이론

조직화이론이 조직실재가 생성되어 나오는 역동적 · 사회심리적 인지과정을 강조하고 있는 반면, 신제도이론(institutional theory)은 이러한 과정이 하나의 제도로서 안정화되고 의사실재(擬似實在)로서 받아들여지는 조직구조의 측면에 좀더 관심을 두는 이론이다.

마이어와 로완(John Meyer and Brain Rowan, 1977) 등의 신제도이론가들은 조직에서의 특정행위나 구조를 설명하는 데 있어서나, 또는 지속성에 있어서 기술 · 합리적 요건들이 항상 필수적인 것은 아니라는 사고에서 출발한다. 현대사회의 많은 조직들은 조직의 과제수행에서 요구되는 기술적 필요뿐만이 아니라 사회적 정당성 등의 제도화된 환경의 기대를 반영한다. 신제도이론에서 보는 조직은 환경과의 교환적 관계를 지닌 행위자에 그치는 것이 아니라 아닌 현대사회의 만연된, 합리화된 신화의 동조자이다.

신제도이론이 강조하는 것은 조직 전체의 성공이라는 것은 단순히 기술적 효율성을 극대화시키는 것 이상을 포함한다는 사실이다. 조직의 직접적인 능률성과와는 별도로 고도로 제도화된 환경 속에서의 조직은 환경으로부터의 자원유입이나 정당성을 확보하기 위해 제도적 기대들에 순응하는 공식구조를 발전시키게 된다. 따라서 조직의 많은 부분들은 합리적 시각이 가정하듯 효율성의 증대라는 목적보다는 상징적이고 의례적인 것들이 많은데, 이는 사회에서의 동조의 외양을 갖춤으로써 조직의 생존가능성을 증대시키고자 하는 데 주목적이 있다.

현대사회에서는 점점 더 제도화된 조직 자체가 새로운 행위를 제도화시키는 원천이 되고 있다. 기존의 제도화된 요소들이 새로운 요소가 제도화되는 과정에 영향을 미치는 것이다. 예를 들어 대학이란 제도들이 새로운 전공을 만들어 내고, 동시에 새로운 조직구조, 전문가적 지식들을 제도화시키는 주체가 된다. 대학에서의 새로운 전공으로 애니메이션 같은 것을 생각해 보자. 과거 애니메이션 전문가는 주로 비정규교육기관인 전문학원이나 개인적 훈련을 통해 배출되었지만, 대학에 애니메이션 전공이

신설되면서 애니메이션은 정식으로 학문적 제도화가 이루어진 것이다. 이와 같이 제도화된 요소들은 아직 제도화되지 못한 요소들을 정당화시킬 수 있는 권위를 지니기 때문에 제도화된 요소들은 고도로 안정화된 측면과 동시에 새로운 제도적 요소를 창출해 낸다는 역동적인 측면을 지니게 된다(Lynne Zucker, 1987 : 443-464).

3) 무정부적 조직이론

일명 쓰레기통모델(garbage can model)이라고도 알려진 무정부적 조직이론(organized anarchy model)은 사이몬의 "제한된 합리성"의 개념에서 제기된 조직합리성의 제약이라는 문제를 더욱 극단화시키는 한편, 와익의 조직화이론에서의 현상학적 요소를 받아들여 현대조직이론의 매우 독특한 관점으로 등장하고 있다. 마아치 등의 무정부적 조직이론가들은 조직상황을 "일관성이 없이 빈약하게 정의된 선호체계," "모호한 기술," "유동적인 참여자"로 특징짓는다. 문제들, 해결안들, 참여자들 또한 선택기회들이 제각각 독립적으로 의사결정영역에 드나드는 흐름으로 그려지며, 이런 점에서 조직은 '쓰레기통'으로 은유된다. 조직의 의사결정 상황에서 어떤 문제에 어떤 해결책이 부착되는가는 거의 우연에 의해 결정된다.

무정부적 조직이론은 조직합리성의 가정을 근본적으로 부정한다. 조직이란 명확한 목표를 중심으로 잘 통합된 체계로서 각 부분들이 역할을 분담하여 일사불란하게 돌아가는 그러한 것이 아니다. 오히려 조직의 전형적인 모습은 조직 내 개별 의사결정자들의 인지적 및 유의집중의 한계, 대안들과 결과들에 제약을 주면서도 흔히 주목되지 못하고 지나쳐 버리는 외적 요인들, 나아가 실제 의사결정의 위치에 있는 사람이 내린 선택이 조직 행위로 실행되지 못하는 등, 합리성과는 거리가 먼 그러한 상황이다(Cohen, et. al., 1972).

이러한 상황을 이들은 전통적인 합리적 조직관과 달리 조직의 위기라거나 또는 과도적 상태로 보지 않는다. 특히 대학이나 공공조직에는 이러한 상황이 늘상 존재한다. 좀더 일상적인 조직들, 예를 들어 기업조직같이 좀더 목표가 명확하고 표준화된 활동을 하는 조직의 경우에는 무정부적 조직이론이 다소 부적합할 수 있다. 그러나 목표 · 기술 · 참여자들이 비교적 명확한 이들 조직의 경우에 있어서도 위기적 상황에서 일시적인 마비현상이 나타날 때는 무정부적 조직모형이 매우 적절하게 적용될 수 있다고 주장한다.

5. 결 론

초기의 조직이론에서는 조직을 합리폐쇄체계로서 보는 조직관이 지배적이었으며, 이에 따라 이론적 관심이나 내용들이 주로 조직내적 측면들과 변수들에 집중되었다. 그러나 인간관계이론이 조직의 비공식적 구조를 강조하면서 조직을 합리적이 아닌 자연적 체계로서 보는 관점이 출현하게 되었다. 그리고 1950년대에 들면서 조직이 조직외부의 여러 환경요소들과 관련을 가지는 것으로 이해되고, 이러한 조직외적 측면들과 변수들에 대한 관심이 일면서 개방체계적 시각이 조직모형의 주류로 자리잡게 되었다. 1970년대 이후로는 조직의 구조나 행동을 설명하는 데 있어서 조직을 둘러싼 환경이나 권력 · 갈등에 대한 이론적 관심이 크게 늘고 있는 추세이다.

조직이론의 이러한 발전은 합리적 조직관이 자연적 조직관으로 대치되고, 다른 한편으로는 폐쇄체계적 조직관이 개방체계적 조직관으로 대치되는 이중의 변화라는 특성을 지닌다. 합리적 조직관에서 자연적 조직관으로의 전환은 1930년대와 1940년대에 이루어졌던 폐쇄체계적 조직관내에서 인간관계이론을 중심으로 이루어졌다. 1950년대 나타나기 시작한 개방체계적 조직관은 합리적 조직관을 그대로 계승하고 있었으나, 이것이 1960년대 후반에 이르면서 다시 개방적 체계 안에서의 자연적 조직관이 출현하고 있다(Scott, 1987 : 115-116).

오늘날 조직이론의 분야는 새로운 시각이 계속 출현하면서 새로운 이론적 지평이 계속 확장되는 추세이다.

이 중 조직에 대한 포스트모더니즘의 사고는 하나의 주요 분화와 모순에 의해 관통되는 총체성으로서의 사회에 대한 개념화를 현대사회의 차이와 대립들의 다양성과

[도표 2-1] 조직이론의 변천

	1900~1930	1930~1960	1960~1975	1975 -
개방 / 폐쇄	폐 쇄	폐 쇄	개 방	개 방
목표지향성	합 리 적	자 연 적	합 리 적	자 연 적
중심주제	기계적 효율성	인간과 인간 관계	상황 · 설계	권력 · 정치 · 갈등

자료 : Robbins, 1990 : 31.

다원성을 배제시키는 것이라고 비판한다. 일반적으로 포스트모더니즘에서는 상호모순성, 모호성, 그리고 다양성을 찾고 해석하도록 부추기고, 질서와 구조를 만들고자 하는 욕구의 뿌리를 파헤치고자 시도한다. 궁극적으로 포스트모던 사고가 드러내고자 하는 것은 모든 지식이 자기준거적이고 맥락의존적이라는 점이다. 보편적인 진리란 존재하지 않으며, 진리란 여러 관점에서 다양한 소리로 표현될 수 있는 것이다. 이러한 포스트모던 사고는 이론을 보는 방식과 정당화의 이면에 깔린 논리에 대하여 끊임없이 의문을 제기한다는 점에서 상당히 급진적이다.

이와 같은 사고를 이어받는 포스트모던 조직사고는 기존의 조직이론에 도전하여 그것에 깔린 편향성을 들추어내고자 하는 입장을 취한다. 포스트모던 사고에서 보는 조직은 구성원이 상황에 따라 그의 실행규범에 대한 문제제기와 수정을 하는 민주적이고 자기관리적인 집단들과 제도들의 분권화된 다양성으로 구성된다. 따라서 포스트모던 조직이론에서는 조직현실의 일관성이나 안정성의 추구가 아닌 조직현상의 모순성 · 상반성 · 불안정성 · 다중성 등의 조직의 독특한 분열적인 존재방식 그 자체를 들여다 보고자 하며, 분열성의 그 자체에서의 맥락과 의미에 관심을 집중하는 것이다. 조직에 대한 포스트모던적 사고는 현재로서는 또 하나의 대안적 조직이론으로서보다는 조직현상에 대하여 보다 비판적이고 성찰적인 시각을 제공해 준다는 데 의의가 있다(Scott, 1998 : 334-335).

제 3 장
조직의 목표

일반적으로 어느 조직에든 분명한 목표가 있다고 간주된다. 조직자체가 특정의 목표를 집합적으로 달성하기 위해 의도적으로 구성됐다는 사고가 일반화되어 있는 것이다. 분명한 목표가 있다는 전제하에 초기 조직연구의 많은 부분은 주어진 목표의 달성에 가장 효율적인 조직구조를 설계하고 관리하는 측면에 집중되었다. 그러나 조직에 대한 연구가 진척되면서 조직에서 목표란 것이 그렇게 단순한 문제가 아니라는 것이 인식되게 되었다. 따라서 1950년대 들어서 조직목표에 대한 본격적인 연구가 시작되게 되었다. 그 전에는 조직의 목표를 어떻게 능률적으로 달성하는가, 또는 개인의 행동을 조직의 목표에 어떻게 부합시키는가 하는 등의 문제가 주로 관심이었으며, 이러한 연구의 전제가 되는 목표에 대해서는 관심을 두지 않았다. 이와 같이 목표에 대한 관심이 상대적으로 미진했던 이유는 분명하게 주어진 목표를 수행하는 합리적 도구로서의 조직관이 지배적이었기 때문이다.

홀(Richard Hall, 1982)은 조직목표를 연구하는 과정에서 당면하는 어려움을 다음과 같이 피력하고 있다. 우선 거의 모든 조직에는 매우 다양한 수준에서의 다수의 목표가 있다. 목표들이 다양할 뿐 아니라 그들간에 상충성이 있다. 많은 경우 어느 한 목표에 대하여 효과적인 조직이 다른 목표에 대하여는 비효과적이기도 하다.

1. 조직목표

가장 일반적인 의미에서 조직의 목표는 조직이 달성하고자 하는 미래의 상태이다. 조직목표는 조직에서 합법성 및 정당성의 제공, 조직구성원행동의 지침과 동기부여, 의사결정지침의 제공과 불확실성의 완화, 그리고 효과성의 평가기준의 제공 등의 다양한 기능을 한다.

조직목표에 대한 접근은 이론적 관점에 따라 다르게 이루어져 왔다. 합리적 시각은 조직이 분명한 목표를 추구한다는 가정하에 합리성의 극대화를 조직의 가장 핵심적인 구성논리로 본다. 가장 단순한 의미에서의 조직합리성은 목표달성에 가장 효율적인 수단을 취함으로써 극대화된다고 정의된다. 이러한 입장은 과학적 관리론과 베버(Max Weber)의 관료제론 등의 고전이론에서 가장 분명하게 드러난다. 여기에서는 모든 조직외적 요인들이나 외부영향을 차단하고 조직의 내적 조건을 조직의 목표와 수단간의 완벽한 인과관계가 가능하도록 설계하고자 한다. 조직의 각 요소들은 목표에 대해 맡은 바 분명한 기여가 전제되며, 조직구조는 최고의 효율성이 확보되도록 설계된다. 이러한 합리적 관점에서 보는 조직목표란 무엇보다도 일련의 대안적 행위들이 고려되고 선택되는 기준이다. 즉 조직목표가 갖는 조직 내 의사결정과 행위를 이끄는 인지적 기능에 주안점을 두는 것이다.

자연적 조직관에서 보는 조직은 분명한 목표로써 항상 합리성의 최우선하에 행동하는 행위자가 아니다. 오히려 조직내외의 상황에 그때 그때 적응하며, 이 과정에서 경우에 따라서는 목표도 같이 변화하게 된다. 우선 조직에는 산출목표와 구분되는 체계유지목표가 있다. 여기에서 산출목표란 합리적 관점에서 강조하는 조직이 달성하고자 하는 미래의 바람직한 상태와 직접적인 관련을 갖는다. 그러나 조직은 자원의 일부만을 산출목표의 달성에 활용하고, 그 이상의 자원을 체계유지와 조직생존을 위해 할애한다. 조직은 조직생존을 위해서는 특정의 수단들에 집착하기도 하는데, 이러한 특정수단에의 집착으로 조직의 산출목표의 추구가 어려워지는 경우도 있게 된다. 조직목표의 합리성은 조직과 환경간의 상호작용에 의해 제한되며, 조직의 의도와 관계 없이 조직목표가 바뀔 수도 있다.

셀즈닉(Philip Selznick, 1949) 같은 제도화이론가들은 목표의 합리적 산출이라는 기능보다는 체계를 유지시키는 정당화에 더 관심을 두었다. 이들은 특히 환경의 압력을 극복하고 외부지원을 확보하는 데 있어서의 조직목표의 이념적인 측면을 강조하였다. 이러한 시각에서는 조직의 구성원들과 조직을 둘러싼 환경요소들로부터 조직의 정당성을 확보하는 과정에서 조직목표가 지니는 사회심리적 측면이 강조된다.

다소간의 차이는 있지만, 합리적 조직관이나 자연체계적 접근은 모두 조직행동을 인도하는 어느 정도 분명한 목표가 있다는 것을 받아들인다. 그러나 근래에 들어와서 이러한 사고에 대하여 상당부분 회의적으로 보는 시각도 출현하고 있다. 이러한 시각은 특히 현상학적 관점에서 강하게 나타난다. 여기에서는 "(미래의 바람직한 상태로서의) 목표가 (현재의) 행동을 인도한다"는 기존의 당연시 여겨졌던 사고 자체가 문제성 있다고 본다. 목표는 조직행동의 사전지침으로서보다는 오히려 이미 발생한 행위의 사후정당화를 위해서 사용되는 경향이 다분하다는 것이다. 마아치와 올젠(James March and Johan Olsen, 1976 : 72)은 "명확한 조직목표가 있고, 행위가 이에 뒤따른다는 주장이 전적으로 틀렸다는 것은 명백해 보인다. 인간의 선택행동이 목표에 뒤따르는 만큼이나 그 자체가 목표를 발견해 내는 과정이다"라고 주장하고 있다.

2. 개인목표와 조직목표

조직의 구성원은 조직목표와는 구분되는 개인목표를 갖는다. 개인목표는 개개 조직구성원이 사적으로 갖는 이러저러한 동기이다. 고전합리적 조직관에서는 조직에서의 보상에 의해 개인목표를 포함한 바람직스럽지 못한 개인적 요소들을 완전히 배제시킨다는 전제하에 조직의 설계를 꾀하였으며, 조직이 그러한 전제하에 운영되는 것을 가정하였다. 그러나 실제 개인적 요소들은 조직관리자의 의도처럼 완벽하게 배제될 수 있는 것이 아니다. 특히 인간관계이론이나 제도화이론은 개인목표를 조직내 공적 활동에서 완전히 배제시킬 수 없다는 점을 중시하였다. 사람들이 개인적으로 갖는 개인목표(개인적 동기)와 조직에 참여하여 공적으로 수행하는 조직목표는 일치하지 않는다. 설사 어느 정도 개인목표와 조직목표가 일치되는 경우가 있다 해도 특정조직들에 국한된다.[1)]이에 따라 개인목표와 조직목표의 조화라는 문제는 조직관리의 시각에서 매우 중요한 문제로 등장하게 되었다.

바나드(Chester Barnard, 1938)와 사이몬(Herbert Simon, 1976)은 조직구성원 개인의 동기로서의 목표와 조직이 추구하는 목표간의 조화는 계약에 의해 이루어진다고 보고 유인-헌신계약을 강조하였다. 이러한 유인-헌신계약의 핵심은 보상이다. 구성원

1) 예를 들어 교회 등의 규범적 조직의 경우에는 개인목표와 조직목표가 비교적 일치하는 경우라고 볼 수 있다.

에 대한 보상은 조직의 유형에 따라 달라진다. 예를 들어 규범적 조직에서는 도덕, 공리적 조직에서는 경제적 보상, 강제적 조직에서는 물리적 강제이다. 유인-헌신 계약으로써 개인의 조직행동에서의 한계가 설정되고, 조직에서의 개인적인 행동은 제한된다.

조직목표와 개인목표의 통합에 관한 모형은 크게 교환모형 · 교화모형 · 수용모형이 있다(최창현 외, 1996 : 366-367).

교환모형 교환모형(exchange model)은 기본적으로 외재적 보상에 기초한 모형이다. 조직은 개인의 목표에 도움이 되는 유인을 제공하고, 개인은 그에 대한 대가로 시간과 노력을 조직의 목표달성을 위해 제공하는 것이다. 교환모형의 인간관은 합리적 조직론과 인간관계론을 그 기본으로 한다. 즉 조직은 개인에게 물질적 보상이나 사회적 유인을 제공하고, 개인은 그에 대한 대가로 조직의 목표에 기여하는 것이다. 교환모형은 기본적으로 외재적 보상에 기초한 모형이다.

교화모형 교화모형(socialization model)은 개인으로 하여금 조직의 목표에 도움이 되는 행동을 가치 있는 것으로 받아들이게 하는 교화의 과정을 통해 조직목표와 개인목표를 통합하는 접근이다. 교화에는 조직에서 기대되는 모범적 행동을 개인이 수용하도록 하는 적극적 교화와 조직의 목표에 방해가 되는 개인목표를 포기하도록 하는 소극적 교화가 있다.

수용모형 수용모형(accommodation model)은 조직이 목표를 수립하고 달성하는 과정에서 개인의 목표를 고려하고, 이를 적극적으로 수용함으로써 조직의 목표와 개인의 목표를 통합시키는 것이다. 수용모형의 인간관은 자아실현적 인간모형을 그 기본으로 한다.

이 세 가지 모형 중 원론적으로는 수용모형이 가장 바람직하다고 할 수 있으나 조직에 가장 효과적인 통합방식은 조직의 주어진 상황에 따라 달라지게 된다.

3. 공식목표 대 운영목표

조직목표와 관련하여 제기되는 핵심적인 문제는 목표가 조직의 구체적인 운영이나 활동과 갖는 관계라는 측면과 조직내 다원적 목표간의 갈등에서 야기되는 조직목표의 합의성의 문제이다.

조직의 목표는 대부분 일반적이고 추상적으로 정의된다. 이렇게 정의된 목표는 일반적인 수준에서의 조직행동의 동기화라는 측면에서는 별 문제가 없으나 구체적인 조직활동 및 운영을 위한 인지적 지침으로서는 지나치게 막연하다는 문제가 있다. 예를 들어 대학이 흔히 내세우는 미래 엘리트의 육성이라는 목표는 대학이 누리는 사회적 정당성의 근거로서는 적합하지만, 대학에서의 교과과정의 수립이나 교육인력의 선발 등의 구체적인 조직활동을 수행하는 데는 별 도움이 되지 못한다. 따라서 일반적인 수준에서의 조직목표와 함께 조직의 세부적인 활동으로서의 다양한 하위목표가 수립되게 된다.

목표의 이와 같은 측면의 이해에는 페로우(Charles Perrow, 1961)의 공식목표(official goal)와 운영목표(operative goal), 그리고 사이몬의 상위목표와 하위목표의 개념이 유용하다. 페로우의 개념에서 공식목표는 조직의 정관, 공식보고서, 지도부의 공식적인 주장을 통해 명시되는 목표들이다. 공식목표는 대부분 일반적이고 추상적으로 정의되기 때문에 이러한 공식목표로써는 구체적인 조직운영과 활동의 우선순위와 방향을 명확히 설정하기 어렵다. 이에 비해 운영목표는 조직의 운영과정에서 구체화된 것으로 조직이 구체적으로 달성하고자 하는 과업들이다. 즉 운영목표는 조직이 실제활동을 통해 추구하고 달성하고자 하는 구체화된 목표이다.

사이몬(Simon, 1976)의 개념에서 상위목표는 조직전체의 공동적인 목표로서 추상적이고 일반적이며, 하위목표는 그 상위목표를 달성하기 위한 수단적인 것으로 상위목표에 비해 구체적이고 특정화되어 있다. 이러한 상위목표와 하위목표의 구분으로 조직의 목표는 가장 추상적인 차원에서부터 가장 구체적인 차원까지 위계가 성립된다. 즉 조직에서는 하나의 목표를 달성하기 위한 수단으로 여러 가지 과업이 요구되는데, 다시 이러한 과업들을 목표로 하여 제 2 · 3 단계의 수단이 도출되는 목표-수단연쇄관계가 만들어지는 것이다. 사이몬의 상위목표와 하위목표는 페로우의 공식목표와 운영목표와 부분적으로는 유사한 개념이다. 즉 조직의 공식목표는 상위목표로서 조직의 최상부에서 규정되고, 이것을 달성하는 수단으로서의 하위목표가 각 하위부서에 분할되어 각 부서의 운영목표로 되어 구체적인 활동으로 실행된다.

따라서 조직이 해야 할 수많은 과업으로서의 운영목표의 수준에서 보면 조직에는 다수의 목표가 있게 된다. 여기에서 문제는 일반적인 공식목표의 수준에서는 구성원들간에 별 이견이 없다 하더라도 구체적인 세부운영목표의 수준에서는 흔히 상당한 정도의 의견의 불일치가 있게 된다는 것이다. 따라서 조직에서 다수의 조직목표들에 대한 구성원 개개인이 생각하는 우선순위에서 의견의 일치나 합의를 보는 것이 매우 어려워 질 수 있다.

4. 공언목표와 실제목표

에치오니(Amitai Etzioni, 1964)는 조직의 목표를 공식적으로 표명된 공언목표(stated goal)와 조직이 실제 달성하고자 하는 실제목표(real goal)로 구분하였는데, 이 둘은 일치할 수도 있지만 일치하지 않을 수도 있다. 공언목표와 실제목표가 일치하지 않는 경우는 조직의 대표자나 조직구성원들이 의식하지 못하는 사이에 양자간에 괴리가 생기는 경우와 조직의 대표자나 조직구성원들이 알면서도 공언목표를 실제목표의 수단으로 사용하는 경우로 나눌 수 있다. 후자의 예로는 조직의 목표로 문화사업을 내세우면서 실제로는 재산증식이나 절세의 수단으로 활용하는 일부 기업 문화재단을 들 수 있다. 대체로 실제목표는 조직내 지배집단이나 권력자의 이익에 직결되어 있는 경우가 많으며, 공언목표와 아무 관련이 없거나 공언목표를 왜곡시킨 경우도 있다. 일반적으로 조직은 양 목표간에 차이가 클수록 환경으로부터 도전을 많이 받게 되는 반면 일치할수록 조직존속의 정당성이 높아지게 된다(최창현 외, 1996 : 369-370).

5. 다원목표의 갈등

사이어트와 마아치(Cyert and March, 1963)는 고전합리적 관점에서의 조직에서의 단일의 합의된 목표라는 가정에 문제를 제기했다. 고전합리론자들이 암묵적으로 지녔던 조직목표에 대한 구성원들간의 합의가 존재한다는 가정은 실제의 조직상황과 부합되지 않는다는 것이다. 오히려 조직이란 특정의 이해관계를 갖는 다양한 집단들의 연합이다. 조직내 하위집단은 제각각의 목표를 지니고 있으며, 각자의 목표를 조직전체의 목표로 규정하고 관철시키기 위해 경쟁한다. 각 조직구성원은 조직목표를 구체화시키는 과정에서 영향력을 행사하고자 하지만, 이들이 모두 동일한 조건에서 겨루는 것은 아니다. 그렇다고 어떤 한 집단이나 개인이 조직목표를 완전히 결정할 수 있을 정도로 조직을 장악하고 있는 것도 아니며, 결국 조직목표는 조직내의 지배적인 집단들간의 연합과 협상의 과정을 통해 도출되게 된다. 이같은 상황에서 조직에서의 다양한 목표들간의 갈등현상은 편재적이며, 중요한 것은 서로 경쟁관계에 있는 다원적인 목표들간에 벌어지는 연합의 과정이다.

다원목표들간의 갈등과 경쟁이라는 상황에서 사이어트와 마아치(Cyert and March, 1963)는 조직에서 목표가 형성되는 과정을 세 단계로 보았다. 첫째 단계는 연합의 일반적 조건에 대한 합의에 도달하기 위해 조직내 집단들이 협상을 벌이는 단계이다. 협상을 통해서도 이해관계의 대립이 완전히 해소되지 않기 때문에 의사결정과정의 분권화, 다원적 목표의 순차적 추구, 잉여자원의 조정 등을 통해 목표에의 합의를 끌어내게 된다. 두 번째 단계는 합의된 목표를 안정화시키고 구체화시키기 위해 조직 내의 통제가 이루어지는 단계이다. 마지막 단계는 조직에 대한 압력과 환경의 변화에 따라 연합에 대한 합의가 변화되는 조정의 단계이다. 이러한 단계들은 기본적으로 조직목표가 다원적 · 정치적 과정에 의해 도출되어 나오는 것을 시사하는 것이다. 사이어트와 마아치는 조직내 연합구조의 변화를 조직의 목표변동을 가져오는 주동인으로 보았다.

조직목표에 대한 이러한 사고는 목표를 이해하는 데 보다 현실적인 상을 제공한다. 우선 조직목표를 조직에서의 집단이나 개인의 활동과 실질적으로 연계시킬 수 있다는 점에서 조직목표의 객체화라는 문제를 피할 수 있다. 그러나 반면에 조직목표를 주로 구성원들간의 정치적 협상결과로 보는 것은 조직내 집단이나 개인들은 그들의 순수한 이해나 목표를 지니는 것으로 전제하는 데 비해, 조직이 조직차원의 순수한 목표를 지닌다는 것은 간과한다는 문제를 지닌다. 마치 개인이나 집단들의 다양한 관심이나 이해관계가 조직에 유입되어 특정의 힘 있는 조직구성원들에 의해 일방적으로 관철되는 듯이 그려지는 것이다. 그러나 조직내 수많은 이해관계들은 조직내에서 자생적으로 출현하기도 하는 것이다. 조직 자체의 존속으로부터 야기되는 기회와 위협에 적응하면서 이전과는 다른 새로운 이해관계와 새로운 연합집단이 출현되어 나오는 것이다(Scott, 1998 : 291). 요컨대 조직목표는 그때그때의 조직이 처한 상황과 구성원들의 역학관계의 역동성에 의해 그 자체 역동성을 갖게 된다.

운영목표를 둘러싼 구성원들간의 경쟁으로 인해 전체로서의 조직은 최소한의 합의만을 가지고 기능할 수밖에 없게 된다(Gareth Morgan, 1986 : 213). 그럼에도 불구하고 조직은 대외적으로는 하나의 분명한 목표에의 합의가 되어 있는 듯이 행동하며 또 그렇게 간주된다. 조직 내의 다양한 조직목표들간에 합의가 존재하지 않는다면, 조직목표를 이해하는 관건은 '누가 목표를 설정하는가' 하는 문제이다.

페로우(Perrow, 1961)는 조직목표를 둘러싼 구성원간의 불일치에도 불구하고 공동목표가 나올 수 있는 것은 조직의 목표가 조직내 가장 힘 있는 집단에 의해 주도된 결과라고 본다. 조직내 집단들간의 권력의 분배는 조직에서의 업무와 직접적으로 관련된다. 조직에는 네 가지의 기본적인 업무가 있다. 즉 조직의 설립 · 운영 · 확장에 필요한 자금의 동원, 조직활동의 정당성획득, 필요한 기술의 확보, 그리고 조직구성원의 활동을 조정하는 것이다. 이러한 업무분야는 그 중요성이 비슷할 때도 있지만, 조직의 발전단계에 따라 중요성의 순위가 달라지게 된다. 이 과정에서 특정의 시기에 가장 핵심적인 업무를 수행하는 집단이 지배적인 집단으로 등장하며, 이 지배집단을 중심으로 공동의 목표가 설정되게 되는 것이다.

페로우는 기부금으로 설립된 종합병원의 예를 들어 종합병원의 대표적인 집단을 이사진 · 의료진 · 행정집단으로 분류하였다. 여기에서 페로우는 병원의 유지와 운영에 필요한 자금을 확보하는 것이 가장 중요한 업무였던 설립초기에는 재단 이사진이 병원운영의 지배적인 집단이 되고, 이후 전문적인 의료활동이 병원의 핵심적인 업무로 대두되면서 의료진이 지배적인 집단으로 등장하고, 조직내의 관리적 측면이 가장 중요하게 되면서 관리집단이 지배적인 집단이 되고 있음을 보여 주고 있다. 즉 조직의 우선적인 운영목표결정에 가장 큰 영향력을 행사하는 집단은 조직활동의 특정시기에 가장 중요한 과업을 수행함으로써 지배적인 위치에 서게 된 집단이다.

6. 조직목표의 변동

조직목표의 변동에 대한 연구는 제도화 이론가들에 의해 이루어졌다. 이들은 조직이 조직내외의 여러 상황이나 압력 등에 의해 그의 목표를 변화시켜 가는 것에 주목하였다. 조직행위자들은 조직의 안정 및 존속을 확보하는 과정에서 적대적인 환경에서는 논란적인 목표를 계속 수정해 나간다. 조직의 구조상의 특성이나 프로그램들이 변화하는 조직내외의 조건에 적응해 가면서 때로는 원래 목표와는 거리가 있는 다른 것으로 변화해 가는 것이다.

목표의 변동은 크게 새로운 목표가 기존의 목표를 대치해 가는 목표의 계승이라는 측면과 원래의 목표가 변질되고 왜곡되는 측면으로 나누어 볼 필요가 있다. 전자의 경우는 조직이 쇠퇴하지 않도록 자기변형을 통해 조직생존을 이어가는 것이다. 반면에 후자의 경우에는 목표가 원래의 취지를 잃고 목표와 수단의 전도 등의 왜곡된 방향으로 흘러간다는 부정적인 함의를 품고 있다. 그러나 조직목표의 변동을 어디까지 계승의 성격으로 보고, 어디까지 왜곡의 성격으로 볼 것인가는 현실적으로 그렇게 분명한 것은 아니다. 이러한 구분이 비교적 분명하게 될 수 있는 경우도 있지만, 많은 경우 이 둘은 보는 각도에 따라 달라질 수 있다. 중요한 것은 조직목표가 변화한다는 그 자체이다.

1) 목표의 승계 · 추가

목표의 승계는 조직이 본래 추구하던 목표가 달성되거나 현실적으로 달성이 불가능한 경우, 새로운 목표로 교체하여 조직의 생존성을 이어가는 것이다. 목표의 추가는 동종 목표의 수가 늘어나거나 새로운 목표가 추가되는 것이다.

실즈(D. Sills, 1957)의 미국 소아마비재단에 관한 연구는 이러한 목표승계의 가장 널리 인용되는 예이다. 이 재단은 1938년 소아마비의 예방과 치료를 지원하기 위하여 설립되었지만, 백신의 개발로 목표가 달성됨에 따라 소아마비의 예방과 치료라는 조직목표를 잃게 되었다. 목표의 달성으로 이 재단은 해체될 처지에 있었지만, 방대한 기구와 인력을 토대로 난치병극복이라는 새로운 목표를 채택하여 조직을 존속시켜 갈 수 있었다(최창현 외, 1996 : 386-387).

메신저(Sheldon Messinger, 1955)의 타운센드단체에 대한 분석은 당초에 노인압력단체라는 정치적 목표로써 출발한 조직이 재정적 기반을 확립해 가는 과정에서 사교단체로 변모해 가는 것을 보여 주고 있다. 타운센드단체는 노인집단의 정치적 지지의 결집이라는 목표로 시작하였으나, 기금조성이라는 운영목표를 추구하는 과정에서 조직목표가 바뀌고 있다. 즉 회원들에 대한 건강약품 등의 상품판매를 통한 부수입으로써 정치활동에 소요되는 기금을 조성하고자 했던 것이 결과적으로 본래의 정치조직에서 사교단체로 탈바꿈하고 있는 것이다.

잘드와 덴튼(Mayer Zald and Patricia Denton, 1963)이 행한 YMCA연구도 이 비슷한 과정을 보여 주고 있다. 즉 도시빈민의 자활과 복지서비스를 제공하는 선교단체로 시작된 YMCA가 도시주변의 중산층청소년의 사회오락센터로 변화해 가는 과정이다.

2) 목표의 왜곡

목표의 왜곡은 조직이 논란적이거나 지지기반이 취약한 목표를 수정하면서 원래의 취지나 기대수준이 퇴색된 다른 목표로 변질되어 가는 것이다. 셀즈닉(Philip Selznick, 1949)은 그의 TVA연구에서 조직이 외부환경의 압력으로 공공이익의 확대라는 원래 조직목표와는 거리가 있는 사적 이해관계에 봉사하는 방향으로 흘러가고 있는 것을 주목하였다.

클라크(Burton Clark, 1956)의 로스엔젤리스의 성인교육기관에 대한 연구 역시 외부환경에 의해 목표가 변질되어 가는 과정을 보여 주고 있다. 이 기관은 원래 취지했던 수준 높은 문화교육 프로그램을 제공하려던 목표를 실현시키지 못하고 표류하게 되는데, 클라크는 이것을 조직의 취약한 제도적 위상과 관련시켜 설명하였다. 즉 교육기관이 독자적인 재정기반을 결여하면서 원래 기획한 강좌 중에서도 다수학생들이 수강하는 대중성 있는 강좌만 개설하고 있는 것이다. 그리하여 본래의 프로그램취지에도 부합되고 문화적 가치는 있으나, 수강인원상에서 인기가 떨어지는 강좌들은 밀려나고 있는 것이다.

셀즈닉은 조직목표의 실현과 관련하여 조직리더의 역할을 핵심적으로 보았다. 조직의 리더는 무엇이 조직의 사명인가를 규정할 수 있어야 하며, 특정의 가치를 선택·보호하고 그러한 가치를 구현하는 사회구조를 창출하는 의무를 지닌다. 이와 같이 셀즈닉이 조직리더의 역할을 조직목표달성의 긍정적인 측면에서 보았는 데 비해, 페로우는 조직에서 목표가 변질되고 전도되는 과정에는 리더 개인의 목표도 결정적으로 작용할 수 있다는 점을 강조하였다. 조직리더가 자기 개인의 이익을 추구하는 도구로서 대다수 조직구성원의 공동의 목표와는 거리가 먼 방향으로 조직을 전용하는 경우이다. 즉 조직의 목표가 전도되고 왜곡되는 과정에는 셀즈닉이 강조하듯 조직리더가 조직을 성공적으로 이끌고 나가지 못 한다는 그런 측면보다, 오히려 리더가 자신의 이익을 위해 의도적으로 그런 방향으로 끌고 가는 측면이 다분히 작용한다는 것이다(Perrow, 1979).

조직목표의 변동과 관련하여 자주 제기되는 문제가 목표와 수단의 전도이다. 머튼(Robert Merton, 1957)은 관료적 의례주의를 한 예로 들어 현대관료적 조직에서의 목표와 수단의 전도(goal displacement)라는 측면에 주목하였다. 머튼은 수단으로서의 관료적 절차가 그 자체가 목적으로 전도되는 의례주의에 빠지게 되면 조직목표의 합리성이 쇠퇴된다고 보았으며, 이러한 것을 현대사회의 대표적인 일탈현상으로 부각시켰다.

그러나 마아치와 사이몬은 수단과 목표의 전도라는 문제를 조직과정의 본질적인 측면으로 이해한다. 즉 조직의 각 구성원은 조직전체의 목표을 직접 수행하는 것이 아니라 세분화되어 분담된 일련의 과제를 수행하는 것이다. 결국 개인수준에서 과제를 수행하는 데 있어서의 직접적 목표는 전체조직목표의 달성을 위한 수단으로서 각 구성원에게 할당된 과제이다. 사실 조직전체의 목표라는 것도 사회전체의 시각에서 보면 전체사회의 목표를 달성하기 위한 수단이다. 따라서 목표수단의 전도는 머튼이 강조하듯 유독 관료제의 역기능이라기보다 오히려 분화로 특징되는 현대사회에서 일반적 현상이라는 주장이다.

이렇게 보았을 때 목표수단의 전도 그 자체에 문제가 있는 것이 아니다. 문제가 되는 것은 전체의 목표가 변화해 가는데도 불구하고 여전히 구태의연한 목표-수단연쇄체계에 매달리는 경우이다. 즉 전체목표가 달라지게 되면, 기존의 목표-수단의 연쇄체계 역시 같이 달라져야 한다. 그럼에도 불구하고 여전히 기존의 수단에 집착하면서 목표-수단연쇄에 단절이 생기게 되고, 수단이 그가 달성해야 할 목표와 전면배치되어지는 상황이 되어 버리는 것이다. 즉 전체목표의 변화가 있게 되면, 이러한 목표를 실행시킬 수 있는 조직설계나 그 하위단위에서의 행동의 적응이 뒤따라야 한다. 이러한 적응이 적절하게 이뤄지지 않게 되면 목표-수단연쇄체계로부터 이탈이라는 문제가 발생하게 되는 것이다(Scott, 1998 : 328-329).

조직목표는 환경의 변화에 의해서 변화한다. 즉 조직과 관련을 맺고 있는 특정 외부세력이 조직목표의 변동에 직접적으로 작용하기도 하고, 일반적인 환경변화에 조직이 적응하는 과정에서 목표가 변화하게 되는 것이다. 톰슨과 메크웬(James Thompson and William McEwen, 1958)은 조직의 목표설정 및 변동에는 환경의 통제가 작용한다는 것을 전제하고, 조직이 환경적 압력에 대응하는 전략에 따라 목표설정이 달라진다고 보았다. 조직은 그 존립과 활동을 위해서 환경으로부터 지속적인 지원을 확보해야 하기 때문에 조직은 환경과 관계를 맺게 되며, 목표설정의 문제는 근본적으로 조직과 환경의 관계를 바람직하게 설정하는 측면에서 이해되어야 하는 것이다. 즉, 조직은 환경에 의존하며, 조직의 목표는 환경의 통제를 받게 된다.

오늘날 많은 연구가 이루어지면서 목표에 대하여 다음과 같은 측면들이 조직목표의 일반적인 면모로 인식되게 되었다. 우선 조직이 내세우는 공식목표와 실제 운영상의 목표는 같지 않다. 조직은 하나의 목표가 아닌 다수의 목표를 추구하여 조직에는 동시에 여러 목표가 있을 수 있다. 때에 따라서는 조직은 서로 경쟁적인 다수의 목표를 추구하기도 한다. 기본적으로 조직의 목표와 조직의 다른 요소 및 환경은 상호의존적이다.

7. 조직목표와 합리성

조직목표와 관련하여 조직합리성의 개념은 매우 강력한 조직행동의 원리로 받아들여져 왔다. 고전적 합리모델에서는 조직의 목표가 분명하고 합리성을 평가할 수 있는 충분한 기준이 된다고 가정하였다. 그러나 현실에서는 조직의 목표는 그렇게 항상 명확한 것은 아니다. 합리성 자체가 행동에 선행하는 지침이라기보다는 행동이 이루어진 이후의 논리로 더 적절히 이해되기도 한다. 즉 합리성은 앞으로 무엇을 할 것인가가 아닌 무엇을 했는가와 더 관련을 지닐 수도 있다. 이미 벌어진 행동이 행위자 자신과 주위 모두에게 의미 있고 정당한 것으로 보여지게 하는 논리로서 적절히 이해될 수 있다는 것이다.

조직합리성에 대한 생각은 크게 합리적 시각과 자연적 시각으로 구분하여 볼 수 있다. 합리적 시각에서는 조직의 합리성은 위에 집중되어 있다. 즉 조직을 대표하는 기업주 등의 최상부의 합리성이다. 이 시각은 조직구성원 개개인이 어떠한 선택을 하는가에 대하여도 관심을 두지 않는다. 개인은 단지 기업에서 기업가가 이윤을 극대화하기 위해 규정하는 다른 생산요소와 동일하게 취급된다. 마찬가지로 이상적인 합리성을 제약시키는 요인이 되는 조직내외에 잠재한 기타의 제반 비합리적 요소에 대하여도 관심을 두지 않는다. 이러한 태도는 무엇보다도 조직에 대한 관심이 조직 자체에 대한 이해보다는 조직을 합리성을 추구하는 도구로서 보는데서 비롯된다(Mouzelis, 1968 : 121-122).

이러한 관점의 가장 큰 어려움은 분명한 목표, 명확한 기술을 전제하며, 이러한 것을 가능케 하는 외적 자원의 무제한성을 가정한다는 점이다. 현실에 있어서 이러한 것은 당연히 주어지는 조건이라기보다 많은 경우 조직이 내적 효율성의 희생의 감수를 통해서만 확보할 수 있는 것들이다. 즉 현실적으로 내적 효율성과 외적 효율성간에는 매우 큰 괴리가 있을 수 있다. 조직의 합리성을 단일화시키기 어려운 또 다른 이유는 조직 자체가 그렇게 단일의 통합된 체계가 아니라는 점에 있다. 알리슨(GrahamAllison, 1971)은 조직을 통합된 단일행위자로 보는 것이 유용한 점도 있지만, 이러한 단순화로써는 조직현실에 대한 적절한 이해가 이루어질 수 없다고 지적한다.

반면에 자연적 시각에서 나타나는 문제는 조직의 비합리성이라는 측면을 지나치게 부각시키면서 특정의 목표를 추구하는 조직의 본질을 과소평가하는 점이다. 즉 조직의 목표의 합리적 달성이 조직의 행위에 결정적이지 않다면, 조직을 움직이는 추진력은 과연 무엇인가 하는 문제가 남게 된다. 이러한 문제가 여러 논란에도 불구하고 조직의 목표와 그의 합리성에 대한 관심을 지속시키는 것이다.

제 2 부　조직의 구조와 과정

제 2 부에서는 조직의 구조와 과정을 중심으로 조직 전반의 핵심적인 측면들을 다루고 있다. 4장에서 8장까지는 조직의 구조와 설계를 조직전략, 환경, 기술 등의 측면을 중심으로 살펴보고 있다. 이어 9 장에서 13 장까지는 조직의 권력, 의사전달, 의사결정, 리더십의 측면들을 살펴보고, 마지막 14 장에서는 조직효과성의 모형과 관련 쟁점들을 소개하고 있다.

제 4 장
조직구조의 차원

1. 분화와 통합

일반적으로 조직의 기본적인 활동은 개인적으로 수행하기에는 너무 방대하거나 복잡한 과제를 공동으로 수행하는 것이다. 조직의 가장 큰 이점은 다수의 기술과 능력을 결합하여 개인 단독으로는 이루기 힘든 과제를 달성할 수 있다는 점이다. 조직의 주요 활동은 조직의 목표를 달성하는데 요구되는 기본적인 과제들을 규명하고, 이러한 과제들을 여러 하위활동단위들로 분해하여 궁극적으로 개개과제를 끌어내는 것이다. 그러나 분화에 의해 분산적으로 이루어지는 각 개별과제들은 그 자체로서는 전체 과제의 단지 부분이기 때문에, 다시 다른 과제들과의 조정을 거쳐 조직전체의 과제로 통합되어야 한다. 예컨대 의류업체의 가장 일반적인 목표는 의류제품을 생산하여 판매하여 이윤을 창출하는 것이다. 이러한 목적을 달성하기 위해 요구되는 활동들을 보면 제품의 디자인, 원단과 생산설비의 구입, 생산, 판매가 필요하고, 여기에 직원들을 고용하는데 따르는 관리활동까지 요구된다. 이 각각의 과제들은 제각각 독립적으로 이루어질 수 있는 것이 아니라 디자인에 따라 구입해야 할 원단이 정해지고, 생산이나 판매 스케줄에 대한 상호간의 조정을 통해 의류사업을 통한 이윤창출이라는 전체 조직과제로 통합되는 것이다.

조직구조는 기본적으로 조직활동의 분화와 통합이라는 논리에서 출발한다. 분화란 조직의 전체 과제를 여러 세부과제로 나누어 할당하는 것이며, 통합은 이렇게 나누어 달성된 세부과제들을 다시 조직전체 과제로 결합시키는 것이다. 따라서 조직구조는 조직구성원들 · 단위들간의 관계들을 포괄하는 것으로서 조직에서 이루어지는 분화와 통합의 사회적 구조이다.

조직에서 분화는 조직활동의 출발점으로서 전체과제를 수많은 개개업무들로 나누고 다시 이들을 몇 개의 유사하거나 상호관련된 활동단위들로 집단화하는 것이다. 이러한 분화는 구성원들의 전문성과 숙련을 높이고 궁극적으로 각 부분과제들의 효율성을 높인다. 그러나 조직에서 분화가 지나치게 되다 보면 각 구성원들은 각자의 과제에만 전념하고, 전체 조직과제와의 조화나 다른 구성원들과의 상호조정이나 이해가 어려워지는 통합상의 문제가 발생하게 된다. 따라서 분화와 통합간의 균형이라는 문제는 조직구조의 설계에서 핵심인 것이다(Hatch, 1997 : 162-163).

2. 조정기제

조직에서 공동의 과제를 효과적으로 수행하기 위해서 직무의 분화가 이루어지지만, 이렇게 분화된 직무들은 다시 조직 전체의 목적으로 통합되어야 한다. 조직내 다양한 활동의 통합은 이들간의 조정을 통해 이루어지게 된다. 조정은 "공동의 목표를 추구하는 데 있어서 행위의 통합을 이루기 위한 집합적 노력의 질서정연한 결합"(James Mooney, 1937)이다. 조정은 가장 단순한 표준화된 규칙과 프로그램에서부터 계획, 위계화, 수평적 의사전달망의 확대 등 다양한 방식으로 이루어진다(Scott, 1998 : 231-239).

1) 규칙과 프로그램

규칙과 프로그램(rules and programs)은 각 단위 또는 부서활동이나 과제수행 방식에 있어서 공식적인 절차나 규칙을 두는 것이다. 이것은 가장 표준화된 조정방식으로서 반복적이고 안정된 상황에서 적합하다.

2) 계 획

계획(schedules)은 여러 활동이 동일장소에서 이루어지거나 과제들간에 순차적 상호의존성이 있는 경우에 대표적인 조정방식이다. 계획의 가장 큰 특징은 과제수행과 관련하여 무엇을 어떻게 실행할 것인가 외에 '언제'라는 시간적 변수가 고려된다는 점이다. 계획에 의한 조정은 표준화된 절차나 규정에 의한 경우보다는 조직의 기술이나 과업환경이 다소 동적인 상황에도 적용될 수 있다.

3) 부 서 화

부서화(departmentalization)는 조직에서 이루어지는 활동이나 과제들을 유사성이나 상호연관성의 정도에 따라 몇 개의 부서단위로 나누는 것이다. 조직내의 다양한 활동들을 상호연관된 단위로 나누어 수행함으로써 전체조직이 필요로 하는 복합적인 활동을 단순화시키는 것이다. 기업에서 흔히 보는 생산부 · 영업부 · 인사부 · 기획실 등의 부서화는 기업이 수행하는 기능들을 몇 개의 유사기능단위로 나누어 여러 이질적인 기능들을 같이 수행할 때 발생할 수 있는 혼란과 복잡성을 줄이기 위한 것이다.

4) 위 계 화

조직의 상호의존적 관계가 아주 광범하여 몇 개의 부서단위로 나누더라도 조정상에 여전히 어려움이 있을 수 있다. 이러한 경우에 위계화(hierarchy)로써 상호의존의 정도가 큰 구성요소들끼리 다시 몇 개의 하위부서로 나누게 된다. 즉 일차적으로 분화된 부서에서 다시 우산살 모양으로 이차적 부서화로써 위계화하는 것이다. 따라서 조직의 위계화는 부서화가 2차 · 3차로 진행되면서 출현한다.

위계는 흔히 수직적인 권력관계로 주로 인식되는 경향이 있다. 그러나 조직의 위계구조에서 각 위계수준은 단순히 하위수준보다 더 상위수준이라는 것 외에도 그 하위수준을 구성하고 있는 요소들의 수준을 능가하는 조정의 측면을 다룰 수 있는 더 포괄적인 집락이나 결합인 것이다. 일찍이 공식적 관리론에서 강조했듯이 권위는 기본적으로 '가장 으뜸가는 조정권한' 으로서 조직내 수직적 위계구조는 조정과 직접적인 관련을 지닌다.

5) 위 임

위임(delegation)은 일선업무자에게 과제수행상의 좀더 많은 권한과 책임을 맡기는 것이다. 조직의 기술이나 환경이 복잡하고 불확실하고 유동적인 경우 단위들간의 조정을 위해 조직이 처리해야 하는 정보량이 크게 증가한다. 따라서 각 업무자들을 수직적으로 통제하고 의사결정기제를 위에 집중시키기보다는 일선업무자에게 보다 많은 재량권을 위임할 필요가 있는 것이다. 이렇게 위임함으로써 위에서의 정보처리부담은 크게 줄어들게 된다. 그러나 일선업무자에게 많은 재량과 권한이 주어지는 만큼 위임에 의한 조정은 주로 구성원들의 기술이나 교육수준이 높은 전문가조직에 국한되는 경향이 있다.

6) 수평연결망의 확대

조직활동의 복잡성과 불확실성이 매우 큰 경우, 좀더 획기적으로 정보처리능력을 증대시키는 조정방법이 필요하게 된다. 조직에서 정보처리능력을 증대시키는 기본적인 조정방법은 구성원들간의 수평적 연결망을 확대시키는 것이다. 수직적 위계구조에서는 정보가 주로 수직적으로만 흐르는 경향이 있기 때문에 전체조직차원에서의 정보흐름의 순발력이 떨어지고 조직상부에서의 의사처리부담이 과다해지는 문제가 나타난다. 이러한 문제를 완화하고 조직전체의 정보흐름을 신속하게 하기 위해 관련업무자들간에 직접 정보교환이나 상호조정이 이루어질 수 있도록 수평적인 연결망을 확대시키는 것이다. 조직에서 수평적 연결을 확대시키는 데는 다음과 같은 방법들이 있다 (Scott, 1998 : 231-239).

(1) 직접접촉(direct contact)

부서들간의 수평적 창구를 다양하게 개방하여 관련부서 구성원들간의 직접적인 상호작용을 확대시키는 것이다.

(2) 연락전담역(liaison roles)

직접접촉에서와 같이 수평적 창구를 완전히 개방하는 대신 그러한 연결을 전문으로 담당하는 전담역을 두는 것이다. 즉 기본적인 위계구조는 유지하면서 부서별로 연락전담역을 두어 부서들간의 연락이나 조정을 돕는 것이다.

(3) 태스크 포스(task forces)

관련부서별로 인원을 차출하여 한시적으로 팀을 구성하여 과제가 수행되는 일정기간 동안 이들간의 집중적인 상호작용을 확보하는 것이다. 예를 들어 사회에 지진이나 홍수 등의 재난이 발생했을 때 관련현안에 대하여 신속하게 대처하기 위해 정부 각 관련부처로부터 인원을 차출하여 비상재난대책위원회를 구성하는 것이다.

(4) 프로젝트 팀(project teams)

특정과제를 수행하기 위해 별도의 팀을 만들어 운영하는 것이다. 태스크포스가 한시적 성격인 데 비해, 프로젝트팀은 비교적 정규적인 체제로 유지된다는 점에서 차이가 있다.

(5) 매트릭스조직(matrix organization)

프로젝트팀과 비슷하지만 프로젝트팀이 조직의 일상적인 위계구조를 그대로 둔 채 별도의 팀으로써 조직의 필요에 따라 가동되는 데 비해, 매트릭스구조는 근본적인 구조변화를 통해 팀체제를 정규화시키는 것이다. 매트릭스조직의 특징은 정보와 권위의 흐름이 수평 · 수직적으로 흐른다는 점이다.

3. 조직구조의 차원 : 복잡성 · 집권화 · 공식화

조직구조의 요소들로는 조직의 규모, 전체구성원에서 차지하는 관리직의 비율, 통제범위, 공식화, 집권화, 복잡성 등이 고려된다. 이 중에서도 복잡성 · 집권화 · 공식화는 조직구조의 특성을 나타내는 가장 일반적인 조직구조의 차원들이다.

1) 복 잡 성

조직구조의 복잡성(complexity)은 조직내 분화의 정도를 나타내며, 이러한 분화는 수평 · 수직 · 공간적으로 이루어진다. 수평적 분화는 동일위계수준에서 과제가 분화되는 것으로 분업화와 부서화가 있다. 분업화(specialization)는 하나의 복합적인 과제를 몇 개의 과제들로 나누어 작업하는 것으로 기능적 분업화(functional specialization)와 사회적 분업화(social specialization)의 두 가지 방식으로 이루어진다. 기능적 분업화는 과제를 여러 개의 단순하고 일상적인 과제로 나누어 여러 명이 분담하여 수행하는 방식으로 개별 구성원의 과제는 단순하고 일상적이며 이들간의 대체가능성이 높다. 사회적 분업화는 단순하고 일상적인 부분으로 쪼개기 어려운 과제를 과제 전체에 대한 전문적인 기술과 지식을 가진 전문가가 전담해서 수행하는 방식으로 분업화가 이루어지는 것이다. 부서화(departmentalization)는 분업화에 의해 세분화된 업무와 과제들을 유사성이나 상호연관성의 정도에 따라 몇 개의 부서단위로 묶는 것이다. 즉 기능(판매 · 구매 · 생산 등), 과정(도장작업 · 전산실 등), 고객(병원에서 환자에 따른 진료과 또는 대학의 학과), 그리고 장소(지점이나 지부 등) 등에서의 유사성이나 관련성이다.

수직적 분화는 조직에서 구성원들의 상하관계의 위계구조상의 분화이다. 수직적 분화와 수평적 분화는 독립적으로 이루어지는 것이 아니라 상호관련되어 진행된다.

즉 부서화가 이루어지고, 그 단위 부서내의 요소들간에 분업화가 더욱 진행되게 되면, 그 안에서 다시 상호의존 정도가 큰 구성요소들끼리 몇 개의 부서로 분할시킬 필요가 있게 된다. 따라서 1차 분화된 부서에서 그 하위 부서로 2차 · 3차 부서화가 진행되면서 수직적 분화가 이루어진다. 일반적으로 수직적 분화는 수평적 분화가 더욱 진행되면서 이루어진다.

조직에서 수직적 분화의 정도는 통제범위(span of control)에 의해 결정된다. 즉 동일한 규모의 조직에서 통제범위를 넓게 잡느냐 좁게 잡느냐에 따라 계층수가 늘거나 줄거나 하여 수직적 구조 또는 수평적 구조가 되게 된다. 동일한 규모에서 통제범위를 좁게 하면 계층수가 늘어나 수직적 구조가 되고, 통제범위를 넓게 하면 계층수가 줄면서 수평적 구조가 된다. 즉 조직의 총 규모에 비해 계층수가 많으면 수직적 구조이고, 계층수가 적으면 수평적 구조가 된다(도표 4-1).

수직적 구조에서는 통제범위가 좁기 때문에 하급자에 대한 면밀한 통제와 감독이 가능하다. 면밀한 감독관계가 각 계층단계로 구축되어 조직의 최상부에서 조직 전체에 대한 통제가 비교적 수월하다. 상향적인 정보의 전달에서도 여러 단계를 거치면서 검토되기 때문에 과오나 미비점이 수정될 수 있다. 감독부담이 적은 만큼 상급자가 조직내 다른 활동을 위한 시간적 여유를 가질 수 있고, 하급자와 상급자간의 의사전달과 조정도 원활하다. 반면에 계층수가 많아지면서 관리층의 기구와 인원수가 늘기 때문에 관리비용 면에서의 부담이 크다. 또한 의사전달이 여러 단계를 거치면서 지연되

[도표 4-1] 통제범위의 비교

조직계층	각 계층의 구성원	
	통제 범위 : 4	통제 범위 : 8
1	1	1
2	4	8
3	16	64
4	64	512
5	256	4,096
6	1,024	
7	4,096	
	말단 작업진=4,096	말단 작업진=4,096
	관리진(1-6)=1,365	관리진(1-4)=585

자료 : Robbihs, 1990 : 88.

거나 왜곡될 수 있으며, 하위구성원에게 자율성과 재량권이 없어 이들의 사기가 낮다는 문제가 있다.

수평적 구조에서는 조직규모에 비해 관리계층의 규모가 작아 관리비용 면에서 효율적이며, 또한 조직전체의 의사전달이 신속 · 정확한 편이다. 또한 많은 권한과 책임이 하위구성원에게 위임되어 이들의 사기가 높다. 반면에 정보전달과정에서 나타날 수 있는 과오나 미비점이 간과될 위험이 있으며, 구성원의 업무권한이 큰 만큼 조직의 인적 구성에서 많은 고급인력을 요한다.

공간적 분화는 조직의 사무실, 공장, 인력들이 지역적으로 분산되어 있는 정도이다. 공간적 분화가 수직적 분화와 수평적 분화에 이은 조직복잡성의 또 다른 요인이 되는 것은 과제와 통제의 중심이 공간적으로 분산되기 때문이다. 예를 들어 한 제조업체가 독립된 마케팅과 생산기능을 두게 되면 이는 수평적 분화이다. 생산은 클리브랜드 공장에서 이루어지는 반면, 마케팅활동은 시카고, 시애틀, 뉴욕 등 미국 각 대도시에 위치한 판매부서에서 이루어지게 되면, 생산과 마케팅의 수평적 문화에 공간적 분화가 추가되어 생산과 마케팅이 클리브랜드에서 모두 이루어지는 기업에 비해 그 구조가 복잡해진다(Robbins, 1990:89).

일반적으로 조직구조가 복잡할수록 조직에서의 의사전달량이 늘게 된다. 왜냐하면 구조가 복잡해지게 되면 조직내 분화된 활동들이 더 많아지고 이들을 조정하고 통제하는 과정에서 좀더 많은 의사전달과 정보처리가 요구되기 때문이다.

조직규모도 구조의 복잡성을 증가시키는 경향이 있는데 조직규모가 큰 만큼, 수평적 분화와 수직적 분화가 일어날 여지가 많기 때문이다. 그러나 규모와 복잡성의 관계는 절대적인 것은 아니다. 예컨대 소수의 한정된 품목을 일상화된 기술로 생산하여 안정된 시장에 판매하는 제조업체의 경우 그 규모는 크더라도 그 구조에 있어서는 매우 단순할 수 있다. 반면에 대학이나 종합병원은 그 규모에 비해 구조가 매우 복잡한 조직들이다. 이들 조직은 수직적 분화는 별로 크지 않은 반면, 수평적 분화는 매우 넓게 되어 있다.

2) 집 권 화

집권화(centralization)는 조직에서 의사결정의 공식적 권한이 조직 상부의 개인이나 부서에 집중되어 있는 정도이다. 집권화가 큰 조직에서는 크고 작은 결정이 거의 모두 조직 최상부에서 이루어지며 하위구성원들의 의사결정과정에서의 권한이나 참여

정도는 극히 미미하다. 반대로 분권화된 조직에서는 과제수행이나 의사결정과정에서 하위구성원들의 권한이나 참여가 높다.

그러나 실제 조직의 집권화의 정도를 판단하는 데에는 다음과 같은 측면에서 다소 모호한 부분이 있다. 우선 조직에는 공식적인 위계구조상의 권한외에도 비공식적으로 행사되는 권력관계가 있다는 점이다. 둘째로는 공식화 정도가 높은 경우 집권화 정도가 낮다 해도 하위구성원들이 내릴 수 있는 결정이 이미 조직의 공식적인 절차나 규정에 의해 상당부분 프로그램화되어 있기 때문에 실제 하위구성원이 행사할 수 있는 재량이나 권한은 미미할 수 있는 것이다. 마찬가지로 조직내 모든 수준에서의 의사결정에 대한 조직상부의 면밀한 감독과 통제를 가능하게 하는 정보처리시스템도 실질적인 의미에서의 분권화를 퇴색시킬 수 있다. 마지막으로 많은 조직에서 정보의 통제와 처리와 관련된 판단과 통제를 하위구성원이 한다는 점이다. 대부분의 조직 정보는 조직하부에서 수집되어 조직상부로 전달되는 과정에서 상당부분 생략되고 여과된다. 그대로 올리면 조직상부는 너무 많은 정보로 홍수를 이루기 때문에 위에서 필요로 하는 정보를 중심으로 정보가 요약, 처리되어야 하는데 이에 대한 판단과 통제를 밑에서 하는 것이다. 따라서 설사 공식적으로는 집권화된 구조라 해도 의사결정의 토대가 되는 정보의 처리와 통제를 밑에서 한다는 점에서 실질적으로는 집권화라고 보기 어려운 부분이 있게 된다(Robbins, 1990 : 104-106).

일반적으로 집권적 구조에 비해 분권화된 구조는 많은 이점을 갖고 있다. 우선 분권화된 구조는 정보의 양과 질을 향상시킨다. 현대 조직에서는 정보가 넘쳐나기 때문에 문제는 정보의 양이 아니라 조직의 정보처리능력이다. 소수의 조직 상부층이 처리할 수 있는 정보와 결정능력에는 한계가 있을 수밖에 없기 때문에 분권화를 통해 이러한 부담을 줄일 수 있는 것이다. 또한 변화하는 상황에의 대응이 신속하게 이루어질 수 있는데 구성원들이 상부의 결정이나 지시를 기다릴 필요 없이 바로 결정하여 행동을 취할 수 있기 때문이다. 현장의 관련 상세정보가 의사결정에 바로 반영될 수 있어 의사결정의 질을 높일 수 있는 이점도 있다. 예컨대 국내패션업체의 LA지사의 판매담당자는 수천 킬로 떨어진 서울본사에서 해외시장을 총괄하는 판매책임자보다 고객의 취향이나 제품의 가격결정과 관련한 구체적인 지역정보를 더 잘 파악할 수 있는 것이다. 이외에도 분권화는 하위구성원에 대한 동기부여의 효과와 훈련기회의 제공이라는 이점이 있다.

그러나 조직은 처한 상황에 따라 집권화된 구조가 유리할 수도 있고, 또는 분권화된 구조가 유리할 수도 있다. 특히 의사결정상황이 포괄적이고 종합적인 관점이 필요하거나 집권적 구조의 경제성이 현저한 경우에는 집권적 구조가 유리하다. 동일 조직에서도 의사결정사안에 따라 집권적이 되기도 하고, 분권적이 되기도 한다. 예를 들어 대학조직의 경우 교과목의 결정이나 학사활동은 각 학과중심으로 완전분권화된 결정구조를 가지나, 대학원중심인가 학부중심인가, 또는 연구중심인가 교육중심인가 등의 대학의 전반적인 교육방향의 설정이나 정책결정은 총장 이하 대학본부나 재단이사회를 중심으로 집권적으로 이루어지는 경향이 있다.

3) 공 식 화

공식화(formalization)는 조직의 과제들이 표준화되어 있는 정도이다. 즉 조직내 직무가 표준화된 절차 · 규칙 · 방법으로 명문화되고 규정되어 있는 정도이다. 공식화의 정도를 나타내는 지표로는 명문화된 정책 · 업무기술규정 · 규정집 · 조직차트 · MBO 등의 경영관리체계, PERT 등의 기술체계 등이다.

공식화는 조직에서의 표준화된 조정을 가능하게 하여 조직관리의 경제성과 예측성을 높인다는 이점이 있다. 다양한 활동이나 과제들의 표준화를 이룰 수 있기 때문에 이들간의 조정이 용이하며, 구성원의 사적인 요소나 환경적 교란요인들을 통제하여 활동이나 성과에서의 편차를 줄이고, 조직행동의 예측성을 높일 수 있다. 비용 면에서도 공식화의 이점이 크다. 왜냐하면 공식화가 낮아지면 그만큼 과제수행자의 재량과 판단에의 의존도가 높아질 수밖에 없는데 이러한 재량과 판단능력을 갖춘 전문인력을 고용하고 활용하는데는 좀더 많은 비용이 들기 때문이다.

이러한 차이는 고급 양식당과 맥도날드 햄버거의 조리인력의 차이를 생각하면 이해가 빠를 것이다. 고급 양식당의 조리사는 아무나 하는 것이 아니라 일정한 조리사 훈련을 받은 전문조리사들이 할 수 있다. 이들 조리사의 업무는 공식화의 정도가 매우 낮으며 개개 조리사의 개인적인 경험과 숙련에 의해 편차가 크다. 고급 식당으로서의 성공에는 이들 조리사의 요리솜씨와 기술이 크게 좌우한다. 그러나 솜씨가 좋은 일류 조리사는 고용하는데 많은 비용이 든다. 반면에 맥도날드 햄버거의 조리인력은 주로 시간제로 일하는 십대 아르바이트들이다. 이들은 개인적으로 특별한 조리기술 없이 본사에서 정해준 표준화된 조리 방법과 절차를 그대로 따라서 햄버거를 만들어 낸다. 이들 아르바이트들을 고용하는 데는 비용이 매우 적게 들 뿐 아니라, 그 성과에서도 거의 편차가 없이 동일하여 빅맥은 그 맛이나 크기, 모양이 미국 어디에서나 동일할 뿐 아니라, 유럽이나 아시아 각 도시에서도 거의 동일하다. 높은 공식화로써 맥도날드 햄버거는 저렴한 비용과 함께 그 성과의 정확한 예측성이라는 이점을 누리고 있는 것이다. 그러나 문제는 맥도날드의 아르바이트인력으로는 결코 고급고객의 까다로운 입맛을 충족시킬 수 있는 최고수준의 음식을 만들어 내는 것은 불가능하다는 사실이다.

공식화는 과제의 특성이나 기술 등이 비교적 안정적이고 단순한 표준화된 상황에서는 적합하다. 그러나 좀더 복잡하고 유동적인 상황에서는 지나친 공식화는 조직의 신축성 있는 대응을 어렵게 하는 요인이 된다. 또한 높은 공식화는 구성원들의 업무수행의 자율성과 재량권을 약화시키고, 동시에 하위구성원에게 그들의 업무수행이 상급자에 의해 지나치게 감독되는 느낌을 불러일으키는 경향이 있다. 대체로 공식화의 정도가 높을수록 조직내 의사소통량이 감소되고, 혁신능력도 약화되는 경향이 있다.

4) 집권화, 복잡성, 공식화의 관계

복잡성과 집권화　　복잡성과 집권화는 대체로 역의 관계로서 조직구조의 복잡성이 증가할수록 집권화의 정도가 낮다. 조직에서 분업 정도가 클수록 (복잡성이 늘수록) 의사결정에서의 전문성이나 능력이 더 많이 요구되어 집권화가 어려워진다. 또한 구성원들 중에 전문가가 많을수록 이들은 의사결정에의 참여를 요구하는 정도가 높아진다. 따라서 복잡성이 증가할수록 집권화의 정도가 낮아지게 된다(Robbins, 1990 : 112).

공식화와 집권화　　공식화와 집권화의 관계는 복잡성과 집권화의 경우처럼 분명하지 않지만 비교적 이 둘간에 정의 관계가 존재한다. 일반적으로 조직구성원이 단순인력으로 구성되어있는 경우는 공식화와 집권화가 모두 높고, 전문인력으로 구성되어 있는 경우에는 공식화와 집권화가 모두 낮게 나타난다. 조직구성원이 대부분 단순인력일 경우 이들의 행동을 규제할 많은 규칙과 규정이 요구되기 때문에 공식화 정도가 높아진다. 또한 조직하위계층이 단순인력으로 이루어져 있는 만큼 조직의 크고 작은 거의 모든 결정이 조직상부에서 이루어지는 집권화된 구조를 갖게 된다. 즉 공식화와 집권화의 정도가 모두 높다. 이에 비해 조직구성원이 주로 전문인력인 경우에는 공식화와 집권화의 정도가 모두 낮아지게 된다. 왜냐하면 전문인력은 공식적인 규정이나 절차에 의하기보다는 자율적으로 과제를 수행하며(공식화가 낮고) 동시에 의사결정과정에도 많은 권한을 갖는 (분권화되는) 경향이 있기 때문이다.

그러나 공식화와 집권화간의 일관성 있는 관계가 나타나지 않는 경우도 있는데, 예를 들어, 전문가 비중이 높은 조직의 경우 결정사안에 따라 집권화-분권화 정도가 달라지면서 공식화와 집권화의 관계가 모호해질 수 있다. 전문가들은 그들의 업무와 관련된 것에 대해서는 분권화를 기대하지만, 그들 업무와 직접적으로 관련이 없는 조직전체의 전략과 같은 사안에 대해서는 집권화를 인정한다(Robbins, 1990 : 112-113).

4. 관료적 · 기계적 · 유기적 조직

복잡성 · 집권화 · 공식화의 정도에 따라 다양한 조직유형이 나타난다. 흔히 비교되는 관료적 · 기계적 · 유기적 조직들간에는 위의 조직구조의 세 가지 차원에서 상당한 차이를 볼 수 있다.

우선 공식화와 복잡성의 정도가 매우 높은 조직으로는 베버(Max Weber)가 제시한 관료적 조직(bureaucratic organization)을 들 수 있다. 베버는 몰인격적이고 객관적인 관료제를 현대사회가 요구하는 합리적 조직의 원형이라고 보았는데 이념형으로서의 관료제는 다음과 같은 특성을 갖는다. 첫째, 조직구성원들간의 전문화된 과제의 분

[도표 4-2] 유기적 조직과 기계적 조직

		기계적 구조	유기적 구조
특 성	분 업	기능적 분업	사회적 분업
	책 임	명 확	불 명 확
	인간관계	공 식 적	비공식적
	상호작용	수 직 적	수평적 · 수직적
	의사전달	명령과 보고	조언과 정보
조 건	직 무	단순 · 분해가능	복잡 · 분해불가능
	환 경	정태적 · 확실	동태적 · 불확실
	성과 측정	가 능	불 가 능

자료 : D. Robey, *Designing Organization*, 2nd ed, 1986, p.104 ; 민진, 1996 : 130에서 재인용.

[도표 4-3] 유기적 · 기계적 · 관료적 조직

	복 잡 성	공 식 화	집 권 화
유 기 적	낮 음	낮 음	낮 음
기 계 적	높 음	높 음	높 음
관 료 제	높 음	높 음	낮 음

자료 : Hatch, 1997 :170.

담이다. 둘째, 명확하게 공식화된 위계구조이다. 상하관계는 공식위계구조에 의거하고, 그 범위에 있어서도 한정된다. 셋째, 조직관리에 있어서 명문화된 절차와 규정의 적용이다. 넷째, 책임과 권리에 있어서의 공과 사의 엄격한 분리이다. 다섯째, 전문적인 능력에 의한 선발과 승진이다. 여섯째, 전임직으로서의 관료는 자의적인 해임으로부터 보호되며, 공직수행에 있어서의 법적 · 제도적 보호장치가 완비된다.

관료적 조직은 고도의 복잡성과 공식화를 특징으로 한다. 높은 복잡성으로써 현대 조직이 필요로 하는 다양한 활동을 수용할 수 있고, 높은 공식화로써 개인감정 등의 모든 사적 · 인간적 요소들이 배제되어 행위의 예측성과 명확성이 높아지며, 조직의 효율성이 매우 높다는 특징을 지닌다.

유기적 조직(organic organization)과 기계적 조직(mechanistic organization)은 번즈와 스토커(Burns and Stalker, 1961)가 기술적 환경과 조직구조를 관련시켜 유형화한 것이다. 이들은 기업구조를 고도의 복잡성 · 공식화 · 집권화된 특성을 지닌 기계적 조직과 낮은 수준의 복잡성, 공식화, 집권화의 특성을 갖는 지닌 유기적 조직의 두 가지 유형으로 나누었다.

기계적 조직에서는 과제들이 각 전문역할들로 세분화되고, 각 구성원은 자신이 맡은 과제를 전체와는 무관하게 수행한다. 과제들간의 통합 및 조정은 '위에 있는 누군가' 가 해야 할 과제이다. 각각의 역할에 대한 기술적 방식 · 임무 · 권위들은 분명하게 설계되며, 구성원들간의 상호작용은 주로 수직적으로 이루어진다. 기계적 조직은 일상적인 업무나 정형화된 단순과제들을 수행하는 데 적합한 반면 비일상적이고 새로운 과제를 수행하는 데 있어서는 효과성이 떨어진다.

유기적 조직에서는 각 구성원들이 전문화된 과제를 기업 전체의 과제와 관련시켜 수행한다. 과제수행의 방식, 임무 또는 권위관계 등에 대한 공식적 규정이 별로 없이 과제를 수행하는 과정에서 구성원들 스스로의 밀접한 상호작용이 이루어진다. 구성원들간의 상호작용은 수직적으로뿐 아니라 수평적으로도 활발하게 이루어지며, 위계를 달리하는 다양한 계층구성원들간의 의사소통방식도 수직적 명령하달식이 아닌 자문과 같은 수평적 방식으로 이루어진다. 분권화와 낮은 공식화로써 유기적 조직은 비일상적인 과제에 대한 유연성이 크고, 변화에 대한 적응성이 높다는 이점이 있다. 이러한 조직은 분명하게 규정된 위계적 틀로써 과제를 세분화시키기 곤란한 비일상적이고 역동적인 과제에 적합하다.

조직에 있어서 유기적 조직과 기계적 조직의 적합성의 여부는 그 조직이 처한 환경이나 기술상황에 따라 달라진다. 비교적 안정되고 불확실성이 적은 표준화된 환경에서 활동하는 조직은 기계적 조직이 적합한 반면, 유동적이고 불확실한 환경에서 활동하는 조직은 구성원들간의 활발한 상호조정으로써 변화하는 환경적 요구에 신축적으로 대처할 수 있는 유기적 조직이 적합하다.

관료적 조직과 기계적 조직은 둘 다 복잡성과 공식화의 정도가 높은 구조이기 때문에 흔히 비슷한 것으로 간주되는데, 이 둘 간에는 중요한 차이가 있다. 즉 기계적 조직이 기본적으로 집권화된 구조인 데 비해, 관료적 조직은 각 조직구성원들이 업무와 관련하여 명문화된 권한과 책임을 갖고 있고, 각각의 고유업무영역에서의 최대한의 의사결정권한이 부여된다는 점에서 원칙적으로는 분권화된 구조이다. 그러나 공식화의 정도가 매우 높아 구성원들의 과제수행과 관련한 모든 세부적인 절차와 기준들이 이미 조직의 공식적 절차와 규정으로 프로그램화되어 있기 때문에 구성원이 실제 누리는 권한이나 재량폭은 극히 제한적인 것이다. 구성원이 실제 행사할 수 있는 권한이나 재량이 제한적이라는 점에서 결국 관료적 조직은 기계적 조직과 같은 조직유형으로 비추어질 수 있는 것이다. 관료적 조직의 분권화 정도와 관련한 이러한 모호성은 앞에서 집권화의 정도를 판단하는데 제기되었던 모호성과 관련 있다. 즉 고도의 공식화된 구조에서는 분권화의 실질적인 의미가 퇴색될 수밖에 없는 것이다.

5. 현대조직에서의 탈분화

현대조직에서는 구성원들의 업무가 지나치게 세분화됨에 따라 구성원들간의 상호작용이나 공동목표의식이 사라지고, 동시에 관리층의 지나친 비대화라는 문제가 나타나게 되었다. 클레그(Stewart Clegg, 1990)는 분화의 대립되는 개념으로 탈분화(de-differentiation)를 제시하고 있는데, 여기에서 탈분화의 의미는 통합의 의미와 구분된다. 통합이란 분화된 업무를 조정이라는 추가적인 관리활동을 통해 통합시킨다는 의미이다. 탈분화는 분화의 정도를 처음부터 가능한 한 낮추어, 인위적인 조정을 통한 통합의 필요자체를 없게 하는 것이다. 위계구조의 추가적인 분화가 없는 탈분화적 통합을 위해서는 조직구성의 원리로서 구성원들의 자기관리성이 핵심이다. 탈분화에서는 전통적으로 관리자의 독점적 영역이었던 통합과 조정을 구성원 모두의 영역으로 확대하는 것이다. 팀단위의 작업조직이 이와 같은 탈분화의 예이다. 팀구성원들은 작업일정이나 과제달성의 수준 등의 측면에서 비교적 자율적인 책임 하에 특정의 과제를 공동으로 수행한다. 볼보자동차회사의 칼머공장에서는 자동차를 생산하는데 대량일관생산체제가 아닌 한 개 작업팀의 구성원들이 처음부터 끝까지 함께 조립하는 방식으로 하고 있다(Hatch, 1997 : 162-163).

이러한 탈분화의 추세는 현대조직들에서 점점 확산되고 있는 경향이다. 예컨대 팀체제, 네트워크구조와 같은 새로운 조직구조의 출현으로 조직내 위계구조가 점점 더 수평화된 관계로 대치되고 있는 것이다. 분화를 조직간 분화로 대치시키며, 조직내 위계구조를 조직간 교환관계로 대치시키고 있다. 이 부분에 대해서는 조직구조의 유형에서 좀더 자세히 살펴보기로 하겠다.

제 5 장
조직구조의 형태

전통적인 조직연구들은 합리적인 조직구조의 보편적 특성을 규명해내는 데 많은 노력을 기울였다. 이러한 관심에는 무엇보다도 가장 바람직한 조직구조를 설계하고자 하는 관리자적 시각이 깔려 있다. 상황이론에 의해 이러한 가정에 문제가 제기되고, 가장 바람직한 구조는 상황에 따라 달라진다는 것이 인식되게 되었다. 나아가 기술 · 환경들이 중요한 상황요인으로 부각되면서 조직구조는 대체로 기술과 환경특성 등에 의해 결정된다는 주장이 나오게 되었다. 즉 조직구조 차이의 많은 부분은 상이한 전략, 기술 · 환경적 제약과 의존조건의 상황하에서 조직의 적응이라는 측면에서 접근될 수 있다는 것이다.

조직구조에 대한 정보처리적 관점에서는 과제수행에 따른 정보처리요구에 적절히 대응할 수 있는 조직의 능력을 강조한다. 갤브레이스(Jay Galbraith, 1973)는 기술이나 환경의 다양성 · 불확실성 · 상호의존성의 증대에 따라 조직은 다양한 활동의 조정을 위한 정보처리가 늘게 된다고 주장하였다. 정보처리는 의사전달체계를 필요로 하며, 이러한 것이 조직구조의 형태를 결정한다는 것이다. 그는 복잡성이 클수록 구조적 분화가 증가하고, 불확실성이 클수록 조직의 유기적 구조가 발달하고, 상호의존성이 클수록 조정의 수요가 커진다고 보았다. 복잡성 · 불확실성 · 상호의존성의 요인들이 조직이 필요로 하는 정보처리를 충족시킬 수 있는 의사전달체계를 요구하고, 이러한 것이 다시 조직구조에 영향을 미친다는 것이다. 따라서 조직의 기술이나 환경이 일상적이고 표준화되어 있을수록 조직구조는 단순화되는 반면 기술이나 환경이 복잡하고 유동적일수록 조직구조는 좀더 정교한 조정체계를 갖춘 형태로 나가게 된다.

이 장에서는 조직구조의 대표적인 형태들을 중심으로 이들의 특성과 강점과 약점, 적합한 상황들에 대해 살펴보기로 한다. 조직구조의 대표적인 형태로는 단순구조 · 기능적 구조 · 사업부제 구조 · 매트릭스구조, 네트워크구조 등이 있다. 이와 함께 여러 다양한 형태의 애드호크라시구조와 혼합형구조들이 있다.

1. 단순구조

단순구조(the simple structure)는 복잡성이나 공식화 정도가 매우 낮고 한 사람에게 권한이 집중된 형태이다. 단순구조는 아직 형성초기의 소규모 사업조직에서 주로 볼 수 있는 구조로서 기능적 분화나 사업분화가 거의 이루어지지 않은 구조이다. 수평적으로나 수직적으로 분화의 정도가 매우 낮으며, 의사결정은 주로 비공식적으로 이루어진다. 단순구조는 규모가 작은 만큼 조직전체로서의 활동흐름이 융통성이 있고 신속하다는 이점이 있다. 그러나 최고관리자 한 사람에 의해 조직이 운영되기 때문에 최고관리자의 의사결정부담이 과다해지는 문제가 나타날 수 있고, 최고관리자에게 문제가 발생할 때에는 바로 조직붕괴로 이어질 가능성이 매우 높다. 이러한 형태는 아직 조직활동이 단순하여 구조의 분화가 이루어지지 않은 초기형성단계의 창업기업 외에도 전통적 조직이나 소규모 개인사업체와 같은 영세조직에서 일반적이다.

2. 기능적 구조

조직이 성장하면서 조직활동의 범위와 규모가 커지고 과제가 복잡해짐에 따라 기능들간의 분화가 이루어지면서 출현하는 것이 기능적 구조(the functional structure)이다. 기능적 구조의 특징은 기능적으로 상호관련된 유사과제나 활동들을 중심으로 부서화하는 것이다. 많은 제조업체에서 볼 수 있듯이 구매 · 판매 · 기술개발 · 생산 · 인사업무 등의 각 기능별로 부서화가 이루어지게 된다. 기능적 구조는 아직 조직 규모가 작고 사업영역이 제한되어 있기 때문에 수평적 조정에 대한 압력은 상대적으로 작은 만큼 수평적인 분화는 크지 않다. 따라서 이 구조는 기능부서들간의 수평적 연결이나 조

[도표 5-1] 기능적 구조

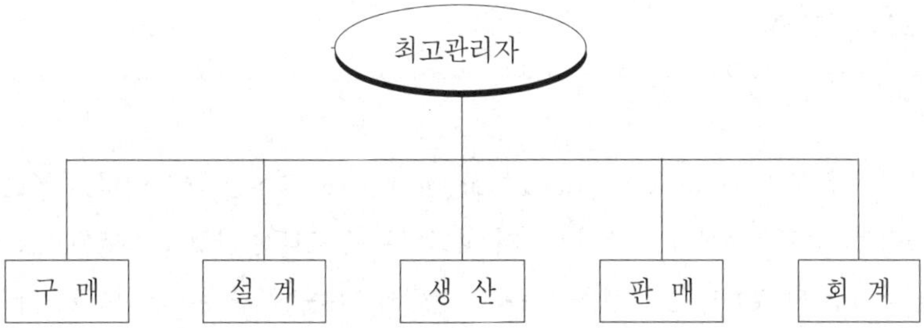

정체계는 발달하지 않은 반면, 수직적인 조정체계가 주로 발달되어 있는 특징을 갖는다.

기능적 구조의 가장 큰 강점은 유사기능을 한 곳으로 몰아서 부서화시킴으로써 인력과 설비의 중복을 피하여 규모의 경제를 이룰 수 있는 점이다. 또한 전문기능별로 부서화가 되기 때문에 구성원들의 기능적 숙련을 높일 수 있으며, 부서 내 구성원들간의 상호작용도 원활하다. 그러나 이 구조의 약점은 조정체계가 주로 수직적으로 발달되어 있어서 기능적 부서들간의 수평적 조정을 필요로 하는 환경이나 기술변화에 대한 적응성이 떨어진다는 점이다. 이러한 기능부서간 수평적 조정체계의 취약성으로 부서들간에 목표를 둘러싼 갈등이나 대립이 발생하게 되면 조정이 쉽지 않은 것이다. 이 구조에서는 단순구조와 마찬가지로 조직활동의 권한이 최고관리자에게 집중되기 때문에 최고관리자가 조직관리를 효율적으로 할 수 있는 반면, 조직환경이나 기술에 비일상성이나 복잡성이 있게 되면 최고관리자의 의사결정부담이 과다해질 수 있다. 전반적인 조직운영을 파악할 수 있는 사람이 최고관리자 한 사람으로 국한되기 때문에 이의 부재시에 조직활동을 효과적으로 이끌어 갈 수 있는 대체인력기반이 취약하다는 문제도 있다. 기능적 구조는 주로 안정된 단일시장을 대상으로 소수의 품목을 생산하는 중소규모의 조직에서 가장 적합하다. 그러나 조직이 성장하면서 사업다각화가 이루어지면서 최고관리자의 책임과 권한의 부담이 과다해지고, 조직전반의 효율적인 관리가 어려워지게 된다. 이에 따라 기능적 부서들간의 수평적 체계를 강화시키면서 사업부제구조로 바뀌게 된다.

3. 사업부제 구조

사업부제 구조(the multi-divisional structure)는 기본적으로 사업이나 제품라인에 따라 조직의 수평적 분화를 진행시키면서 나타나는 구조로서 각 제품사업별로 독립적인 기능적 구조를 갖는다는 특징을 지닌다. 앞에서 기능적 구조는 각 기능부서들간의 수평적 조정체계가 약하다는 문제가 지적되었는데, 이것은 사업영역이 단순하고 비교적 안정된 환경에서는 별 문제가 되지 않는다. 그러나 사업별 분화가 확대되면 각 사업별로 기능적 단위들간의 조정이 늘게 되는데, 기능적 구조에서는 이러한 기능부서간 조정이 쉽지 않으며 최고관리자의 의사결정부담이 과다해지는 문제가 발생한다. 특히 다수의 제품을 생산하거나 다변화된 시장을 상대해야 하는 조직의 경우에는 조직내의 기능적 구성원들을 여러 곳으로 분산시켜야 하는 어려움도 생기게 된다. 이에 따라 각 사업단위별로 기능적 부서들간의 조정이 원활하도록 독립된 기능적 구조를 두면서 사업부제 구조가 출현하게 된다. 한 곳에 집중되었던 기능별 단위들을 각 사업부별로 분산시킴에 따라 각 사업부의 유연성과 변화하는 환경에의 적응성을 높일 수 있게 되는 것이다. 기능적 구조가 기능을 중심으로 분화가 이루어진 데 비해, 사업부제 구조는 각 사업별로 일차 분화가 이루어진 구조이다. 예를 들어 GM같은 자동차업체의 경우 폰티악 · 캐딜락 등의 차종에 따라 사업부를 나누고 있다. 대규모 전자업체에서 볼 수 있는 가전사업부 · 반도체사업부 · 컴퓨터사업부 등의 사업부제도 이러한 구조이다.

[도표 5-2] 사업부제 구조

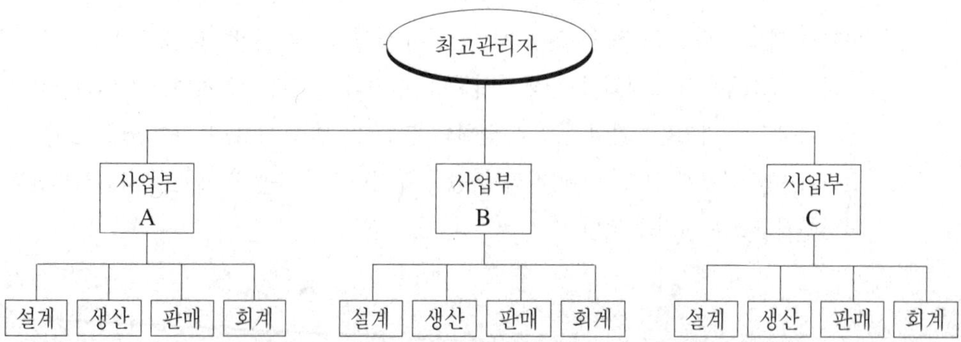

사업부제 구조에서는 각 사업부별로 분권화가 됨으로써 최고관리층의 의사결정 부담이 크게 완화된다. 각 사업부단위내의 기능적 구조는 매일 매일의 일상적이고 반복적인 과제를 수행하는 한편, 이러한 사업부를 총괄하는 본부는 조직과 환경간의 관계를 모니터하고 장기적인 조직전략에 전념할 수 있게 되는 것이다.

사업부제의 강점은 각 사업부내의 기능들간의 조정이 잘 이루어짐으로써 불안정한 환경에 비교적 신속하고 유연하게 대처할 수 있다는 점이다. 또한 각 사업부별로 책임과 관리소재를 명확히 할 수 있는 이점이 있다. 각 제품사업별로 독립된 책임자가 있어, 각자 자기가 맡은 사업에 전적으로 책임을 지기 때문이다. 이와 함께 조직내에 유사기능을 수행하는 인력이 중복되면서 조직내 인력기반이 견실해질 수 있으며, 규모가 크기 때문에 환경과의 관계에서 상대적으로 우월한 협상력을 누릴 수 있다는 이점이 있다.

그러나 이러한 이점이 있는 반면 몇 가지 약점도 있다. 우선 각 사업부내의 조정은 원활한 반면 사업부들간의 수평적 조정은 잘 되지 않는다는 점이다. 따라서 각 사업부들이 전체조직목표나 다른 사업부와는 무관하게 지나치게 제각각으로 운영되는 문제가 있을 수 있다. 예컨대 휴렛 패커드나 IBM 같은 대규모 컴퓨터업체에서 사업부들간의 조정이 잘 되지 않는 경우, 극단적인 경우에는 소프트웨어사업부가 만든 소프트웨어가 자사의 컴퓨터사업부가 생산하는 컴퓨터와 호환성이 없게 되는 경우까지도 발생할 수 있는 것이다. 또한 구성원들이 기능적 소속감보다는 자신이 속한 사업부에 대한 소속감이 우선하면서 조직 전체차원의 기능적 축적이 어렵게 되는 문제가 있을 수도 있다. 예컨대 각 사업부에 소속된 기술개발부 직원들이 자신들이 속한 사업부와 관련한 응용연구에만 치중하면서 조직전체의 기술개발역량의 축적에 요구되는 기초연구는 소홀히 하게 되는 문제이다. 이와 함께 각 제품별로 기능적 구조를 두기 때문에 조직의 기능이나 활동이 중복되어 인력의 낭비가 있을 수 있고, 전체적으로 조직비용이 크다는 문제가 있다. 따라서 사업부제구조는 다양한 제품라인을 갖고 있는 조직으로서 기능의 중복수행에 따르는 비용보다 제품별 관리를 통해서 발생하는 이익이 더 큰 경우에 적합하다(Daft, 1998: 135-137).

4. 매트릭스 구조

매트릭스 구조(the matrix)는 기능적 구조와 사업부제 구조가 결합된 구조이다. 이렇게 결합된 구조로써 기능적 구조가 지닌 효율성과 사업부제의 융통성과 적응성을 모두 확보하고자 하는 것이다. 기능적 구조는 유사기능을 한 부서로 통합하여 최소한의 인원으로 조직전체의 과업을 수행할 수 있게 하며, 기타 생산설비 등의 자원도 효율적으

[도표 5-3] 매트릭스 구조

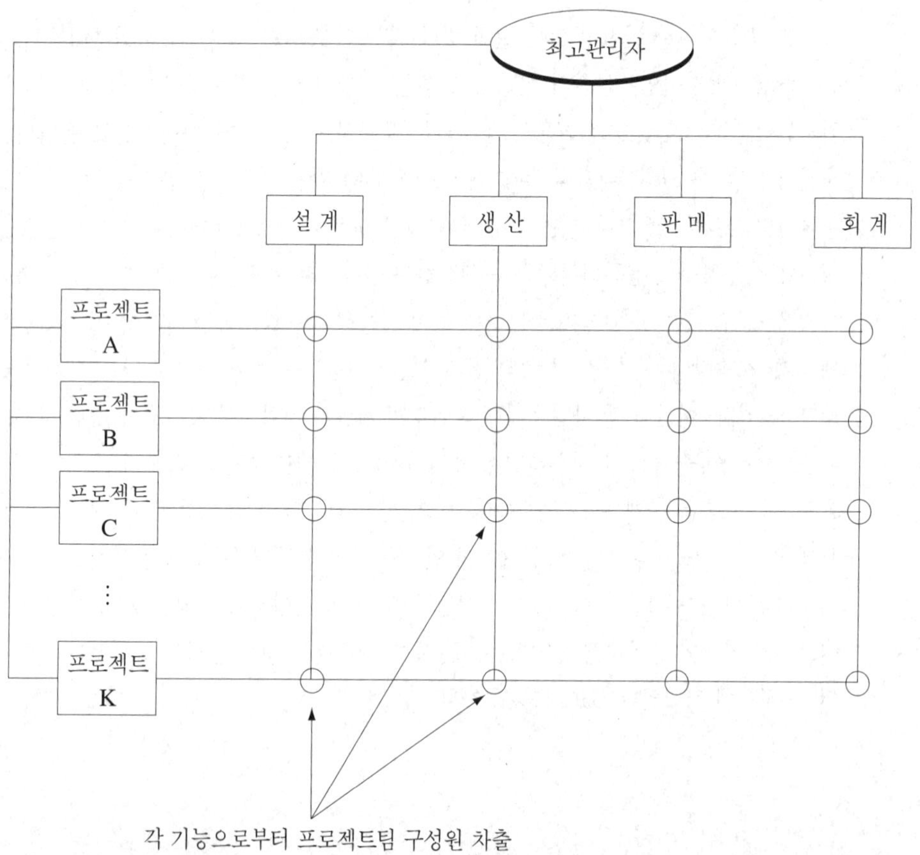

자료 : Hatch, 1997 : 188.

로 사용할 수 있다. 그러나 기능적 구조에서는 각 기능단위로 활동이 분산되기 때문에 분산된 각 기능부문을 수평적으로 통합하는데 어려움이 있다. 반면에 사업부제구조는 이와 정반대의 장단점을 갖고 있다. 이 둘의 이점만을 취하고자 한 것이 매트릭스 구조이다(Hatch, 1997 : 187-189 ; 김선봉, 1996 : 211-212).

매트릭스 구조에서 프로젝트팀은 프로젝트에 따라 요구되는 다양한 기능들로 전문화된 구성원들로 구성된다. 매트릭스구조는 기본적으로 기능적 측면과 프로젝트의 두 측면을 겹쳐 놓은 것으로 각 기능별 · 프로젝트별로 관리자들이 있다. 매트릭스구조에서의 기능적 관리자는 각 프로젝트에 전문인력을 배치하고, 그들의 전문성에 맞추어 일을 할 수 있도록 관리한다. 프로젝트관리자는 프로젝트가 예산이나 시간 또한 특정의 프로젝트수요에 부합되게 수행되도록 관리한다. 따라서 매트릭스 구조에서의 조직구성원은 동시에 둘 이상의 조직단위에 소속된다. 즉 그들의 전문적 기능영역과 관련하여 특정기능분야에 소속되는 동시에 프로젝트팀에도 소속되는 것이다. 따라서 구성원들은 기능적 관리자와 프로젝트관리자의 최소한 두 명의 관리자에게 보고해야 한다. 여기에서 야기되는 가장 큰 문제는 구성원이 이중의 권위라인에 속하면서 기능적 요건과 프로젝트 요건을 동시적으로 충족시켜야 하는 데 따르는 스트레스와 갈등이다. 하나의 프로젝트가 아니라 둘 이상의 프로젝트에 동시에 속하게 되면, 이러한 갈등은 더욱 커지게 된다. 이런 점에서 갈등은 매트릭스 구조에 내장되어 있다고 할 수 있다.

이러한 문제에도 불구하고 매트릭스 구조는 다른 구조에 비해 상당한 이점을 지닌다. 무엇보다도 필요에 따라 융통성 있게 새로운 프로젝트를 발주시킬 수 있는 것은 매트릭스 구조의 가장 큰 이점이다. 기능적 구조나 사업부제에서는 새로운 사업을 개시하기 위해서는 대대적인 조직개편이 요구되는 데 비해, 매트릭스구조에서는 이러한 것이 일상적으로 다루어질 수 있는 것이다. 또한 사업부제구조에서는 구조적으로 서로 무관하게 독립적으로 활용되는 다양한 전문능력들이 매트릭스 구조에서는 필요에 따라 융통성 있게 결합되어 활용될 수 있는 이점이 있다. 매트릭스 구조는 정보와 권위의 흐름이 수평 · 수직적으로 동시에 이루어지기 때문에 매트릭스 구조가 제대로 기능하기 위해서는 교육수준이 높고 자기통제적이며, 유연한 구성원들을 필요로 한다. 이러한 구조는 각 연구분야별로 팀부서를 구성하는 연구소나 대학조직 같은 데서 볼 수 있다(Hatch, 1997 : 187-190 ; Daft, 1998 : 135-137).

5. 네트워크 구조

네트워크 구조(the network structure)는 한 개의 조직단위의 구조가 아니라 다수의 조직들에 의해 만들어지는 구조로서 독립적인 조직들간에 필요한 활동이나 자원이 교환관계로 결합된 체제이다. 이러한 네트워크 구조는 대규모 아웃소싱에 의해서 또는 독자적으로 경쟁하기 힘든 소규모의 기업들간의 수평적 연결에 의해서 만들어진다. 따라서 조직내 수직적 통제관계들이 조직간 수평적 관계로 대치된다. 네트워크에서는 필요한 자원들이 여러 조직들간에 분산되어 있어 특정의 제품이나 서비스가 한 조직에 의해 생산되는 것이 아니라 네트워크내의 여러 조직들이 파트너관계로 생산해 낸다. 이렇게 함으로써 이러한 자원이나 활동을 동일조직내에서 처리하고자 할 때 발생하는 조직부담을 절감시킨다는 이점을 지닌다. 장난감업체인 루이스 갈루는 125명의 직원으로 연간 5천8백만 달러의 매출을 올리고 있다. 생산과 포장은 홍콩의 기업과 계약을 맺고, 디자인은 프리랜서 디자이너와 계약을 하고, 판매도 독립적인 판매업체와 계약을 맺고 있다. 이 회사는 자신들 회사의 장난감은 만져보지도 않으면서 이러한 영업실적을 올리고 있는 것이다(Daft, 1998 : 161).

네트워크내 기업간 연결은 시장에서와 같은 구매자와 판매자로서의 시장관계를 기본으로 한다는 점에서 시장거래의 효율성을 확보할 수 있다는 이점이 있다. 조직내에서 모든 활동을 수행하는데 수반되는 수직적 위계구조의 정비나 관리에 드는 조직비용을 크게 줄일 수 있는 것이다. 특히 조직이 가장 경쟁력 있는 역량에 주력하고

[도표 5-4] 네트워크 구조

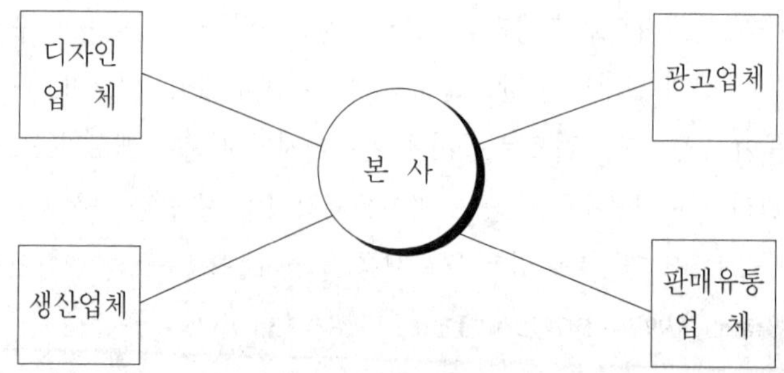

나머지는 네트워크의 다른 조직들에서 조달할 수 있기 때문에 변화하는 여건에 매우 유연하게 대응할 수 있게 된다. 예컨대 디자인에 경쟁력이 있는 의류업체라면 디자인에만 주력하고 원자재 구매, 생산이나 판매, 유통, 배송들은 각기 다른 조직들에 의존할 수 있기 때문에 변화하는 유행에 맞추어 훨씬 신속하게 새로운 디자인의 옷을 시장에 내놓을 수 있는 것이다.

그러나 조직이 필요로 하는 핵심적 기능이나 활동들이 네트워크내 여러 조직들에 분산되고 또한 이들 외부 조직들과의 관계가 기본적으로 시장거래적 교환망에 의존하기 때문에 예기치 않은 불확실성과 의존성이라는 문제가 나타날 수 있다. 따라서 성공적인 네트워크 구조에는 조직들간의 단순한 경제적 거래관계 이상의 상호 신뢰나 협력관계의 구축이 필수적이다(Jones, 1998 : 164).

네트워크 구조의 또 다른 취약점은 네트워크의 각 조직내 구성원들간의 달라지는 관심이나 이해관계로 인해 같은 조직내에서도 구성원들의 네트워크 구조에 대한 시각의 차, 나아가 네트워크관계에 대한 몰입도나 헌신 정도가 달라질 수 있는 점이다. 네트워크 구조는 여러 이질적인 조직들간의 단지 느슨히 연결된 관계이기 때문에 구성원들을 하나의 공통의 목표로 결속시킬 수 있는 기제가 매우 취약하다. 이러한 문제들은 거의 대부분의 핵심과제를 단일 조직내에서 수행하던 전통적인 조직 방식에 비해 관리상에서 훨씬 복잡한 양상의 문제를 야기할 수 있는 부분이다(Hatch, 1997: 192).

현대사회에서 네트워크 구조가 크게 확산되는 데에는 다음 몇 가지 이유들이 중요하다. 첫째, 기업경영의 세계화이다. 오늘날 기업활동은 한 나라에 국한되는 것이 아니라 세계경영이라는 것이 보다 일반화되는 추세이다. 이러한 세계규모의 기업경영의 증대로 기업들간의 다자간 제휴를 통한 네트워크 구조가 확대되고 있다. 둘째, 제품, 서비스, 디자인, 생산 및 마케팅이 날로 복잡해지고 있는 점이다. 오늘날 대부분의 제품들은 전연 상이한 생산기술, 서비스기술, 다양한 시장구조를 하나의 상품에 포함하고 있다. 이러한 다양한 요소들을 한 개의 기업이 포괄하여 수행하는 것이 매우 어려워지고 있다. 셋째, 정보통신기술과 같은 기존의 독립적으로 산재했던 조직들을 새로이 연결시키는 새로운 기술의 출현이다.

6. 애드호크라시

애드호크라시(adhocracy)는 높은 수준의 전문적인 지식과 기술의 전문가 중심의 인적구성으로써 공식화 정도가 낮고, 수평적 분화와 분권화를 특성으로 하는 조직구조이다. 이러한 조직구조는 기본적으로 일상적인 과제수행상의 표준화된 효율성보다는 참신한 문제해결 능력을 필요로 하는 상황에서 조직활동의 유연성과 신속성을 확보하기 위한 구조이다. 애드호크라시는 전문가체제로 운영되기 때문에 과제 수행에서의 재량이나 권한이 상당 부분 업무현장의 구성원에게 위임되는 분권화의 정도가 높고 수평적 분화가 높게 이루어지는 반면 공식화나 집권화의 정도는 낮다. 애드호크라시 구조는 조직구성원의 전문적인 능력을 최대한 발휘할 수 있어 환경의 변화에 신속하게 대응하고 새로운 문제해결이나 상황에 적극적으로 대처할 수 있다는 강점을 가진다. 이러한 애드호크라시 구조에는 앞에서 다룬 매트릭스 구조, 네트워크구조 외에도 다음 여러 유형이 있다.

1) 방계형 구조

방계형 구조(the collateral form)는 관료적 구조를 갖는 조직에 유기적 성격의 부속 조직을 병행시키는 것이다. 현대의 급격하게 변화하는 조직환경에서 새로운 기회에 대응하기 위해서는 지속적인 창업가적 정신을 필요로 하는 데 비해 조직의 규모가 커지고 관료제화 되면서 이러한 정신은 쇠퇴하게 된다. 방계형 구조는 거대 관료 조직 안에 창업가적 정신을 되살리고 활성화시키는 방안으로 나타나는 구조이다. 방계형 구조에서는 본 조직의 관료적 구조와는 독립적으로 소규모의 팀이나 사업단위를 두어 그 구성원들이 본 조직의 공식적인 규정이나 시간지체적인 레드테이프에 얽매이지 않고 자유롭게 새로운 아이디어를 모색해 보고 새로운 문제해결을 실험해 볼 수 있게 하는 것이다. 본 조직이 일상적이고 표준화된 방식으로 조직성과의 효율성이나 효과성을 극대화하는 데 주력하는 한편 부속 조직은 다양한 혁신아이디어를 고안하고 실험하는 활동을 수행한다. 설사 시행착오나 실패가 있어도 이것은 부속 조직에 국한된다. 이렇게 함으로써 조직전체에 부담을 주지 않으면서 보다 자유롭게 새로운 혁신이나 아이디어 개발, 실험이 이루어질 수 있다. 방계형 구조에서는 이와 같은 부속조직을 둠으로써 전체 조직에 미치는 영향을 최소화하면서 동시에 조직내에 혁신이나 창의성을 촉진시킬 수 있다는 이점을 갖는다(Robbins, 1990 : 343-345).

2) 태스크포스

태스크포스(the task force)는 특정의 복합적인 과업을 수행하기 위해 조직의 관련 하위단위들로 한시적으로 구성되는 구조이다. 특정 과업의 수행을 위해서 각 관련부서의 전문가를 차출하여 한시적으로 조직을 구성하였다가 과제가 달성되면 조직을 해체하고 다시 원래 소속 부서로 돌려보내게 된다. 이러한 태스크포스는 주로 조직이 일상적인 과제수행방식으로 처리할 수 없는 새로운 변화상황에 대처하기 위해 구성된다.

예컨대 미국의 포드 자동차회사는 지속적인 시장점유율의 하락이라는 문제에 당면하여 빠른 시일 안에 그 시장 경쟁력을 회복하기 위한 전략으로 토러스 모델 개발을 위한 태스크포스를 가동시켰다. 기존의 자동차 신모델의 개발은 순차적으로 이루어졌다. 설계부서에서 설계를 끝내면, 그 다음 단계로 엔지니어링부서에서 작업하고, 그 다음에는 생산팀에 인계되는 식으로 이루어지면서 각 부서들간의 조정에 어려움이 있었을 뿐 아니라 생산된 자동차에 문제가 발생하게 되면 각 부서들은 서로 다른 부서 탓에 돌리며 책임을 회피하곤 하였다. 토러스팀에는 기획, 설계, 엔지니어링, 광고 등의 각 하위부서로부터 차출된 전문가들과 함께 외부 부품업체까지 포함되었다. 이 팀은 처음부터 같이 작업하여 일본이나 유럽의 최고 차들과 품질이나 디자인상에서 겨룰 수 있는 최고의 차를 단기간에 개발하는 데 총력을 모았다. 이렇게 나온 토러스의 성능은 어느 차보다도 탁월한 것으로 평가받는 성공을 거두었다. 토러스의 성공과 함께 태스크포스는 해체되었다. 이와 같이 태스크포스를 이용하여 포드는 기존 조직의 효율성을 극대화시키면서 동시에 환경에 유연하게 대처할 수 있었던 것이다(Robbins,1990 : 348).

3) 위원회 구조

위원회 구조(the committee form)는 문제 해결을 위해 다양한 경험과 배경이 요구되거나, 업무수행상 책임의 분산이 요구되거나, 의사결정과정에서 다양한 요구사항을 반영해야 하는 경우, 또는 한 사람이 결정하기 어려운 경우에 구성된다. 위원회조직은 한시적으로 운영될 수도 있고 영구적으로 가동될 수도 있다. 임시적인 위원회조직은 태스크포스와 비슷하지만, 영구적인 위원회조직은 태스크포스의 다양한 아이디어의 투입효과에 매트릭스 구조의 안정성과 일관성을 결합시킨 형태이다. 위원회조직의 결성을 통해서 다양한 기능이나 부서 사이의 계획의 수립이나, 정책, 방침들을 조율할 수 있고, 집단적 참여를 통한 종합적인 판단능력의 증진, 원활한 의사소통이나 사기진작 등의 효과를 기대할 수 있다. 이와 같은 영구적인 위원회조직이 조직 최상층에 설치되게 되면 복수지도체제가 이룩된다. 웨스팅하우스나 GE 같은 기업은 최상부에 3인 위원회를 가동시키고 있다. 이 세 사람은 각각의 영역에서 총괄 책임자이자, 동시에 집단으로서 기업의 일상적인 운영과는 별도의 장기적인 전략문제나 기획을 담당하고 있다(Robbins, 1990 : 349).

4) 대학형 구조

대학형 구조(the collegial form)는 연구실, 대학 등의 고도의 전문가 조직에서 나타나는 조직구조 형태이다. 이 조직은 분권화 정도가 높아, 의사결정과정에서의 구성원들의 민주적인 참여가 극대화될 수 있다는 특징을 갖는다. 이러한 조직의 대표적인 예는 대학의 각 학과나 연구실험실들에서 볼 수 있다. 대학의 학과는 각 교수들이 동등하게 학과와 관련된 여러 사안에 대해 의견을 개진하고 결정을 내리는 체제로서 학과장이나 일반 교수나 동일한 발언권과 결정권을 갖는다. 연구소 실험실도 이러한 조직형태를 갖는 데 대등한 동료로서의 각 전문가들이 최대한의 자율, 최소한의 공식화, 민주적 의사결정으로 그들 과제의 변화하는 요구에 신속하게 대응할 수 있도록 하는 것이다(Robbins, 1990 : 350).

7. 조직구조와 조직관리적 함의

단순구조에서부터 네트워크 구조로 이어지는 조직구조들은 조직관리자에게 각기 다른 조직관리상의 관심과 논리를 요구한다. 단순구조의 경우, 최고관리자가 관심을 가지고 관리해야 할 조직구조상의 유일한 측면은 구성원들간의 업무의 조정이다. 기능적 구조에서 최고관리자의 역할은 다양한 기능 부서들간의 조정에 집중되고, 각 기능부서별로 이루어지는 기술적 활동이나 부서내 구성원들간의 업무조정은 각 기능부서 관리자들에게 맡기게 된다. 사업부제 구조가 되면 최고경영진의 역할은 각 사업부들간의 조정에 집중되고, 다시 각 사업부별 기능부서들간의 조정이나 활동은 각 사업부 책임자에게 맡겨진다. 매트릭스 구조에서의 최고경영진의 주 역할은 기능적인 측면과 프로젝트적 측면들간에 어느 한쪽으로 치우치지 않도록 균형을 맞추는 데 집중된다. 네트워크 구조의 조직의 최고관리자 역할은 조직내 관리보다는 네트워크내 다른 조직들과의 관계의 조정이나 수립에 주로 집중되게 된다(Hatch,1997 : 192-193).

이와 같이 조직구조에 따라 조직의 관리자가 관심을 갖고 관리해야 하는 수준과 측면이 달라지는 것이다. 이러한 것은 조직내 각기 다른 기능과 수준에서의 관리자들의 시각차가 매우 커질 수 있음을 시사한다. 따라서 복합조직, 나아가 여러 조직구조가 혼합된 구조에서는 이러한 문제들이 더욱 복잡하게 얽히게 되고 조직관리측면에서 조직내 다양한 관점이나 이해관계가 출현하게 되어 이들간에 갈등도 빚어질 수 있다.

8. 민츠버그의 조직구조유형의 설계

민츠버그(Henry Mintzberg, 1983)는 조직을 몇 가지 기본 부문으로 나누고 이들간의 통제력의 분포를 중심으로 조직구조의 유형을 제시하였다. 민츠버그가 나눈 5 개의 기본부문은 전략부문, 핵심운영부문, 중간라인부문, 기술전문가부문, 지원스탭부문이다(김인수, 1999 : 376-379 ; Robbins, 1990 : 278-279).

전략부문(the strategic apex) 조직활동의 전반적인 책임을 지고 관리하는 최고관리부문으로 조직의 전략을 수립하는 부문이다.

핵심운영부문(the operating core) 일선에서 조직의 제품이나 서비스의 생산과 직접적으로 관련된 과제를 담당하는 부문이다.

중간라인부문(the middle line) 전략부문과 핵심운영부문을 매개하고 관리하는 일반관리부문이다.

기술전문가부문(the technostructure) 엔지니어, 연구원, 분석가 등의 전문가로 구성되어 조직의 핵심운영의 과제를 계획하고 통제하는 업무를 담당하는 부문으로 조직내의 과업과정과 산출물의 표준화된 시스템을 설계한다.

지원스탭부문(the support staff) 조직의 기본적인 과업을 수행하는 데 요구되는 간접적인 지원활동을 담당하는 부문이다.

[도표 5-5] 조직의 다섯 가지 기본부문

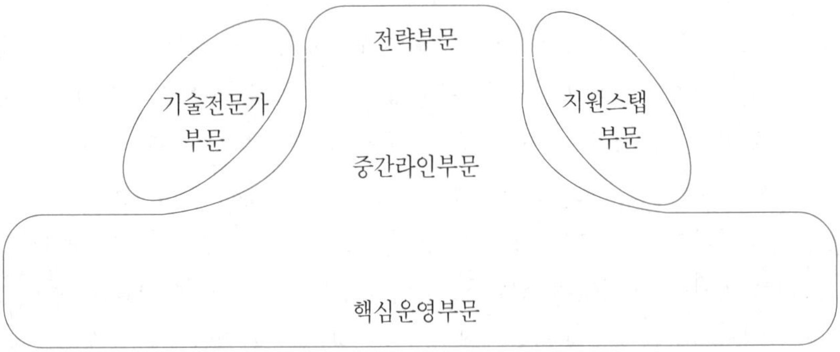

자료 : 김인수, 1999 : 378.

이상의 다섯 개의 기본부문이 조직내에서의 차지하는 규모나 비중, 통제력은 조직의 환경이나 전략, 기술 특성에 따라 달라진다. 각 부문들이 조직에서 어떻게 결합되어 있는가, 특히 어느 부문이 조직에서 중심적인 통제력을 갖는가에 따라 조직구조는 창업가적 구조, 기계적 관료구조, 전문가적 관료구조, 사업부제구조, 애드호크라시 구조의 다섯 개의 형태가 나온다. 통제력이 전략부문에 있는 경우 창업가적 구조, 기술전문가부문에 있는 경우에는 기계적 관료구조, 중간라인부문에 있는 경우에는 사업부제 구조, 핵심운영부문에 있는 경우에는 전문적 관료구조, 지원스탭부문에 있는 경우는 애드호크라시형태를 이루게 된다. 이들 다섯 개의 형태는 앞에서 살펴본 조직구조의 형태와 거의 같은 것이다. 단지 민츠버그의 경우 조직의 기본부문의 힘들의 배합과 연결시켜 조직구조를 접근했다는 점에서 차이가 있다. 간단히 이 구조형태들을 보기로 하겠다(Daft, 1998: 341-344; Robbins, 1990 : 275-307).

(1) 창업가적 구조

창업가적 구조(the entrepreneurial structure)는 단순구조와 동일한 구조이다. 초기 형성기의 조직구조로 규모가 작고 단순하다. 조직은 최고경영자와 핵심운영부문으로만 구성된 경우가 많으며, 다른 지원부분은 거의 발달되지 않았거나 빈약하다. 조직내 조정이나 통제역할은 최고경영자 한 사람이 거의 전담하며 업무분화나 공식화는 거의 없다. 거의 모든 조직이 처음에는 창업가형 구조로 시작하지만, 조직이 성장하고 규모가 커지면서 다른 구조로 바뀌게 된다.

(2) 기계적 관료구조

기계적 관료구조(the machine bureaucracy)는 일상적이고 표준화된 과업의 대량생산체제에서 일반적으로 나타나는 형태로, 조직규모가 크고 기술전문가부문과 지원스탭부문이 크게 발달된 구조이다. 업무분화와 공식화의 정도가 높고 의사결정에서의 집권화 정도가 높다. 기계적 관료구조는 조직생산에서의 표준화를 핵심으로 하기 때문에 작업과정의 표준화를 설계하는 기술전문가부문이 지배적인 세력을 이룬다.

(3) 전문적 관료구조

전문적 관료구조(the professional bureaucracy)는 대학이나 병원, 컨설팅회사와 같이 핵심운영부문이 전문인력으로 구성된 조직이다. 전문가로 구성되어 있는 핵심운영부문의 구성원들은 자신의 업무에 대하여 상당한 통제와 자율성을 갖는다. 기술전문가부문은 약하나 조직의 일상적인 관리업무를 수행하는 지원스탭부문은 잘 발달되어 있다. 조직에서 가장 큰 지배력을 행사하는 부문은 조직이 필요로 하는 핵심기술을 보유한 핵심운영부문이다. 전문가적 관료구조는 조직자체는 관료구조이지만, 핵심운영부문의 구성원들인 전문가들의 자신의 업무에 대한 동기부여가 잘 되어 있고 자율성이 높기 때문에 관료적 통제에 대한 의존도는 낮다.

(4) 사업부제 구조

사업부제 구조(the divisional structure)는 상대적으로 독립적인 제품이나 시장 단위의 사업부서들의 집합 형태의 구조로서 중간라인부문의 조직지배력이 높은 구조이다. 다양한 사업이나 시장다각화로 전체로서의 조직환경이나 기술은 상당히 복잡하나 각 사업부별 환경이나 기술은 대체적으로 단순하고 안정적이다. 따라서 각각의 사업부는 집권화와 공식화의 정도가 높은 기계적 관료구조의 특성을 갖는다.

(5) 애드호크라시 구조

애드호크라시(adhocracy)는 구성원들이 대부분 전문가로서 팀 체제로 구성된다. 분권화의 정도가 매우 높고, 수평적인 의사전달체계가 발달되어 있다. 중간라인부문, 지원스탭부문, 핵심운영부문이 모두 전문가로 되어 있어 위계구조의 분화가 낮으며, 지위보다는 전문성에 의해 지배력을 행사한다. 핵심운영부문과 지원스탭부문이 모두 조직에서 권력을 갖는다. 애드호크라시 구조는 환경변화에 유연하여, 복잡하고 역동적인 환경에서 유리하다. 또한 구성원들의 아이디어나 능력이 최대한 발휘될 수 있기 때문에 조직내 혁신이 활발하다는 이점이 있다. 이 구조는 구조, 조직권력관계, 환경에서 기계적 구조와 거의 정반대적 특성을 갖는다.

각 다섯 개의 기본부문의 통제와 관련시킨 민츠버그의 조직구조의 형태는 조직의 핵심적인 부문이 갖는 힘들의 조화와 적합성을 확보하는 방향으로 조직을 설계할 필요가 있다는 것을 시사한다. 예를 들어 기계적 관료구조는 안정된 환경에서 효율성의 전략을 추구하는 조직에 가장 적합한 구조인 반면 불확실하고 역동적인 환경에서 이러한 구조는 매우 잘못된 선택인 것이다. 따라서 조직의 관리자들은 상황에 맞는 조직구조의 설계를 해야 하는 것이다(Daft, 1998:344).

사례 1

문화산업조직의 네트워크 구조

조직구조는 기술과 환경에 의해 상당부분 결정된다. 출판사 · 음반제작업체 · 영화사는 표출적 요소를 지닌 제품을 생산하는 대표적인 문화산업 조직들이다. 이들 조직은 공통적으로 단위생산에 있어서의 매우 낮은 표준화와 투입과 산출환경에서의 매우 높은 불확실성, 그리고 저렴한 기술비용이라는 특징을 갖는다.

우선 이들 조직이 안고 있는 가장 큰 문제는 투입과 산출환경에서의 높은 불확실성이다. 문화산업의 투입으로서의 주원료는 가수 · 예술가 · 작가 · 배우에이전트이다. 제품의 성공성에 있어 이들 원료의 불확실성은 매우 크다. 또한 산출에서의 불확실성도 매우 큰데, 이들 제품의 시장은 유행상품으로서 최종소비자들의 유동적인 기호나 취향에 민감하게 부침하는 특성을 지니고 있기 때문이다. 더군다나 제품은 소비자로 직접 연결되는 것이 아니라 방송 디제이, 신문 · 잡지 등의 매스미디어평론가 등의 핵심적인 게이트키퍼들이 최종소비자에게의 접근로를 장악하고 있다.

상품화의 아이디어 원료가 되는 투입요소들은 중심조직의 경계관리담당자에 의해서 발탁되어 조직내로 유입된다. 이들 조직의 주요 경계관리담당자는 영화사의 감독, 출판사의 편집자들이다. 이들은 상품성이 있는 아이디어나 원료를 발굴하여 상품화로 이끄는 주요 인물이다. 불확실성을 최소화시키는 전략으로 제품확산에 핵심인 매스미디어 게이트키퍼들에 대하여도 적극적인 관계가 설정된다. 그러나 조직의 이러한 전략에도 한계가 있을 수밖에 없는데 제품을 홍보하기 위해 이들에게 뇌물이나 향응을 제공하는 것은 법적으로나 사회적으로 매우 금기시되기 때문이다.

이와 같은 여건에서 이들 조직은 경쟁적이고 불확실한 환경에서 매우 독특한 조직구조를 갖는다. 우선 간접비를 줄이기 위해 이들이 동원하는 외부요소와의 관계는 한시적인 로열티관계에 국한된다. 즉 작가나 가수, 배우들과는 로열티관계로 제한되고, 그 이상의 책임은 지지 않는다. 생산과정은 대량생산체제가 아닌 장인적 체제로 하나의 제품이 생산되는 기간 동안 한시적으로 필요한 요소들을 결합하여 생산을 한다. 출판사는 자체 인쇄시설에 대한 고정투자가 없이 외부인쇄소와의 계약에 의해 필요한 인쇄를 하고, 영화사는 촬영스튜디오 등의 필요한 요소들을 그때그때 외부로부터 대여하여 필요한 제품을 제작해 낸다. 마찬가지로 음반회사는 음반제작에 필요한 레코드-프레싱을 외부업체에 하청을 주어 처리한다. 이렇게 함으로써 고정적으로 지출되는 간접비를 최소화시키는 것이다. 마지막으로 제품의 성공이 지극히 불확실한 시장상황에서 이들 조직은 다수의 제품을 만들어 내어 시장에 내는 전략을 취한다. 이렇게 나간 여러 제품 중 어느 하나라도 성공하게 되면, 나머지 실패부분이 충분히 상쇄될 수 있다는 계산이다. 이와 같은 전략이 가능한 것은 무엇보다도 이들 제품의 기술비용이 상대적으로 저렴하기 때문이다.

이들 조직은 공통적으로 극도의 환경불확실성하에서 투입 · 산출의 양 경계관리구조의 발달, 그리고 내부조직비용을 최소화시킨 네트워크 구조에 의한 장인적 생산방식이라는 특징을 갖게 된 것이다.

자료 : Paul Hirsch, 1972.

사례 2

노키아 · 3M처럼 창조경영이 성공하려면?

최근 선도적인 한국 기업들에 창조경영이 화두로 급부상했다. 과거 한국 기업들은 저(低) 원가에 기반을 둔 빠른 추종자(fast follower) 전략을 구사하여 후발 주자였음에도 전자, 조선, 자동차 등 제조업에서 선진 기업을 추격하는 데 성공했다. 기술을 사 오거나 모방한 후 낮은 인건비, 규모의 경제 등을 기반으로 원가를 낮추고 점진적 혁신을 통해서 기존 제품의 품질을 개선하며 차별화된 기능을 추가함으로써 경쟁력을 확보해 왔다.

하지만 최근 많은 한국 기업들은 주력 산업의 원가 경쟁력에서는 중국에 추월당하고, 제품은 범용제품화되는 등 더 이상 차별화가 쉽지 않아 지속 가능한 경쟁 우위 확보에 큰 어려움을 겪고 있다. 더욱이 차세대 신(新) 성장 동력 확보가 절실한 상황에서 선진 기업에 의한 지적 재산권 및 기술의 전략적 무기화, 그리고 한국 기업에 대한 견제 움직임이 심화되어서 삼성전자와 같이 이미 기술적 프런티어에 도달한 선도적 기업들의 경우 첨단 기술을 사 오거나 모방하기가 점점 더 힘들어지고 있다. 이러한 상황에서 모방 위주의 빠른 추종자 전략에서 창조적 혁신을 기반으로 한 시장 선도자 전략으로의 패러다임 전환이 절실히 요청되기에 창조경영이 한국 기업의 시대적 화두로 떠오르게 된 것이다.

한국 기업이 기존에 확보한 세계 최고 수준의 운영 효율성을 유지하면서도 창조적 혁신을 잘하는 기업이 되려면 먼저 양손잡이 조직의 도입을 적극 고려해야 한다. 이는 문자 그대로 조직을 이원화하는 방법을 말한다. 즉 기존 조직에는 오른손잡이 조직의 역할을 부여해 기존의 역량과 시스템, 문화의 근간을 유지하면서 점진적으로 창의성을 높여가게 한다. 이와 함께 창조경영에 맞는 새로운 역량과 시스템, 문화를 갖춘 별도의 독립적이고 자율적인 왼손잡이 조직을 만들어서 기술, 디자인, 비즈니스 모델 등의 창조적 혁신을 주도하게 하는 것이다.

기존 조직은 성공한 제품이나 비즈니스 모델, 기존 기술 경로에만 천착하여 기존 제품·기술을 개량해 가는 점진적 혁신과 운영 효율성 제고에만 치중하면서 단기 성과를 추구하기 마련이다. 이로 인해 기존 조직은 창조적 혁신을 할 수 있는 역량이나 시스템을 갖추지 못한데다가, 많은 시간과 비용을 투입해야 하고 실패 확률도 높은 창조적 혁신은 기피하는 특성을 보인다. 이 때문에 기존 조직에 무리하게 창조적 혁신의 과제를 부여하게 되면 대부분 실패하게 되는 것이 당연하다. 너무 과격하게 창조경영의 패러다임을 접목시키려 하다가는 오히려 오랜 기간에 걸쳐서 세계 최고 수준의 원가 효율성과 점진적 혁신 역량을 확보한 기존 조직의 기반을 훼손하여 심각한 역효과를 낼 수 있는 것이다.

따라서 창조경영의 패러다임을 처음부터 전체 조직에 적용하기보다는 창조적 혁신을 통해 미래 신성장동력 발굴을 지향하는 왼손잡이 조직을 별도로 만들어서 이 조직에 먼저 적용하는 것이 바람직하다.

자료: 조선일보, 2008.02.03. "송재용 교수의 스마트 경영"

제 6 장
전 략

1. 계획적 전략과 발생적 전략

전략은 조직관리자가 기본목표를 세우고, 이를 위한 일련의 조직행위를 추진하고 필요한 자원을 배정하는 활동이다. 이런 점에서 전략은 목표와 수단을 모두 포함한다. 그러나 목표가 조직이 도달하고자 하는 목적지와 관련된다면, 전략은 어떻게 도달할 것인가와 좀더 관련을 갖는다(Daft, 1998 : 31).

조직목표에는 사전에 명확하게 계획되어 조직행동을 인도하는 목표가 있는가 하면 이미 발생한 행위를 사후적으로 정당화하는 목표도 있다는 것을 살펴보았다. 마찬가지로 전략에도 사전에 명확하게 계획되는 계획적 양식(planned mode)의 전략과 별 계획 없이 시간이 지나면서 사후적으로 분명해지는 발생적 양식(evolutionary mode)으로서의 전략이 있다(Robbins, 1990 : 122). 계획적 양식으로서의 전략은 사전에 짜여진 계획으로서 조직이 추진하고자 하는 조직활동의 분명한 가이드라인을 제공한다. 전략을 계획적 양식으로 보는 사고는 주로 합리적 의사결정의 전통에 토대하고 있으며 전략의 규범적 측면을 강조한다. 일반적으로 조직관리 측면에서 보는 전략의 의미는 이러한 것이 지배적이다. 그러나 조직 현실이란 합리성에 의해 전적으로 계획되고 인도되는 것이 아니라, 불확실성, 정치적인 역학관계 등의 다양한 비합리적 요인들에 영향을 받는다. 따라서 발생적 양식으로서의 전략에 대한 시각에서는 전략이 사전에 분명하게 짜여진 규범적인 계획으로서보다는 시간을 두고 전개되는 결정들의 흐름 속에서 점진적으로 출현되고 형성되는 측면이 강조된다(Robbins, 1990 : 122; Hatch, 1997 : 101-102).

또한 전략에는 조직 전체적인 수준에서의 전략과 하위단위 수준에서의 전략이 있다. 기업에서 전략은 크게 기업전략(corporate level strategy)과 사업전략(business level strategy)의 두 개의 차원으로 구분된다. 기업전략은 기업의 전체 활동과 관련된 전략이며, 사업전략은 기업의 특정 사업과 관련된 전략이다. 기업전략은 특정 사업부문에 국한된 것이 아닌 시장 다각화, 다른 기업과의 제휴나 합병, 구조조정과 같이 기업 전체와 관련된 전략이다. 사업전략은 특정제품의 시장점유율의 확대, 새로운 고객창출, 제품품질의 차별화 같이 사업단위에서 추진되는 전략이다. 기업이 한 가지 제품이나 서비스를 생산하는 경우에는 기업전략은 그대로 사업전략이 된다. 그러나 기업이 여러 제품이나 서비스를 생산하는 경우에는 전체로서의 기업전략이 있고, 각 사업과 직접 관련된 사업전략이 있게 된다.

2. 합리적 의사결정으로서의 전략활동

성공적인 전략은 조직의 역량을 환경의 기대와 요구에 대응시켜 이 둘간의 적합성을 끌어내는 것이다. 따라서 합리적 의사결정으로서의 전략활동은 환경의 분석, 필요 전략의 수립, 실행의 단계로 추진된다(Hatch, 1997 : 105-110).

분석단계 전략수립에 앞서 조직관리자가 조직 내부 요인과 함께 외부 환경에 대한 분석을 하는 단계이다. 조직이 지닌 강점과 약점, 그리고 외부 환경에서의 기회와 위협요인에 대한 분석이 이루어진다. 이 양 측면에 대한 종합으로부터 적합성을 수립하기 위한 기초자료가 구성되고, 이를 토대로 환경에서 조직이 경쟁력을 갖는 핵심 역량이 규명된다.

수립단계 분석단계에서 파악된 특정의 환경 기회를 극대화하는 데 요구되는 조직역량을 확보하기 위한 구체적인 전략이 수립되는 단계이다. 전략수립은 환경과의 적합성을 확보할 수 있는 가능한 대안들의 고려, 선택기준의 마련, 마지막으로 비교평가에 의한 대안의 선택으로 이루어진다.

실행단계 선택된 전략대안을 추진하기 위한 구체적인 행동들이 실행되는 단계이다. 결정된 대안을 추진하기 위한 자원의 배정, 실행의 평가, 적절한 피드백을 위한 통제체제의 확보, 전략대안을 지원할 수 있는 조직 기반과 인력정책의 마련 등이 이루어진다.

합리적 과정으로서의 전략활동은 위와 같은 단계를 밟아 이루어지지만, 모든 전략활동이 반드시 이런 순서로 진행하는 것은 아니다. 많은 경우 조직의 전략활동은 치밀한 계획하에 일사불란하게 이루어지기보다는 그때그때 상황을 봐 가며 점진적으로, 때로는 목표까지도 수정해 가면서 이루어진다. 특히 사안이 매우 복잡하거나 환경의 불확실성과 유동성이 큰 경우에는 사전에 명확하게 계획된 합리적 절차에 따라 전략을 추진하기가 매우 어렵다. 이런 경우 전략은 사전에 완벽하게 계획되고 이에 따라 진행된다기보다는 시간이 흐르면서 요구되는 행동들이 분명해지는 발생적(emergent) 양식으로 전개된다(Hatch, 1997 : 110-113).

3. 불확실성과 전략활동

전략활동의 합리적 도식을 제약하는 핵심적인 상황적 변수는 환경의 특성과 변화의 속도이다. 즉 환경이 복잡한가 또는 단순한가, 그리고 변화속도가 빠른가 또는 느린가에 따라 전략활동이 합리적 도식대로 추진될 수 있는 정도가 달라진다(Hatch, 1997 : 116-119).

[도표 6-1] 전략의 상황적 모형

변화속도 \ 복잡성	단 순	복 잡
느림	합리적 모형	전략 실행자가 전략수립
빠름	전략수립자가 전략실행	급진적 모형

자료 : Hatch, 1997 : 117.

환경 단순 · 느린 변화 환경이 단순하고 변화속도가 느린 상황에서는 전략분석에서부터 실행에 이르는 전과정에 걸쳐 합리적 도식이 가장 적절하게 적용될 수 있는 경우이다. 이 경우 전략의 분석, 수립, 실행은 계획에 맞추어 조직의 각 담당자에게 분담되어 단계적으로 추진된다.

환경 단순 · 빠른 변화 환경 자체는 단순하나 변화의 속도가 빠르기 때문에 시간적 압박이 주 변수가 되는 경우이다. 이 경우에는 전략수립과 실행을 동시적으로 진행시켜 가능한 한 지체를 최소화시키는 것이 관건이다. 환경이 단순한 만큼 전문적인 분담 없이 전략수립자가 전략수립과 동시에 실행까지 추진하여 전략수립에서 실행 사이의 시간을 최소화하는 방향으로 진행된다.

환경 복잡 · 느린 변화 변화속도는 느리나 환경이 복잡한 상황에서는 복잡성에 대처할 수 있는 전문적인 능력이 핵심적이다. 이 경우 실행을 주관하는 전문가가 전략수립단계에서부터 주도적으로 전략활동을 추진하는 방식이 취해진다. 즉, 환경의 복잡성으로 실행 시에 나타날 수 있는 문제들을 최소화하기 위하여 복잡성에 대처할 수 있는 전문가가 실행 이전의 수립단계에서부터 주도적으로 개입하는 것이다.

환경 복잡 · 빠른 변화 환경도 복잡하고 상황변화도 매우 빠르게 진행하여 합리적인 규범과 절차에 따라 진행하는 것이 매우 어려운 상황이다. 이러한 상황에서는 환경에 대한 정확한 이해와 정보가 부족하여 환경분석이 쉽지 않으면서 동시에 시간적으로도 촉박하여 전략이 있든 없든 당장 무슨 행동이라도 취해야 하는 경우이다. 이러한 상황에서는 전략은 조직활동을 위한 사전적인 가이드로서보다는 주로 이미 벌어지고 있는 조직활동에 대하여 의미를 부여하고 정당화하여 구성원들의 불안과 불확실성을 완화하는 의례적인 기능을 하게 된다.

4. 전략과 조직구조

일반적으로 전략은 조직구조에 영향을 미치는 요인 중의 하나로 인식되고 있다. 전략결정론은 조직이 취하는 전략이 조직구조를 결정하는 핵심 요인이라는 점을 강조한다.

[도표 6-2] 챈들러의 전략-구조 관계

시 기	t	t+1	t+2
제품다각화의 정 도	낮음 →		높음
구 조	단순구조	기능적 구조	사업부제구조

자료 : Robbins, 1990 : 128.

1) Chandler의 전략-구조이론

전략결정론에 대한 초기 연구는 미국의 기업역사가인 챈들러(Alfred Chandler, 1962)에 의해 이루어졌다. 그는 1909년에서 1959년까지의 시기에 걸쳐 이루어진 미국 대기업들의 성장과정에서 전략에 따라 구조가 변천해 온 역사를 고찰하였다. 이 연구에서 그가 끌어 낸 결론은 "조직구조는 전략을 따른다"(Structure follows strategy)는 것이다. 미국의 대기업들은 초기에는 단일 품목으로 출발했다가 점차 여러 품목으로 사업을 확장하는 사업다각화전략을 통해 성장해왔다. 초기의 단일품목의 전략을 추구했던 시기에는 기업구조는 가능한 한 단순하게 짜여졌다. 즉, 집권화의 정도는 높으면서 공식화와 복잡성의 정도는 낮은 단순구조이다. 그러나 기업이 성장하면서 기업내 여러 활동의 기능적 분화가 이루어지고 이들간의 조정이 늘면서 조직구조는 기능적 구조로 바뀌고 있다. 마지막으로 기업들이 제품다각화의 전략을 취하면서 각 제품사업별로 독자적인 기능적 활동이 증대되고 이에 대한 대응으로 사업부제 구조가 출현하고 있다.

챈들러는 전략과 구조와의 관계에 대해 "기업경영의 효율성을 위해서는 새로운 전략에 맞추어 새로운 구조가 짜여져야 했다 ... 이러한 것이 제대로 이루어지지 않게 되면 기업경영에 비효율성이 초래되었다"고 결론지었다.[1] 요컨대 기업이 취하는 전략에 상응하여 구조에 변화가 따라야 한다는 것이다.

챈들러 이래 조직전략에 대한 이론들은 전략과 조직구조를 연결시키고 있다. 즉 조직이 취하는 전략유형에 따라 가장 적합한 조직구조의 특성을 규명하고자 하는 것

1) Alfred D. Chandler, Jr., 1962. *Strategy and Structure: Chapters in the History of the Industrial Enterprise. Cambridge*, Mass.: MIT Press, p 13. Robbins, 1990: 126에서 재인용.

[도표 6-3] 마일즈와 스노우의 전략유형

전 략	목 표	환 경	구조특성
방 어 형	안정성과 효율성	안 정 적	강력한 통제 높은 분업화 높은 공식화 집 권 적
분 석 형	안정성과 유연성	유 동 적	중간 정도의 집권화 현재 활동에 대한 강력한 통제 새로운 과업에 대한 느슨한 통제
탐 사 형	유 연 성	역 동 적	느슨한 구조 낮은 분업화 낮은 공식화 분 권 적

자료 : Robbins, 1990 : 128.

이다. 몇 가지 대표적인 전략유형의 모형을 중심으로 전략과 조직구조의 관계를 살펴보기로 하자.

2) Miles 와 Snow의 전략유형

마일즈와 스노우(Raymond Miles and Charles Snow, 1978)는 기업의 시장이나 제품변화에 대응하는 신속성에 따라 기업전략을 방어형, 탐사형, 분석형, 반응형의 네 가지 유형으로 구분하고 각 유형에 적합한 조직구조를 제시하였다(Robbins, 1997 : 130-136).

방 어 형 방어형(defender) 전략은 주로 이미 확보하고 있는 사업영역이나 적소를 경쟁자들로부터 방어하는 데 주력하는 유형이다. 이 경우 제품출시 등의 기업활동을 기존에 확보된 특정 시장에 한정시킴으로써 안정성을 확보하는 전략을 취한다. 안정된 영역에서 가격이나 품질상의 경쟁력을 유지하는 데 주력하는 반면, 기존 영역 밖에서의 시장추세나 변화에는 관심을 두지 않는 편이다. 이러한 전략을 추구하는 기업의 구조는 공식적인 위계구조, 집권화된 통제구조 및 의사전달체계를 특징으로 한다.

탐 사 형 탐사형(prospector)은 새로운 제품이나 시장기회를 끊임없이 모색하고 추구하는 전략유형이다. 예를 들어 휴렛 패커드社는 지속적인 기술혁신으로써 새로운 제품을 출시하여 초기의 높은 독점이익을 누리다가, 제품이 표준화되고 가격경쟁 단계에 들어가면, 새로운 제품의 개발과 생산에 집중하는 전략을 취해 왔다. 탐사형의 조직구조는 유연성이 핵심으로, 분권화의 정도가 높은 반면 공식화의 정도는 낮다.

분 석 형　　분석형(analyzer)은 탐사형과 방어형의 양면을 고루 추구하여 위험을 최소화시키면서 동시에 이윤기회의 극대화를 노리는 전략유형이다. 새로운 시장이나 제품에의 진입은 그 시장성이나 타당성이 검증된 후에 이루어진다. 분석형은 탐사형이 새로 개척한 시장에 곧바로 진입할 수 있는 순발력 있는 모방능력과 함께 이미 확보하고 있는 안정된 시장에서의 지속적인 경쟁력을 유지할 수 있는 생산체계의 높은 효율성도 확보해야 한다. 따라서 분석형의 조직구조는 유연성과 안정성을 모두 수용할 수 있게 짜여진다. IBM사 경우가 이러한 전략을 구사하는 대표적 예이다.

반 응 형　　반응형(reactor)은 적극적인 의미에서의 전략유형이라기보다는 앞의 어느 전략도 적절하게 구사하지 못하는 잔여 범주로서 일관성 있는 전략을 갖지 못한 경우이다.

위 세 가지 전략 중 어느 것을 취하는가는 각 조직이 처한 환경과 밀접한 관계가 있다. 비교적 변화가 없는 표준적인 환경에서는 방어형이 적합하나, 환경에서의 유동성과 불확실성이 큰 경우에는 분석형, 탐사형이 적합하다.

마일즈와 스노우의 전략모형에서 핵심이 되는 요소는 환경불확실성에 대한 조직관리자의 인식과 평가이다. 예를 들어 방어형 전략을 취한다는 것은 조직관리자가 환경을 안정된 것으로 인식한다는 것을 의미한다. 그러나 조직관리자의 환경에 대한 인식이 반드시 객관적인 것과 일치하는 것은 아니기 때문에 동일한 환경이라도 조직관리자에 따라 다르게 인지될 수 있고 기업에 따라 상이한 전략이 나올 수 있다.

3) Porter의 경쟁우위전략모형

포터(Michael Porter, 1980)는 기업이 모든 분야에서 경쟁력을 가질 수 있는 것이 아니기 때문에 각 기업은 가장 경쟁력 있는 분야에 역량을 집중하는 전략을 취한다는 경쟁우위전략(Competitive Strategies)모형을 제안했다. 여기에는 비용우위, 차별화, 그리고 집중화 전략이 있다(Robbins, 1990: 136-138).

비용우위전략　　비용우위전략(cost-leadership strategy)은 기업이 동종 업체보다 낮은 비용으로 제품을 생산해 내는 데 주력하는 전략유형이다. 이러한 전략의 관건은 경쟁업체보다 비용은 낮추면서 동시에 서비스나 품질에서는 경쟁사 이상의 수준을 유지할 수 있어야 한다는 것이다. 따라서 이 전략이 성공하기 위해서는 생산의 효율성, 규모의 경제, 또는 원자재에의 우선적인 접근성이 필수적이다. 이러한 기업의 구조는 효율적인 생산체제가 핵심으로 강력한 통제와 고도의 복잡성, 공식화, 집권화를 특징으로 한다.

차별화전략 차별화전략(differentiation strategy)은 기업이 차별화된 품질이나, 서비스, 혁신적인 디자인, 기술력, 또는 탁월한 브랜드네임으로 경쟁력을 추구하는 전략이다. 이 전략의 핵심은 차별적인 가격을 상쇄시킬 수 있는 개성이나 품질상에서의 프리미엄을 유지할 수 있어야 하는 것이다. 차별화 전략의 경쟁력은 기본적으로 특성화된 제품의 개발과 생산에 있다. 이러한 전략은 고도의 조직 유연성을 요하여 복잡성과 공식화의 정도가 낮고, 분권화된 구조를 특징으로 한다.

집중화전략 집중화전략(focus strategy)은 한정된 시장에 국한시켜 비용우위나 차별화를 추구하는 전략이다. 이러한 집중화전략은 기본적으로 비용우위전략과 차별화전략에서 파생되어 나오는 전략이다. 즉 가격에 포커스를 둘 것인가 차별화된 제품성에 포커스를 둘 것인가에 따라 집중화전략은 비용우위전략과 차별화전략과 같게 된다. 차이라면 비용우위전략이나 차별화전략이 시장 전반에 걸친 전략인 데 비해, 집중화전략은 상대적으로 규모가 작은 특정 사업영역에 한정시켜 이런 전략을 추구한다는 점이다. 미국의 식품업체인 스토퍼社가 식품 중에서도 저칼로리 고급냉동식품에 주력하고 있는 전략이 한 예이다. 이 회사는 높은 품질과 동시에 편의성을 추구하는 특정 소비자계층을 공략하는 집중화전략을 활용하여 성공한 케이스이다. 또한 미국의 엔터프라이즈 자동차렌트社는 허쯔 같은 대기업이 자동차렌탈시장 전체를 카바하는 데 비해, 사고나 도난에 의한 보험보상기간에 한정시킨 자동차렌탈시장에 집중시키는 전략으로 성공한 케이스이다(Daft, 1998: 33).

기업들이 모두 분명한 경쟁우위전략을 취할 수 있는 것은 아니다. 기업에 따라서는 아무 경쟁력도 없이 어중간한 위치(stuck in the middle)에 놓이기도 한다. 실제 적지 않은 기업들이 이러한 함정에 빠지는 경향이 있다. 예를 들어 미국의 Laker 항공사는 1977년 기내서비스를 최소화하는 대신 초저가 운임전략으로 뉴욕-런던 간 운항을 시작했다. 이러한 초저가가격전략은 크게 성공하였다. 그러나 1979년 새로운 노선을 추가하고, 고급화된 서비스를 제공하기 시작하면서 항공운임도 올리게 되었다. 이 결과 회사는 가격경쟁력을 상실하게 되어 기존의 다른 항공사와의 경쟁우위를 잃게 되었으며 1982년 파산에 이르고 있는 것이다(Robbins, 1990 : 137-138).

[도표 6-4] 밀러의 전략유형

전략적 유형	핵심과제	구조적 특성
혁　신	다양한 제품, 고객유형, 기술과 시장에 대한 이해와 관리	고객요구를 파악하기 위한 시장 탐사능력 낮은 공식화 분 권 화 위원회와 태스크포스의 집중적인 활용
시장차별화	특정고객 기호의 적재 적시 파악과이에대한 대처	고객반응과 경쟁업체 전략에 대한 집중적인 탐색과 분석능력 중간 – 높은 복잡성 중간 – 높은 공식화 중간 정도의 분권화
범　위 혁신적 범위	제품, 서비스, 고객, 영역에서의 적정 범위의 설정	높은 복잡성 낮은 공식화 분 권 화
안정적 범위		높은 복잡성 높은 공식화 높은 집권화
비용통제	표준제품의 효율적인 생산	높은 공식화 높은 집권화

자료 : Robbins, 1990 : 139.

4) Miller의 전략유형

밀러 (Danny Miller, 1987)는 혁신, 시장차별화, 범위, 그리고 비용통제의 네 가지 전략유형을 제시하였다(Robbins, 1990 : 125-126, 138-139).

혁　신　혁신(innovation) 전략은 기업이 주 경쟁력을 새로운 제품이나 서비스를 통해 확보하는 전략이다.

시장 차별화　시장차별화(market differentiation) 전략은 기업이 차별화된 특정고객의 요구를 충족시킴으로써 고정 시장을 확보하는 전략이다. 이러한 전략은 반드시 고급 제품이나 최신의 품목을 제공하는 것만을 의미하기보다는 광고나 시장세분화, 명품 정책으로 자사제품에 대한 차별화된 이미지를 창출하고 유지하는 것이다. 프리미엄 맥주업체나 디자이너 의류업체가 취하는 전략이다. 또는 기성세대와는 다르고 싶어하는 십대의 취향이나 심리에 호소하는 1318 세대 시장공략 같은 것도 이러한 전략이다.

범 위 범위(breadth)는 기업이 고객이나, 지역, 제품 시장 등에서의 영업범위를 설정하는 전략이다. 범위를 특정 고객집단이나 지역에 한정시키는 전략을 취할 수도 있고, 또는 범위를 광범위한 고객집단이나 전국을 포괄하는 전략을 취할 수도 있다. 또는 제품범위에서도 수많은 제품라인으로 다각화하여 시장을 확장해 나갈 수도 있고, 소수 제품에 특화시키는 전략이 있을 수 있다. 이러한 범위전략은 혁신에 토대한 혁신적 범위와 안정성에 토대한 범위의 두 가지 방향으로 설정될 수 있다.

비용통제 비용통제(cost control)는 필수적이지 않은 고급사양을 생략하고 서비스나 포장 등에 최대한의 비용절감을 통해 가격경쟁력을 확보하는 전략이다. 예를 들어 이마트나 프라이스클럽 등의 창고형 할인유통업체들이 취하는 전략이다.

이 네 가지 전략유형에 따른 조직구조의 특성을 살펴보면 〔도표 6-4〕와 같다.

5. 전략결정론의 한계

전략과 기업구조의 관계에 대한 챈들러의 고전적인 연구 이래 일반적으로 조직의 구조는 조직전략에 의해 결정된다는 전략결정론이 받아들여지고 있다. 그러나 실제 조직현실이 항상 전략결정론에 일치하는 것은 아니다. 우선 조직관리자가 행사할 수 있는 재량권에서 제약이 있다. 조직발전의 초기단계에서는 조직관리자가 의도하고 계획한 대로 추진할 수 있는 재량폭이 상당히 크지만, 조직에 사람이 많아지고, 공식적인 절차와 방침이 수립되고 하면, 계획하는 전략에 맞추어 구조변화를 추진하기가 어려워진다. 즉 조직에서 기득권적인 관계가 확고히 굳어지고 나면, 조직 관리자가 전략계획에 따라 조직구조를 새로이 바꾸고 하는 것이 쉽지 않은 것이다.

다른 하나는 지체요인이다. 조직관리자가 새로운 전략을 추진한다 해도, 조직구조상의 즉각적인 변화가 뒤따르지 않는 경우가 흔히 있다. 전략실행에 따른 구조변화가 다소간의 시간지체를 두고 이루어지기 때문이다. 이러한 지체의 정도는 조직이나 상황에 따라 달라진다. 지체 정도에 영향을 미치는 중요한 요인 하나는 경쟁적인 압력

[도표 6-5] 조직구조와 전략결정과정

복 잡 성
복잡성의 정도가 높을수록 다음과 같은 경향이 있다. 1. 맨 처음 의사결정의 사안에 접한 구성원들이 그들의 국지적인 기호나 선호로 인해 주어진 사안의 전략적 중요성을 인식하지 못하거나 간과할 수 있다. 2. 의사결정이 조직내 매우 광범위한 요구나 제약들을 충족시켜야 하기 때문에 조직 전체수준에서의 목표의 달성 정도가 낮다. 3. 전략행위는 주로 내부적 정치협상에 영향을 받으며 그 구체적인 실행은 점진적으로 이루어진다. 4. 구성원의 국지적 시각에 의한 편견이 종합적인 전략결정과정을 제약하는 주요인으로 작용하며 의사결정의 통합성은 대체로 낮다.
공 식 화
공식화의 정도가 높을수록 다음과 같은 경향이 있다. 1. 전략결정과정은 주로 공식체계에 의해 포착되고 발견되는 문제나 위기에 대한 대처로서 추동된다. 2. 의사결정은 "명확하지만, 그러나 부차적인" 목표의 달성을 지향하는 경향이 있으며, 수단이 목표를 전도하는 경향이 있다. 3. 전략행위는 표준화된 조직과정의 결과로서 그 구체적인 실행은 점진적이다. 4. 표준화된 조직과정에서 추구하는 세밀성이 전략과정에서의 종합성을 제약하는 주 요인으로 작용하며 의사결정의 통합성은 중간 정도이다.
집 권 화
집권화의 정도가 높을수록 다음의 경향이 있다. 1. 전략결정과정은 소수의 지배층에 의해서 주도되며, 시류적이고 기회추구적인 행동의 결과일 가능성이 크다. 2. 의사결정과정은 수단에서의 상당한 변화에도 불구하고(의도된 미래 영역의) 절대적 목표의 달성에 매달리는 경향이 있다. 3. 전략적 행위는 의도적인 합리적 선택의 결과로서, 기존의 전략에서 대대적인 변화로 나가는 경향이 있다. 4. 전략과정의 종합성을 제약하는 주 요인은 최고관리층의 인지적 한계이다. 의사결정의 통합성은 비교적 높다.

자료 : James W. Fredrickson. "The Strategic Decision Process and Organizational Structure." *Academy of Management Review*, April 1986, p. 284. Robbins, 1990:141에서 재인용.

의 유무이다. 경쟁이 없으면, 효율성에의 압력을 별로 안 받기 때문에 지체가 길어진다. 반대로 경쟁적인 환경에서는 전략에 따라 바로 구조변화가 이루어지는 경향이 있다. 전략에 맞추어 구조가 설계되어야 한다는 전략결정론의 논리는 기본적으로 "조직의 효율성을 위해서는…"이라는 전제를 깔고 있다. 따라서 효율성에 대한 압력이 거의 없는 극단적인 경우 전략과 구조는 별개로 존재할 수 있는 것이다(Robbins, 1990 : 140).

마지막으로 전략결정론을 제약하는 것은 그 반대의 가능성이다. 즉 조직구조가 조직이 취할 수 있는 전략에 영향을 미치는 구조결정론의 가능성이다. 실제 이러한 가능성은 얼마든지 존재한다. 조직의 구조는 전략 활동을 촉진시킬 수도 있고 저해할 수도 있으며, 또는 조직이 취할 수 있는 전략의 선택자체를 제약하기도 한다. 이런 점에서 조직구조는 조직이 취할 수 있는 전략에 영향을 미치게 된다. 예컨대 집권화된 구조의 조직에서는 전략활동에서의 아이디어는 다양하지 않지만 실행과정에서 일관성 있는 추진이 가능한 점이 있다. 반면에 분권화된 구조에서는 전략구성상에서의 아이디어는 다양하나 실행과정에서 일관성을 유지하지 못하는 문제가 있다(Robbins, 1990 : 142). 조직구조가 전략활동과 관련하여 미치는 영향을 살펴보면 〔도표 6-5〕에서와 같이 나타난다.

사례 1

휴렛패커드사의 전략

휴렛패커드는 세계최대의 테스트기기와 계측기 제조업체이자 전자계산기와 컴퓨터의 주요 생산업체이다. 설립 당시부터 휴렛패커드는 대학실험실과 같은 동료적 분위기를 유지하면서 과학적 연구를 산업적으로 응용한 제품을 내는 전략을 추구하였다. 이 기업은 고급기술에 주력하여 산업용시장과 소비자시장에 다양한 최첨단의 제품들을 출시해 왔다. 휴렛패커드의 전략은 자사의 제품이 기술적으로나 디자인상에서 탁월한 우위를 유지할 수 있을 때까지만 특정의 제품이나 시장을 적극적으로 공략하는 것이다. 그러다가 시장에서의 성공여부가 전적으로 저가의 가격경쟁에 매달리는 단계가 되면 휴렛패커드는 그 제품시장에서 나와 새로운 디자인이나 전연 새로운 제품개발에 주력하는 것이다.

휴렛패커드의 유연한 조직구조는 이러한 혁신 전략을 뒷받침하여 왔다. 이 기업은 각각의 종합적이면서, 자기충족적인, 그리고 독립적인 제품단위별 사업부로 조직되어 있다. 특정의 제품라인이 자체 이윤으로 지속적인 성장을 유지할 수 있는 수준에 이르게 되면 새로운 사업부로 독립시킨다. 또한 사업부 규모가 대략 2000명 정도의 인원에 이르면 새로운 사업부를 분리시킨다. 일단 이 정도 규모가 되면 사람들이 자신들이 속한 제품라인에의 정체성을 잃기 시작한다고 보기 때문이다.

어떤 기업이든 그 성공에는 많은 요인들이 있다. 휴렛패커드의 경우 분명 수익성 좋은 제품시장을 찾아내고, 유능한 과학자와 엔지니어들을 고용하고, 혁신과 높은 수행능력을 장려하는 기업문화를 발전시키는 데 매우 효과적이었다. 그러나 휴렛패커드사 성공의 큰 부분은 이 기업이 추구해 온 혁신전략을 뒷받침할 수 있는 유연한 구조이다. 즉 휴렛패커드사는 그의 기업전략과 조직구조에 최적의 적합성을 이루어 낼 수 있었다는 점이다.

자료 : Stephen Robbins, 1990 : 121-122.

사례 2

시장점유율 하락에 고심하는 시어즈백화점

시어즈백화점은 한때 미국 최고의 소매유통업체였다. 1940년 경쟁업체들이 보수적으로 대응하던 시기에 시어즈는 교외지역의 성장을 일찍이 간파하고 점점 늘고 있는 자가용족의 쇼핑편의를 위해 넓은 주차장을 갖춘 새 점포들을 교외지역의 대규모 쇼핑센터에 공격적으로 개설하였다. 시어즈의 매출과 이윤은 크게 성장하였다. 그러나 1980년대 들면서 어려움에 처하게 되었다. 예컨대 1987년 월마트가 34%의 폭발적인 매출성장을 이룬 데 비해 시어즈의 매출 증가는 4.3%에 그쳤다. 1980년대 후반에 이르러서는 시어즈는 소매유통업체의 1위 자리를 K마트에 내줘야 했으며, 2위 자리마저도 월마트에 근소하게 추격 받게 되는 처지가 되었다. 시어즈의 문제는 우선 믿기 힘들 정도의 높은 운영비용이 드는 지나치게 비대해진 조직구조, 조직운영의 조정과 통제에는 무능하면서도 요지부동의 체제, 머천다이징과 가격체제에서의 일관성 없는 전략, 그리고 변화에 극히 저항적인 조직문화를 들 수 있다.

시어즈의 매출과 운영비용은 총 매출액의 30%에 달하였는데, 이는 J.C. 페니나 K마트의 24%, 월마트의 17%에 비해 매우 높은 수치이다. 매출액의 8%에 이르는 시어즈의 유통비용은 월마트나 K마트의 2%들과 비교할 때 업계 최고 수준이었다. 이러한 고비용체제로써 시어즈가 경쟁력 있는 가격을 제공한다는 것은 불가능했다. K마트와 같은 일반 유통업체나 토이저러스, 서큐트 시티 같은 전문제품할인점, 그리고 수백 개의 우편주문의 카타로그 유통업체들이 다양한 제품을 더 낮은 가격에 제공하면서 시어즈를 사방팔방에서 공격하였다. 1978년대에서 1988년 사이에 일반 머천다이즈 매출에서 차지하는 시어즈의 점유율은 18%에서 13%로 감소하였는데, 이는 경쟁업체들에게 84억 달러 상당의 시장을 빼앗겼음을 의미한다.

미국 전역의 825개의 점포와 52만 6000명의 직원을 관리하는 데 따르는 조정과 통제의 문제는 시어즈 경영진을 짓눌렀다. 의사결정은 지나치게 집권화되어 있었다. 회사의 경영스텝은 시카고에 있는 110층 짜리 시어즈 타워의 60%를 사용하였다. 한때 "길가의 좋은 서민 백화점"으로서의 이미지에서 이제는 외딴 세계의 막강한 기업이 되어 버린 것이다.

시어즈의 오랜 고객들에게 더욱 혼란스러웠던 것은 소매유통구조에서 시어즈가 도대체 어떤 위상에 있는가 하는 점이었다. 원래 시어즈는 좋은 품질과 좋은 가격의 자체 브랜드 상품들을 제공하는 전략으로 명성을 쌓아 왔었다. 크래프츠맨, 다이하드, 켄모아 같은 브랜드는 믿을 만 한 것의 대명사였다. 시어즈는 할인점은 아니었지만 매주 수백의 다양한 품목을 할인가격에 제공하는 가격정책을 폈다. 고객들은 세일을 기다릴 줄 알게 되었으며, 이는 시어즈 제품의 55%가 할인된 가격에 팔리고 있다는 것에서 확인된다. 그러나 1980년대 초반 시어즈가 하이패션백화점으로 전환하고자 했을 때 이러한 이미지는 크게 흐려졌다. 이의 가장 결정적인 전략변화는 1980년 봄에 시도되었다. 시어즈가 "상시 저가"정책을 표방하고 나선 것이다. 거의 대부분의 상품들의 가격을 낮추었으며, 세일가의 판매홍보활동은 거의 사라지게 되었다. 시어즈는 이러한 전략으로 관리비가 줄어 할인점들과 좀더 직접적으로 경쟁할만 할 것이라고 기대했다. 여러 가지의 스타일이나 모델들을 줄이는 한편(이에 따라 재고부담이 크게 줄게 되므로), 계속되는 세일을 기획하고, 구매하고, 쌓아놓고, 유통시키고, 광고하는 데 들어가는 엄청난 프로모션 비용도 없앰으로써 운영비를 크게 줄일 수 있을 것이라는 생각이었다.

마지막으로 시어즈에는 오랜 세월에 걸쳐 자리잡은 직원들이나 경영진들간에 다소 자만스러운 문화가 있었다. 소매유통업에서 오랫동안 군림하면서 시어즈직원들은 마치 미국의 국가기관에서 일하는 양 착각했던 것이다. 새롭거나 색다른 것은 어떤 것이든 위협적으로 보았으며 배척하였다. 이러한 시어즈의 보수성으로 경영진들은 환경변화에 대한 대응이 느릴 수밖에 없었다. 시어즈타워의 초고층 사무실에 앉아서 간부진들은 고객의 필요나 관심으로부터는 백만마일이나 동떨어져 있었던 것이다. 이러한 정태적이고 보수적인 문화에 대처하여 시어즈의 최고간부들은 그들의 태도부터 바꾸고자 하였다. 그러나 이들의 동류성과 자만은 변화하기에는 너무 깊어져 버린 듯하다. 이 모든 문제에도 불구하고 1988년 당면한 가장 큰 문제가 무엇이냐는 질문에 대하여 시어즈의 최고경영자는 "별 큰 문제가 있다고 보지 않는다. 우리가 전략적으로 취한 위치에 매우 만족하고 있다"고 대답하고 있는 것이다.

자료 : Stephen Robbins, 1990 : 494-496.

제 7 장
환　　경

어떤 조직도 그 활동에 있어서 자급자족적이지 못하며, 그가 속한 환경과 불가분의 관계를 갖는다. 목표를 성공적으로 달성하기 위해서 조직은 외부환경으로부터의 자원유입을 필요로 하는 동시에 생산해 낸 조직생산물을 환경으로 배출시킬 수 있어야 한다. 이런 점에서 환경은 조직이 필요로 하는 자원을 제공하는 동시에 그의 목표와 활동을 제약하는 양면성을 지니게 된다. 조직활동의 핵심은 환경으로부터의 투입과 환경으로의 산출이라는 활동을 원활하게 유지하는 것이다.

조직이 환경과 상호작용하는 개방체계라는 것은 일찍부터 인식되었지만, 이러한 환경 자체에 대한 연구는 1960년대 이래의 상황이론에서부터 시작되었다. 환경에 대한 관심이 높아지면서 조직연구에서의 분석수준도 단위조직내의 사회심리적 과정 및 구조적 분화로부터 조직간 관계, 조직집합, 나아가 조직네트워크의 좀더 거시적인 사회정치적 수준으로 확대되게 되었다.

1. 환경의 정의

가장 일반적인 의미에서 환경은 조직을 둘러싼 '기타 모든 것' 이다. 연구의 초점이 조직내 과정에 있는 경우 환경은 잔여범주이다. 그러나 환경은 조직이 필요로 하는 정보와 자원의 원천으로서 조직활동에 중요한 인과관계를 갖는다는 점에서 환경은 조직활동의 주요 변수이다. 환경에 대한 접근은 크게 조직 네트워크 · 일반환경 · 국제환경의 수준에서 이루어진다.

[도표 7-1] 조직 네트워크

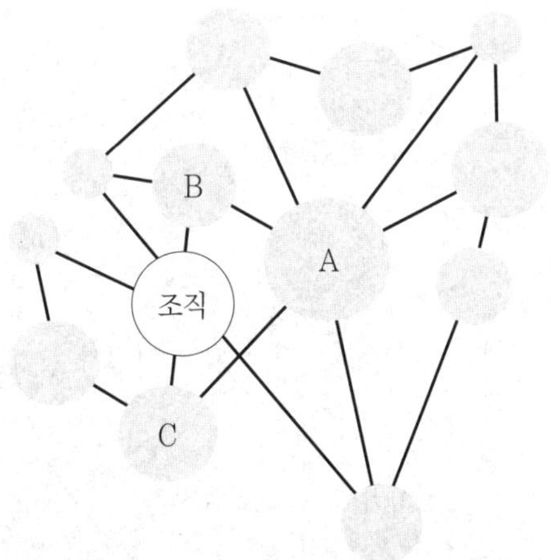

자료 : Hatch, 1997 : 67.

1) 조직 네트워크

조직은 환경의 다양한 요소들과 관계를 갖는다. 이러한 환경요소들 역시 대부분이 조직들이다. 조직이 환경 속의 다른 조직들과 관계를 맺게 되면서 이들간에 네트워크가 형성되는데, 이러한 네트워크는 공급자 · 고객집단 · 경쟁조직 · 노조단체 · 규제집단 · 이익집단들의 다양한 집단들로 구성된다. 조직 네트워크는 이렇게 일련의 조직들이 만들어 내는 관계망으로서 여기에는 조직간 자원, 정보, 기회 또는 영향력의 흐름, 그리고 상호작용의 관계들이 얽혀 있다. 세무서 · 면허당국 · 관세검역당국 등의 규제집단은 조직활동에 대한 법적 규제를 행사한다. 참여연대나 소비자단체 등의 사회단체는 정치 · 사회적 압력을 행사하여 조직활동에 영향을 미친다. 네트워크내에서는 각 요소들이 차지하는 중심성과 주변성이 드러나며, 조직이 전체네트워크에서 차지하는 상대적인 위치를 볼 수 있다(도표 7-1). 현대사회에서는 네트워크 자체가 무한히 연결되는 경향이 있기 때문에 특정네트워크의 경계설정에는 어느 정도 임의성이 있게 된다(Hatch, 1997 : 66).

조직 네트워크의 분석은 조직영역 · 과업환경 · 조직집합 등의 측면에서 이루어진다. 이러한 접근은 연구대상인 조직(중심조직)을 네트워크의 중심에 놓고, 네트워크내의 다른 조직이나 요소들을 중심조직과의 직접적인 관계 내지는 관련성의 정도에 따라 재구성하는 것이다.

[도표 7-2] 조직의 과업환경

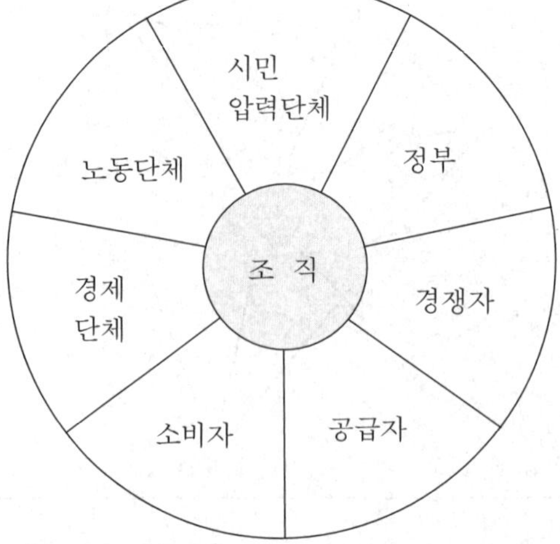

조직영역(organizational domain) 환경에서 조직이 추구하는 활동의 장으로서, 조직의 산물, 서비스, 시장 등에서 조직이 이해관계를 갖는 활동의 범위이다. 조직영역에 따라 조직의 독특한 적소, 과업환경의 요소들이 달라진다. 조직영역을 어떻게 설정하는가에 따라 조직이 고려해야 하는 환경요소들이 구체화된다. 예컨대 같은 미국내 대학이라 해도 지역 학생을 대상으로 하는 등록금이 4,5천 달러 미만의 지방대학과 국제적으로 최고 엘리트 학생을 대상으로 등록금이 수만 달러에 이르는 명문사립대학의 조직영역은 크게 다르다. 조직영역을 어떻게 두는가에 따라 대학의 학생유치전략, 지역정부와의 관계 설정, 지역사회와의 관계수립 등의 환경의 구체적인 요소들과의 관계가 달라지게 된다.

과업환경(task environment) 과업환경은 조직목표의 설정과 달성에 직접 관련 있거나 잠재적으로 관련을 갖는 환경의 부분으로서 그 범위가 비교적 구체적이고 한정적이다. 딜(William Dill, 1958)은 과업환경을 고객 · 공급자 · 경쟁자 · 규제집단의 네 가지 부분으로 파악하였다. 고객(customers)은 조직을 이용하는 사람이나 다른 외부조직들이다. 공급자 (suppliers)는 조직이 필요로 하는 원료, 노동, 자본, 장비, 그리고 노동공간의 인적 · 물적 자원을 공급하는 외부행위자이다. 경쟁자(competitors)는 시장과 자원에서의 동일고객이나 공급원을 놓고 경쟁하는 외부행위자이다. 규제집단(regulatory groups)은 정부기관 · 노동단체 · 협회 · 소비자단체 등의 조직행동을 규제하고 제약하는 행위자들이다.

조직집합(organization set)　중심조직과 그것이 직접적으로 관련을 맺는 조직들로 이루어진 집합으로서 조직과 과업환경내의 조직들의 집합이다(William Evan, 1966 ; Scott, 1998 : 124). 중심조직과 조직집합내 다른 조직들간에는 정보, 재화나 용역, 경계관리자 등의 조직성원들의 교류가 이루어진다. 이들 조직간 관계는 자원의 흐름이나 또는 조직구성원들간의 직접적인 접촉의 유무로서 파악된다. 조직집합은 조직활동의 제측면을 이해하는 데 매우 핵심적이다. 즉 중심조직의 내부구조, 자율성, 목표달성수준 또는 효율성, 중심조직과 조직집합내의 정보 및 인적 교류, 중심조직의 조직집합에 대한 여러 전략관계들이 조직집합의 분석을 통해서 파악될 수 있는 것이다. 그러나 과업환경이나 조직집합에 의한 접근은 기본적으로 조직관리자의 시각에서 환경을 재구성하는 것이기 때문에 중심조직이 전체네트워크에서 차지하는 상대적 위치를 파악하는 데는 어려움이 있다(Hatch, 1997 : 66).

2) 일반환경

일반환경은 네트워크환경에 비해 조직이 맺는 관계가 간접적이고 일반적인 환경으로서 조직이 속한 사회의 일반적인 사회, 문화, 법, 정치, 경제, 기술환경과 물리적 환경들이 포함된다(Hatch, 1997 : 67-72 ; 최창현 외, 1996 : 520-523).

사회환경　사회환경은 사회의 계층화 정도, 인구 및 사회이동성, 교육수준, 종교, 전문단체의 조직화 정도 등이다. 인구변동에 의한 사회노령화 등이 사회환경의 구체적 예이다.

문화환경　문화환경은 사회의 독특한 문화적 가치, 전통들을 포괄한다. 사회에서 바람직하게 받아 들여지는 행동이나 생활양식, 교육열, 위계적 관계에 대한 용인성, 합리주의, 전통지향성 등이 문화환경을 구성한다. 오늘날 조직의 활동영역이 세계화되고 있는 추세에서 각 사회의 독특한 문화환경이 조직연구에서 차지하는 중요성이 더욱 커지고 있다.

법 · 정치 환경　법 · 정치환경은 사회의 권력의 분포 및 행사 등의 정치제도와 이를 뒷받침하는 다양한 법적 제도들이다. 예를 들어 특정산업에 대하여 대기업의 진입을 규제하는 중소기업보호법, 국내기업의 경쟁력의 보호를 위한 관세제도, 외국인노동자규제법안 등이 법 · 정치환경을 구성하는 구체적인 예들이다.

경제환경　경제환경은 노동, 금융, 기타 제품 · 서비스시장으로 구성된다.

[도표 7-3] 조직의 환경

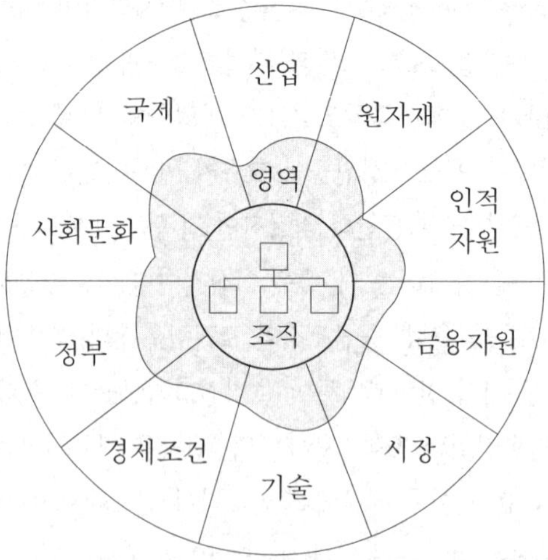

자료 : Daft, 1998 : 49.

공기업의 비율, 재무정책, 소비패턴, 자본투자패턴, 금융제도, 환율, 무역수지, 외국인투자비율, 가격규제, 원료시장, 이자율 및 인플레율 등이 경제환경을 구성한다. 경제환경은 다른 환경요소들에 미치는 영향이 큰 편으로 기업 · 학교 · 행정조직 등 기타 조직의 전반적인 활동에 상당한 영향을 미친다.

기술환경 기술환경은 과학이나 기술발전의 전반적인 수준으로서 조직이 활용할 수 있는 기술인력, 정보나 지식에 직접적인 영향을 미친다. 기술환경의 요소들은 훈련된 기술인력, 장비와 소프트웨어, 컨설턴트나 전문가의 컨설팅서비스의 형태로 조직내로 유입된다. 기술환경은 조직의 전반적인 활동이나 구조에 매우 큰 영향을 미친다. 예를 들어 오늘날 컴퓨터와 통신의 결합에 의한 멀티미디어의 확산에 따른 기술환경의 변화로 조직의 활동이나 구조가 급격하게 변화하고 있는 것이다.

3) 국제환경

국제환경은 GATT · IMF · ILO 등의 국제기구, 국제컨설팅업체, 그리고 ASEM, EC, 동아시아경제블록, 기타 세계 각 지역의 정치 · 사회 · 경제의 다양한 요소들로 구성된다(Hatch, 1997 : 73). 많은 조직의 활동이 국제무대로 확대되면서 국제환경의 중요성은 크게 증가하는 추세이다. 국제환경은 조직활동과 별 관련이 없는 주변적 요소가 아니라 조직활동의 많은 측면에서 직접적으로나 잠재적으로나 큰 영향을 미치는 핵심적인 요소가 되고 있는 것이다. 특히 오늘날과 같이 조직활동의 국가경계가 급속히 와해되고, 국제경쟁이 격화되는 추세에서 국제환경의 여러 요소들은 핵심적으로 고려되어야 할 부분으로 부각되고 있다.

특정의 환경요소가 네트워크환경요소인가, 일반환경인가, 국제환경인가 하는 것은 개념적인 차원에서의 구분이다. 이러한 환경요소들은 중첩되어 있으며, 조직으로서는 하나의 조직환경으로 경험된다. 예컨대 오늘날 같이 국제화가 가속화되고 있는 상황에서 조직의 국내환경과 국제환경의 구분은 점점 의미가 없어지고 있다. 특정기업의 주요 경쟁자가 외국의 다국적 기업인 경우, 이것은 과업환경의 부분인 동시에 국제환경의 부분이다. 국내외기업으로부터 부품을 공급받아 물건을 생산하여 국내시장과 세계시장에 판매하는 기업의 경우를 보자. 이 기업의 네트워크는 국내외의 원자재를 공급하는 업체, 규제기관, 고객집단, 경쟁업체들로 구성된다. 이 기업을 둘러싼 일반환경도 국내외 관계 법령, 국제환율 · 국내외소비유형 등 국내외 다양한 수준에서의 사회 · 경제 · 문화적 환경요소들로 구성된다.

2. 조직환경에 대한 이론적 시각

조직환경에 대한 연구는 크게 기술경제적 시각, 정치적 시각, 상징적 시각의 셋으로 나누어 볼 수 있다(Scott, 1998 : 131-133 ; Hatch, 1997 : 76). 기술경제적 시각은 조직 · 환경의 관계를 주로 기술경제적 효율성의 논리로써 접근한다. 이러한 시각에서는 주어진 특정환경에 적합한 조직구조와 전략을 설계하는 것이 가장 중요한 관심사이다. 상황이론을 포함한 합리적 이론, 그리고 일부 자연적 조직이론 등, 조직이론의 대부분이 여기에 속한다. 정치경제적 시각에서는 조직과 환경간의 역학관계라는 측면이 주 관심사로서 환경에 대한 조직의 의존성이나 통제와 이에 대한 조직전략 등이 주로 다루어진다. 자원의존이론 · 정치경제적 이론 · 마르크스주의 이론들에서 특히 이러한 정치경제적 권력관계에 대한 관심이 두드러진다. 상징적 시각에서는 환경이 조직에 대해 갖는 상징적 의미 또는 사회문화적 정당화라는 측면에 관심을 둔다. 이러한 시각은 신제도이론 등의 현상학적 지향의 이론에서 강하게 나타난다.

환경에 대한 이론적 시각은 초기에는 주로 기술경제적 시각이 주류를 이루다가 이어 정치경제적 시각, 근래에 와서는 상징적 시각이 그 영향력을 넓혀 가고 있는 추세이다. 대부분의 현대조직이론이 환경을 조직활동의 중요한 요인으로 인식하고 있지만, 환경 자체에 대하여 보다 체계적으로 접근해 온 이론으로서 상황이론 · 조직군생태이론 · 자원의존이론 · 신제도이론에 대해 살펴보자.

1) 상황이론

상황이론은 고전이론이 추구했던 보편적인 합리적 조직구조라는 논리를 배격하고 최선의 조직설계의 논리는 각 조직의 개별적인 상황의 특성에 달려 있다는 점을 강조하였다. 즉 조직설계의 최선의 방법은 상황의 특성에 따라 달라지며, 이에 따라 조직의 구조는 상황의 요구에 가장 적합한 적응형태로서 설계되어야 한다. 환경은 조직이 고려해야 할 핵심적인 상황의 하나인 것이다.

번즈와 스토커(Tom Burns and George Stalker, 1961)는 환경에 따라 조직을 기계적 (mechanistic) 조직과 유기적(organic) 조직으로 유형화하였다. 이들은 비교적 안정되고 불확실성이 적은 표준화된 환경에서 활동하는 조직은 중앙집권화된 기계적 구조를 지니게 되는 반면, 유동적이고 불확실한 환경에서 활동하는 조직은 구성원의 활발한 참여가 이루어지고 그때그때 변화하는 환경적 요구에 쉽게 반응할 수 있는 분권화된 유기적 구조를 지닌다고 주장하였다. 특정의 조직에 있어서 유기적 구조나 기계적 구조의 적합성의 여부는 그 조직이 처한 환경에 따라 달라진다.

로렌스와 로쉬(Paul Lawrence and Jay Lorsch, 1967)는 번즈와 스토커의 주장을 더욱 발전시켜 조직내의 다양한 부서들은 환경의 영향을 동일하게 받는 것이 아니라는 것에 주목하였다. 대부분의 환경불확실성은 조직이 수행하는 일이나 과제에 미치는 영향력으로 조직에 유입되며 조직의 각 부분은 각기 수행하는 과제에 따라 접하는 환경영향 또는 불확실성이 달라지게 된다. 이러한 환경영향의 차별성으로 조직에서의 내부분화가 이루어지게 된다. 예를 들어 전체적으로는 표준화된 시장환경에 있는 조직이라도 새로운 제품 · 기술개발을 담당하는 연구개발부서의 환경은 좀더 유동성과 불확실성을 갖게 된다. 따라서 조직구조에 있어서의 환경은 전체로서의 조직환경과 조직의 각 하위부문들의 부분환경이라는 두 가지 측면에서 고려되어야 하는 것이다. 우선 조직 전체를 특징짓는 분화와 통합방식은 조직이 활동하는 전반적인 환경에 적합해야 한다. 그리고 조직의 각 하위부문은 그것이 접하는 특정환경에 적합한 구조적 특성을 갖추어야 하는 것이다.

상황이론에서 보는 조직과 환경과의 관계는 환경이 복잡할수록 조직이 받는 영향도 다양해진다는 것이다. 이러한 관계로부터 조직의 중요한 과제로 부각되는 것이 조직의 정보처리능력이다. 환경이 복잡하고 불확실성이 클수록 과제를 수행하는 과정에서 조직이 처리해야 하는 정보량이 증대되고, 이에 따라 조직구조도 달라지게 된다.

2) 조직군생태이론

조직군생태이론(population ecology model)은 조직과 환경과의 관계에서 가장 극단적인 환경결정론적 시각을 취하는 이론이다. 분석단위도 개별조직이 아니라 조직군으로서, 예를 들어 대형창고형할인매장이나 홈쇼핑업체 등의 새로운 유통업체들이 전통적인 유통업체들을 대체해 가는 변천과정이 이 이론이 관심을 두는 현상이다.

조직변동은 크게 변이 · 선택 · 보전의 세 단계로 이루어진다. 첫째 단계인 변이는 새로운 조직이 출현하여 기존의 조직군에 유입되는 것으로서 기존의 보존기제가 붕괴되고 선택기준이 변화하면서 새로운 조직이 출현하게 되는 단계이다. 조직변동의 두 번째 단계는 선택이다. 이 단계에서 어떤 변이는 선택되고 어떤 것은 도태되는데, 이러한 선택의 여부는 환경이 결정한다. 환경에 적합한 변이는 선택되고, 이에 부적합한 것들은 도태되는 것이다. 마지막 단계는 선택된 변이들이 조직의 기억장치를 통해 보존되는 단계이다. 이 세 단계 중에서 조직군생태이론이 가장 비중을 둔 것은 선택이다. 환경이 가장 적합한 조직, 즉 최적의 조직을 선택하며, 이러한 선택과정에서 개개조직이 미칠 수 있는 영향은 극히 미미하다(Howard Aldrich, 1979 ; Aldrich and Jeffrey Pfeffer, 1976 : 83).

한난과 프리만(Michael Hannan and John Freeman, 1984)은 기존의 연구들이 조직의 능동적인 적응능력을 지나치게 과장하는 경향이 있다고 비판한다. 조직의 능동적인 적응은 극히 제한적일 수밖에 없는데, 왜냐하면 조직내외에는 조직 자체의 구조적 타성을 가져오는 여러 압력들이 있기 때문이다. 조직의 내적 압력으로는 매몰비용(sunk cost), 정보의 유통과 처리상의 한계, 내부정치적 제약, 조직이 밟아온 전철, 그리고 기존체제를 그대로 답습하고자 하는 보수성향들이다. 이와 함께 시장의 진출입에 따른 법적 · 재정적 제약, 정보유통의 제약, 사회적 정당화 등의 조직외부의 여건도 조직의 능동적인 적응을 제약시키는 요인들이다.

한난과 프리만에 의하면 조직과 환경간에는 구조동형(structural isomorphism)의 관계가 있다. 이러한 구조동형은 개개조직이 의도적으로 적응하려 노력하는 여부와 관계 없이 환경이 스스로 최적의 조직을 선택하면서 이루어지게 된다. 그러나 이러한 구조동형화의 원칙은 여러 다른 환경에 당면함으로써 동시에 서로 다른 환경적 요구들을 수용해야 하는 불안정한 환경조건에서는 설명력이 떨어진다. 불안정한 환경에서는 조직은 환경의 특정부분에만 적합한 전문화된 특성보다는 환경의 여러 부분에 고루 적용될 수 있는 일반적 특성을 지니는 것이 유리하다. 그리하여 비교적 안정되고 불확실성이 적은 환경에서는 전문적으로 특성화된 조직이 적합하나, 유동적이고 불확실한 환경에서는 일반화된 조직이 더 적합하게 된다.

조직군생태이론의 환경결정론적 논리에 대하여는 많은 비판이 제기된다. 무엇보다도 이 이론이 조직의 자율성과 적응능력을 지나치게 과소평가하고 있다는 것이다 (Charles Perrow, 1979 : 243). 따라서 조직군생태이론의 논리는 소규모 기업이나 자발적 결사체와 같이 환경의 영향에 의해 민감하게 부침을 겪는 소규모조직에 주로 국한된다는 주장이다(Aldrich and Pfeffer, 1976 : 88).

3) 자원의존이론

자원의존이론(resource dependence model)의 논리는 조직이 환경에 대하여 능동적으로 전략을 세우고 적응을 한다는 것이다. 이 이론의 주관심은 주요 자원을 둘러싸고 조직과 환경간에 전개되는 통제와 의존 관계이다. 조직관리자들은 자신들의 조직뿐만 아니라 환경까지 통제하고자 한다(Aldrich and Pfeffer, 1976 : 83). 조직은 환경에의 의존성과 불확실성을 제거하고 환경을 통제하기 위해 여러 전략을 취하는데, 예를 들어 합병을 통해 완전히 제거하거나 겸임이사제 등과 같은 조직간 인사교류 등의 방식으로 환경과의 적극적인 협력관계를 구축하기도 한다. 환경을 관리하는 조직의 이같은 능력은 조직내 하위단위에 차별적으로 분포되어 조직내외의 차별적인 권력분포를 야기한다. 따라서 자원의존이론은 조직내부의 권력관계 및 분화에 대하여도 유용한 설명을 제공한다. 이 이론은 조직이 관계하는 환경에 대한 자율적인 전략의 가능성과 동시에 조직군생태이론에서 주장하는 환경의 조직에 대한 통제의 측면도 배제시키지 않는다는 점에서 좀더 포괄적인 조직현상을 다룰 수 있다는 강점을 지닌다.

그러나 자원의존이론이 가정하는 조직의 자율적인 능력은 상당부분 제한적이라는 비판이 제기된다. 즉 조직이 취할 수 있는 환경에 대한 전략적 행동의 가능성은 다음과 같은 요인들로 제약될 수밖에 없다. 첫째, 시장진출입의 장벽, 규모의 경제, 법적 규제 등의 제약들이다. 둘째, 조직이 새로운 적소를 찾아내고 진입하는 데 있어서의 제약이다. 새로운 기회에 대한 조직의 탐색활동은 대부분 현재의 조직활동이 문제를 야기할 때만 촉발되게 마련이다. 게다가 탐색과정 자체가 여러 제약들로 인해 매우 불완전할 뿐만 아니라, 환경에 대한 오판도 있을 수 있다. 조직이 자신에게 유리하게 환경을 통제할 수 있는 능력 역시 실제로는 일부 대규모조직들이나 정치적인 연줄이 잘 되어 있는 조직에만 해당된다. 이러한 조직들도 항상 성공적으로 환경에 대응할 수 있는 것이 아니다. 예를 들어 RCA가 컴퓨터산업에 진출을 시도했다가 실패한 경우라든가, 소니가 베타형 비디오로 초기 비디오카세트 시장에 진출했다가 VHS형에 완패되었던 것도 이러한 것을 보여 주는 사례이다. 우리 나라에서도 몇 년 전 여러 기업들이 사활을 걸고 시티폰시장에 진입하여 경쟁적으로 막대한 투자를 했지만, 곧 바로 핸드폰이 대중화되면서 결국 모두 사업권을 반납해야 했던 사례는 위의 비판들이 상당한 설득력을 갖는 부분이다.

4) 신제도이론

환경에 대한 상징적 시각은 좀더 포괄적인 제도적 환경의 문화규범, 가치, 신념 및 전제들이 조직에 미치는 영향에 주목한다. 즉 효율성의 논리에 의한 환경의 도구적 측면이 아닌 조직이 속한 제도적 환경의 상징적 측면에 비중을 두는 것이다. 이러한 상징적 시각을 대표하는 신제도이론(institutional theory)은 조직에서 새로운 관행이 도입되고 조직구조로 제도화되는 과정에서의 현상학적 · 사회정의적(social definitional)요인을 강조한다. 이 이론은 특히 조직의 적응이라는 내적 논리보다는 조직의 외적 환경, 그 중에서도 제도문화적 환경이 조직에 미치는 영향에 관심을 갖는다. 이런 부분은 이 이론이 일면 조직군생태이론과 수렴하는 부분이다.

마이어와 로완(John Meyer and Brian Rowan, 1977)은 조직구조에 대한 설명으로서 기술 · 합리적 요인을 가장 우선시하는 주장이 때로는 적절하지 못하다고 보았다. 많은 경우 조직은 그러한 기술 · 합리적 제약들로부터 자유롭다. 특히 조직의 기술이 객관적으로 명료하지 못하여 소위 기술적 효율성의 기준이 모호하거나, 또는 공공부문과 같이 조직의 효율성 자체가 그렇게 절박하지 않은 경우에는 더욱 그렇다.

오늘날 많은 조직들은 과제수행과정에서 제기되는 기술적 필요보다는 사회적 정당성 등의 제도화된 환경의 기대에 보다 민감하게 반응한다. 신제도이론의 시각에서 보면 조직은 환경과의 교환적 관계를 지닌 행위자라기보다는 현대사회의 만연된 합리화된 신화의 내재자이다. 제도적 환경에는 조직이 대외적으로 어떻게 보여져야 하며, 또한 어떻게 행동해야 하는가에 대한 공유하는 시각들이 존재한다. 사회적 정당성을 확보하기 위해서는 조직은 이러한 기대되는 요소나 특성들을 조직의 한 부분으로 받아들여 구조로서 정착시켜야 하는 것이다. 따라서 조직구조란 많은 경우 환경적 기대에 대한 '의례적인 동조'의 결과이다. 더군다나 조직의 기술합리적 수행이라는 것에 대한 확고한 공감대가 약할수록 이러한 의례적 동조의 경향은 더욱 커진다. 마이어와 로완은 조직의 많은 구조와 관행들이 단지 일반적으로 당연하게 받아들여진다는 외에는 달리 그 존재이유를 찾을 수 없다는 점에 주목하였다. 중요한 것은 문화 등의 다양한 제도화된 환경에 대한 동조 그 자체인 것이다.

예를 들어 현대기업조직에서 흔히 볼 수 있는 기술개발부서(R&D)들은 많은 기업조직에서 소위 현대기업이 당면한 기술적 요구를 충족시키는 중요한 기술합리적 구조이지만, 다른 한편으로는 그러한 기능보다는 현대사회에서의 우량기업의 요건으로서의 기대되는 환경에 대한 동조이며, 즉 기업이미지관리의 요건으로서 더욱 중요할 수 있다. 중요한 것은 기술적 합리성이 아닌 외적 환경으로부터의 정당성의 획득을 위한 의례적 동조로서의 성격이다. 마찬가지로 전체사회적 격동기라는 위기의식과 맞물려 우리의 각 대학에서 시도되는 학부제실시 등의 다양한 개혁프로그램들도 그러한 성격을 다분히 지니고 있다. 신제도이론에서 강조하는 것은 고도로 제도화된 환경 속에서의 조직은 직접적인 능률성과와는 별도로 외부로부터의 정당성을 확보하기 위해 제도적 기대들에 순응하는 공식구조를 발전시키게 된다는 것이다.

현대사회는 점점 더 제도화된 환경으로 특징된다. 이와 같은 환경에서는 조직의 활동이 더욱 더 제도화된 네트워크로 통합되면서 조직의 독자적인 행동반경이 줄어든다. 한편으로는 환경적 제약에 의해서, 또 다른 한편으로는 제도적 네트워크로 얽혀 있어 개별조직의 독자적인 행동이 어려워지는 것이다. 예를 들어 대학이 다른 대학들이 모두 시행하는 표준학점제를 폐지하고 전혀 새로운 성적체계를 도입하는 것은 매우 어려운 일일 것이다. 왜냐하면 다른 대학원이나 교육기관 또는 기업들로부터 그렇게 평가된 성적체계를 정당하게 인정받기가 어렵기 때문이다.

앞에서 살펴본 이론들은 모두 기본적으로 조직을 환경과의 관계에서 개방체계로서 개념화한다. 그러나 이들 이론들은 조직의 환경과의 인과관계 또는 보는 관점이나 관심에서 크게 달라진다. 상황이론이나 조직군생태이론이 주로 환경에 대한 기술합리적 시각이라면, 자원의존이론은 다소 정치경제적 시각, 그리고 신제도이론은 상징적 시각을 취한다. 대다수이론들은 대체적으로 조직행위를 조직이 추구하는 목적과 관련시켜 환경 내지는 사회적 행위자와의 교환관계라는 측면에서 설명한다는 점에서 조직의 기술합리적 논리에 토대하고 있다. 반면에 신제도이론은 조직구조를 설명하는 가장 중요한 요소로서 제도화된 환경으로부터의 정당화 등의 다양한 문화적 기대에 대한 동조라는 측면에 보다 관심을 집중시킨다.

3. 환경의 차원과 유형

환경이 조직에 갖는 인과적 관계의 중요성이 인식되면서 환경의 특성에 대한 관심이 집중되고 이에 대한 다양한 유형화가 시도되었다. 그 중 몇 가지 대표적인 것을 살펴보면 다음과 같다.

1) Emery 와 Trist 의 환경유형

에머리와 트리스트(Fred Emery and E. Trist, 1965)는 환경의 특성에 따라 그 유형을 다음 네 가지로 분류하였다.

정태적 · 우연적(placid-random)**환경** 환경요소들이 안정되고, 동시에 무작위적으로 분산된 가장 단순한 환경유형이다.

정태적 · 응집적(placid-clustered)**환경** 환경의 각 요소들이 안정적이지만 특정부위에 집중되어 있는 경우이다. 각 환경요소들의 활동은 안정되고 일정한 방식으로 결합되어 있다. 환경은 크게 변화가 없으며, 요소들간의 인과관계도 안정되어 있어 파악이 용이하다. 농업 · 광업 등 일차산업의 환경이 이러한 유형으로 구조동형의 관계가 가장 뚜렷하게 드러나는 환경이다.

교란 · 반응적(distrubed-reactive)**환경** 환경요소들이 집중되어 있으며 상호반응적이다. 환경의 여러 요소가 응집적이면서 동시에 경쟁 등의 상호반응관계가 있는 환경이다. 각 요소들간의 반응을 고려해야 하는 만큼 복잡성과 불확실성이 크다.

격동적(turbulence)**환경** 환경요소들간의 상호작용뿐 아니라 환경 자체의 역동성도 매우 큰 환경유형이다. 환경내 요소들간의 상호작용뿐 아니라 환경이라는 장 자체가 끊임없이 변화한다. 요소들간에 의존관계와 상호작용이 밀집하여 환경 일

[도표 7-4] 환경의 3차원적 모형

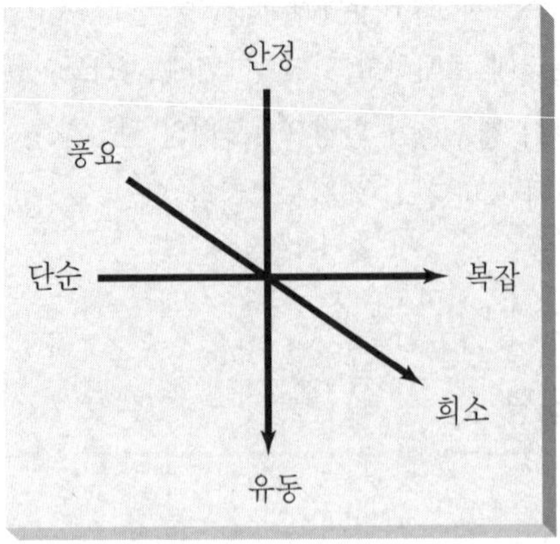

자료 : Robbins, 1990 : 219.

부에서의 조그마한 변화가 전체환경에 대해서 민감하고 신속하게 영향을 미친다. 결과적으로 요소들간의 상호작용이 조직에 대하여 예기치 못한 교란을 끼칠 수 있는 매우 유동적이고 불확실성이 큰 환경이다.

2) Duncan의 환경유형

덩컨(Robert Duncan, 1972)은 환경을 환경요소의 수의 과다와 유사성을 기준으로 단순한 환경과 복잡한 환경으로 가르고, 다시 환경요소의 유동성을 기준으로 정태적 환경과 동태적 환경으로 나누었다. 이 둘을 교차시키면 단순 · 정적 환경, 복잡 · 정적 환경, 단순 · 동적 환경, 복잡 · 동적 환경의 네 가지 환경유형이 나온다.

덩컨 외에도 딜(William Dill, 1958)은 과업환경의 특성을 동질적-이질적, 안정적-역동적, 통합적-분산적 차원으로 구분했으며, 톰슨(J. D. Thompson, 1967)은 과업환경을 안정성-불안정성, 동질성-이질성의 차원으로 구분하였다. 불안정성이란 환경의 역동성을 나타내며, 이질성이란 환경요소의 다양성 또는 복잡성이다.

이상의 몇 가지 유형화를 종합하면 환경의 특성을 결정하는 변수는 크게 복잡성과 유동성의 두 개의 차원으로 요약된다. 이 두 가지 변수에 풍요 · 희소의 자원성의 변수를 추가하여 환경의 유형을 나눌 수도 있다(Robbins, 1990 : 219)(도표 7-4).

환경의 복잡성과 유동성, 자원성은 조직이 당면하는 환경불확실성에 영향을 미치게 된다. 즉 복잡성과 유동성이 낮고 자원이 풍요할수록, 불확실성이 낮으며, 복잡성과 유동성이 크고 자원이 희소할수록, 조직이 당면하는 불확실성은 증가한다.

3) 환경의 불확실성과 의존성

스코트는 조직 · 환경의 관계를 크게 불확실성과 의존성의 측면에서 접근하였다. 우선 불확실성에 영향을 미치는 환경의 차원은 동질성 · 안정성 · 연결성 · 조직화의 정도들이다(Scott, 1987 : 128-129).

동 질 성　조직의 주요 환경요소들간의 유사성 또는 다양성의 정도로서 조직이 속한 모집단이나 개인 혹은 여타 사회단위내의 유사성 혹은 분화의 정도이다. 동질적인 환경은 어느 정도 표준화된 대응방식이 가능하기 때문에 이러한 환경에서의 조직구조는 비교적 단순하다.

안 정 성　안정성은 환경요소들의 변화가 없는 정도이며, 안정성이 높을수록 조직활동의 표준화가 가능하다.

연 결 성　조직활동이 다양한 환경요소들과 연결되는 정도이다. 연결성이 클수록 환경불확실성이 높아지게 된다.

조 직 화　환경요소들간에 조직화 또는 조정화가 이루어진 정도이다. 어떤 기업의 제품이 수많은 개별 소매상을 통해 시장에 유통되는가, 또는 전국적으로 연결된 슈퍼마켓체인을 통해 시장에 유통되는가 하는 것은 환경요소의 조직화의 정도를 나타내는 예이다. 마찬가지로 조직의 주서비스대상이 일반주부인가, 또는 특정단체의 회원들인가 하는 것에서 조직화의 정도가 달라지게 된다. 조직화의 정도가 높을수록 환경의 불확실성은 낮아진다.

일반적으로 조직을 둘러싼 환경요소들의 동질성 · 안정성 · 조직화의 정도가 낮고 연결성이 클수록, 조직이 당면하는 환경의 불확실성은 증대한다.

환경의 불확실성은 기본적으로 환경의 유동성과 복잡성의 정도에 의해 결정된다. 환경이 계속 변화하고(유동성이 커질수록), 그리고 고려해야 할 환경요소들이 다양할수록(복잡할수록), 조직이 당면하는 불확실성은 커지는 것이다(도표 7-5). 환경의 불확실성에 대처하기 위해 조직은 환경에 대한 정보를 수집하고 처리하는 데 상당한 조직활동을 할애해야 하고, 또한 불확실성을 흡수할 수 있는 조직기제를 개발해야 한다. 이에 따라 환경에 대한 정보수집과 처리, 그리고 불확실성의 흡수를 위한 조직내부구조의 분화가 증가하게 된다. 따라서 환경의 불확실성이 낮을수록 조직구조는 표준화되는 반면, 불확실성이 높을수록 이에 대처하기 위한 조직구조의 분화와 유연

[도표 7-5] 조직환경의 복잡성과 유동성 · 불확실성

		환경의 유동성	
		안정적	유동적
환경의 복잡성	단순	불확실성 낮음	불확실성 중간
	복잡	불확실성 중간	불확실성 높음

성이 요구된다.

조직의 환경에 대한 의존성은 조직이 환경으로부터 획득해야 하는 자원의 희소성의 정도와 관련된다. 환경자원이 희소할수록 조직환경에의 의존성이 높아진다. 환경에의 의존성을 줄이기 위해 조직은 환경자원의 가용성을 자신에 유리하게 변화시키는 전략을 모색하게 된다. 이를 위해 외부 환경요소들과의 제휴나 합병 등의 우호적인 관계를 수립하거나 비슷한 처지의 다른 조직들과의 정치적 연합의 결성, 로비 등을 통해 자원획득의 유리한 고지를 확보한다.

4. 환경의 관리

조직의 환경은 조직의 과제와 비교적 직접적인 관계를 갖는 과업환경의 부분과 이보다는 덜 직접적인 관계를 갖는 일반환경으로 나뉜다. 과업환경은 주로 조직과제의 수행에 있어서의 실질적이고 기술적인 관련을 갖는 측면들로 구성된다. 반면에 일반환경은 사회전반적인 정치경제제도나 문화나 가치규범들로 구성된다. 과업환경의 경우 조직과 환경관계에서 주로 기술합리성이 중요한 논리인 데 비해, 일반환경의 경우 주

로 상징적 · 제도적 정당성이 중요하다. 이에 따라 조직의 환경에 대한 관리는 한편으로는 조직활동의 기술적 측면에 직접적으로 영향을 미치는 과업환경에 대한 것과 동시에 조직이 속한 보다 광범위한 사회 · 문화환경에 대한 것으로 이원화된다.

1) 과업환경의 관리

과업환경의 관리는 핵심적인 우발성과 의존성을 야기시킬 수 있는 환경요인들로부터 조직을 보호하는 것이다. 스콧트는 과업환경의 불확실성과 의존성을 조직구조의 복잡성의 주요 요인으로 보았다. 과업환경의 관리에는 크게 완충(buffering)과 경계관리(boundary-spanning)의 두 가지 방식이 있다(Scott, 1998).

(1) 완　충

완충은 조직의 중심적인 활동들이 과업환경의 돌발성이나 교란으로부터 영향받지 않도록 보호하는 것이다. 환경으로부터 야기되는 교란요인들을 통제하기 위해 이러한 요소들로부터 조직중심부를 차단시켜 합리성을 증대시킨다. 부호화 · 비축 · 평준화 · 예측 등이 이러한 완충기제이다(Scott, 1998 : 196-198).

부호화(coding)　외부원료를 기술중심에 투입하기 전에 기준에 맞게 표준화 · 규격화시킴으로써 외부요소들이 미칠 수 있는 교란효과를 최소화시키는 것이다. 예를 들어 제조업체의 경우 불량률을 최소화시키기 위해 외부부품을 생산라인에 투입하기 전에 철저한 부품검사를 통해 표준화시킨다. 마찬가지로 사회서비스조직은 자체기관에서 적합하지 않은 고객을 다른 사회서비스기관으로 이관시킴으로써 투입요소를 표준화시킨다. 입시학원에서는 성적별 반편성을 통해 이질적인 환경요소를 동질화시키는 것이다.

비축(stockpiling)　조직이 기술중심으로의 원료투입속도를 조절하고 산출속도를 통제하기 위해 원료나 생산품을 비축하는 수동적인 완충기제이다. 품귀가 예상되는 원자재의 재고확보와 같은 활동들이다. 이렇게 함으로써 조직의 투입과 산출에서의 완만한 흐름을 확보할 수 있게 된다.

평준화(levelling)　투입이나 산출환경상에 나타날 수 있는 굴곡을 완만하게 하는 것이다. 이것은 표준화나 비축에 비해 다소 적극적인 관리기제로서 조직이 수요와 공급상의 굴곡을 완만하게 하기 위하여 새로운 수요를 창출하는 전략들이 포함된다. 백화점이 매출이 저조한 시기에 바겐세일을 하여 매출의 일정 수준을 유지하고, 대학이 여름철에 학회나 특별세미나들을 개최하여 여름기간 동안의 대학내의 유휴시설을 활용하고, 또는 병원에서 응급수술 이외의 일상적인 수술을 한가한 시간대에 배치하는 것 등이 평준화의 예이다. 마찬가지로 전화사용빈도가 낮아지는 야간시간대에 할인요금을 적용하여 전화수요를 늘리고 심야전력할인 등의 변동요금을 적용하는 것도 평준화의 예이다.

예측(forecasting) 환경의 변화를 미리 예측하고 이에 대비하여 취하는 전략이다. 이러한 전략은 환경변화가 주기적으로 나타나는 경우 특히 유효하다. 성수기 · 비수기를 예측하여 이에 맞추어 조직의 가동수준을 조절하는 것이다. 롯데어드벤처 같은 위락시설은 가동스케줄을 공휴일이나 주말, 주중 또는 방학과 학기중으로 나누어 차별적으로 가동하여 유휴가동률을 최소화시킨다. 또한 항공사는 비행운항스케줄을 성수기 · 비수기로 나누고, 주중 · 주말로 차별화하여 운영함으로써 공석률을 최소화시킨다. 평준화가 보다 적극적으로 새로운 수요나 공급을 창출해 내고자 하는 시도인 데 비해, 예측은 조직이 환경상의 변동주기에 맞추어 활동을 조절하는 방식으로 적응하는 것이다. 예를 들어 항공사가 성수기 · 비수기 비행요금을 차등화시켜 항공수요를 조절하는 것은 평준화의 전략이지만, 성수기 · 비수기에 맞추어 운행횟수를 조절하는 것은 예측이다.

이와 같은 완충기제들은 공통적으로 조직의 기술중심을 환경의 교란요인으로부터 차단시켜 조직의 내적 운영의 확실성과 안정성을 확보하고자 하는 방식들이다.

(2) 경계관리

완충이 비교적 기술중심부에 직접적으로 관련 있는 환경요소에 대한 전략이라면, 경계관리는 좀더 일반적인 환경에 대한 일반적인 의존성과 불확실성을 관리하는 것이다. 기술중심부뿐 아니라 정치 · 사회측면의 조직의 주변경계부까지 보호하여 환경에 대한 조직의 전반적인 협상능력을 높이고 조직의 생존성을 높이고자 하는 전략이다. 완충이 조직내부적으로 취하는 전략인 데 비해, 경계관리는 주로 외부환경요소와의 관계설정 등의 대외적으로 취하는 전략이다. 따라서 경계관리에서 중요한 것은 외부와의 관계를 맺으면서 동시에 조직의 자율성을 확보해야 하는 점이다. 협상 · 계약 · 호선 · 합작 · 합병 · 연합 등이 조직이 취하는 대표적인 경계관리전략들이다(Scott, 1998 : 194-208).

협상(bargaining) 조직이 외부환경과의 구체적인 관계에 들어가기 이전에 시도하는 일련의 전략들로서 조직의 영역을 주장하고 방어하거나 자율성을 확보하는 예비적 시도들이다. 대안적 거래선에 대한 정보확보 등이 이러한 협상적 전략의 예이다. 예를 들어 삼성이 자동차산업에의 신규진출을 위해 사전분위기를 띄웠던 작업도 협상전략의 일환이다.

계약(contracting)　외부조직과의 미래의 활동교환에 대하여 협정을 맺는 것으로 외부조직에 대하여 법적 내지는 공식적인 구속력을 확보하는 것이다. 이러한 계약을 통해 조직이 다른 조직과 갖게 되는 미래활동에서 나타날 수 있는 불확실성을 제거한다.

호선(co-optation)　조직의 안정과 존속에 대한 외부위협이나 압력을 완화시키기 위해 조직의 의사결정이나 정책구조에 외부요소를 수용하는 것이다. 겸임이사제(interlocking directorate)들이 이러한 흡수의 기제들이다. 많은 기업들은 금융기관이나 정부부처 출신의 임원을 다수 확보하고 있는데, 이것은 기업활동의 불확실성의 원천이 되는 자금이나 정치적 · 법적 지원을 원활하게 확보하기 위한 호선의 예이다.

전략적 제휴(strategic alliance)　둘 이상의 조직이 공동으로 목표를 달성하기 위해 활동을 상호조정하고 지식이나 자원을 공유하는 전략이다. 항공사간에 비행운항스케줄을 상호조정하거나 정비나 급유시설을 공동활용하고, 생산업체들이 생산기술이나 기술개발활동을 분담하는 식으로 별도의 투자 없이 규모의 경제와 시장분화를 달성하는 것이다. 전략적 제휴는 소위 적과의 동침이라고 얘기되는 경쟁기업간에도 활발하게 이루어지고 있다. 이러한 전략은 근래 들어 조직의 활동범위가 대규모화 · 세계화하면서 크게 증대하고 있는 추세이다.

위계적 계약(hierarchical contract)　단순계약의 경우보다 조직간에 다소간의 위계적 통제관계를 포함하는 계약이다. 이것은 대규모의 복잡한 과제를 수행할 때 외부의 부품공급자의 작업과정을 중간점검하고 필요시에는 수정보완도 할 수 있는 권한을 행사하는 관계이다. 예를 들어 방위우주산업의 대형 프로젝트 같은 경우에 프로젝트 진행상황에 맞추어 외부요소와의 긴밀한 상호조정이나 협력관계를 확보하기 위해 이와 같은 전략이 취해진다.

합작(joint venture)　둘 이상의 조직이 특정의 목표를 공동으로 달성하기 위해 투자 등의 활동에서 협력하는 것이다. 도매업체들이 물자수송을 원활하게 하기 위해 합작으로 운송회사를 설립한다거나, 또는 농민조합들이 합작으로 통조림공장을 세운다거나 하는 활동들이다. 둘 이상의 조직이 공동으로 당면한 환경상의 불확실성을 제거하는 것이다. 이러한 합작은 거래조직간에 이루어지기도 하고, 때로는 경쟁조직간에 이루어지기도 한다.

[도표 7-6] 환경특성과 조직행위

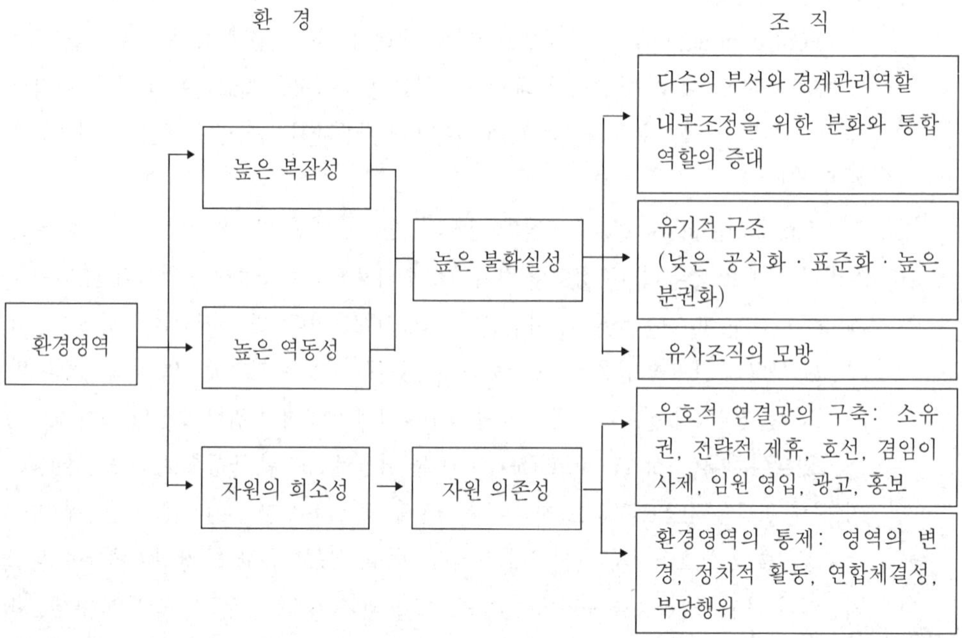

자료 : Daft, 1998 : 66.

합병(mergers) 환경의 핵심요소들을 조직내부로 완전히 통합해 들이는 전략으로 수직적 통합, 유사기능의 수평적 통합, 다변화가 포함된다. 기업이 외부업체로부터 필요부품을 공급받는 과정에서 자주 차질이 발생할 경우, 기업은 아예 그 업체를 인수하여 그러한 문제요인을 제거해 버리는 방법을 취할 수 있다. 대부분의 수직적 합병의 대상은 전방위 또는 후방위조직이다. 가구회사는 목재회사를 합병하거나 또는 가구유통망을 합병할 수 있다. 수평적 합병은 유사기능을 수행하는 외부조직을 통합하여 경쟁을 줄이면서 동시에 규모의 경제를 이루고자 할 때 많이 사용하는 전략이다. 합병은 환경의 의존성이나 불확실성을 제거하기 위해 조직이 취하는 가장 강도 높은 방법이다.

연합(associations) 유사조직들이 공동의 이해추구를 목적으로 단체를 구성하여 집단적으로 대응하는 전략이다. 이러한 연합을 통해 조직은 정보를 공유하고 공동으로 자원을 확보하여 사회적 세력화의 제도적인 기반을 확장시킨다. 연합에는 경제단체 · 노조연합 · 병원연합 같은 것들이 있다.

정부연줄(governmental connections)　현대사회에서 정부는 조직의 제도적 조건을 마련하는 동시에 조직의 직접적인 거래상대 내지는 자원의 제공이라는 이중적 측면을 지닌다. 따라서 정부와의 원만한 관계를 설정하는 것은 조직활동에 매우 핵심적이다. 정부와의 관계에서 조직은 일방적으로 조직의 필요를 내세우기보다는 사회 전체에 바람직한 측면이나 명분을 내세워서 추진하는 것이 보다 효과적으로 조직이익을 끌어낼 수 있다. 예를 들어 대학의 자율성을 요구하기 위해 대학의 교수나 학생들에게 그것이 필요하다는 주장보다는 전체 사회의 발전을 위해 그것이 바람직하다는 당위성을 제시하는 것이 보다 설득력을 갖는 것이다.

2) 제도적 환경의 관리

조직의 제도적 환경에 대한 관리는 기술 · 경제의 과업환경에 대한 것과 다소 차이가 있다. 기술 · 경제적 환경과 조직의 관계가 주로 협상적 성격의 교환관계인 데 비해, 제도적 환경과의 관계는 주로 조직이 일방적으로 제도적 요건에 순응하고 동조하는 관계이다. 즉 제도적 환경의 요건은 조직에게 일방적으로 부과되어 조직의 한 구성요소로 자리잡게 되는 것이다. 제도적 환경의 요소들에 대한 조직의 대응은 기술중심부에 대한 완충보다는 경계관리활동에 집중된다. 제도적 환경의 관리에서의 핵심은 사회적으로 가치 있고 조직에게 기대되는 제도적 요소들을 공식구조에 받아들임으로써 조직이 그의 사회적 정당성을 증대시키고, 생존가능성을 증대시키는 것이다(Meyer and Rowan, 1977 : 310). 따라서 과업환경의 기술적 요소들은 조직내부로 흡수된 다음에는 변형되어 원래의 형태를 잃는 데 비해, 제도적 요소는 원래의 모습 그대로 조직외부에 가능한 과시되는 경향이 있다. 이는 무엇보다도 조직이 특정의 제도적 기대에 동조하고 있다는 외양을 대외적으로 널리 드러내 보여야 하기 때문이다.

제도적 환경의 관리에는 다음과 같은 것들이 포함된다(Scott, 1998 : 213-216).

(1) 범주적 동조(categorical conformity)

조직이 사회적으로 당연하게 통용되는 범주들에 따라 그의 구조를 유형화시키는 것이다. 예를 들어 기업이 직원들을 사회에서의 일반적인 분류체계를 따라 기술개발직 · 관리직 · 생산직으로 분류하는 것과 같은 것들이다. 또는 대부분의 대학에서 사회과학대학 · 경영대학 · 사회학과 등의 단과대학이나 학과명칭을 사용하는 것도 이러한 범주적 동조의 일 예이다. 범주적 동조가 일어나는 것은 직접적인 제재나 보상에 의해서가 아닌 그러한 요소들이 사회적으로 자연스럽고 자명한 것으로 받아들여지기 때문이다. 사회에서 통용되는 인지적 믿음체계에 조직이 그대로 동조함으로써 사회에서의 정당성을 확보하는 것이다.

(2) **구조적 동조**(structural conformity)

환경에서 기대되는 특정의 구조적 요건에 대한 동조이다. 구조적 동조는 성공적인 조직의 특정요소를 답습한다는 측면과 동시에 강제성이라는 측면을 지닌다. 예를 들어 우리 나라 대부분의 기업에서 기획조정실은 한때 그룹차원의 조직관리에서의 중추적인 구조였으나, 그룹총수의 권한을 줄인다는 논리로써 이것의 해체가 요구되었다. 그룹기획조정실의 해체로 오히려 어떤 면에서 그룹의 효과적인 관리가 어려워질 수 있다는 점에서 효율성에 부정적으로 작용할 수 있다. 그러나 이것이 정부로부터 강력히 요구되고 있는 이상 기업으로서는 기술효율성의 여부와 상관 없이 해체시킬 수밖에 없는 것이다. 그 반대로 사외이사제는 기업지배구조의 투명성을 높인다는 방침하에 강력하게 권장되면서 일정 규모 이상의 기업들은 모두 사외이사제를 수용하고 있는 것이다.

(3) **절차적 동조**(procedural conformity)

제도적 환경에는 조직이 특정의 절차나 방식들을 따르도록 하는 공식적 · 비공식적인 압력이 있다. 이것은 규범과 같은 것이어서 조직이 사회적 정당성을 인정받기 위해서는 이러한 기대에 순응해야 한다. 예를 들어 사회에서 요구되는 법인설립요건과 절차를 충족시키는 경우에야 정식법인으로 인정되는 것이다. 이와 같은 규범적 압력을 행사하는 대표적인 집단들은 정부와 전문단체이다. 이러한 단체들은 권력이나 전문적 권위에 토대하여 이러한 영향력을 행사한다(Paul DiMaggio and Walter Powell, 1983). 예를 들어 변호사협회 · 의사협회 · 병원협회 등의 전문조직들은 따라야 하는 절차나 행위양식을 규정한다.

(4) **인사상의 동조**(personnel conformity)

현대의 복합조직들의 구성원들은 대부분 전문적인 훈련을 받은 사람들이다. 특히 현대사회의 제도적 환경은 조직의 특정역할에 대하여 필요한 자격요건들을 규정한다. 자격증을 갖춘 영양사 · 간호사, 박사학위를 지닌 교수 등이다. 예를 들어 일정규모 이상의 집단급식시설에는 전문영양사가 요구되며, 중고등학교에서의 교원은 임용시험을 통과한 자로 제한된다. 실제 일을 수행하는 데 이러한 자격증이 필수적이지 않다 하더라도 자격증을 갖춘 전문인에게 과제를 맡김으로써 조직은 확실한 사회적 인정과 정당성을 확보할 수 있다.

제도적 환경과의 구조동형화는 조직이 취하는 대표적인 경계관리기제이다. 즉 그들의 조직구조에 제도적 규칙이나 방식을 받아들여 제도적 환경요건들을 그대로 수용하는 것이다. 그리하여 시간이 지나면 동일한 제도적 환경하의 조직들은 유사한 구조를 갖게 된다. 일반적으로 조직은 조직내 지위체계를 사회에서의 지위체계와 일치시키는 경향이 있다. 예를 들어 지금까지도 우리 사회에서는 기업이나 정부기관에서 여성을 상위직에 기용하는 경우가 매우 드문 편이다. 여기에는 여성의 업무수행능력에 대한 불확실성도 있지만, 그것보다는 조직내 성별위계질서를 사회내 성별위계질서와 일치시킨다는 구조동형화의 논리가 상당부분 작용하기 때문이다. 반대로 사회적으로 추구되는 남녀평등의 가치를 적극적으로 수용한다는 것을 보여 주기 위해 여성의 채용이 과시적으로 이루어지기도 한다. 예를 들어 정부부처에 한두 명 정도의 여성장관을 기용하거나, 또는 각 정당에서 여성부총재나 여성대변인 등을 두는 것은 사회에서 점점 그 요구가 높아지고 있는 남녀평등의 가치에 호응하고 동조한다는 외양을 과시하고자 하는 것이다.

5. 기술적 환경과 제도적 환경

조직이 고려해야 하는 제도적 환경과 기술적 환경의 통제는 조직에 따라 다르다(도표 7-7). 예를 들어 대규모 방위산업체는 환경의 제도적 통제와 기술적 통제가 둘 다 높은 조직이다. 첨단 장비산업으로서 산출물의 품질과 비용 면에서의 기술적 합리성의 변수가 중요하게 고려되어야 하는 동시에 방위산업으로서 무기생산과 수출입 등에서 강력한 정부규제나 사회적 여론에 민감할 수밖에 없다는 점에서 제도적 요인도 중요하게 고려되어야 하는 것이다. 일반적으로 학교조직은 기술적 합리성의 압력은 비교적 약하지만 학생선발, 교원채용, 학사운영 등의 전반적인 학사운영에서의 정부규제나 사회적 압력은 매우 크게 받는 조직이다. 일반 제조업체들은 제품이나 서비스의 품질, 비용상의 기술적 합리성의 통제가 매우 큰 데 비해, 정부규제 등의 제도적인 통제는 비교적 낮은 편이다. 소매유통업체의 경우에는 제도적 통제와 기술적 통제가 둘 다 매우 낮은 특성을 갖는다.

[도표 7-7] 환경의 제도적 통제와 기술적 통제

기술적 통제 \ 제도적 통제	낮음	높음
낮음	소매유통업체	학교
높음	첨단제조업체	방위산업체 종합병원

자료 : Scott, 1998 : 138 ; Hatch, 1997 : 88.

조직의 기술적 환경과 제도적 환경에 대한 대처는 상이한 논리를 따른다. 즉 기술적 환경에 대한 대처가 주로 기술적 효율성의 논리를 따른다면 제도적 환경에 대한 대처는 주로 사회적 정당화의 논리를 따르는 것이다. 이렇게 조직이 기술적 및 제도적 환경의 이질적인 요구에 대해 대처해야 한다는 것은 두 가지 측면에서 중요한 의미를 갖는다. 하나는 특정의 환경요소에 대한 조직의 적응이 주로 기술적 논리에 의한 것인가 또는 사회적 논리에 의한 것인가 하는 측면과 다른 하나는 조직이 이러한 환경의 이질적인 요구를 조직의 전체활동에 통합해들이는 측면이다.

첫번째의 측면과 관련하여 톨버트와 주커(Pamela Tolbert and Lynne Zucker, 1983)의 미국 도시행정조직에 대한 연구는 의미 있는 시사를 하고 있다. 이들은 도시들간에 시민서비스개혁의 특정프로그램의 확산과정에 대한 연구에서 프로그램의 확산단계에 따라 제도적 환경과 기술적 환경의 중요성이 달라지는 점에 주목하였다. 프로그램의 확산 초기에는 주로 기술적 논리가 중요하지만, 시간이 지나면서 제도적 논리가 보다 중요하게 고려되고 있는 것이다. 즉, 제도화가(프로그램의 확산) 이루어지기 전에는 새로운 프로그램의 도입여부는 개개 도시마다 달라지는 합리적 필요성을 고려하여 결정되었다. 따라서 초기에는 단위조직들의 개별적인 특성이 도입결정과 높은 상관관계를 지녔으나, 나중에는 그런 상관관계가 더 이상 성립되지 않고 있는 것이다. 조직구조상의 혁신이나 새로운 관행으로서의 특정의 프로그램이 조직구조의 한

부분으로의 수용여부는 초기에는 합리적 내지는 기술적 변수에 의해 결정되지만, 일단 그러한 혁신이 어느 정도 제도화된 다음에는 대다수조직들은 단지 '사회적으로 기대된다'는 이유만으로 수용하게 되며, 기술적 합리성과는 관계없이 제도적 환경에의 동조라는 논리가 더 중요하게 작용하는 것이다.

두 번째의 측면은 조직이 과업환경의 요구와 다른 한편으로는 제도적 환경이 요구라는 이질적인 환경요구에 순응해야 하는 데에서 야기되는 이에 대한 통합의 문제이다. 제도적 환경에의 동조를 추구하다 보면 조직은 사회로부터 좀더 정당성을 확보할 수 있다는 이점은 있지만, 과제수행상의 효율성은 떨어질 수 있다. 즉 제도적 논리에 의해 출현하는 조직구조와 기술적 효율성간에는 흔히 괴리가 있으며, 결과적으로 조직의 핵심적인 기술적 과제들은 효율적으로 수행되기 어렵게 된다.

그리하여 제도화된 환경의 압력에 대한 적응과정에서 야기되는 문제점이나 마찰을 줄이는 방안으로 조직구조의 각 요소들을 가능한 분리시키고, 동시에 조직의 실질적인 활동들과도 분리시키는 느슨한 결합구조가 나타나게 된다. 마이어와 로완이 제시한 분리(decoupling)의 개념은 바로 이러한 구조를 다루고 있다. 분리란 말 그대로 조직구조를 너무 꽉 짜이게 결합시키지 않고 다소 느슨하게 조직단위들을 분리시켜 놓는 느슨한 결합(loose coupling)이다. 이렇게 하여 조직은 내부구조를 일부는 제도적 기대에 순응하는 방식으로 구성하고, 동시에 그들의 실제 활동조직은 실제적인 여건에 맞추어 구성할 수 있다. 이렇게 함으로써 한편으로는 제도화된 환경의 압력에 순응하면서 이것이 조직활동에 야기하는 마찰이나 실제적인 기술 · 합리성에 미치는 부정적인 영향은 가능한 줄일 수 있는 것이다.

주커의 또 다른 연구인 미국의 공립학교조직에 대한 연구는 주정부의 요청으로 학교에 만들어진 평가부서에서 이러한 분리의 예를 보여 주고 있다. 제도적 환경에의 동조로서 설치된 평가부서가 학교내부적으로는 거의 쓰임새가 없이 학교의 다른 실제 활동부서들과 상당히 느슨하게 결합되어 있는 것이다. 즉, 평가부서의 활동이나 결과들이 학교의 다른 부서들과 갖는 관계 또한 매우 미미한 것이다. 이것은 평가부서가 주정부의 요구라는 제도적 환경에 대한 동조로서 학교에 설치되긴 했지만 학교의 실제활동과는 별 관계가 없이 주로 하는 것은 외적인 정당성을 확보하기 위한 것이라는 것을 의미한다(Lynne Zucker, 1981).

조직의 특정구조나 요소가 조직의 실질적인 활동과 핵심적으로 연결되는가 또는 단순히 외부환경으로부터의 정당성의 확보를 위한 이미지관리의 요소인가 하는 것은 특정의 요소 그 자체에 의해 결정되는 것이 아니라, 한편으로는 특정의 요소가 실질적인 조직활동과 갖는 관련성, 다른 하나는 사회에서의 제도화라는 두 가지 요인에 의해 결정된다.

6. 조직구성원과 환경

환경과 조직의 경계는 어떻게 이루어지는가? 조직은 제한된 사회구조, 즉 사회적 연결망에 의해 경계가 지워지며, 연결망에 의해 연결된 참여자들에 대해 적용되어질 수 있는 규범적 질서로서 존재한다. 일반적으로 합리적 조직이론가는 조직경계를 분명하게 그을 수 있는 것으로 보았으며, 분명한 조직경계가 조직의 합리성에 직접적으로 기여한다고 보았다.

모든 조직은 외부사회로부터 구성원을 충원해 들인다는 점에서 조직이 당면하는 가장 중요한 환경적 요소는 바로 그 구성원들이다. 따라서 조직은 구성원의 조직외적 정체성이나 개인적 동기에 의해 조직이 바람직스럽지 못한 영향을 받지 않도록 조직을 보호하는 장치를 갖추게 된다. 베버가 강조한 관료조직에서의 공과 사의 분리, 몰인격성의 원리는 바로 이러한 장치이다. 관련구성원의 채용 · 선발기준은 조직이 환경과의 경계를 두는 측면에서 매우 중요한 의미를 갖는다. 조직구성원의 채용기준은 조직을 환경으로부터 보호하고 분리시키는 기제의 하나이다. 즉 채용기준은 조직이 조직에 적합한 구성원을 선별해 들여 환경과의 경계를 분명히 하는 핵심적인 기제인 것이다. 극단적인 경우에 조직은 구성원의 조직외적 정체성을 완전히 지워 버리고자 하는 방법을 취한다. 교도소 · 군대 · 정신병원 등과 같은 소위 총체적 조직(total organizations)들이 이러한 조직들인데, 여기에서는 조직구성원의 사회적 지위 등의 조직외적 정체성을 가능한 완전히 지워 버리고 조직논리의 주입을 시도한다. 이를 위해 구성원들간의 상호작용 기타 조직내외의 생활을 엄격히 통제한다. 이것은 기본적으로 구성원들의 조직외적 역할로부터 야기될 수 있는 환경적 교란요인으로부터 조직을 보호하기 위한 것이다. 예를 들어 군대에 처음 입대하면, 사회에서 입던 옷이나 머리모양 등을 모두 버리고 똑같은 머리모양에 똑같은 제복을 입고, 매우 강도높은 신병훈련을 받게 된다. 이것은 획일적이고 엄격한 규율의 복종이라는 군의 특수한 조직논리를 상대적으로 자유분방한 일반사회의 문화로부터 보호하기 위한 가장 기본적인 조치인 것이다.

합리적 접근에서는 개인의 조직외적인 정체성에 대해 별 의미를 두지 않는다. 왜냐하면 그것은 단지 적절한 선발기준이나 교육 · 통제기제를 통해 관리될 수 있는 문제이기 때문이다. 반면에 자연적 접근에서는 어떤 조직이든 구성원이 지닌 조직 밖에서의 다양한 요소들을 완전히 제거하기는 불가능하다고 본다. 구성원의 조직 밖에서의 역할 · 개성 · 동기 · 사회적 정체성은 결코 제거할 수 없는 것이다. 따라서 조직은 이러한 요소들을 조직활동의 맥락에서 포용해야 하며, 이를 위해 구성원이 지닌 조직 내외의 여러 다양한 측면들에 대하여 관심을 기울일 필요가 있는 것이다.

그러나 조직외적인 환경의 영향이 전적으로 배제되는 것만은 아니다. 조직외적 환경의 어떤 요소들은 오히려 적극적으로 조직내에 유입되어지기도 한다. 즉 어떤 조직구성원들은 가치 있는 조직외적인 특질을 많이 갖추고 있는 바로 그 때문에 선발되는 것이다. 마이어와 로완(Meyer & Rowan, 1977)은 조직에서의 인력충원은 상징적으로나 기술적으로 고려하여 사회적 기대에 가장 적절한 사람을 확보하는 것이 매우 중요하다고 강조하였다. 학교는 적절한 교사자격증을 가진 교사를 확보해야 하며, 대학은 박사학위를 소지한 교수진을 확보해야 하며, 마찬가지로 회계조직은 공인회계사자격증을 가진 사람을 확보해야 한다. 이러한 자격은 조직 밖에서 획득한 전형적인 조직외적 자질인 것이다.

조직이 당면하는 환경은 조직구조의 복잡성의 주요인이다. 조직에서는 환경의 예기치 않은 상황에 취약한 활동주위로 경계를 설정하고, 많은 경우 그대로 두게 두면 조직에 심각한 의존조건이 될 수 있는 요소들을 통합시킨다. 이와 같이 의존성의 원천을 제거하기 위해 경계를 확장하면서 조직은 주된 활동을 수행하는 데 필요한 이상으로 그 영역을 확대시키는 경우도 나타난다. 예를 들어 호텔은 숙박업소로서 기본적으로 숙소와 식사만 제공하면 되지만, 투숙객의 세탁물처리 등의 부수적 활동을 위한 조직확장을 하게 된다. 이것은 투숙객이 부차적으로 필요로 하는 서비스를 외부에 돌릴 때 나타날 수 있는 의존성이나 돌발성에 대하여 대처하기 위한 것이다(Thompson, 1967).

조직은 환경의 교란으로부터 조직중심을 완충시키고 또한 핵심적인 환경요소들과의 교환 · 협력을 위한 경계관리를 구축한다. 환경에 대한 이러한 대응과정에서 조직구조에도 변화가 있게 되는 것이다. 환경과 함께 조직구조에 영향을 미치는 또 다른 핵심적인 요인이 기술이다. 대체적으로 각 조직구조상의 차이의 많은 부분은 상이한 여건 아래서, 특히 기술 · 환경의 제약과 의존성의 상황에서 조직활동의 조화를 도모하기 위한 다양한 시도의 결과로서 설명된다. 요컨대 조직구조설계의 기본은 전략 · 기술 · 과업환경상에 조직이 당면하는 핵심적인 상황이나 의존성에 대처하는 것이다.

7. 조직환경관계의 또 다른 시각

조직환경에 대한 시각은 조직환경관계가 외부 환경에 의해 결정되는가 아니면 조직내 행위자의 능동적 전략에 의하는가 하는 것으로 갈린다. 이러한 논란에도 불구하고 조직환경을 기본적으로 조직과 독립된 객관적인 외부세계로 보는 데는 비교적 일치하는 경향이 있다. 조직환경에 대한 또 다른 시각들은 환경을 독립된 객체로서 보다는 사회구성적 주관적 실재로 보는가 하면 또는 조직과 환경이 서로 분리될 수 없는 하나의 상호작용체계의 연속적 과정으로 인식한다.

조직화이론은 환경을 독립적이고 객관적 실체로서 보다는 조직이 주관적으로 구성하는 내규화된 실재로서의 의미를 강조한다. 내규화는 조직의 관점에서 환경을 규정해 들이는 과정이다. 조직이 인식하고 실행하는 환경은 객관적 실체가 아닌 조직이 능동적으로 내규화한 사회적 구성물이다. 따라서 조직의 환경에 대한 적응은 객관적으로 존재하는 환경에 대해 이루어지는 것이 아니라 이렇게 내규화시킨 환경에 대해 이루어지게 된다.

조직화이론이 환경의 사회적 구성이라는 측면에 초점을 맞추는데 비해 자생이론은 환경이 체계의 상호작용 영역이자 체계과정에 속한 부분이라는 측면을 부각시킨다. 마투라나와 바레라(Maturana and Varela, 1980)는 살아있는 체계는 단지 자기자신에게만 준거하는 조직으로서 폐쇄적이고 자율적인 상호작용의 체계라고 보았다. 이러한 자율성, 순환성, 자기준거성으로 체계는 자기창조적이고 자기혁신적인 능력을 지닌 자생체계이다.[2)]

자생체계조직은 환경으로부터의 정보를 처리하는 것이 아니며 환경을 객관적으

2) Maturana, H. and F. Varela. 1980. *Autopoiesis and Cognition: The Realization of the Living*. London: Reidl. Morgan, 2006: 243-246 재인용.

로 반영하는 것도 아니다. 환경과의 관계에서 조직은 자기준거성의 논리로써 환경을 자신의 정체성의 연속선상에서 인식한다. 조직은 자기 정체성의 반영대로 자기생산하는데 필요한 폐쇄성을 추구하며 이러한 자기생산을 촉진시키는 방식으로 환경과 상호작용한다. 체계의 환경은 결국은 체계 자체의 일부분인 것이다.

자생이론은 체계가 환경을 내재할 수 있고 환경과의 관계들은 내부적으로 결정되는 것으로 본다. 결과적으로 체계와 환경을 구분하여 체계가 환경에 적응한다거나 또는 환경이 체계현상을 선택한다고 보기 보다는 조직체계와 환경이 상호작용하는 전체체계가 관심인 것이다. 이같이 조직과 환경의 관계는 조직이 자기 자신의 반영과 상호작용하는 일종의 나르시즘으로서의 내규화과정으로 볼 수 있다(Morgan, 2006: 244-246). 자생이론의 이러한 논리는 조직화이론의 환경의 내규화와 유사한 면을 지닌다.

일반적으로 조직은 환경을 독자적인 존재로서 독립적인 외부세계로 이해하는 경향이 있다. 조직은 스스로를 위협과 기회의 영역으로 구성된 변덕스런 외부세계에 대항하여 생존의 문제에 직면하고 있는 독립된 행위자로 인식한다. 조직은 자기 자신 역시 환경과 더불어 하나의 체계에 속해있다는 것을 인정하려들지 않는 것이다. 이러한 경향은 자신의 정체성에 관하여 상당히 고정된 관념을 지니고 있고 또 그 정체성을 애써 고수하는 조직들에서 더욱 두드러진다. 이러한 자기중심성으로 조직은 자기 자신에 대해서는 지나치게 중시하면서 그 자신도 속해 있는 다른 넓은 관계들과 체계의 중요성은 간과하게 된다(Morgan, 2006: 248-249).

많은 조직들이 비현실적인 정체성을 유지하려 들거나 그 자신도 속해 있는 넓은 체계맥락들을 파괴시켜 버리게 되는 정체성을 추구하면서 결국은 그 자신도 소멸하게 된다. 자생이론은 조직은 그가 속해 있는 순환적인 관계체계들에 대해 새롭게 인식할 필요가 있다는 점을 강조한다. 조직환경관계는 상호 인과적 연결체계에서 이해해야 한다는 것이다.

사례

美자동차 딜러업의 환경변화

1940년대 후반 포탐킨은 링컨-머큐리딜러업을 시작하였다. 다른 자동차 딜러들에게와 마찬가지로 포드는 포탐킨이 다른 경쟁업체 자동차를 취급하는 것을 금지하였다. GM, 크라이슬러, 어메리칸모터스들도 모두 딜러들이 자사제품 이외의 다른 미국산 차를 팔 수 없도록 하는 정책을 폈다. 예컨대 시보레 딜러면 시보레 자동차가 아무리 품질이 떨어지든, 값이 비싸든, 구식 스타일이든, 그저 시보레만 팔아야 했던 것이다. 더군다나 자동차회사들은 딜러들이 받을 수 있는 차종과 대수(인기차종인 경우에는 매우 중요한 사안이다), 인수해야 할 차종(자동차업체로서는 인기 없는 차들을 처분하는 데 매우 중요한), 보증기한에 얼마만큼의 비용을 부담해야 할 것인가, 수리비는 얼마나 부과할 것인가, 광고는 얼마나 할 것인가 등의 세세한 내용을 규정하는 장기계약을 요구하였다. 예를 들어 링컨의 수요가 많을 때는 포드는 포탐킨이 확보할 수 있는 자동차 대수의 한도를 결정하였다. 그리고 수요가 없을 때는 포탐킨이 몇 대까지 팔아야 하는지 지시하였다. 이런 식으로 GM이나 포드는 자동차시장에서의 유동성과 모델변경과 신차출시에 따른 위험부담을 딜러들에게 떠넘겼던 것이다.

이러한 사정은 1979년 이래 달라지기 시작하였다. 소비자들이 점점 수입차의 품질을 인정하게 되면서 미국산 차의 매출은 급락하게 되었다. 포탐킨을 비롯 많은 딜러들이 매출규모를 지키기 위해 수입차 프랜차이즈업무를 추가하게 되었다. 오늘날 포탐킨은 포드와 크라이슬러가 생산하는 전 차종에다가 캐딜락, 시보레, 이수주, 현대, 수바루, 도요타, 미츠비시, 폭스바겐까지 취급하고 있다 (1980년대 초반 미국 제조업체들은 딜러들이 다른 국내차를 취급하지 못하도록 했던 제약을 완화해야만 하게 되었다). 포탐킨은 미국에서 가장 큰 자동차 딜러가 되어 매년 40,000대의 신차들과 26,000대의 중고차를 팔고 있다.

포탐킨이 슈퍼 딜러가 된 후 나타난 재미 있는 사실은 그는 더 이상 한 업체에 구속받지 않아도 된 것이다. 포드는 더 이상 그들이 원해서 생산한 차를 포탐킨이 팔도록 강요할 수 없게 되었다. 포탐킨은 스스로 프랜차이즈를 고르고 선택할 수 있게 된 것이다. 특정 메이커의 자동차의 품질이나 매출이 나빠지면, 그는 그 거래를 중단하고도 여전히 딜러사업을 계속할 수 있었다. 포탐킨처럼 열 네 개의 브랜드를 취급하는 딜러쯤 되면, 어느 한 메이커도 그를 마음대로 지배할 수 없는 것이다. 실상 포탐킨과 자동차업체의 의존관계는 완전히 뒤바뀌었다. 업체들은 이제 자동차판매를 그에게 의존할 수밖에 없게 된 것이다. 미국 내 포탐킨과 같은 250여 슈퍼딜러들은 오히려 자동차업체들을 지배하는 위치에 선 것이다.

자료 : Stephen Robbins, 1990 : 494-496.

제 8 장
기 술

1. 조직기술의 개념

기술은 조직에서 물품이나 서비스라는 조직산출의 목표를 달성하기 위해 직·간접적으로 사용되는 지식·도구·기법 등을 포괄하는 개념이다. 이러한 포괄적 의미의 기술은 조직활동의 다양한 측면을 포함하며, 조직의 여러 수준에서 접근이 가능하다. 따라서 기술에 대한 개념정의는 조직활동의 여러 수준에서 이루어질 수 있는데, 우선 가장 넓은 의미에서의 환경의 수준에서 보면 조직은 그 자체가 사회가 필요로 하는 다양한 물품과 서비스를 생산해 내는 기술이다. 예를 들어 전자업체는 사회가 필요로 하는 다양한 전자제품을 생산하는 기술이며, 병원은 환자를 치료하는 기술이며, 대학은 교육을 제공하는 기술이다. 조직의 수준에서 보는 기술은 이러한 활동들이 구체적으로 실행되는 과정이자 이러한 활동에 요구되는 하드웨어 및 특정의 지식체계이다. 이러한 기술은 조직생산물을 생산하는 데 필요한 하드웨어, 관련 전문기술과 지식, 과제대상들로 구성된다. 좀더 미시적인 수준에서의 조직의 기술은 각 단위 부서에서 실질적으로 이루어지는 수많은 크고 작은 활동들에 요구되는 온갖 종류의 지식과 하드웨어들이다.

일반적으로 조직연구에서 기술은 조직의 가장 중심적인 산출물의 생산이라는 수준에서 단순화된다. 기술에 대한 이러한 단순화된 정의로써 기술에서의 조직들간의 비교분석이 가능해지는 것이다. 이러한 의미에서의 기술은 생산품이나 생산에 필요한 장비·도구 등의 물리적 구조로서의 하드웨어, 생산방식을 구성하는 활동이나 과정, 그리고 생산에 필요한 지식체계의 소프트웨어(즉 생산노하우·디자인·판매기술 등)의 측면을 포함한다. 이러한 다양한 측면들을 포함하기 때문에 조직기술에 대하여는 여

[도표 8-1] 개방체계로서의 조직모형

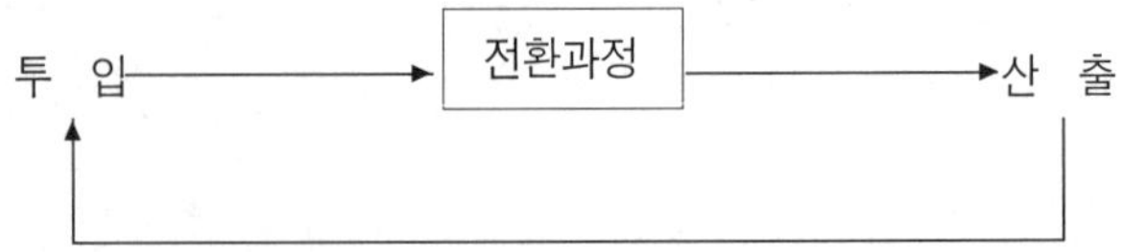

러 방식으로 조작적 정의가 가능하다. 이 중에서도 '작업과정에서 사용되는 지식', '과제의 난이도와 복잡성', '원자재의 관리의 용이성' 등이 흔히 사용하는 기술의 정의이다.

목표의 달성을 위한 수단으로서 조직기술은 조직외부로부터의 투입물을 조직산출물로 전환시키는 조직활동의 중심에 위치한다. 기술이 물리적 대상 · 활동 및 과정, 그리고 지식체계 등의 여러 요소들로 구성되면서 조직기술의 문제는 조직이 필요로 하는 자원요건의 문제와 연결된다. 이러한 요소들은 상당 부분 환경으로부터 얻어지며, 이에 따라 조직기술은 조직간 관계, 자원의존성의 환경적 맥락과도 직접적으로 관계되는 것이다. 이런 점에서 기술의 문제는 부분적으로 과업환경의 부분에 걸쳐지게 된다.

요컨대 기술은 환경 · 조직 · 미시적 과정의 다양한 수준에서 접근될 수 있으나, 가장 일반적으로 고려되는 것은 조직수준에서의 중심기술(core technology)이다. 중심기술은 조직의 가장 중심이 되는 조직산출물의 생산과 직접적으로 관련을 갖는 기술이다. 어느 조직이나 조직전체로서의 다양한 활동과 이에 요구되는 기술이 있지만, 이 중에서도 가장 중심이 되는 조직산출물의 생산에 직접적인 기술이 있다. 예를 들어 삼성전자 같은 대기업의 경우 그 안에는 직원들의 인사 · 급여관리 · 사업기획 · 기업홍보 · 인력관리 등 수많은 활동들이 수행되고 이와 관련한 다양한 기술들이 있지만, 가장 중심적인 조직산출물은 다양한 전자제품들이며, 중심기술은 이러한 전자제품을 생산하는 데 직접적으로 동원되는 기술과 과정이다. 조직산출물이란 조직의 종류만큼이나 그 범위가 무한하여 병원에서의 환자치료, 대학에서의 졸업생, 기업의 제품 등이다. 생산업체의 중심기술은 생산기술이며, 유통업체의 중심기술은 상품의 구매 · 진열 · 판매 등의 유통과 관련된 활동이며, 부동산중개조직의 중심기술은 부동산매매의 중개와 구입 · 판매이다. 조직연구에서 기술에 대한 논의는 일반적으로 이러한 중심기술의 전제하에 전개된다.

2. 기술의 유형

조직연구에서 기술에 대한 관심은 기술 그 자체에 대한 관심이 아닌 주로 변수로서의 기술특성이 조직의 제반측면, 특히 구조에 미치는 영향이라는 측면에 모아진다. 변수로서의 기술을 유형화하고 조직구조와의 관계를 분석한 대표적인 연구들로는 우드워드(Joan Woodward, 1965), 페로우(Charles Perrow, 1967), 톰슨(James Thompson,1967)의 연구들이 있다.

1) Woodward의 기술유형

조직의 기술유형에 대한 초기연구는 우드워드(Joan Woodward, 1965)에 의해 이루어졌다. 우드워드는 "최고의 수행효율성을 확보할 수 있는 조직구조"에 대해 관심을 가졌다. 그녀는 영국 사우스 에섹스지방의 100여 제조업체를 대상으로 조직의 효율성과 관리구조의 특성(통제의 범위, 관리층의 비율, 의사결정의 집권화 등)간의 상관관계를 분석하였다. 연구결과는 예상과 달리 조직성과와 조직구조간에 별 의미 있는 일반적인 관계를 보여 주지 않았다. 연구를 진행하면서 우드워드는 각 조직의 독특한 기술유형에 적합한 구조가 있으며, 이들간에 조화가 이루어져 있을 때 조직성과가 가장 높다는 결론에 이르게 되었다. 즉 조직의 효율성은 기술과 그에 적합한 구조의 부합에 달려 있다는 것이다. 우드워드는 조직의 기술이 구조와 관계를 갖게 되는 이유로 기술이 조직내 권위관계에 영향을 미치기 때문이라고 보았다. 기술이 관리계층의 수, 통제범위 등에 영향을 미치면서 조직구조에 직접적인 관계를 갖게 된다는 것이다.

우드워드는 조직의 기술을 전환과정의 특성을 기준으로 유형화시켰다. 여기에서 기술의 특성을 나누는 중심적 변수는 기술의 복잡성으로 생산과정에서의 기계화의 정도와 예측가능성의 정도이다. 고도로 기계화된 생산과정은 작업활동과 산출의 표준화가 이루어져 정확한 예측이 가능하며 프로그램화의 정도가 높은 기술이다. 우드워드의 유형에서 고도로 프로그램화된 자동화 생산체제의 기술복잡성은 매우 높다. 이와 반면에 복잡성이 낮은 기술은 기계보다는 사람들의 작업과 지식에 더 많이 의존한다. 기계화 수준이 낮고 생산과정이 사전에 프로그램화될 수 없는 체제로서 사람의 작업에 주로 의존하는 것이다. 따라서 우드워드가 보는 기술의 복잡성은 기본적으로 인적

자원의 복잡성이 아니라 생산과정에 투입되는 기계화과정의 복잡성이다. 우드워드는 기술복잡성을 10개의 수준으로 나누고, 이것을 토대로 제조업체의 기술유형을 소량단위생산체제 · 대량생산체제 · 연속공정생산체제의 세 가지로 분류하고 있다.

(1) 소량단위생산체제

소량단위생산체제(unit and small batch production system)는 그때 그때 주문에 맞추어 소량의 제품을 생산해 내는 체제이다. 예를 들어 맞춤양복 · 디자이너 유리제품 · 소규모 포도주생산 · 엔지니어링 시제품의 생산과 같은 것들이다. 소량단위생산은 기계화 수준이 낮고, 거의 전 과정에서 작업자의 지식과 숙련에의 의존성이 큰 기술로 복잡성이 가장 낮다. 작업자들이 개별적인 주문내용에 맞추어 생산하는 체제로서 작업활동의 사전프로그래밍이 불가능하다. 따라서 현장작업자의 기술수준이 상대적으로 높고 작업자들간의 상호작용의 밀도가 높다는 특징이 있다. 이러한 생산체제에서는 작업자들이 제품생산의 처음부터 끝까지 각 단계에 걸쳐서 고루 일하여 이들의 기술 전과정에 대한 이해도가 높다. 우드워드에 의하면 이러한 체제에서는 통제범위가 좁고, 위계화의 정도가 낮으며, 의사결정이 분권화되어 있을 때 조직성과가 가장 높다.

(2) 대량생산체제

대량생산체제(large batch and mass production system)는 단일 품목의 제품을 대량으로 생산해 내는 체제이다. 여기에서는 전체공정을 수많은 작업과정으로 세분하여 일상적이고 고도의 자동화된 대량생산공정에 따라 생산해 낸다. 이러한 유형은 자동차생산이나 일반공산품의 대규모 일관생산체제에서 가장 전형적인 기술이다. 우드워드는 이러한 체제에서는 통제범위가 넓고 의사결정구조가 집권적일 때, 조직성과가 가장 높다고 보았다.

(3) 연속공정생산체제

연속공정생산체제(continuous process production system)는 화학제품이나 철강, 정유제품 같이 전체공정이 끊임이 없이 연속적으로 처리되는 체제이다. 대량생산체제가 작업 하나하나가 분할된 일련의 세분화된 작업공정으로 이루어지는 데 비하여, 연속공정생산체제는 분할시킬 수 없는 일련의 연속공정으로 이루어진다. 예를 들어 정유생산에서 보듯이 여기에서는 원료가 생산과정에 투입되어 최종제품으로 완성되어 나올 때까지 그 과정이 연속적으로 진행된다.

자동화수준이 가장 높은 기술로서 생산과정에서의 작업자들의 역할이 최소화된

[도표 8-2] woodward의 기술복잡성과 기술유형

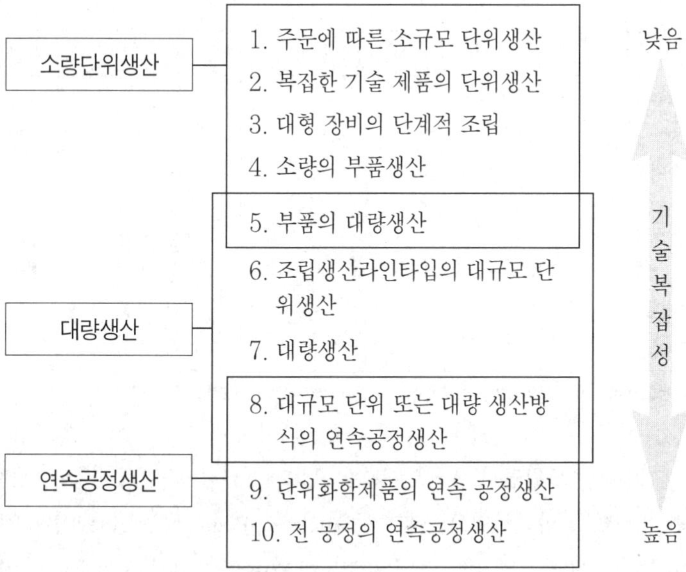

자료 : Joan Woodward, 1958; Hatch, 1997 : 135에서 재인용.

생산체제로 기술의 복잡성이 가장 높다. 작업자의 역할은 단지 기계가 제대로 돌아가는가를 감독하고 확인하는 것이다. 이러한 생산체제는 정상적으로 가동되는 한에서는 인력을 거의 필요로 하지 않는다는 점에서 가장 효율적인 기술이라고 할 수 있다. 그러나 연속공정생산체제의 문제는 예기치 못한 상황이 발생하여 운영시스템에 이상이 생기게 되면 엄청난 문제가 야기될 수 있다는 것이다. 예를 들어 정유소나 핵발전소는 기본적으로 자동화된 시스템으로 작업자의 역할은 주로 기계의 정상적인 가동여부만 감시하는 것이지만, 만에 하나 사고가 나게 되면 그 피해는 매우 큰 것이다. 따라서 이러한 시스템에서는 각 운영시스템이 제대로 가동되는가를 끊임없이 확인하고 감독하는 체제가 발달되며, 또한 만약 일이 발생하게 되면 신속하게 그 상황에 대처할 수 있는 유연성이 핵심적이다. 따라서 작업자들의 기술이나 지식수준이 매우 높은 편이다. 우드워드는 이러한 연속공정체제에서는 통제의 범위가 좁고, 분권화된 의사결정 및 관리층의 위계화의 정도가 높을 때 조직성과가 가장 높다고 주장하였다.

우드워드의 연구에 대해 제기되는 문제점은 연구대상이 중소규모의 생산업체들로만 이루어져 연구결과를 대기업체나 또는 서비스업체에 일반화시키기 어렵다는 것

[도표 8-3] woodward의 기술유형과 조직구조

구조적 차원	기 술		
	단위소량생산	대량생산	연속공정생산
관리의 층	3	4	6
통제의 범위	23	48	15
관리자/비관리자비율	낮 음	중 간	높 음
공 식 화	낮 음	높 음	낮 음
집 권 화	낮 음	높 음	낮 음
구두의사전달	높 음	낮 음	높 음
작업자의 기술수준	높 음	낮 음	높 음
전체적 구조	유기적	기계적	유기적

자료 : Woodward, 1965, Industrial *organization*: Theory and Practice, Hatch, 1997 : 137에서 재인용.

이다. 그러나 우드워드의 연구는 많은 후속연구들을 촉발시켰으며, 사회기술학파가 발전하는 발판을 마련하였다. 힉슨 등(Hickson, Pugh and Preysey, 1969)이 주축이 된 애스톤 연구집단은 우드워드가 사용했던 개념을 정교화시켜 기술과 조직구조간의 관계를 중심으로 하는 기술중심의 상황이론으로 발전시켰다.

2) Perrow의 기술유형

페로우(Charles Perrow, 1967)는 기술의 유형을 투입물의 처리과정에서 당면하는 과업의 다양성과 과제수행과정에서 발생하는 문제의 분석가능성의 두 가지 변수를 중심으로 분류하였다.

과업의 다양성 과제수행과정에서 예기치 않은 새로운 요소들이 나타나는 정도로 변이가 다양하고 사례가 많을수록 과제수행과정이 복잡해진다.

문제의 분석가능성 과제수행 중에 발생하는 문제에 대한 해결책을 탐색하는 데 있어서의 분석가능성의 정도이다. 분석가능성이 높은 경우에는 문제의 분석은 기존에 나와 있는 절차에 따라 기계적으로 수행될 수 있으며 문제해결은 표준화된 절차에 따라 이루어진다. 분석가능성이 낮은 경우에는 문제해결을 위한 분명하게 표준화된 절차나 방법이 없어 그때그때 작업자의 직관이나 경험에 의존하는 방식에 따른다. 예를 들어 프리미엄 와인제조업체의 품질관리자는 와인의 향이나 맛을 테스트하면서 어떤 맛이나 향이 부족한지 분석한다. 이러한 검사에는 표준화된 방법이나 절차가 있는 것이 아니라 품질관리자의 오랜 경험과 실습에 의존하는 것이다. 투입물에 대

[도표 8-4] Perrow의 기술유형

문제의 분석가능성	과업의 다양성	
	낮　　음	높　　음
높　　음	일상적 기술 (routine)	공학적 기술 (engineering)
낮　　음	장인 기술 (craft)	비일상적 기술 (nonroutine)

자료 : 김인수, 1999 : 179.

한 정보를 얼마나 확보하고 있는가 하는 것이 문제해결과정의 특성을 결정짓는데, 필요한 정보와 지식이 많이 확보되어 있을수록 문제해결과정은 분석가능하고 일상화된다.

페로우는 이 두 변수를 조합하여 일상적 기술 · 공학적 기술 · 장인 기술 · 비일상적 기술의 네 가지 기술유형을 제시하였다.

(1) 일상적 기술

과업의 다양성이 낮고, 문제해결의 분석가능성도 높은 기술이다. 자동차조립라인 같은 것이 이러한 기술의 대표적인 예이다. 이러한 기술의 조직은 미래행동에 대한 예측성이 높기 때문에 계획에 의한 조정이 가능하다. 따라서 공식화의 정도가 높고, 집권적인 성격의 기계적 구조로서 중간층 이하 하위층이 누리는 재량권은 매우 제한적이다.

(2) 공학적 기술

과업의 다양성은 높지만 문제해결의 분석가능성이 높은 기술이다. 즉 과제에서의 변이가 나타나는 정도는 높지만, 예외적 상황 등에서의 문제해결에 대한 표준화된 방식과 지식이 잘 갖추어져 있기 때문에 문제분석은 상대적으로 용이한 기술이다. 이러한 공학적 기술의 조직은 집권적이면서 동시에 어느 정도 유연성도 있는 구조를 갖는다. 이러한 조직에서는 중간층의 재량범위와 권한이 크고 이들간의 상호의존성도 높은 반면, 하위층의 재량범위는 제한적이며 집단간 상호의존성도 낮다.

(3) 장인기술

과업의 다양성은 낮지만 문제해결의 분석가능성이 낮은 기술이다. 건축기술 같은 것이 이러한 예이다. 과제수행상에서는 별 예외적 상황이 많지 않으나, 일단 문제가 발생하면 그것을 탐색하여 분석하는 데 표준화된 해결방식이 없어 작업자의 다양한 경험,

직관에의 의존도가 매우 높다. 이러한 조직은 기본적으로 분권화된 구조로서 작업자의 재량범위와 권한이 크며, 주로 상호적응적인 조정이 이루어진다.

(4) 비일상적 기술

과업의 다양성도 높고, 문제해결의 분석 가능성도 낮은 기술이다. 첨단기술개발 연구활동이 이러한 유형의 기술이다. 신약개발활동과 같이 과제수행상의 변이 정도가 높고 또한 탐색과정에서 활용할 수 있는 표준화된 방식이나 지식이 크게 부족하기 때문에 그 결과를 예측하기가 매우 어려운 불확실한 기술이다. 비일상적 기술의 조직은 유연성과 전문성이 확보되는 유기적인 구조를 갖는다. 이러한 조직에서는 중간층과 하위층의 권한 및 재량권이 크며, 집단간 상호의존성이 높아 이들간의 상호적응에 의한 조정이 이루어진다. 중간층과 하위층간의 접촉이 긴밀하며, 양 계층간의 구별도 모호한 경향이 있다.

페로우의 기술유형에 의하면 기술의 일상성의 정도가 높을수록 표준화된 조정과 통제가 가능하기 때문에 그 구조는 공식화와 집권화가 높은 기계적 구조가 된다. 반대로 일상성의 정도가 낮을수록 표준화된 조정과 통제가 어렵기 때문에 공식화의 수준이 낮고 분권화가 높은 유기적 구조를 갖게 된다.

3) Thompson의 기술유형

톰슨(James Thompson, 1967)은 기술의 상호의존성을 집합적 · 순차적 · 호혜적 상호의존성의 세 종류로 분류하고, 이러한 상호의존성의 유형에 따라 중개형 기술, 연속형 기술, 집약형 기술의 세 가지 기술유형을 제시하였다.

(1) 상호의존성의 세 가지 유형

집합적 상호의존성 집합적 상호의존성(pooled interdependence)은 조직의 각 부분이 전체에 개별적인 기여를 하고, 각 부분은 전체로부터 지원을 받는 관계로부터 비롯되는 상호의존성이다. 이에 따라 각 부분이 직접적으로 다른 부분과 맺는 상호의존관계가 아닌 전체로서의 상호의존관계가 성립된다. 각 부서는 제각각 과제를 수행하며, 부서들간의 직접적인 접촉이나 상호작용은 거의 없다. 예를 들어 어떤 프랜차이즈업체의 강남지점과 강북지점은 직접적으로는 어떤 상호의존관계도 아니다. 그러나 이들이 각각 충분하게 성과를 올리지 못하면 전체조직의 성공이 위협을 받게 된다는 점에서 이들은 상호의존적이다.

순차적 상호의존성 순차적 상호의존성(sequential interdependence)은 작업들이 단계적으로 다음 단계의 투입요소가 되면서 야기되는 상호의존성이다. 이러한 상호의존관계에서는 순차적 상호의존과 함께 동시에 각 부서가 제각각 전체조직에 공헌을 하고 전체조직에 의해 지원을 받는 관계이므로 집합적 상호의존관계도 포함하게 된다.

호혜적 상호의존성 호혜적 상호의존성(reciprocal interdependence)에서는 각 부분의 산출이 상호간에 투입이 되는 경우이다. 이러한 상호의존에서는 관련된 각 단위는 다른 단위에 의해 상호 영향을 주고 받는다. 순차적 상호의존에서는 작업흐름이 한 방향으로 이루어지고 이에 따라 의존성도 한 방향으로 되는 데 비해, 호혜적 상호의존에서는 작업흐름이 양 방향이라는 점에서 구별된다.

집합적 상호의존성의 경우에 조직의 각 하위 단위의 과제는 전체조직이 지속되는 한 다른 단위들의 과제에 관련 없이 진행될 수 있다. 그러나 순차적 상호의존성의 경우 하나의 단위가 부적절하게 행동하거나 기대를 충족시키지 못한다면, 그 조직 속의 각 단위의 위치는 재조정되어야 한다. 순차적 상호의존성은 의존조건이 되는 요소가 항상 잠재한다. 호혜적 상호의존성의 경우, 이러한 의존조건은 단지 잠재하는 것만이 아닌 현실적 조건이다. 왜냐하면 조직 속의 각 단위의 활동들은 그 조직의 다른 단위들의 활동에 계속 적응해야 하기 때문이다. 이 세 가지 상호의존성에는 거트만척도의 관계가 있다. 즉 모든 조직은 집합적 상호의존성을 지니며, 더 복잡한 조직은 집합적이고 순차적인 상호의존성을 지니며, 가장 복잡한 조직들은 호혜적 · 순차적 · 집합적 상호의존성을 모두 지닌다(Scott, 1987 : 214).

(2) 세 가지 기술유형 : 중개형, 연속형, 집약형

상호의존성을 기준으로 톰슨은 기술 유형을 중개형, 연속형, 집약형의 세 가지로 분류하고 있다.

중개형 기술 중개형 기술(mediating technologies)은 요소들간에 집합적 상호의존성을 갖는 기술이다. 중개형 기술 조직의 주 활동은 상호의존의 고객들을 연결시키는 것으로 전화국 · 은행 · 인력알선업체 · 우체국 등이 그 예이다. 은행은 예금주와 차용자를 연결해 주고, 보험사는 공동의 위험에 대비하는 사람들을 연결해 주며, 전화국은 수신자와 송신자를 연결해 준다. 고용알선기관은 노동의 공급과 수요를 중개한다. 중개형 기술의 복잡성은 시 · 공간적으로 분산되어 있는 요소들을 표준화된 방식으로 통합할 수 있어야 한다는 데 있다. 따라서 이러한 중개형 기술의 핵심은 표준화인데, 표준화로서 조직 각 부분이 다른 부분들과 양립될 수 있도록 해 준다.

중개형 기술의 경우 조직은 고객집단을 증대시키는 전략으로 그 활동영역을 확장시키거나 시장포화전략을 취한다. 보험사나 금융기관에서는 환경상의 우발성을 줄이기 위해 대상고객집단을 확대시키는 전략을 취한다. 즉 특정부류의 집단으로 고객이 단순화되어 있는 경우, 여러 가지 경기변동으로 나타날 수 있는 위험이나 불확실성의 문제를 고객집단을 다양화시켜 상쇄시키는 것이다. 예를 들어 지방은행은 지역경제의 단순성에 의해 영향을 받게 된다. 섬유산업밀집지역에서 섬유업체들을 주고객으로 영업하는 은행의 경우, 섬유경기가 침체되면 같이 침체될 수밖에 없다. 우리 나라의 IMF위기의 직접적인 도화선의 하나로 지적되는 국내종금사의 경우, 집중적으로 투자한 동남아지역의 경제위기가 닥치면서 부실화의 수렁에 빠지게 되었던 것이다.

연속형 기술 연속형 기술(long-linked technologies)은 요소들간에 순차적 상호의존성이 있는 기술이다. 작업 A는 작업 B에 의존하고, 작업 B는 작업 C에 의존하는 순차적 의존성이 있는 것으로 일관작업이 그 대표적 예이다. 동일기술을 이용한 단일제품의 생산이므로 기계와 도구의 선택, 노동의 배치, 원료확보, 그리고 관리자의 선발에 분명한 기준이 적용된다. 연속형 기술은 단일의 표준생산품을 반복적으로, 그리고 일정비율로 생산하면서 도구적 완전성에 근접한다.

연속형 기술에서 조직은 기술중심부를 보호하는 전략으로 영역을 확장시키는 수직적 통합의 전략을 취한다. 예를 들어 대규모 정유업체는 원유개발, 해상운송에서부터 각 주유소체인의 확장을 통해 그 영역을 늘려간다. 이러한 수직적 통합은 원유채취라는 원료투입단계에서부터 최종산출물의 판매단계에 이르기까지의 과정에서 나타날 수 있는 환경적인 교란이나 우발성을 제거하고 최소화시켜 정유사의 중심활동을 보호한다. 미국의 주요 유류업체들은 정유회사로 시작하여 궁극적으로 판매망확보, 원유, 해상수송설비에 대한 통제를 확보하는 전후방통합을 하였다. 마찬가지로 육류가공업자들은 축산물구입방식을 경매방식에서 전략을 바꾸어 축산업자들과 직접계약관계를 확립하였다.

집약형 기술 집약형 기술(intensive technologies)은 요소들간에 호혜적 상호의존성이 있는 기술유형으로 특정대상을 전환처리하는 과정에서 다양한 요소들이 종합적으로 결합되는 기술형태이다. 이러한 것은 병원의 응급실, 건축업체, 첨단기술 벤처업체와 같은 데서 그 예를 볼 수 있다. 여기에서 응용방식의 선택 · 결합 및 순서는 그 대상으로부터의 피드백에 의해 결정된다. 예를 들어 치료대상으로서의 환자의 반응상태에 의해 구체적인 치료활동이 결정된다. 집약형 기술의 성공은 개별적인 과제

[도표 8-5] Thompson의 기술유형과 상호의존성

기술유형	상호의존성	조정기제	불확실성의 해소 전략	조정비용
중 개 형	집합적 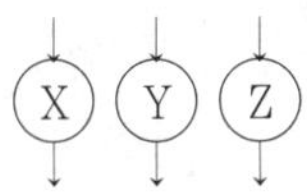	표 준 화	고객의 확대	낮　　음
연 속 형	순차적 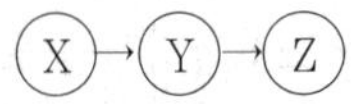	계　　획	여유자원확보 수직적 통합	중　　간
집 약 형	호혜적 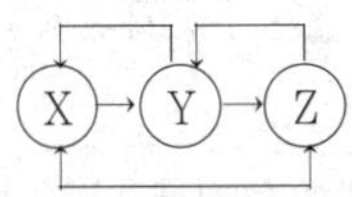	상호조정	과제활동의 전문화	높　　음

자료 : Garett Jones, 1998 : 375.

를 달성하는 데 필요한 능력들을 적절하게 결합하는 데 달려 있다.

이상의 톰슨의 기술유형은 생산조직뿐 아니라 서비스조직도 포괄하는 분류라는 점에서 그 이론적인 유용성이 크다.

(3) 상호의존성과 조정

톰슨의 기술유형의 문제는 상호의존성의 문제, 나아가 조직의 조정이라는 문제와 연결된다. 일반적으로 상호의존성이 커질수록 조정활동이 더 많이 요구된다. 각 기술유형별로 달라지는 상호의존성의 정도에 따라 전체의 합리성을 구현하는 방식으로의 조정의 정도가 달라지게 되는 것이다. 따라서 상호의존의 각 유형에 따라 조정방식도 달라진다.

상호의존성이 가장 낮은 집합적 상호의존에서는 주로 표준화에 의한 조정이 이루어지는데, 이것은 각 단위 또는 부서활동에 있어서 일상적이고 공식화된 절차나 규칙을 확립하는 것이다. 순차적 상호의존의 경우에는 계획에 의한 조정이 이루어진다. 표준화에 의한 조정과 달리 계획에 의한 조정은 과업환경이 변화하고, 조직에 미치는 영향이 동적인 상황에도 적절하게 적용될 수 있다. 상호의존성이 큰 호혜적 상호의존은 상호조정에 의한 조정이 이루어진다. 상호조정에 의한 조정에서는 위계적 지위들

간에 보다 많은 수평적인 의사소통이 요구된다. 상황이 가변적이고 예측이 불가능할수록 상호조정적 조정에의 의존도가 높아진다. 표준화 · 계획 · 상호조정의 순으로 조정과정에서 의사소통과 결정의 부담이 증가한다.

3. 기술의 특성과 조직구조

기술유형에 대한 관심에서의 중심적 가정은 조직합리성을 위해서는 조직의 구조는 그의 기술 특성과 부합되어야 한다는 것이다. 우드워드, 페로우, 톰슨이 제시한 각 기술유형에서 기술을 분류하는 특성은 크게 복잡성 · 불확실성 · 상호의존성의 세 차원으로 접근될 수 있다(Scott, 1998 : 229-230).

복잡성 과제를 처리하는 과정에서 동시에 다루어야 하는 요소들의 다양성의 정도를 나타낸다. 이러한 복잡성은 산출물의 다양성이나 개별주문성 등의 투입상의 다양성이다.

불확실성 요소들의 가변성과 예측가능성의 정도이다. 불확실성은 투입의 단일성, 가변성, 작업과정에서의 예외의 정도에 의해 결정된다.

상호의존성 과제수행과정에서의 요소들간의 상호연관된 정도이다.

조직기술의 복잡성 · 불확실성 · 상호의존성의 정도에 따라 구성원들에게 요구되는 숙련이나 재량권의 정도가 달라지게 되고, 또한 다양한 통제방식이 요구되게 된다. 이에 따라 조직구조도 달라지게 되는데, 왜냐하면 조직구조란 기본적으로 다양한 통제유형과 절차의 양식이기 때문이다.

우드워드와 페로우가 관심을 기울인 기술특성은 복잡성과 불확실성의 정도이다. 우드워드는 기술의 복잡성이 매우 높거나 낮은 경우에는 유기적 특성의 구조, 복잡성이 중간 정도인 경우 기계적 특성의 구조가 적합하다고 보았다. 이것의 원인으로 우드워드는 작업의 일상성이라는 요인을 들었다. 대량생산체제의 경우 상대적으로 일상성의 정도가 높은 데 비해, 소량단위생산이나 연속공정체제의 경우 작업과정에서 상당한 정도의 비일상성이 나타난다. 그리하여 소량단위생산이나 연속공정체제에서는 비일상성을 효과적으로 다룰 수 있는 유기적 특성의 조직이 적합하고, 대량생산체제에서는 일상적인 작업에 보다 효과적인 기계적 특성의 조직이 적합하다는 것이다

[도표 8-6] woodward의 과제의 일상성과 기술복잡성의 관계

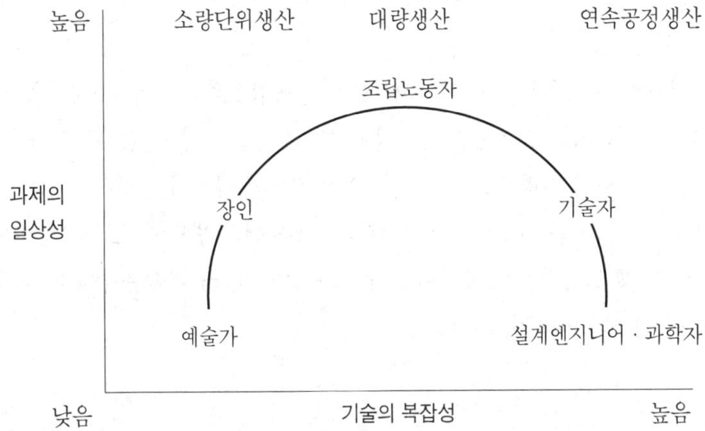

자료 : Hatch, 1997 : 145.

[도표 8-7] Perrow의 기술모형과 일상성

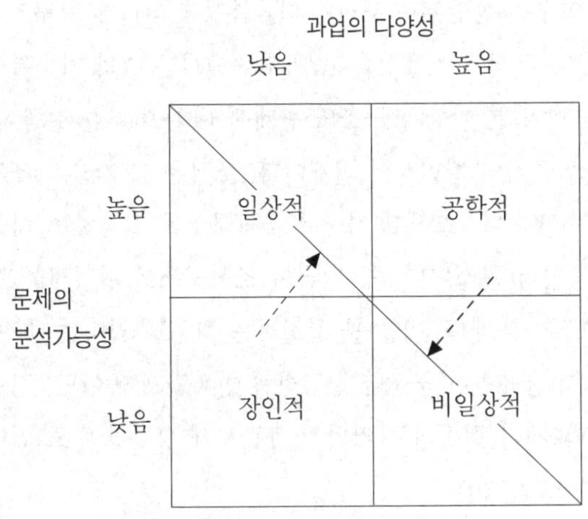

자료 : Hatch, 1997 : 146.

(Hatch, 1997 : 144-147).

페로우의 기술유형에서는 과업의 다양성이 적고 분석가능성이 높을수록 일상성의 정도가 높으며, 과업의 다양성이 많고 분석가능성이 낮을수록 일상성의 정도가 낮

다. 페로우 역시 기술의 비일상성으로부터 야기되는 불확실성을 강조하였다. 불확실성이 큰 경우 필요한 조직활동을 사전에 예측하기 어렵기 때문에 조직구조의 표준화가 어렵게 된다.

우드워드와 페로우가 기술의 특성 중에서 복잡성과 일상성의 차원을 중요하게 다룬 데 비해, 톰슨의 기술유형은 상호의존성의 차원을 가장 중심적으로 다루고 있다. 상호의존성의 정도에 따라 조직에서의 조정의 정도와 방식이 달라진다. 즉 집합적 상호의존성의 조직에서는 가장 표준화된 조정이 요구되는 반면에 호혜적 상호의존성의 조직에서의 가장 밀집된 상호조정이 요구된다. 이에 따라 기술유형에 따라 조직구조의 다양성이 나타나게 되는 것이다.

4. 결　　론

조직기술에 대한 연구는 상당부분 조직의 기술특성에 따라 조직구조가 달라진다는 가정에 토대하고 있다. 조직이 효율성을 높이기 위해서는 그의 기술특성에 적합한 구조를 지녀야 한다는 것이다. 기술과 구조의 관계에 대한 이러한 접근에는 두 개의 가정이 깔려 있다. 우선 조직의 합리성의 전제이다. 조직은 그 기술적 조건에 합리적인 방식으로 대응한다는 것이다. 그리고 기술이 조직구조를 결정하는 데 일방적인 영향을 미친다는 기술결정론의 가정이다. 즉 기술이 조직구조에 결정적인 변수라는 것이다. 그러나 때로는 구조가 과제(즉 기술)를 결정하는 경우도 있다는 주장도 제기된다. 이렇게 되면 특정의 기술유형이 구조를 결정하는 인과관계가 아닌, 경우에 따라서는 특정의 구조에 의해 과제가 결정되는 역의 인과관계가 성립될 수도 있다는 것을 의미하는 것이다(Scott, 1987 : 230).

나아가 기술과 조직구조의 관계를 조직전체에 일반화시키는 것이 어렵다는 것이 인식되게 되었다. 힉슨 등(Hickson et.al., 1969)은 이러한 이유로 조직규모의 변수를 들고 있다. 즉 조직규모가 작은 경우는 기술의 변수를 전체구조에 관련시키는 데 별 문제가 없는 반면, 규모가 커지게 되면 기술의 영향이 조직전체에 미치는 것이 아니라 같은 조직에서도 그러한 기술과 가장 직접적으로 관련된 부서에 국한되는 것이다. 조직의 중심적인 기술활동과 비교적 무관한 부서들에게는 기술적 특성이 별로 영향을 미치지 못하게 된다. 그러므로 규모가 큰 조직에서는 기술적 특성과 조직전체구조간에 일반적인 상관관계가 성립되기 어렵다는 주장이다. 모르(Lawrence Mohr, 1971)가 수행한 공공의료기관에 대한 연구도 대체적으로 기술과 구조의 관계에 대한 일반론적인 가설을 부정하고 있는데, 이 경우에는 공공조직으로서 민간영리조직에 비해 효율성에의 압력을 상대적으로 덜 받는다는 것이 가장 큰 이유로 지적되었다.

이 외에도 조직기술을 연구하는 데 있어서 당면하는 어려움은 기술이라는 변수를 실제 구체적으로 조작화하고 측정하는 문제가 간단치 않다는 사실이다. 더군다나 평가자의 조직내 위치에 따라 기술에 대한 인식이나 평가가 크게 달라지는 경향이 나타나는 것도 기술에 대한 경험적 분석과 검증을 어렵게 하는 부분이다.

사례

파주시 인허가 '속전속결'

경기 파주시에서 의료기 제조업체를 경영하는 김모씨가 3년 전 기존의 서울 공장에 더해 파주 용지에 새로 공장을 지으려 했을 때 주변 사람들은 너나 할 것 없이 인허가 받는 데 시일이 보통 오래 걸리지 않을 것이라고 걱정해 줬다. 2005년 공장을 짓기 시작하면서 김씨도 산림훼손허가부터 문화재, 상하수도, 주차장 등에 이르기까지 공장 건물을 짓는 데 필요한 각종 인허가를 얻는 기간만 1년을 예상했다. 그러나 인허가는 물론 공장건축을 모두 끝낼 때까지 걸린 시간은 1년이 채 되지 않았다. 예상과 달리 파주시가 인허가 서류를 접수하자마자 필요한 보완 사안을 곧바로 알려주는 등 서비스를 해 준 덕분이었다.

김씨가 빠르게 인허가 과정을 마칠 수 있었던 것은 파주시가 2005년부터 시작한 '실무종합심의회' 덕분이다. 접수된 모든 인허가 서류는 접수 다음 날 오전 8시 회의장으로 보내지고 여기에 모이는 17개 관련 부서 담당(6급) 공무원이 당일 회의자리에서 도장을 찍을지 말지를 결정한다. 회의에는 20년 이상 근무한 베테랑이 배치되고 현장 확인이 필요하면 오후에 반드시 직접 점검한다.

접수 첫날에는 "내가 일이 빨리 되도록 봐 주겠다"는 등의 감언이설로 민원인들을 홀리는 중간 브로커를 막기 위해 민원 접수 사실을 우편으로 민원인에게 알린다. 회의에서 통과된 서류는 간부 공무원의 결재를 거쳐 서류 접수 나흘째면 민원인의 휴대전화로 결과가 통보된다.

대부분의 지자체는 한 부서에서 자기 분야 해당 사항에 대해서만 도장을 찍을지 말지를 검토한 뒤 다른 부서로 서류를 넘겨주는 방식으로 일을 처리해 시일이 오래 걸린다. 그러다 보면 통상 빨리만 처리해 달라는 식의 청탁이 이어져 부조리가 발생하기도 한다. 하지만 파주처럼 실무자들이 매일 한자리에 모여 집중적으로 서류를 검토하고 필요할 경우 회의도 하면 한 시간 남짓 안에 전날 접수된 3, 40건의 서류를 다 처리할 수 있어 민원 해결 시간을 크게 줄일 수 있는 것이다. 파주시 민원담당 직원은 "민원서류가 빠르게 처리돼 업무 효율이 높아지는 데다 빨리만 해주면 좋겠다는 식의 청탁도 사라져 부조리가 발붙이기 어렵게 됐다"고 말했다.

크게 어려울 것 없어 보이지만 지자체들이 선뜻 나서지는 못한다. 무엇보다도 공무원들을 아침 8시에 불러 일 시키기가 쉽지 않은 것이다. 파주시에서도 처음에는 해당 공무원들의 불만이 터져 나온 게 사실이다. 그러나 시간이 지날수록 상사의 별도 업무지시, 민원인의 방문이나 전화 등이 없는 아침 시간에 밀도 있게 민원을 처리하다 보니 더 효율적이라는 내부 평가가 나오기 시작했다. 다른 관련 부서에서도 자발적으로 참여를 희망해 와 처음에는 8개 부서로 시작했던 회의가 인허가와 관련된 17개 부서 실무진 전원이 참여하는 아침회의로 정례화됐다. 시는 해당 공무원에게 매년 해외연수를 보내 주고 성과급을 높여 주는 방법으로 보상을 해 주고 있다.

자료: 동아일보, 2007. 05. 15.

제 9 장
권력과 통제

1. 조직과 권력관계

조직은 경쟁과 협동을 동시적으로 추구하도록 설계되어진 체계이다. 조직구성원은 공동의 과업을 달성하기 위해 서로 협력하지만, 동시에 제한된 자원과 지위, 그리고 개인적인 경력발전을 위해 서로 경쟁한다. 조직내에서 구성원들은 자신의 이해를 증진시킬 수 있는 전략을 추구하고, 이러한 전략을 통하여 그들의 권력과 영향력을 신장시키는 것이다. 이 과정에서 조직내에서의 다양한 권력관계가 발생한다. 연합모형이나 전략적 상황이론 등의 권력통제의 시각에서는 조직의 구조나 활동들이 상당 부분 조직내 특정의 이해관계를 갖는 집단들간의 역학관계에 의해 영향을 받는다는 점을 강조한다. 조직의 구조는 합리적 의사결정의 산물이라기보다는 정치적 과정의 산물이라고 보는 것이다.

앞에서 우리는 조직의 전략, 기술, 환경들은 조직구조를 결정하는 주 요인들이라는 것을 살펴보았다. 권력통제시각에서는 이러한 요인들과 함께 조직내 정치적 역학관계가 조직구조를 결정하는 중요한 변수라고 인식한다.

특히 조직내에 상대적으로 중요한 권력기반을 갖고 있는 지배적인 연합들은 조직구조나 의사결정 등의 조직전반에 많은 영향력을 행사한다. 따라서 어느 시점에서든 조직의 구조는 지배적인 연합의 기득권과 이해관계를 유지시키는 데 유리한 방향으로 짜여지는 경향이 있다. 조직의 힘있는 지배적 연합들이 그들의 집단이익을 조직 전체의 이익인양 내세우고 정당화하는 것이 가능한 것이다. 따라서 조직 전체의 이익이 아닌 조직내 힘 있는 특정 하위집단의 이해관계가 조직의 구조나 활동에서 중요한 기준이 되는 것이다. 여기에는 조직 자체가 여러 이질적인 부류의 활동과 집단들이 느슨하게 엮어져 있는 연합체의 성격을 갖는 까닭에 조직 목표나 활동들에서 조직내 구성원들간에 분명하게 이해되고 합의된 기준들이 없기 때문이다. 조직내 다양한 행위주체들간의 경쟁적인 이해관계, 그리고 권력원천을 둘러 싼 조직정치의 분석은 조직의 구조와 현실을 이해하는 데 핵심적이다.

2. 권력의 개념

권력이란 일반적으로 타인의 행동을 지배하고 통제할 수 있는 능력이다. 거의 모든 조직에는 구성원들간의 지배와 복종으로서의 권력관계가 존재한다. 조직에서 권력의 행사는 많은 부분 조직내 이해관계와 갈등이 조정되는 중개과정으로서 누가 무엇을 언제 왜 어떻게 획득하는가에 영향을 미친다. 조직연구에서 권력에 대한 관심은 최근 들어와 크게 증가하는 추세이다. 조직에서 권력이 핵심적인 현상으로 인식되면서 권력에 대한 개념이나 이론화 역시 정교해지게 되었다.

일찍이 베버(Max Weber)는 권력을 "상대방의 의지에 반하여 상대방에게 자신의 의지를 행사할 수 있는 능력"이라고 정의하였다. 달(Robert Dahl, 1957)은 "A는 B에게(그가 시키지 않는다면) B 스스로는 하고자 하지 않은 일을 하도록 할 수 있는 한에서 B에 대하여 권력을 지닌다"고 정의하였다. 에머슨(Richard Emerson, 1962)은 권력을 "상대방의 의존에 토대한다"고 하여 권력과 의존의 역동적인 관계에 토대시키고 있다. 즉 A의 B에 대한 권력관계는 B의 A에 대한 의존관계이다(Pab=Dba). 에머슨의 이러한 정의는 권력을 개인의 특성으로서보다는 관계로서의 특성을 강조하는 것이다.

블라우(Peter Blau, 1964)는 에머슨의 권력의존의 조건을 교환관계로서의 권력의존의 논리로 발전시켰다(도표 9-1). 블라우가 제시한 교환관계로서의 권력의 개념은 개인간의 관계로부터 조직내 집단간, 나아가 조직간의 권력관계에까지 일반화가 가능하다는 점에서 매우 유용하다. 예를 들어 기업들간에 나타날 수 있는 권력관계를 보자. A기업이 B기업이 보유하고 있는 특정기술을 절대적으로 필요로 하면서 그 대가로 B기업의 관심을 끌 수 있는 보상자원을 지니고 있지 않다면, 기술공여를 위한 교섭에서 A기업은 B가 요구하는 일방적인 계약조건에 응할 수밖에 없을 것이다. 상대

[도표 9-1] 권력과 의존의 조건

의존성에 의한 복종의 대안	의존자의 독립조건	지배자의 전략
보상제공	전략적 자원의 확보	보상에 대한 무관심유지
제 3 의 공급원확보	제 3 의 공급원확보	자원에 대한 공급독점
강압에 의한 탈취	강제력	법과 질서유지
없이 지냄	불필요한 것으로 간주	특정자원의 가치성유지

자료 : Peter Blau, 1964 : 124.

방에게 그에 상당한 유인이나 대가를 제공할 수 없다면 의존성의 지배관계를 감수할 수밖에 없는 것이다.

3. 조직권력에 대한 시각

조직권력을 보는 시각은 초기의 고전조직이론에서부터 최근의 정치경제적 모델에 이르기까지 크게 변화해 왔다. 베버의 관료제에서 조직권력(권위)은 조직내 위계구조에 따라 차별적으로 분포된다. 이러한 권위의 원천은 위계구조이며 개인의 사적 요인들은 배제된다. 따라서 베버의 관료제에서 공적인 권력과 사적인 권력은 엄격하게 분리된다. 공식적 관리론에서 보는 권력의 핵심은 조직의 '조정'과 관련된다. 조직내 과제들을 전체목표에 통합시키기 위한 조정에는 일련의 권위체계가 요구되며, 권위(권력)는 기본적으로 '가장 으뜸가는 조정능력'으로 이해되는 것이다. 따라서 권력의 행사는 기본적으로 조직의 효율적인 조정이라는 측면에서 정당화되며, 권력 그 자체는 문제성 있는 것으로 간주되지 않는다.

권력에 대한 고전이론의 시각이 조직의 효율성이라는 논리에 다소 매몰되어 온 반면, 1950년대 중반에서 1960년대 이래 조직권력에 대해서 좀더 본격적인 관심이 나타나기 시작하였다. 여기에는 크게 두 가지 측면이 있다. 한편으로는 마르크스주의 등의 급진적 사고가 확산되면서 사회일반에서 권력현상에 대한 문제의식이 민감해지기 시작했다는 점과 다른 한편으로는 조직내 권력분화와 권력의 다양한 원천에 대한 이론적 작업이 보다 정교화되었다는 것이다. 권력이나 갈등에 대한 사회일반의 관심이 높아지면서 조직연구에서도 권력에 대한 이론적 관심이 증대하게 된 것이다. 이에 따라 조직에서의 권력의 원천이라는 부분에 대하여 보다 정밀한 이론적 작업이 전개되고, 조직내 권력관계에 국한되었던 연구도 조직간 관계, 나아가 거시적인 의미에서의 조직과 환경간의 권력관계로 발전되게 되었다.

조직의 권력을 보는 시각은 크게 세 가지로 구분되는데, 기능주의 통합적 사고에 토대하여 조직구성원들간의 합의와 통합을 전제하는 단원적 시각, 조직을 집단들간의 느슨한 연합으로 보고 이들간의 다원적 이해관계가 전제되는 다원적 시각, 조직권력을 기본적으로 자본주의적 계급관계의 틀에 일반화시키는 급진적 시각이다.

조직에 대한 단원적인 시각은 조직과 개인의 이해가 통합된 전체로서의 조직상을 전제한다. 이러한 시각이 지배적이었던 초기 고전이론에서의 조직의 권력은 기본적으로 조정활동이란 측면에서 이해되었다. 즉 조직 구성원들은 그들의 이해와 공동의 목표를 실현하고 충족시키는 관계를 가지며, 이러한 관계에서 조직에서의 권력의 행사는 정당화되었다. 따라서 여기에서는 권력 그 자체에 대한 관심은 상대적으로 약한 편이다. 다원적 시각에서 보는 조직은 다양한 이해집단으로 느슨하게 짜여진 연합으로 간주된다. 기본적으로 조직내 집단이나 구성원들은 그들의 권력이나 영향력을 확대시키기 위해 경쟁하는 관계이다. 따라서 이 시각에서 보는 조직내 권력은 상이한 집단들간의 상호경쟁 · 협상 · 타협의 산물이다. 급진적 시각은 기본적으로 조직을 조직내 구성원이나 집단들간의 적대적인 갈등관계로 본다. 조직은 합의보다는 강제적인 억압에 의해 유지되며, 권력이란 무엇보다도 바로 이러한 강제적인 억압을 가능케 하는 힘이다. 조직에서의 권력은 불균등하게 분배되며, 지배계급에 의해 독점된다. 따라서 조직은 피지배계급이 이러한 불평등한 계급관계를 전복시키고자 하는 급진적 권력투쟁의 장으로 가장 적절히 이해된다.

4. 권력의 원천

1) 조직권력에 대한 전략적 상황이론

일반적으로 조직의 권력관계는 상당부분 공식화된 위계구조에 의해 결정된다. 그러나 하위구성원이라고 해도 조직내에서 상당한 권력이나 영향력을 누리는 경우를 볼 수 있다. 하위구성원이라 해도 그 하는 일이 조직이나 상사에게 필수적인 경우 자신의 위계상의 실제 지위보다 훨씬 큰 권력이나 영향력을 누리기 때문이다. 또한 조직의 중심부나 경계부에 위치한 하위직은 주변의 하위직에 비해 훨씬 권력이 크다. 예를 들어 최고관리자의 비서는 직급은 낮아도 조직의 중심에서 최고관리자의 스케줄을 관리하면서 사람들에게 영향력을 행사할 수 있다. 이러한 것들은 조직에서의 권력의 기반이나 원천이 비단 공식적인 위계관계에 국한되는 것이 아니라 상당히 광범위하게 존재하고 있음을 보여 준다.

조직내 권력의 원천에 대한 연구는 전략적 상황이론가들에 의해 가장 활발하게 이루어졌다. 전략적 상황이론은 조직구성원들간에 권력이 차별적으로 분포되는 상황에 대하여 관심을 두었다. 일찍이 조직내 권력의 원천이라는 문제에 주목한 이론가는 크로지어(Michel Crozier, 1964)로서 조직에서 불확실성에 대한 성공적인 대처능력이 권력의 중요한 원천이라고 보았다. 즉 조직이 당면한 불확실성에 대하여 가장 성공적으로 대처해 내는 조직내 하위집단에 권력이 집중된다는 것이다. 불란서 담배생산업체에 대한 연구에서 그는 기계관리부서의 조직내 권력위상이 타부서, 특히 생산부서 등에 비해 높은 점에 주목하였다. 그는 이렇게 되는 것을 기계적 문제로 인해 공장가동이 빈번하게 중단되는 불확실한 상황에서 그러한 문제에 대해서 기계관리부서가 성공적으로 대처할 수 있었던 때문인 것으로 설명하고 있다. 더군다나 생산부서근로자의 임금체계가 성과급제였기 때문에 기계가 중단되면, 그만큼 근로자의 수입은 줄어들 수밖에 없는 상황에서 기계관리부서는 상당한 영향력을 누릴 수 있었다는 것이다.

이러한 크로지어의 사고는 힉슨(David Hickson et.al., 1971) 등의 전략적 상황이론가에 의해 보다 일반적인 이론으로 발전되었다. 이들은 우선 조직의 각 하위부문이 접하는 환경적 영향 또는 불확실성의 정도가 다르다는 사실에 주목했다. 이러한 차이는 조직내외의 권력분화로 이어지게 되고, 권력분포에 있어서 조직내 하위부서들간에 차별화가 이루어지게 된다. 조직에서의 권력의 원천은 다양하지만, 전략적 상황이론에서 가장 관심을 두는 것은 조직이 당면하는 상황적 우발성(contingencies)에 대해 성공적으로 대처할 수 있는 능력이다. 힉슨 등은 조직내 집단의 권력의 원천은 다음 3가지 차원에서 그 중요성이 가름된다고 보았다.

불확실성 조직내외의 불확실성이 높고, 이러한 불확실성을 성공적으로 대처할 수 있는 능력이나 자원을 지닌 집단이나 개인에게 권력이 발생한다.

대체가능성 집단이나 개인이 지닌 특정능력이나 자원을 대체할 수 있는 대안이 제한되어 있을수록 이들의 권력이 증대한다.

중 심 성 집단이나 개인의 권력은 그들의 능력이나 자원이 조직활동에 얼마나 중심적(centrality)인가에 비례한다. 중심성은 특정의 활동이나 자원이 조직의 다른 부분에 영향을 미치는 포괄성(pervasiveness)의 정도와 그리고 조직의 최종목표를 달성하는 데 미치는 영향의 직접성(immediacy)의 정도이다. 중심성이 클수록 권력이 증대한다(Hickson et.al., 1971 : 216-229).

2) 조직권력의 원천

조직에서 대표적인 권력의 원천으로는 다음과 같은 것들이 있다(Gareth Morgan, 1986 : 220).

(1) 공식적 권위

공식적 권위는 가장 우선적이고도 분명한 권력의 원천이다. 이것은 조직구성원들에 의해 공식적으로 인정되고 존중되는 정당화된 권력이다. 이러한 권력의 대표적인 예는 베버의 관료제에서의 공식적 위계구조에 토대한 권위이다.

(2) 희소자원의 통제

희소자원에 대한 통제능력은 권력의 핵심적 원천이다. 자금 · 원료 · 고객 · 공급자 등의 희소자원에 대해 독점적으로 접근할 수 있는 개인이나 집단에게 상당한 조직권력이 집중된다. 많은 조직의 정치적 활동이 예산설정의 과정이나 재정적인 자원의 통제나 배분을 둘러싸고 발생하는 것은 그러한 자원 자체가 조직내 중요한 권력의 원천이 되기 때문이다.

(3) 조직의 규칙과 규정

조직내 규칙이나 규제 기타 공식절차 역시 경우에 따라서는 권력의 원천으로 작용한다. 규정이나 규칙은 기본적으로 구성원의 행동양식을 규정하고 명확한 책임규명을 위한 것이다. 그러나 실제 조직활동을 수행하는 데 있어서의 문제는 조직내 수많은 규정이나 규칙을 곧이곧대로 적용하게 되면 조직의 정상적인 운영이 어렵다는 것이다. 따라서 규칙이나 규정을 적용하는 과정에서 현실상황에 맞춘 합리적인 조정이나 적응이 필요하다. 영국국영철도 노동조합은 투쟁방법으로 흔히 준법운행을 선언하곤 하였다. 결과적으로 전반적인 철도운행의 효율성이 크게 떨어지게 되어 파업에 버금가는 위력을 행사할 수 있었던 것이다. 이러한 예는 노동자들을 통제하기 위해 고안된 규정이나 규칙들이 오히려 노동자들에 의해 조직내 권력원천으로 될 수 있음을 보여준다. 우리 사회에서도 지하철노조가 파업이 여의치 않은 경우, 준법운행을 빈번히 협상의 무기로 활용하는 것은 조직의 규칙과 규정이 때에 따라서는 권력의 원천으로 행사될 수 있음을 보여 주는 한 예이다.

(4) 의사결정과정에 대한 영향력

조직활동의 많은 부분은 의사결정활동이다. 조직에서 의사결정위치에 있는 특정의 개인이나 집단은 조직내에서 실질적인 영향력을 갖게 된다. 의사결정과정의 실재를 규정하고 특정 쟁점에 대한 관심을 일으키는 데 직접적인 영향력을 행사할 수 있는 것이다. 따라서 의사결정에서 어떤 쟁점에 누가 참여하는가 등에 대해 영향력을 행사할 수 있는 사람은 상대적으로 큰 권력을 갖게 된다.

(5) 지식과 정보에 대한 통제

조직이 필요로 하는 정보나 지식의 흐름을 통제할 수 있는 구성원은 상당한 권력을 갖게 된다. 조직에서 중앙컴퓨터시스템 등의 정보관리부서가 갖는 권력이 이러한 예이다. 몇 년 전 부실은행 퇴출과 합병과정에서 퇴출은행의 전산요원들이 업무를 거부하면서 통합상에 많은 어려움이 야기되었던 것에서 이러한 예를 볼 수 있다.

(6) 경계부분에 대한 통제

경계는 조직내 상이한 요소들이 서로 교차하는 부분으로서 상이한 직무집단이나 부서들간에, 그리고 조직과 환경간에 설정된다. 이러한 경계부분의 교환과정을 조정하고 통제하는 집단은 조직내에 상당한 권력을 갖게 된다. 왜냐하면 조직의 경계부문에서 교환과정을 선별적으로 여과통과시킴으로써 경계부문을 교차하는 조직활동을 통제할 수 있기 때문이다. 대통령의 비서진이나 보좌관은 대통령에의 접근경로를 독점적으로 관리 · 통제하는 능력으로부터 비슷한 서열의 다른 직위보다 훨씬 실질적인 권력을 행사한다. 경계부분에서의 게이트키퍼로 조직내 중요한 자원이나 활동의 분배를 선별적으로 통과시켜 그들의 권력을 증대시킬 수 있는 것이다.

(7) 불확실성에 대한 대처능력

조직은 상호의존체계이기 때문에 조직내 한 부분에서 야기되는 불확실성은 조직 전체에 영향을 미치게 된다. 조직의 일상적인 운영에 영향을 미치는 불확실성에 대한 효과적인 대처능력은 권력의 원천이 된다.

(8) 기술에 대한 통제

조직은 투입물을 산출물로 전환시키는 과정에서 특정기술에 의존하게 된다. 예를 들어 공장의 조립라인, 자본집약적 시설들의 기술이다. 이러한 기술은 기본적으로 전체조직생산의 효율성을 위한 도구이지만, 동시에 그러한 기술을 수행하는 사람에게는 권력의 원천으로 될 수 있다. 현대산업에서의 노동자의 위력은 바로 이러한 대량생산체제의 꽉 짜여진 상호의존적 기술체계의 핵심부문을 수행하는데서 비롯되는 것이다. 역설적인 것은 노동자들의 직무를 통제하고 지시하기 위해 고안된 생산기술이 오히려 노동자들에 의해 권력의 수단으로 사용된다는 점이다.

(9) 대인관계와 연합, 네트워크, 기타 비공식적 조직에 대한 통제

공식적이든 비공식적이든 조직의 여러 종류의 네트워크에서 어떤 사람들은 주변적인 역할에 그치는 데 비해, 어떤 사람들은 적극적이고 중심적인 역할을 한다. 조직내 또는 조직간의 다양한 동맹이나 연합의 상호의존적인 양상에 따라 어떤 사람들은 더 많이 기여하게 되고, 따라서 조직내에서 더 많은 권력을 확보할 수 있게 된다. 특히 정당조직 같은 경우 흔히 이러한 인맥에 대한 관리능력이 권력의 중요한 원천으로 작용하는 것을 볼 수 있다. 더군다나 인맥은 확대재생산되는 경향이 있어서 주위로부터 소위 실세라는 평판을 얻게 되면, 이 쪽에서 적극적으로 영향력을 행사하지 않더라도 제발로 사람들이 모여들어 인맥이 더욱 확대되게 된다. 예를 들어 한보사건에서 특정인물의 이름이 그렇게 불거져 나왔던 것도 바로 이러한 인맥을 통한 권력의 대표적인 예이다. 공식적으로는 아무런 직위도 없지만 주변에 사람이 모여들게 되고, '아무개사단' 식의 인맥이 만들어지는 것이다.

(10) 조직의 구조

조직구조는 구성원들의 역할과 영향력을 규정한다는 점에서 그 자체가 중요한 권력의 원천이다. 대부분의 조직구조가 경직되고 활력성을 결여하는 것은 이 점과 관련이 있다. 조직구조 자체가 권력의 원천이기 때문에 조직설계와 재설계의 과정에는 많은 긴장과 갈등이 따른다. 무엇보다도 기존의 조직구조에 권력기반을 갖고 있는 기득세력이 그들의 권력을 그대로 유지시키기 위해 기존의 구조에 결사적으로 매달리기 때문이다. 마찬가지로 많은 사람들이 낡고 구태의연한 직무구조와 조직설계에 매달리는 경향이 나타나는데, 이것은 그들의 조직내 권력과 지위가 기존의 질서에 연계되어 있기 때문이다. 결과적으로 사람들은 그들 자신의 권력원천을 약화시킬 우려가 있는 구조변화에 크게 저항한다. 예를 들어 정부조직개편안 같은 것은 정권출범 때마다 매번 등장하는 개혁의 단골메뉴이지만, 역대 어느 정권도 이렇다 할 성공을 거두지 못했다. 부처간의 엄청난 갈등과 세겨루기로 번지다가 결국은 흐지부지되곤 하는 것이다. 이렇게 될 수밖에 없는 이유는 무엇보다도 조직구조 그 자체가 기득세력의 중요한 권력의 원천으로서 이것을 바꾸기 위해서는 기득세력의 엄청난 저항을 이겨내야 하는 부담이 따르기 때문이다.

이상에 열거된 권력의 원천 외에도 성이나 기타 상징이나 의미의 규정과 통제 등이 조직에서 권력의 원천으로 될 수 있다. 이상에서 살펴본 권력의 공식적 · 비공식적 원천에 토대하여 조직에는 다양한 지배적인 연합들이 출현한다. 조직상부층과 같이 조직내 공식적인 위계구조(권위)에 토대한 지배적인 연합이 일반적이지만 반드시 이러한 공식적 지위를 갖는 집단들만이 조직에서 지배적인 연합이 되는 것은 아니다. 조직의 어느 집단이든 조직이 당면한 핵심적인 문제상황의 해결이나 희소자원의 확보에 매우 중요한 위치에 있다거나, 기타 다양한 권력의 원천을 기반으로 하여 조직에서 지배적인 집단으로 부상하게 된다.

조직내 권력의 이런저런의 다양한 원천들을 고려한다면, 권력에의 접근경로가 폭넓게 다양한 만큼 조직 전체로 보게 되면 권력관계에 어느 정도 균형이 있게 된다. 이런 이유로 대부분의 조직에서 구성원들 가운데 어느 누구도 자신이 어떤 실질적인 권력을 가지고 있다는 것을 인정하려 들지 않는 경향이 있다(Morgan, 1986 : 257).

5. 조직의 통제: 시장, 관료제, 클랜

조직에서 통제는 개인적으로 다양한 관심이나 목적을 갖는 구성원들로부터 조직활동에의 최대한의 협력을 확보하기 위한 것이다. 오우치(William Ouchi, 1980)는 조직에서의 통제방식을 다음 세 가지로 구분하였다. 즉, 시장에 의한 통제, 관료적 규정에 의한 통제, 그리고 클랜에 의한 통제이다(Hatch, 1997:337-341: Daft, 223-226).

1) 시 장

시장에 의한 통제(market control)는 부서나 구성원들간의 경쟁관계에 토대한 통제방식이다. 시장에 의한 통제에서 부서나 구성원들의 활동은 결과와 산출에 의해 평가된다. 시장에 의한 통제는 조직에서 내부경쟁관계를 구축하는 방식으로 이루어지는데 대표적인 것이 부서별 독립채산제이다. 최근 확산되고 있는 능력별 연봉제나 성과급제도 시장의 경쟁논리를 조직통제에 활용한 예이다. 또한 아웃소싱이나 네트워크조직도 조직내 위계관계를 시장의 거래관계로 전환시키는 시장통제의 한 방식이다. 시장에 의한 통제는 결과에 토대한 통제이기 때문에 부서나 구성원들의 조직산출물이 분명하게 정의되고, 결과에 대한 객관적인 평가가 가능할 때 효과적이다.

2) 관 료 제

관료적 통제(bureaucratic control)는 공식적인 규정이나 절차 등에 의거하여 이루어지는 통제방식이다. 관료적 통제의 핵심은 구성원들의 행위양식의 표준화로서, 통제의 많은 부분이 구성원들의 행동이 정해진 규정이나 절차에 따르는가에 대한 감독활동으로 구성된다. 관료적 통제에서는 위계구조상의 감독과 지시관계가 분명하여 상급자에 의한 하급자의 감독이 철저히 이루어진다. 이러한 관료적 통제는 조직에서의 표준화된 업무수행방식과 절차가 분명하게 명문화되어 있는 경우에 효과적이다. 그러나 하급자의 활동이 상급자에 의해 계속 감독되고 모니터되기 때문에 하급자의 업무동기나 사기가 떨어지는 문제가 있다. 또한 조직환경이 복잡하고 역동적이어서 불확실성이 높은 상황에서는 관료적 통제는 적합하지 않다. 왜냐하면 관련지식이 불완전하고 불확실하기 때문에 업무절차의 표준화가 어려울 뿐 아니라 하급자의 업무수행에 대한 상급자의 감독도 쉽지 않기 때문이다.

예를 들어 신기술의 개발을 담당하는 연구원의 업무를 표준화된 과정이나 절차로써 규정하고 감독하는 것은 거의 불가능한 것이다. 이 경우 과제의 모호성과 불확실성이 높기 때문에 결과에 대한 객관적인 평가가 어려울 뿐 아니라 과제 수행과정에서도 표준화된 절차나 방식을 마련하기가 어려운 상황이다. 따라서 시장에 의한 통제도 관료제적 통제도 이루어지기 어렵다. 이와 같이 결과나 산출물에 대한 평가가 어렵고 업무과정에서의 표준화도 쉽지 않은 경우 통제는 클랜에 의해 이루어진다.

3) 클 랜

클랜에 의한 통제(clan control)는 문화적인 가치나 규범, 사회적 기대에 토대한 통제로서, 여기에서는 구성원들의 조직규범이나 가치에의 철저한 내면화와 신뢰가 핵심적이다. 클랜에 의한 통제는 관료적 통제와 같이 조직의 공식적 규정이나 절차, 상급자의 감독체제에 의한 외부로부터의 통제가 아닌 기본적으로 구성원 개개인의 조직목표와 활동에의 상당한 개인적 헌신과 자기통제를 요구하는 내적 통제이다. 이러한 클랜에 의한 통제는 일반적으로 전문가조직에서 나타나는데, 전문가조직은 비교적 전문가 개개인의 자신의 업무에 대한 자율적인 책임, 일에 대한 자존심과 전문성에 기반하여 조직활동이 수행되기 때문이다. 일반 기업에서는 기술개발부서와 같이 과제수행과정이나 성과가 불확실한 부서에서 클랜에 의한 통제가 나타난다. 현대조직에서는 클랜에 의한 통제방식이 확산되고 있는 추세인데, 이것은 조직구조의 분권화, 팀단위의 수평조직의 확산, 네트워크구조 등이 점점 더 일반화가 되고 있기 때문이다.

시장, 관료제, 클랜의 통제방식은 각각의 필요로 하는 조직내 사회문화 시스템이나 정보시스템의 수준에서 차이가 있다. 클랜에 의한 통제는 상당히 발달된 조직문화와 같은 사회적 시스템에의 의존성이 큰 데 비해, 시장에 의한 통제는 사회적 시스템에의 의존성이 매우 낮으며, 관료적 통제는 그 중간에 위치한다. 정보시스템에서는 이

[도표 9-2] **행동과 산출의 측정조건**

산출의 측정 가능성 \ 전환과정의 지식	완전	불완전
높음	행동이나 산출의 통제	산출통제
낮음	행동통제	클랜통제

자료 : Hatch, 1997 : 340.

[도표 9-3] 시장, 관료제, 클랜 통제의 특성

통제유형	기 제	전 제	형 태	예	중 점
시 장	가 격 이 윤	경 쟁 경제적 교환	산출통제	산 출 계 획 예 산	결 과
관료제	규 정 감 독	정당한 권위 위계구조	행동통제	감 사 지 시 감 독	행 위
클 랜	헌 신 사회화	전 통 신 뢰	의례적 · 상징적 통 제	훈 련 주 입 보 증	가 치 태 도

자료 : Ouchi, 1980, Hatch, 1997 : 337에서 재인용.

와 반대의 관계가 나타나는데, 시장에 의한 통제는 결과와 산출물에 대한 객관적인 평가가 이루어져야 하기 때문에 상당히 발달된 정보시스템을 필요로 하는 반면, 클랜에 의한 통제는 이와 같은 것을 비교적 덜 요구하는 것이다.

그러나 어느 조직에든 한 가지 통제 방식만 있는 것이 아니라 이 세 가지 통제방식이 모두 있다. 다만 이 세 가지 방식 중 어느 것이 더 지배적인가는 조직에 따라 차이가 있다. 일반적으로 조직의 규모가 클수록 관료제적 통제가 지배적이고 조직규모가 작을수록 클랜에 의한 통제방식이 지배적인 경향이 있다. 또한 비교적 안정적이고 표준화된 환경이나 기술을 특징으로 하는 조직에서는 관료제적 통제가 지배적인 반면, 불확실한 환경이나 비일상적인 기술을 특징으로 하는 조직에서는 클랜에 의한 통제가 일반적이다.

6. 권한부여

전통적으로 대규모 조직은 위계구조에 따라 조직상부에 권력이 집중되는 것이 일반적이었다. 그러나 오늘날 이러한 모습은 많이 변화하고 있다. 현대 조직에서는 하위구성원에게도 점점 더 권한과 통제가 부여되는 권한부여(empowerment)의 추세가 늘고 있다. 구성원들이 과제 수행과정에서 누리는 재량이나 자율적인 권한이 커지고 있는 것이다. 권력의 분산과 공유가 이루어지면서 조직구조는 점점 더 유기적 형태로 변화하고 있으며, 자기지시적 팀, 참여지향적 조직문화도 확산되고 있다.

이러한 하위구성원에의 권한부여는 조직의 성과와 경쟁력확보에도 긍정적인 영향을 미친다. 우선 권한부여를 하게 되면 특정과제의 수행에 가장 적임자라고 할 수 있는 일선업무자가 상급자의 간섭 없이 자율적으로 최선을 다 할 수 있기 때문이다. 또한 권한부여는 구성원의 업무동기를 자극하여 업무수행에도 긍정적으로 작용하여 조직전체의 경쟁력에 기여하게 된다. 여전히 조직의 상위관리자는 하급자에게 권한을 위임하게 되면 자신의 권력이 약화될 것으로 우려하여 전문적인 지식이나 기술이 부족한 경우에도 관련사안에 대하여 무리하게 권한을 행사하는 경향이 있다. 그러나 권한부여에 의한 하급자의 업무능력의 향상은 조직의 성과를 높이고 궁극적으로 상위관리자의 권력에도 긍정적인 영향을 미치는 것으로 조사되고 있다.

그러나 조직에서 하위구성원에게의 권한부여가 쉽게 이루어지는 것은 아니다. 한편으로는 상급자가 하급자에게로의 권한의 위임을 자신의 권위에 위협적인 것으로 인식하기 때문이기도 하지만, 다른 한편으로는 하급자에게도 원인이 있다. 하급자들은 좀더 많은 권한을 위임받아 업무수행상의 자율성를 누리는 것은 반기지만, 동시에 이러한 자유에 수반되는 책임이라는 부분에 부담을 느껴 오히려 지나친 권한을 갖는 것을 꺼리는 경향도 있기 때문이다. 따라서 조직에서 권한부여가 가장 쉽게 이루어지는 경우는 이러한 것이 조직 전체의 권력관계에 미치는 영향이 미미한 경우들에 제한되는 경향이 있다(Daft, 1998: 277-280).

7. 권력・억압

조직에 다양한 권력원천이 있고, 구성들간에 이러한 권력을 둘러싼 경쟁의 만연은 조직을 기능적으로 통합된 체계로 보는 사고가 조직의 실제 모습과 상당한 거리가 있음을 시사하는 것이다. 지금까지 많은 조직에 대한 연구는 기계장치나 유기체처럼 조직이 그 생존을 위해 부분과 전체를 엮어 주는 하나의 통합된 체계라는 가정에 기초해 왔다. 그러나 조직에 내재한 다양한 이해관계와 역학관계를 갖는 집단으로부터 비롯되는 분열적인 긴장과 갈등요소는 이와 같은 가정과는 다른 조직현실로 인도한다. 즉 긴장과 갈등으로 인해 조직의 구성원들과 단위부서들의 전체조직의 공동목표를 위한 통합과 몰입의 정도는 극히 유동적인 것이다.

초기 조직연구에서 권력이라는 문제를 가장 문제성 있게 접근한 이론가는 미헬스(Robert Michels, 1949)로 그는 대단위 관료조직에서 만연하는 권력의 독점 · 영속성이라는 문제에 주목하였다. 그가 주장하는 "과두제의 철칙"은 대단위조직에서 나타나는 조직지도부의 정보독점, 영향력과 위신을 통한 권력의 자기영속화의 독재적 경향을 말한다. 노동조합이나 정당과 같이 구성원들의 민주적인 의사대변을 주요 명분으로 내세우는 조직이라 하더라도 조직이 대단위화하면서 권력이 조직최상부의 소수에 의해 독점되게 되는 것이다. 여기에서 주목할 점은 이러한 현상이 비단 지도부의 개인적인 권력욕에 의해서만 초래된다기보다는 조직의 메커니즘 자체에 그러한 경향이 내장되어 있다는 사실이다. 한편으로는 대단위조직의 일상적인 운영과정에서 나타나는 상부로의 정보집중, 그리고 다른 한편으로는 일반구성원의 무력감과 무관심으로 조직내 중요한 정보와 권력이 위로 집중되고, 지도부가 이렇게 집중된 권력을 보다 공고화시키고자 하면서 권력집중이 심화되게 되는 것이다. 결과적으로 대단위 관료조직에서 권력은 소수의 상부지도부에 의해 독점되고, 이것이 영속화되는 과두제가 고착되게 된다.

많은 조직에서 조직활동이나 의사결정의 권한이 한 개인이나 소수집단에 의해 독점되게 되는 것을 보게 된다. 우리 사회에서도 자주 제기되는 각 정당의 밀실정치 등 비민주적 행태에서 이러한 일면을 엿볼 수 있다. 대외적으로 민주주의를 내세우고, 이를 위해 투쟁한다는 정당이 내부적으로는 보스나 계보에 의한 일인 내지는 소수지도부에 권력이 집중되는 비민주적 경향이 흔히 있는 것이다.

조직내에서 권력관계에 대한 사고는 주로 조직에서의 공동목표를 달성하는 데 요구되는 조정이라는 측면에서 이해되어 왔다. 그러나 조직에서의 권력관계는 단순히 다양한 활동의 조정이라는 논리가 아닌 권력 그 자체의 유지와 투쟁관계로 만연되어 있는 현상으로 보다 적절히 이해될 수 있다는 인식이 확산되고 있다. 또한 지금까지 권력은 주로 조직에서 무엇을 할 수 있는가를 규정하는 힘으로 간주되었다. 그러나 권력은 무엇을 할 수 없는가를 규정하기도 한다. 즉 권력은 조직에서의 특정의 이해관계를 관철시키는 힘으로 작용하는 동시에 특정의 이해관계를 일방적으로 침묵시키는 힘으로도 작용하는 것이다(Hatch, 1997 : 290-291). 최근 들어 조직권력관계의 이면에 권력의 힘으로 억압되고 무시되어 온 측면에 대한 관심이 크게 증대하고 있다. 최근 출현하고 있는 조직에 대한 포스트모더니즘적 시각에서는 조직을 구성하는 요소들의 다양성을 강조한다. 이러한 시각에서 보게 되면 조직내의 합의나 통합의 이면에는 다양성의 억압이 존재한다. 특정의 합의된 통합성이 지배한다는 것은 지배의 통합논리가 조직내의 다양성 · 분열을 억누르며 일방적으로 관철된 것이라는 인식이다.

사례 1

대기업 최고층에서의 재무관리층의 부상

조직권력에 대한 이해는 1980년대 미국의 100대 기업에서 재무관리인사들의 조직내 권력층에의 부상에 대한 이해에 도움이 된다. 대기업 최고관리자들의 배경에 대한 연구들에 의하면 20세기 초엽에는 주로 생산직이나 창업자들이 최고위층에 올랐었다. 1930년대 후반에서 1950년대 후반까지의 시기에는 판매와 마케팅 배경의 사람들이 이러한 위치를 점하였다. 1960년대에서 1980년대 까지의 시기에는 점점 더 재무관리 배경의 사람들이 최고층에 오르는 경우가 늘었다.

왜 이러한 결과가 나타나는가? 최고관리층의 배경에서 보여지는 이러한 변화는 본질적으로 조직의 전략과 구조의 변화, 그리고 2차대전 후 제품관련 여부와 관계없이 합병의 증가를 가져온 반트러스트 법안에서의 변화와 관계 있다. 이러한 변화들은 기업내 하위단위들의 권력관계에 변화를 가져 왔는데, 조직이 당면한 불확실성이나 문제상황을 가장 성공적으로 대처할 수 있었던 하위단위들에서 새로운 리더층이 출현하였던 것이다.

앞에서 보았듯이 20세기 초반은 기업들이 주로 창업자집단에 의해 설립되었으며 이런 것은 생산에서 주로 주도되었다. 이것은 당시 기업들이 취했던 생산 중심의 단일 품목 전략을 반영한다. 2차대전 후에는 대기업들이 다각화전략을 취하면서 사업부제 구조가 주류를 이루었다. 이러한 변화는 판매와 마케팅전문가에게 상당한 프리미엄을 부여했으며 이러한 배경의 사람들이 기업의 최상부에 오를 수 있는 기회가 크게 증가하였다.

1950년대 후반 대기업의 하위단위들의 권력관계에 변화를 야기시킨 새로운 전략이 나타났다. 이것은 서로 무관한 분야에서 독립적으로 운영되는 여러 기업들의 집합인 기업집단의 출현이다. 텍스트론, LVT, ITT. 리튼산업 같은 것은 실제로는 10여 개 이상의 기업들을 거느리는 기업집단들이다. 기업집단의 출현과 함께 대규모 합병에 대한 미연방정부의 입장이 좀더 긍정적인 방향으로 전환하였다는 것도 중요하다. 결과적으로 기업들은 시장점유율의 확대를 통한 성장이라는 기존의 전략에서 여러 다른 제품생산라인의 획득을 통한 성장전략으로 전환하였다. 이러한 기업집단과 합병의 증가로 기업들은 생산하고 판매하는 제품의 종류 자체에는 덜 비중을 두게 되었다. 대신 기업획득을 통한 급속한 성장과 단기이익의 극대화가 강조되었다. 이와 같이 대기업들이 이질적인 사업들에 투자를 하고 급속한 성장을 추구하면서 투자결정이나 사업단위의 성과를 평가할 수 있는 유일한 기준은 재무였다. 따라서 재무관리 배경의 사람들이 조직의 최상부에 오르는 기회가 커지게 된 것이다.

자료 : Stephen Robbins, 1990 : 258-259.

사례 2

관련 부처는 동상이몽

미국발 국제 금융위기를 계기로 금융관련 정책기능이 기획재정부와 금융위원회, 한국은행 및 금융감독원 등으로 4분돼 있는 국내 금융감독체계의 개편에 대한 논의가 정치권을 중심으로 급부상하고 있다. 금융위기에 대한 대응시스템이 이번에 여실히 문제를 드러냈다는 지적 때문이다. 정치권이 감독체계 개편의 공론화에 나서면서 어떤 방식이든 수술이 불가피할 것으로 보이지만 재정부와 금융위, 금감원 등의 이해관계가 극명하게 엇갈려 진통이 예상된다.

감독체계 개편론이 제기되는 것은 '9월 위기설' 과 미국발 금융위기가 국내 금융시장을 강타했을 때 위기관리 시스템이 제대로 작동하지 않았다는 평가를 받은 것이 배경이다. 국내 금융정책은 금융위가, 국제금융과 환율정책은 재정부가, 금융시장 감독은 금감원이 맡고 있고 이를 총괄하는 컨트롤 타워가 없는 실정이다. 또 한국은행도 독자적인 통화정책을 수행하고 있지만 이들 부처 · 기관과의 정보 공유는 충분치 못한 상황이다.

이에 따라 국경이 없는 글로벌 금융위기 상황에서 해당 부처와 기관이 달라 정책 공조에 한계를 보였고 신속한 대응이 이뤄지지 못했다는 지적이다. 정부가 금융정책과 감독의 효율성을 높이겠다는 명분으로 옛 재정경제부의 금융정책국을 금융위에 넘기면서 국제금융국은 그대로 남겨두고, 금융위와 금감원의 수장을 분리한 정부조직 개편의 문제점이 불거진 것이다.

하지만 개편 방향에 대해 관련 부처와 해당 상임위 간에 의견이 크게 엇갈린다. 금융위가 옛날 경제기획원－재무부 체제에서 세제 · 국고 · 국제 · 국내 금융을 맡았던 옛 재무부의 부활을 바라는 반면 재정부는 옛 재경부 또는 재경원의 부활을 꿈꾸고 있다. 재정부는 공식적으로는 "부처 간에 긴밀히 협조해서 해결할 문제지 부처 개편으로 해결할 사안은 아니다"라고 주장한다. 하지만 조정이 불가피하다면 국제금융을 금융위에 넘겨주는 게 아니라, 금융위의 국내금융까지 가져와야 한다는 입장이다. 국회 기획재정위와 정무위도 각각 담당 부처 입장을 두둔하는 모습이다.

현재 금융위-금융감독원으로 이원화된 금융감독 기능과 관련해서도 주장이 제각각이다. 금융위의 금융감독 기능과 금감원을 합쳐 정부조직 하나로 금융감독청을 만들자는 안이 있는가 하면 반대로 "정부조직화되면 정부 정책에 금융감독이 종속되게 되는 등 감독의 독립성을 유지할 수가 없다"는 반대도 있다.

말은 무성하지만 이해관계가 모두 다른데다 딱히 총대를 메고 나설 주체도 없어, 조직개편이 조만간 힘있게 추진되기는 힘들 것으로 보인다. 그러나 개편론이 급물살을 탈 경우 부처 및 기관 간 밥그릇 싸움이 재연될 가능성이 높다.

자료 : 한겨레, 2008. 11. 15; 아시아투데이, 2008. 11. 12

제10장
조직의사전달

조직에서 의사전달은 조직구성원들이나 집단들간의 정보의 교환과 의미를 매개하는 과정이다. 대부분의 조직활동은 정보의 교환이 없이는 실행이 불가능하기 때문에 의사전달은 필수적이다. 권력, 리더십과 의사결정 등의 조직의 주요 활동은 의사전달과정에 의존하며, 의사전달은 조직현상을 이해하는 데 핵심적이다. 캇츠와 칸(Daniel Katz and Robert Khan, 1966)은 의사전달을 사회체계나 조직의 본질이라고 보았다. 조직구조의 중요한 측면은 조직내 의사전달과 조정이 이루어지는 틀의 제공이다. 수직적 연결로써 조직의 최상부로부터 최하위까지의 의사전달과 활동이 조정되며, 수평적 연결로써 각 부서간의 활동이나 기능이 조정되는 것이다.

1. 의사전달의 기능

조직활동의 효과적인 수행에 있어서 의사전달은 필수적이다. 조직내에서 의사전달은 다음의 기능을 수행한다(최창현 외, 1996 : 320-321 ; 윤재풍, 1986 : 348-349).

첫째, 조정의 기능이다. 의사전달은 구성원의 행동을 조정하는 기능을 한다. 조직에는 구성원들이 따라야 하는 권한관계와 공식적인 지침이 있다. 이러한 것들은 의사전달을 통해 구성원들에게 전달되며, 구성원들의 행동을 조정하게 된다.

둘째, 조직구성원의 동기유발이다. 의사전달은 구성원들이 해야 할 일이 무엇이며, 자신이 일을 잘 수행하고 있는지를 알게 해 주며, 자신의 직무성과를 개선하기 위해서는 어떻게 해야 하는지를 알게 해 준다. 각 구성원들이 해야 하는 구체적 목표를 설정해 주고, 진행상황에 대한 피드백을 제공해줌으로써 바람직한 행동을 강화시켜 동기부여를 하는 것이다.

셋째, 구성원의 사회적 욕구의 충족이다. 조직구성원들은 의사전달을 통해 자신의 감정을 표출하고, 다른 사람과의 교류를 넓혀 나가며, 조직생활에서의 사회적 욕구를 충족시킨다.

넷째, 정보전달의 기능이다. 의사전달은 개인과 집단에 정보를 전달함으로써 의사결정에 촉매역할을 한다. 즉 의사전달은 가치 있는 여러 대안에 대한 필요한 정보를 제공해 줌으로써 원활한 의사결정이 이루어지도록 한다.

다섯째, 조직의 유지이다. 조직의 구성원이나 집단들간의 상호작용과 협동을 가능하게 함으로써 조직을 유지하는 데 기여한다.

2. 의사전달의 종류

조직에는 공식적 · 비공식적 의사전달이 종횡으로 연결되어 있다. 조직에 따라 이 두 종류의 의사전달이 전체 의사전달에서 차지하는 비중은 달라진다.

1) 공식적 의사전달

공식적 의사전달은 조직내 공식적인 경로에 따라 이루어지는 의사전달이다. 조직이 공식적 구조를 두는 것은 조직 내 의사전달이 특정경로를 따라 이루어지도록 하기 위한 것이다. 따라서 조직의 실제 구조가 공식적인 구조와 크게 다른 경우, 의사전달이 공식적 경로를 따라 이루어지고 있지 않다는 것을 의미한다. 공식적 의사전달에는 수직적 의사전달과 수평적 의사전달이 있으며, 수직적 의사전달은 다시 하향적 의사전달과 상향적 의사전달로 나뉜다. 이외 대각적 의사전달은 부서와 계층을 달리하는 부서나 구성원간의 의사전달로서 대표적인 것으로 라인과 스탭간의 의사전달이다(Hall, 1982 : 259-260 ; 윤재풍, 1986 : 355-358).

(1) 수직적 의사전달

수직적 의사전달에는 하향적 의사전달과 상향적 의사전달이 있다. 하향적 의사전달은 주로 명령계통에 따른 지시의 형태로 이루어진다. 상급자가 하급자에게 업무를 지시하고, 업무실행에 필요한 지침이나 정보를 제공하고, 조직의 방향과 목표를 주지시키는 등의 내용이다. 상향적 의사전달은 하급자가 상급자에게 보고 · 결제하는 형식으로 이루어진다. 이러한 상향적 의사전달로써 조직일선에서 이루어지는 구체적인 활동들에 대한 정보가 조직상부에 전달된다. 조직의 공식적 의사전달에서는 비록 하달되는 것이 없을지라도 반드시 상달되어야 한다는 특징이 있다.

하향적 의사전달이 보다 상세하고 구체적인 것인 반면, 상향적 의사전달은 압축되고 요약적이다. 정보의 중요한 면만이 조직상부에 전달되는 것이다. 따라서 여과 및 편집과정은 상향적 의사전달에서 핵심적인 부분이다. 중간관리층의 핵심기능은 이러한 정보의 여과와 편집기능이다. 정보의 여과과정에서 삭제되는 기준은 여러 가지가 있을 수 있으며, 그 중에는 합리성이나 효율성에 의한 삭제도 있으나 그렇지 못한 개인적인 요인도 작용한다.

일반적으로 수직적 의사전달은 조직구조의 특성, 특히 위계구조화의 차이에 따라 크게 달라진다. 계층수가 많은 수직적 구조에서는 단계를 거치면서 의사전달의 시간이 다소 지연되는 문제가 있다. 이에 비해 계층수가 적은 수평적 구조에서는 모든 사람들이 상급자에게 동일하게 접근할 수 있는 이점을 지닌다. 그러나 여과되지 않은 산만한 정보가 그대로 조직상부에 전달되거나, 또는 구성원들간의 갈등해소와 조정이 어렵다는 문제가 있다.

(2) 수평적 의사전달

수평적 의사전달은 동일위계상의 부서내 또는 부서들간의 의사전달이다. 수평적 의사전달은 부서간 업무조정 · 정보공유 · 이견해소 등의 의사전달로서 부서내의 또는 부서간의 활동의 조정이나 협력을 촉진시킨다. 그러나 조직의 부서들간의 수평적 의사전달은 흔히 갈등의 소지를 갖게 된다. 왜냐하면 부서간 수평적 의사전달과정에서 각 부서는 상황에 대한 자신의 시각이 옳다고 주장하는 경향이 크기 때문이다. 수평적 의사전달의 방식은 위계수준에 따라 달라지는데, 상위계층의 의사전달은 주로 회의형식으로 이루어지는 데 비해, 하위계층의 의사전달은 개별적인 접촉의 형태로 이루어지는 경우가 많다.

일반적으로 개인들간의 상호작용에서는 잘못을 분석하고 상호작용을 통해서 의견수렴이 이루어진다. 그러나 이러한 것이 공식적인 의사전달과정에서는 상대적으로 잘 안 되는 경향이 있다.

2) 비공식적 의사전달

비공식적 의사전달은 지위나 직종을 넘어서서 정서적 친화관계 · 학연 · 지연 · 입사동기 등 구성원들간의 개인적 접촉이나 요인에 의해 자생적으로 형성되는 의사전달이다. 비공식적 의사전달은 주로 수평적으로 이루어지지만, 계층을 건너 뛰어 이루어지기도 한다. 이러한 의사전달은 특정의 공식적 경로를 따르는 것이 아니라, 주로 포도넝쿨이 퍼져나가는 모양으로 의사전달이 이루어지는 포도넝쿨(grape-vine) 형태를 취한다.

비공식적 의사전달은 흔히 공식적 의사전달을 보완하는 기능을 한다. 즉 공식적 의사전달에서 누락된 정보들을 수정하고 보완하여 의사전달의 효율성을 높이고, 조직 전반의 의사전달을 원활하게 하는 것이다. 또한 공식적인 의사전달에서 누적되기 쉬운 하위구성원들의 스트레스도 해소해 주는 기능도 있다. 그러나 비공식적 의사전달은 오류에 대한 책임소재가 불분명하기 때문에 왜곡된 정보를 유통시키기도 하고, 때로는 공식적 의사전달을 교란시키는 문제가 있을 수 있다. 또한 동일계층상의 동료들간에 이루어지는 의사전달은 공동의 이해관계에 근거하는 경향이 있고 집단의 연대감을 형성하기 때문에, 쉽게 집단적 반응을 유발하기도 한다. 특히 의사전달과정에서의 집단적 인지는 집단적 왜곡의 한 요인이 되기도 하는데, 원래의 의도와는 전혀 다르게 내용이 인지되게 되는 경우이다. 예를 들어 기구개편의 가능성과 같은 비교적 단순한 공지내용이 비공식적 의사전달과정에서 대대적인 정리해고가 있을 것이라는 식으로 와전되어 버리는 경우이다.

일반적으로 공식적이든 비공식적이든 조직에서의 의사전달은 상이한 계층상의 구성원들 사이보다는 동일계층상의 구성원들 사이에 활발하게 이루어지는 경향이 있다.

3. 의사전달망의 유형과 특성

1) 의사전달망의 유형

의사전달망은 구성원들간의 의사전달경로의 구조로서 조직내의 정보흐름의 형태를 보여 준다. 의사전달망의 대표적인 유형으로는 바퀴형 · 원형 · 개방형이 있다(오석홍, 1995, 504-506 ; 양창삼, 1993 : 583-586).

바 퀴 형 바퀴형은 둘레에 있는 사람들이 모두 중심의 사람과 의사전달하는 형태로서 집단에서의 정보 및 의사전달이 중심인물에 집중되는 유형이다. 바퀴형은 둘레에 있는 사람들간에는 상호간에 의사전달이 이루어지지 않아 기본적으로 위계적 · 수직적 의사전달체계이다. 중심인물이 모든 정보를 신속하게 종합할 수 있어 상황판단이나 문제해결이 비교적 신속하여, 특히 문제가 간단하고 일상적일 때 효과적이다. 그러나 복잡하고 어려운 문제상황에서는 중심인물의 정보처리부담이 가중되어 효율성이 떨어지고, 또한 일반적으로 구성원의 사기가 낮다는 문제가 있다. 바퀴형은 작업원들이 한 사람의 감독자에게 보고를 하게 되어 있는 공식적 작업집단에서 흔히 볼 수 있는 유형이다.

원 형 원형은 중심인물이나 리더가 없이 인접구성원들간의 의사전달이 활발하여 구성원이 정보를 고루 공유하는 유형이다. 구성원 각자가 아무런 서열없이 서로 대화할 수 있으며, 주로 수평적 의사전달이 이루어진다. 이러한 유형은 구성원들간의 서열이나 지위가 뚜렷하지 않은 자유방임적 조직에서 흔히 볼 수 있다. 위원회나 태스크포스조직이 이 유형의 특징을 보여 준다. 이런 조직에서는 공식적 리더나 의장이 있기는 하지만, 성원들의 상호작용은 분산되어 있다. 원형에서는 정보수집 및 전달, 상황파악, 문제해결은 다소 느린 편이지만, 구성원의 만족도는 비교적 높은 편이다.

개 방 형 개방형은 중심인물이 없이 정보교환이 완전히 자유롭게 이루어지는 유형이다. 구성원 모두가 상호간에 정보를 교환하므로 상황파악과 문제해결에 시간이 걸리기는 하지만, 상황판단의 정확성이 높고 구성원의 만족도가 높다. 이 유형은 복잡하고 난해한 문제, 창의성이 요구되는 상황에서 가장 효과적이다. 포도넝쿨형태로 이루어지는 비공식적 의사전달이 이러한 유형에 속한다.

바퀴형은 집권적인 기계적 조직에서 일반적이며, 원형이나 개방형은 분권화된 유기적 조직에서 일반적이다.

이들 유형 외에 다소 변형된 의사전달망의 유형으로 선형 · Y형이 있다.

선 형 선형 중에서도 수직선형은 종적 위계구조에 따라 정보가 단계적으로 최종중심인물에 집중되는 경우로 공식적인 명령계통에 따라 의사전달이 상하관계로만 흐르는 수직적 조직에서 볼 수 있다. 구성원의 서열이 뚜렷하고 상위의 중심인

[도표 10-1] 의사전달망의 유형

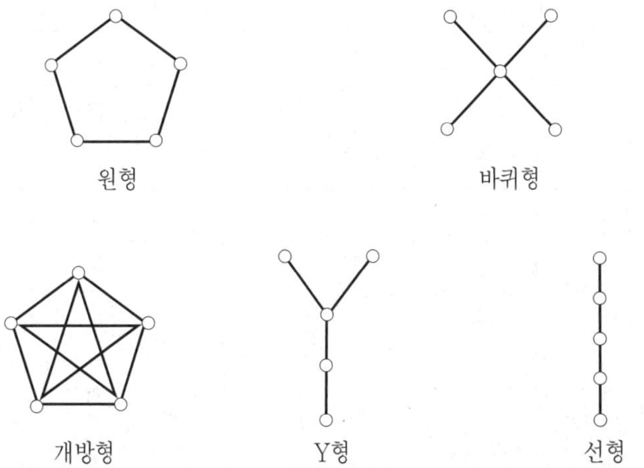

물이 모든 정보를 종합하고 문제를 해결한다. 업무의 신속성과 효율성이 비교적 높으나, 일반적으로 구성원 상호간에 피드백이 어려워 의사전달의 효과가 낮은 편이다.

Y 형 중심인물이 있으나 바퀴형만큼 그 지위가 확고한 것은 아니다. 대체로 중심세력집단의 리더가 의사전달의 중심역할을 맡으며, 주변집단이나 하위집단이 이에 연합하여 의사전달망을 형성한다. 기본적으로 바퀴형에 가까운 형태이다. 기업에서는 흔치 않으나 라인과 스탭이 혼합되어 있는 집단에서 볼 수 있다.

2) 의사전달망과 중심위치

의사전달망에서 어떤 위치는 다른 위치들보다 더 중심적인 위치를 차지한다. 중심적 위치는 의사전달망내의 다른 모든 위치와 가장 가까운 거리에 있어 다른 사람과 직접적으로 의사전달을 할 수 있다. 특정 위치에서 다른 모든 위치와 의사전달을 할 때 거쳐야 하는 연결점이 적을수록 해당 위치의 중심적 성격은 강해진다. 중심위치에 있는 사람은 다른 사람에 비해 높은 자율성을 누리며, 여러 사람과 직접 의사전달을 하고 여러 출처에서 정보를 얻을 수 있으므로 의사결정을 종합적이고 신속하게 할 수 있다.

중심위치의 사람의 직무만족도는 상대적으로 높으며, 자연히 집단의 리더로 부상하게 된다. 중심위치의 존재나 그 명확도는 의사전달망의 유형에 따라 달라지는데, 바퀴형에서 중심위치의 존재가 가장 분명하게 부각된다. 그러나 중심인물이 없는 경

[도표 10-2] 의사전달망유형의 특성

		바퀴형	원 형	개방형	Y 형
업무수행속도		빠 름	느 림	느 림	빠 름
집 권 화		높 음	낮 음	낮 음	중 간
문제해결 능력	단순과제	높 음	낮 음	낮 음	높 음
	복잡과제	낮 음	높 음	높 음	낮 음
리더의 출현		있 음	없 음	없 음	있 음
조직의 예		공 식 적 작업집단	위 원 회	자유방임조직	라인 · 스탭의 혼합조직

자료 : 양창삼, 1993 : 587에서 재구성.

우에도 집단내의 상호작용이 지속적으로 진행되게 되면, 의사전달망이 점차 단순화되어 가고 중심 위치가 부상하는 경향이 나타난다.

중심위치가 뚜렷하게 나타나는 의사전달망에서는 강력한 리더가 등장하고, 집단구조의 공식화나 안정화가 신속하게 이루어진다. 반면 정해진 리더나 중심이 없는 개방형이나 원형의 경우, 집단구조의 공식화와 안정화가 느리게 이루어진다. 그러나 원형이나 개방형이라도 의사전달이 지속적으로 진행되면서 점차 리더와 통제중심이 생겨나는 경향이 있는데, 그렇게 되면 의사전달망유형 자체가 달라지는 것이다(오석홍, 1985 : 506).

3) 의사전달망의 유형과 효율성

의사전달망의 각 유형에 따라 과제수행의 효율성, 의사전달의 정확성과 신속성, 집단성원의 만족도, 리더의 등장, 모호한 상황에 대처하는 능력, 집단구조의 형성에 미치는 영향 등에 차이가 있다(양창삼, 1993 : 586-589 ; 오석홍, 1985 : 507).

의사전달망의 각 유형의 효율성은 과제의 단순성과 복잡성에 따라 달라진다. 과제가 단순할 경우 신속성과 정확성이라는 면에서 가장 효율적인 유형은 의사전달의 연결점이 적고 중심적인 위치가 뚜렷한 의사전달망이다. 이 경우 바퀴형이 다른 형태에 비하여 중심위치가 뚜렷하고, 중심위치와 다른 위치간에 연결점이 적어 가장 효율적이다. 반대로 가장 비효율적인 것은 원형과 개방형이다. 특히 개방형의 경우 의사전달경로의 구성이 매우 복잡할 뿐 아니라 연결점도 많아 가장 비효율적이다.

그러나 과제가 복잡한 경우 바퀴형은 정보의 과다로 중심인물의 의사결정능력이 현저하게 떨어지는 문제가 있다. 이 경우 원형이나 개방형이 과제해결의 속도는 느리지만, 과제의 수행은 비교적 정확하다. 특히 예외적으로 발생하는 모호한 사태를 가장 빨리 극복할 수 있는 의사전달망은 개방형이나 원형인데, 구성원 전체가 서로 직접 정보를 교환할 수 있기 때문이다. 반면에 바퀴형은 모호한 사태를 극복하는 데 가장 비효율적이다.

구성원의 만족도에 있어서는 어떤 형에서든지 중심위치의 구성원이 가장 높으나, 일반적으로 구성원 모두의 만족도나 집단사기에 가장 바람직한 의사전달망은 개방형과 원형이며, 바퀴형의 경우 집단구성원의 만족도가 낮다.

4. 조직의사전달의 문제점과 해결방안

1) 의사전달의 장애

원활한 의사전달은 조직운영에 핵심적이다. 그러나 많은 조직에서 의사전달상의 여러 장애가 나타나고, 이에 따라 효과적인 조직활동이 어려운 경우가 발생한다. 조직의사전달의 장애에는 다양한 조직적인 요인과 개인적인 요인이 작용한다(양창삼, 1993 : 607 ; 윤재풍, 1986 : 350-361 ; 최창현 외, 1996 : 330-333).

사고기준의 차이 수신자의 가치기준이나 준거기준에 따라 동일 내용이 다르게 해석될 수 있다.

지위상의 차이 위계구조는 그 자체가 효율적인 의사전달을 도모하기 위한 장치이지만, 자유로운 의사전달의 어려움으로 인해 의사전달의 장애가 되기도 한다. 상급자와 하급자간의 지위차이로 인하여 하급자는 필요 이상의 조심을 하게 되고, 상급자의 비위를 거슬리거나 불쾌하게 하는 전달내용은 가급적 피하게 되는 정보의 지나친 여과현상이 나타난다. 또한 보고내용의 의미를 바꾸거나, 자신의 의견을 솔직하게 표명하지 못함으로써 의사전달의 왜곡이 발생한다. 특히 상급자의 오류에 대한 지적은 거의 발생하지 않는데, 하급자는 자신의 위치가 위태롭게 될까 봐 상사에게 명령이나 설명이 틀렸다고 지적하지 않고 넘어가는 경향이 있기 때문이다.

전달자의 의도적 제한 구성원들이 자신의 전문영역에 대해 지나치게 비밀주의와 전문적 편견으로 흐르는 경향이 나타나고, 조직내 의사전달이 원활하게 이루어지지 못하게 된다.

수신자의 자기방어 수신자의 자기방어는 자신에게 위협이 되는 메시지나 인지적 균형을 깨뜨리는 메시지에 대해 부정적으로 반응하는 경향이다. 이러한 자기방어로 자신이 믿는 것을 재확인시켜 주거나 믿는 것만을 받아들이려 하는 선택적 경청이 이루어지고 의사전달이 왜곡되게 된다.

전달자의 자기방어 전달자가 자기에게 불리하거나 곤란한 내용을 묵살하거나 수정해서 전하는 경우이다.

언어상의 장애 말의 의미나 내용이 사람에 따라 다르게 해석되는 문제이다.

시간상의 압박 수신자가 시간에 쫓겨 포함되어야 할 내용이나 사람을 누락시킴으로써 의사전달의 장애가 나타난다.

정보의 과다 또는 과소 정보가 적절하게 여과되지 못하거나 또는 지나치게 생략 · 삭제되어 나타나는 문제로 의사전달의 흐름에 장애를 초래한다.

2) 의사전달의 문제

의사전달상의 여러 장애로 인해 의사전달내용의 생략 · 왜곡, 그리고 과다와 같은 문제들이 야기된다(오석홍, 1985 : 514-516).

생 략 메시지 일부가 삭제되는 것이며, 수신자가 메시지의 전체내용을 다 파악할 수 없어서 그가 파악할 수 있는 것만을 수신하거나 발신하기 때문에 발생한다. 생략은 상향적 의사전달에서 흔히 나타나는데, 이는 많은 메시지가 하위구성원들에 의해 생산되기 때문이다. 생략은 단지 메시지의 중요한 부분만 전달하고 지엽적인 것을 줄임으로써 발생할 수도 있다. 그러나 특정의 의도로써 생략이 이루어지기도 한다. 예를 들어 상급자와 의사전달을 하는 과정에서 특정정보가 상급자에게 전달되어 전달자 자신이나 동료에게 해가 될 가능성이 있다면, 그 정보를 위로 전달하기를 꺼리게 된다. 즉 유리한 정보는 위로 전달되나 불리한 정보는 위계구조의 상하관계로 전달되기보다는 수평적으로만 흐르는 경향이 있다.

왜 곡 왜곡은 의사전달과정에서 메시지의 의미가 바뀌는 것이다. 메시지의 발신과 수신점이 다르기 때문에 의미는 의사전달의 맥락에 따라 크게 좌우된다. 의사전달의 다양한 연결점에서의 구성원들의 준거점이 개인적 요인에 따라 달라지기도 하지만, 더욱 중요하게는 조직내 위치에 따른 시각의 차이 때문에도 달라진다.

과 다 조직에 특수하게 나타나는 의사전달의 문제는 정보의 과다이다. 과다현상은 생략과 왜곡을 가져오고, 조직으로 하여금 기타의 대응과 조정장치를 강구해야 하는 필요를 야기한다.

조직에서의 의사전달과정이 원활하지 못하게 되면 전체조직운영에 심각한 문제를 야기할 수 있다. 무엇보다도 그때그때 순발력 있는 조직결정을 내리고 실행에 옮기는 것이 불가능해지는 것이다. 이러한 문제는 정치적 계산이 횡행하는 정부행정기관 같은 데서 특히 심하여 정부조직에서의 의사전달의 장애는 정책상의 매우 심각한 문제로 사회문제화되기도 한다. 주요 의사결정자주위로 인의 장막이 만들어지고, 정책결정의 최고위층에 국민여론 같은 것이 정확하게 전달되지 못하고, 정보가 중간에서 누락 · 왜곡되게 되는 것이다. 이러한 의사전달의 장애는 궁극적으로 중요 현안에 대한 정부의 대응을 왜곡시키는 중요한 요인으로 작용한다. 가까이 우리 사회에서도 IMF책임론에서 그 예를 볼 수 있다. 외환위기라는 국가의 절대절명한 사안을 두고 정부가 어떻게 그토록 늑장 대처하게 되었는가가 책임론의 핵심이었다. 외환위기의 가능성에 대하여 이미 1년여 전부터 예측되었고 연구기관이나 관련정부기관에서도 이러한 문제에 대한 공식적인 보고서가 나왔음에도 불구하고, 거의 국가부도라는 위기의 벼랑 끝에 몰려서야 최고결정자의 조치가 취해지고 있는 것이다. 여기에는 분명 조직의사전달과정에 정부관료조직의 층층이 걸친 위계구조와 다른 한편으로는 부처간의 의견분분으로 정보의 지연 · 생략 · 왜곡 등이 상당부분 요인으로 작용했을 것으로 추측된다.

3) 의사전달장애요인의 극복

일반적으로 완벽한 의사전달을 한다는 것은 어렵지만, 대다수 조직은 가능한 한 의사전달상의 장애를 제거하고 분명한 의사전달체계를 유지하기 위한 장치를 마련한다. 이 중에는 가외정보의 활용이나 중복보고가 흔히 활용된다. 즉 외부보고서와 같은 조직외부의 정보원의 이용이나 또는 보고부서와 개인들로 하여금 그들의 의사전달을 조정할 수 있도록 하는 것이다. 이러한 조정은 공모를 초래하여 왜곡을 더욱 조장할 수도 있으나 또 다른 감독장치를 이용하여 통제될 수 있다. 가외성 내지는 확인보고의 중복은 조직에서 서류나 기타 의사전달매체의 흐름을 증가시키기는 하지만, 보다 많은 사람들로 하여금 정보에 접할 수 있게 하여 의사전달상의 왜곡에 대한 교정장치로 기능하게 된다. 이외에도 대인관계의 개선, 분명한 용어의 사용, 신뢰성의 개선, 적절한 매체의 선택, 피드백장치의 보강, 정보과다의 관리 등이 장애요인의 극복방안들이다(오석홍, 1985 : 518-521).

5. 정보통신기술과 조직의사전달

오늘날 조직의사전달과 관련하여 가장 의미 있는 발전은 정보통신기술의 발달이다. 스코트와 미첼(Scott and Mitchell, 1972)은 조직내 의사전달(정보처리)을 의사전달 기술이 발달해 가는 정도에 따라 몇 단계로 구분하였다(오석홍, 1985 : 509).

수동적 처리단계 가장 초보적인 기술형태로서 조직이 다루어야 할 정보를 손으로 처리하는 것이다. 생산보고 · 판매보고 · 재고자료 등을 손으로 기록하여 작성하는 문서기술이 여기에 해당한다.

1차적 기계화단계 처리해야 할 정보가 증가하면서 의사전달의 기계화가 진행된다. 회계처리나 일반 사무처리에 필요한 단순한 기계들이 사용되는 단계이다.

2차적 기계화단계 조직이 처리해야 할 정보의 지속적인 증가로 기계화수준이 향상되고, 한층 발전된 사무전산프로그램이 활용되는 단계이다.

자동화단계 자동화단계는 자료처리의 전반적인 전산화가 이루어지는 단계이다. 특히 전산체제(EDPS)의 도입은 조직 내의 의사전달체제에 근본적인 변혁을 야기하고 있다. 전산체제는 대량정보의 신속한 처리를 가능하게 할 뿐 아니라, 정보의 저장과 인출을 용이하게 하며 의사전달의 질적 발달을 촉진한다. 자동화단계에서는 정보처리담당자의 증가가 둔화 내지 억제된다.

정보통신기술의 획기적인 발전은 기존의 조직의사전달의 도식을 크게 바꾸고 있다. 무엇보다도 컴퓨터통신체계의 확산으로 의사전달에서의 전통적인 단선적 경로를 순간적으로 압축시키는 것이 가능해지고 있는 것이다. 정보통신망이 확장되고 그 운영이 효율화되면서 사람들의 정보접근성이 획기적으로 증대되고 있다. 그룹웨어를 통해 조직에서 통용되는 모든 경험과 지식을 구성원 모두가 공유할 수 있게 되었으며, 물리적인 제약에 구애받지 않는 의사전달도 가능해지고 있다.

의사전달에서의 정보기술의 활용은 부서간의 연결을 강화시키고 있으며, 조직구조의 수평적 구조로의 전환에 핵심적인 역할을 하고 있다. 조직에서의 조정은 더 이상

물리적인 근접성에 의존하지 않으며, 다양한 부서의 구성원들로 구성된 팀은 전자통신을 매개로 팀구성원들간의 업무협력과 의사소통을 하고 있다. 지역적으로 멀리 분산된 공장이나 사무실의 구성원들로 가상팀이 조직되고, 필요한 활동들이 이루어지고 있다. 예를 들어 월풀사는 신제품개발을 위해 미국, 브라질, 이탈리아 등 세계 각지의 월풀사에서 필요인력을 연결시켜 가상개발연구팀을 운영하였다. 나아가 전자통신기술의 빠른 속도와 용이성으로 조직들간의 다양한 활동을 결합시킨 가상조직도 크게 확산되고 있다. 전자통신기술로 연결된 네트워크조직이 마치 한 조직내의 각 기능부서처럼 필요한 작업을 수행하는 체제이다. 물리적 · 시간적 장벽이 사라지면서, 조직들간의 경계가 사라지고 있는 것이다.

조직의사전달에서의 이러한 발달은 전통적인 의사전달에서 조직내 정보의 흐름을 여과 · 통제하여 조직의 정보처리와 분배에 핵심적인 권한과 영향력을 행사하던 중간관리자의 역할에 가장 큰 변화를 가져오고 있다. 조직에서 중간관리층은 조직상층부와 하위층간의 의사전달과정을 매개하고 조정하는 핵심적 역할을 맡아왔다. 그러나 정보기술의 발달은 중간관리층이나 업무지원부서의 역할을 크게 축소시키고 있으며, 이에 따라 위계구조가 축소되고 린조직화의 경향이 두드러지고 있다. 일선업무자가 조직의 최고관리자에게 이메일로 직접 의견을 보내는 등 조직상부와 일선구성원의 직접적인 의사소통도 확대되고 있다. 이러한 변화는 궁극적으로 조직내부적으로는 최소한의 관리층을 갖는 수평적 구조로의 전환을 가속화시키게 될 것이라는 것이다. 즉 관리자계층과 중간관리층이 감소하고, 소위 조직의 슬림화로의 진행이다.

사례 1

한국은행-구 재경원 갈등이 의사소통 혼선, IMF 조기 개입 실패

IMF 환란 책임 경제청문회의 한국은행 기관보고에서는 "한국은행과 구 재경원의 갈등이 외환위기의 주요 원인"이라는 지적이 쏟아졌다. 지난 97년 청와대와 구 재경원, 한국은행이 외환정책을 둘러싸고 혼선을 빚다 환율조정 시기를 놓쳤다는 것이다. 세계은행(IBRD)도 내부보고서를 통해 외환위기의 가장 큰 이유 중 하나로 한국은행과 재경원의 갈등을 지목하였다. 외환위기가 가장 긴박하게 진행되던 97년 11월 금융개혁법안을 놓고 한국은행 직원들이 한가하게 시위에 나섰던 것도 당시 이러한 재경원과의 갈등상황을 나타내는 예이다. 이러한 갈등으로 한국은행과 재경원간의 업무협조나 의사전달이 제대로 이루어지지 못한 것이다.

국회 IMF특위에 증인으로 참석한 전 한국은행 총재는 "외환위기를 감지한 것은 지난 97년 2월부터였다"고 밝혔다. 그는 한국은행이 수 차례 환란 가능성을 경고하는 보고서를 올렸지만, 정부로부터 번번히 묵살당했다고 밝혔다. 한국은행은 외환위기의 조짐이 보였던 지난 97년 3월에 한국에서도 환란이 발생할 수 있으며 IMF로부터의 차입 등 대책을 강구해야 한다는 내용의 보고서를 정부에 제출했던 것으로 드러났다. 한국은행은 97년 3월의 보고를 포함, 환란 이전에 7차례의 보고서를 정부에 제출했다고 밝혔다. 한국은행이 97년 3월에 제출한 "최근의 경제상황과 정책 대응방향"이란 보고서는 외환보유액 조기확충, 시장수급상황에 따른 환율운용, 금융경색 확산 방지대책 강구 등을 촉구했다. 또 97년 8월에는 "기아사태 이후의 해외차입여건 변화와 대책"이란 보고를 통해 국책은행들의 해외차입 독려, 주식투자한도 조기확대, 기아대책 조기발표의 필요성 등을 제기했다. 이와 함께 8월 21일에는 종금사의 경영상황에 대한 문제점과 대책을 담은 보고서를 제출했고 8월 22일과 24일에는 외화유동성이 매우 위험한 상황에 처했다는 상황을 보고했다. 한국은행은 10월 27일에 외환사정의 심각성을 설명하고 2단계의 비상대책 시행방안을 마련, 28일 부총리 한국은행총재 청와대경제수석간 3자 회의에 보고했다고 밝혔다.

그는 또 "한국은행이 환율시장에 개입 필요성은 느꼈으나 재경원과의 협의과정이 있었기 때문에 자율성을 갖고 조기 개입하지 못했다. 11월에 들어서서야 실세를 반영할 수 있는 각종 조치가 얘기되기 시작했다"고 말했다. 그는 또 "IMF 직전 당시 대통령이 부총리나 청와대경제수석으로부터 얼마나 많은 정보를 들었는지에 대해서는 알 수 없었다"고 말해 경제팀간의 의사소통이 원활하지 않았음을 인정했다.

한국은행 총재 등의 금융팀과 부총리 · 청와대 등의 비금융팀이 끝까지 이견을 보이며 혼선을 빚는 등 경제정책팀간에 환율정책에 대한 이견으로 꽉 막힌 의사전달 체계가 국가위기상황에서의 신속하고도 효과적인 대책수립을 가로막았던 것이다.

자료 : 매일경제, 1999. 1. 21, 2. 11 ; 한국경제, 1999. 1. 21.

사례 2

혁신도시효과 3배 부풀려

국가균형발전위원회와 건설교통부, 국토연구원이 2005년 전임 대통령의 핵심 공약인 혁신도시사업을 밀어붙이기 위해 연간 1조 3000억원 정도인 공공기관 지방 이전의 부가가치 증가효과를 세 배 이상으로 부풀려 4조원대로 발표했던 것으로 감사원 감사결과 밝혀졌다.

감사원 전략감사본부가 혁신도시사업에 대한 감사를 토대로 최근 작성한 '공공기관 지방 이전과 관련, 과다 산출된 경제효과 발표의 책임 검토' 보고서에 따르면 국토연구원은 2004년 6월 균형발전위의 지시에 따라 대학교수연구팀에 공공기관 이전에 따른 부가가치 증가효과의 조사를 의뢰했다. 연구팀은 '비수도권(지방)의 부가가치 증가는 연간 1조 3000억원, 그 중 수도권의 부가가치 감소분(1조원)을 뺀 순증가분은 3000억원' 이라는 내용의 보고서를 제출했다.

균형발전위는 그해 10월 이 보고서가 부가가치 증가효과를 너무 적게 봤다며 채택을 보류하고 공개하지 않았다. 균형발전위는 대신 2005년 3월 국토연구원에서 파견나온 직원에게 새로 경제효과를 산출토록 지시했다. 이 직원은 190개 공공기관과 관련업종, 직원 가족이 모두 이전한다는 가정 아래 부가가치를 4조원대로 늘린 A4용지 석 장짜리 간이 보고서를 만들었다.

그러나 이는 건교부와 국토연구원이 2003년 3월 같은 방식으로 작성했다가 근거 부족으로 자체 폐기한 보고서의 골격과 다를 게 없었다. 당시 국토연구원은 보고서에서 '250개 기관 이전시 7조 8000억원 증가' 라는 의견을 냈지만 내부에서 '근거가 약하다' 는 지적이 나와 채택되지 않았다. 그런데도 균형발전위는 이 간이 보고서 내용의 골간을 그대로 채택, 부처 협의와 대통령 보고를 거쳐 2005년 6월 '2004년 국토연구원 연구 결과' 라는 이름을 붙여 공식 발표했다. 여권 관계자는 "공공 · 민간자본 43조원을 투자하는 사업의 연간 기대효과가 3000억원에 그친다면 사업을 추진할 명분이 약해질 것을 우려한 듯하다"고 했다.

감사원은 전임 정부의 공공기관 지방 이전효과에 대한 보고서에 대해 "연구 결과가 없는데도 정부 수치에 맞춰 허위로 작성한 것으로 근거가 없고 과장된 것"이라고 결론내렸다. "공공기관의 협력업체 중 84%가 이전 의향이 없고, 직원 가족의 동반 이주율도 낮은데 100% 이전으로 가정하고, 서비스산업 이전효과를 두 번 중복 계산했다"는 이유였다.

'혁신도시 경제효과' 과장 발표는 국가균형발전위가 기획 · 지시하고, 국토연구원이 허위보고서 작성 실무를 맡고, 건설교통부가 지원 · 방조하는 가운데 조직적으로 이뤄졌다는 게 감사원 감사 결과다. 세 기관이 2003년부터 혁신 도시 추진의 타당성을 입증하기 위해 근거 없이 과대 포장된 보고서를 만들었고, 협의 과정에서도 문제점을 묵살했다는 것이다.

주무부처인 건설교통부는 2003년부터 혁신도시 추진의 근거를 마련하기 위해 두 차례 연구용역을 발주한 것으로 조사됐다. 2003년엔 국토연구원, 2004년엔 외부 전문가에 맡겼다. 그러나 외부 용역에서 입맛에 맞는 결과가 나오지 않자 보고서 자체를 사실상 용도 폐기했다는 것이다. 건교부 산하 국책연구기관인 국토연구원이 정부가 만족할 만한 경제효과 수치에 맞춰 연구용역 결과를 생산해 내는 손발 역할을 했다는 게 감사원의 판단이다.

자료 : 조선일보, 2008. 04. 15, 세계일보, 2008. 04. 16.

제11장
조직의사결정

조직에서는 선택하고 결정하는 일들이 일상적으로 이루어진다. 새로운 사업을 결정하고, 예산배정을 결정하고, 신입사원의 채용규모를 결정한다. 사실 조직관리자들이 수행하는 많은 활동은 의사결정과 선택들이다. 조직이 당면한 많은 문제상황에 대처하여 활동대안을 선택하고 결정하는 것이다. 조직의사결정은 조직의 문제해결과 관련된 여러 대안 중에서 조직이 달성하고자 하는 결과에 최적의 대안을 선택하는 과정으로 정의된다(윤재풍, 1986 : 364). 그러나 개인의 의사결정과 달리 조직에서의 의사결정은 구성원들의 다양한 시각, 조직내 위계구조 등의 제반요인 등에 의해 매우 복합적인 현상이다. 조직의사결정을 이해하기 위해서는 의사결정의 과정, 고려되는 전제들, 조직내 다양한 의사결정센터 등의 제반측면에 대한 적절한 분석이 요구된다.

1. 의사결정의 과정

의사결정의 과정은 문제의 인지, 정보수집 및 분석, 대안의 평가와 결정으로 진행된다(윤재풍, 1986 : 376-378).

문제의 인지 의사결정과정은 문제가 무엇인가를 발견하고 인지하는 것으로부터 시작된다. 문제를 얼마나 신속히 인지하는가는 문제 자체의 중요성 · 명확성 외에도 결정자개인의 성격, 사회적 배경과 경험, 가치관 등에 따라 달라진다.

정보 및 자료수집과 분석 문제가 인지된 다음에는 관련정보와 자료의 수집 및 분석이 따른다. 정보와 자료의 수집과 분석에는 다양한 기법들이 활용된다. 그러나 정확하고 완벽한 관련정보와 자료를 확보하고 분석하는 것은 매우 어려운 일이다.

대안의 작성과 평가 자료와 정보를 수집하고 분석한 후에는 행동선택의 가능한 대안들을 선별해 내고, 각 대안들이 가져올 결과를 예측한다. 그러나 인간의 인지능력과 예측능력에는 한계가 있기 때문에 실제 고려되는 대안의 범위는 한정될 수밖에 없다. 여러 계량적 모형의 적용 등 다양한 접근이 시도되고 있지만, 미래상황 자체가 불확실하고 현실상황 역시 복합적인 까닭에 이러한 작업에는 많은 제약이 따른다.

선 택 의사결정은 궁극적으로 여러 대안 중에서 하나를 선택하는 것이다. 이상적인 의사결정과정은 가능한 대안들에 대한 철저한 분석과 평가를 통하여 합리적이고 최적의 대안을 선택하는 것이다.

이와 같은 과정을 거쳐 결정된 대안의 실제적인 실행은 대부분 구성원의 이해관계, 자원의 부족 등 현실적인 제약 등으로 바로 실행에 옮겨지기보다는 여러 가지 상황을 고려하면서 부분적으로 실시되거나 점진적으로 추진된다.

조직의사결정과정은 어느 정도 변증법적 과정을 따른다. 우선 대부분의 조직은 위험을 줄이려고 하며, 급격한 변화는 가능한 피하고자 하는 경향이 있다. 그러나 환경 등의 조직내외부의 새로운 변화에 당면하여 이전의 운영방식이 더 이상 유효하지 않게 되면서 새로운 대안에의 압력이 나타나게 되는 것이다. 이에 따라 새로운 대안을 위한 의사결정이 이루어지고, 이전의 의사결정에서 선택된 기존의 대안이 대치되게 된다. 이것이 차례로 표준화되면서 조직은 새로운 안정을 찾게 된다. 다시 또 새로운 상황변화가 있게 되면 이 과정이 반복되게 되고, 또 다른 안정에 이르게 되는 것이다.

2. 조직의사결정의 이론모형

조직의사결정의 설명에는 여러 가지 이론적 모형들이 있다. 이들 이론적 모형들간에는 조직관이나 관심을 두는 조직메커니즘이나 측면들에 있어서 상당한 차이가 있다.

1) 합리적 모형

가장 고전적인 의사결정모형으로서 합리적 모형(rational model)은 조직이 명확한 목표를 추구하는 통합된 단일행위자라는 가정에 토대한다. 여기에서는 의사결정자의 전능성, 완전한 정보, 최적대안의 선택, 목표의 극대화, 합리적 경제인 등이 전제된다. 문제해결에 관련된 모든 대안들의 탐색, 각 대안들이 가져올 결과들에 대한 완벽한 예측, 모든 비합리적 요인의 배제가 가정된다. 이러한 가정 하에 의사결정과정에서의 효용의 극대화, 가치통합이 추구되고, 결정과정의 동시성, 그리고 관련변수들간의 분명한 인과관계가 전제된다(Graham Allison, 1971).

그러나 실제 조직의사결정의 현실은 이러한 가정과는 거리가 멀다. 이러한 가정이 지나치게 이상적이고 규범적이어서 실제 의사결정상황에 잘 부합되지 않는 것에 대한 비판이 제기되고, 이후의 다양한 의사결정모형이 나오게 되었다. 실제 이러한 합리적 가정에 그대로 토대하여 접근하는 이론가는 거의 없으나 경영관리분야에서의 선형계획 · OR · game이론 · 통계적 결정론 · 시스템분석 등의 방법들은 합리적 모형이 추구하는 의사결정의 논리를 어느 정도 가장 답습한다고 볼 수 있는 접근기법들이다.

2) 제한된 합리성모형

의사결정에 대한 제한된 합리성모형(bounded rationality model)은 마아치와 사이몬(March and Simon,1958)에 의해 발전된 의사결정모형으로 일명 만족모형이라고도 불린다. 이 모형은 완전한 합리성보다는 제한된 합리성, 그리고 최적대안이 아닌 '만족할 만한' 대안의 선택을 추구하는 보다 현실적이고 실증적인 접근이다.

사이몬은 기존의 합리적 모형이 가정하는 의사결정상황이 실제의 상황을 적절하게 반영하지 못한다고 보았다. 우선 합리적 모형이 가정하는 모든 가능한 대안들에 대한 완전한 정보, 결과들에 대한 완벽한 예측, 각각의 대안들의 완벽하고도 일관성 있는 선호체계의 파악은 불가능하며, 실제의 의사결정은 그 전제가 되는 기본적 지식과 정보가 얼마나 있는가에 의해 제약될 수밖에 없다. 따라서 조직의사결정은 완전한 정보를 요하는 절대적 합리성이 아닌 '제한된 합리성'에 의거하게 된다.

마아치와 사이몬은 조직의사결정에는 다음과 같은 조직 특성들이 있다고 보았다.

(1) 분할된 문제들(factored problem)

조직은 특히 대규모조직은 일단 그 규모 때문에라도 하나의 통합된 권위로써 조직내의 모든 활동을 지시통제하고 의사결정을 하는 것이 불가능하다. 조직은 복잡한 문제들을 분할하여 조직내의 여러 하위부서들에 분담시키게 되고, 구성원들이 실제 맡아 하는 과제는 이렇게 세분화된 과제들이다. 따라서 조직의사결정 과정에서 구성원들은 각각의 분할된 과제들의 매우 제한된 측면들에만 관심을 국한시키게 된다.

(2) **만족성**(satisficing)

조직의 의사결정이나 선택은 합리성의 극대화가 아닌 만족성의 기준에 의거하여 이루어진다. 제한된 합리성이 의미하는 것은 선택이 현실에 대한 제한적이고도 단순한 근사치에 토대하여 이루어진다는 것이다. 행동의 합리성은 주관적인 기준에 따르며, 모든 가능한 전제들 중 일부만이 고려되며, 객관적인 기준에서의 최선의 선택이 아닌 대충 만족할 만한 수준에서의 선택이다.

(3) **탐색**(search)

대안의 탐색은 안정적이고 순차적으로 이루어지기 때문에 실제 고려되는 대안들의 수는 한정될 수밖에 없다. 탐색과정에서 어느 정도 만족할 만한 대안이 나타나면, 그것으로 결론짓고 탐색은 종결된다. 따라서 각 대안이 지닌 객관적인 합리성보다는 오히려 대안들이 고려되는 순서 그 자체가 선택여부에 결정적인 요인으로 작용한다.

(4) **레파토리**(repertories)

조직에서는 행위프로그램의 다양한 레파토리가 있으며, 이러한 레파토리는 조직의 표준운영절차(SOP : standard operating procedure)로서 조직에서의 실제 취할 수 있는 대안이나 행위반경을 설정한다. 조직에서 많은 일들이 비교적 일사불란하게 수행될 수 있는 것은 바로 이러한 표준운영절차가 있기 때문에 가능하다. 표준운영절차는 수많은 유사상황에서 바로바로 기계적으로 적용될 수 있는 이점을 지니지만, 이것들은 기본적으로 일상적인 상황에서의 일을 처리하는 방식이다. 따라서 예외적 상황에서는 조직의 표준운영절차는 지나치게 경직되어 융통성이 떨어질 뿐 아니라, 때로는 합리성과는 거리가 먼 부적절한 조직행동을 유발시키는 원인으로 작용할 수 있다.

제한된 합리성 모형에 대하여는 조직의 의사결정의 의미를 의사결정자 개인의 인지적 제약이라는 문제로 환원시켜 그 범위를 지나치게 제한시킨다는 비판이 제기된다. 조직 자체가 바로 그러한 개개인의 인지적 한계를 극복하기 위한 장치라는 주장이다. 만족성이라는 기준 역시 지나치게 모호하여 여러 현실적인 제약으로 기대수준을 낮춰 버리면 기존의 상태와 별 차이가 없는 결정으로 낙착될 수밖에 없다는 것도 이 모형의 의사결정모형으로서의 유용성에 제기되는 비판이다(Mouzelis, 1967).

3) 연합모형

사이어트와 마아치가 제시한 연합모형(coalition model)에서는 조직을 통합된 단일행위자가 아니라 여러 다른 이해관계를 지닌 집단들간의 연합으로 가정한다. 제한된 합리성모형과 그 출발점은 같으나 여기에서는 조직내의 하위집단들간의 정치적 역학관계에 보다 비중을 둔다.

이 모형에서 보는 조직의사결정과정은 다음과 같은 특징을 지닌다. 즉 갈등의 잠재적 해소, 불확실성의 회피, 문제촉발적 탐색 및 조직훈련이다(Cyert and March, 1963 : 117-118).

(1) 갈등의 잠재적 해소(quasi-resolution of conflict)

조직은 서로 갈등적인 목표와 가치들을 지닌 집단들의 연합으로서 전체로서의 합리성보다는 국소적 합리성(local rationality)이 중요하게 작용한다. 조직에는 하위집단들의 다양한 목표들이 있으며, 이들에 대한 우선순위에 있어서 어떠한 내부적 합의에도 이르기 어렵기 때문에, 조직내에는 이들 하위집단간의 갈등이 항상 잠재한다.

(2) 불확실성의 회피(uncertainty avoidance)

조직의사결정은 미래상황에 대한 선택인 만큼 많은 불확실성이 있기 마련이다. 불확실성을 피하기 위해 조직은 장기적인 문제들은 접어 두고, 단기적이고 즉각적인 피드백이 있는 문제해결에 집중한다. 장기적으로 예측되는 조직환경의 요소들에 대하여는 계획설정, 표준운영절차, 조직의 기존의 관행 또는 불확실성의 흡수의 방법을 통해 가능한 회피하고자 하는 경향이 있다.

(3) 문제촉발적 탐색(problemistic search)

탐색은 문제촉발적 탐색이다. 즉 문제에 의해 촉발되며, 문제해결과 함께 종결된다. 탐색은 가능한 단순화되며, 탐색과정에서 구성원 각자의 다양한 훈련 · 경험 또는 조직의 의사전달과정들에 의해 상당부분 왜곡이 나타날 수 있다.

(4) 조직훈련(organizational discipline)

조직은 목표, 유의집중의 원칙 또는 탐색절차에서 비교적 안정되어 있으며, 경험에 의해 점진적으로 변화한다. 이 과정에서 나타나는 조직변화의 내용들은 조직훈련을 통해 안정화된다.

연합모형은 제한된 합리성모형과 달리 분할된 문제(factored problem)를 분할된 권력(fractionated power)이라는 문제로 연결시킨다. 여기에서 과업의 분할과 권력의 분할은 동전의 양면과 같다. 과업의 분할은 단순히 과제의 분담으로 끝나는 것이 아니라, 동시에 권력의 분할이라는 문제로 이어진다는 것이다. 왜냐하면 분할된 과업으로써 조직내의 다양한 하위집단이 만들어지고, 과업에 토대한 집단간 권력의 분화가 이루어지게 되기 때문이다. 그리하여 조직단위들간의 정치적 역학관계가 전체의사결정의 합리성을 제약하는 중요한 요인으로 작용한다. 이 모형은 제한된 합리적 모형에서 강조한 인지적 한계에 조직내 집단들간의 역학관계라는 정치적 요인을 추가하고 있는 모형이다.

4) 점증모형

린드블롬(Charles Lindblom, 1968)은 사이몬 등과 마찬가지로 복잡한 정책문제에 고전적인 의미에서의 합리적 의사결정모형을 적용하는 것은 불가능하다고 보았다. 그가 제시한 의사결정의 점증모형(incremental approach)은 의사결정에서 기존의 정책이나 결정으로부터의 점진적인 수정으로서의 측면을 강조한다. 즉 의사결정은 현재의 상황을 토대로 점진적으로 누적해 가는 방식으로 이루어지는 것이다. 따라서 의사결정의 과정은 부분적이고 순차적으로 진행되며, 의사결정과정에서 고려되는 대안의 범위는 극히 제한적이다. 예를 들어 매년 이루어지는 정부의 예산결정은 그해그해의 새로운 기준에 따라 근본적으로 새로이 책정되는 것이 아니라 전년도의 예산을 토대로 점진적인 추가 · 삭감의 과정을 통해 이루어진다.

이러한 점증모형의 기본가정은 다음과 같다(오석홍, 1985 : 552-554 ; 최창현 외, 1996 : 348).

1) 목표 또는 실현하여야 할 가치를 결정하는 것과 목표달성에 필요한 행동의 분석은 서로 긴밀하게 얽혀 있기 때문에 구분되기 어렵다. 또한 목표에 대한 합의는 도달하기 어려우며, 목표와 수단이 분명하게 구분되는 것이 아니다.

2) 어떤 정책이 좋은 대안인가를 판단하는 기준은 객관적으로 주어지는 것이 아니라 관련자들간에 합의되어야 할 사안이다.

3) 목표에 대하여 합의가 안 되거나 어떤 정책이 목표달성을 위해 가장 적절한가에 대해 합의가 안 된 경우에도 어쨌거나 대안을 선택해야 한다는 점에 관하여는 합의가 이루어진다.

4) 인간의 인지적 능력이 제한되어 있고, 필요한 정보도 제한되어 있기 때문에 문제와 대안에 대한 분석은 제한될 수밖에 없다.

5) 정책대안의 비교와 선택은 순차적 · 점진적으로 계속된다. 정책은 한꺼번에 만들어지고 그것으로 끝나는 것이 아니며, 계속 만들어진다. 이 과정에서 무엇이 바람직한가 하는 것까지 끊임없이 재고되고 변화한다.

이러한 가정하에 점증모형에서는 이상적이고 규범적인 합리성보다는 광범위한 지지를 끌어낼 수 있는 정치적 합리성을 중요시한다. 의사결정자들은 현재의 상태에서 단지 점진적으로 달라지는 대안을 고려하는 경향이 있으며, 그렇게 함으로써 기존의 사회적으로 이루어진 합의를 그대로 유지한다는 이점이 있다. 이 모형은 기본적으로 제한된 합리성모형이나 연합모형과 상당부분 유사하다. 그러나 앞의 모형들이 주로 인지적 한계나 과제의 분할에 다른 국소적 합리성 및 집단간 역학관계의 측면에서의 합리성의 제약에 보다 비중을 둔 반면, 이 모형은 사회적 합의 등의 정치적 측면에 좀더 비중을 둔다는 점에서 구별된다.

5) 최적모형

최적모형(optimal model)은 정책학의 분야에서 드로르(Yehezkel Dror, 1968)가 제시한 의사결정모형이다. 이 모형은 보다 나은 정책결정을 위한 최적정책의 달성이라는 규범적인 목표에 주안점을 둔다. 이 모형의 특징은 의사결정과정에서의 직관적 판단과 같은 초합리적 요인에 대한 강조이다. 특히 선례가 없는 새로운 비정형적 결정을 해야 하는 경우에는 합리성과 경제성의 고려 외에 직관 · 판단 · 창의성 같은 초합리적 요인이 중요하게 작용한다. 의사결정과정에서 가정하는 최적치는 단순히 경제적인 양적 개념이 아닌 정치적인 동원가능성이 고려된 질적 개념이다. 양적인 측면과 질적인 측면을 구분하여 검토한 다음 이를 결합시키는 질적 모형으로서 합리적 요인과 초합리적 요인을 동시에 고려하고자 하는 것이다. 최적모형은 다음과 같이 요약된다(최창현 외, 1996 : 349-350).

첫째, 조직의 목표 · 가치기준 · 결정기준 등을 어느 정도 분명하게 규정하며, 새로운 대안을 고려할 수 있도록 의식적으로 노력하고 개발해야 한다.

둘째, 여러 대안이 가져올 결과를 면밀히 분석하여 전략을 결정해야 한다.

셋째, 최적정책의 결정기준은 의사결정에 참석하는 사람들의 충분한 토론을 거친 후 합의하여 결정해야 한다.

넷째, 이론과 경험, 합리적 방법과 초합리적 방법을 병행하여 사용하여야 한다.

마지막으로, 정책결정의 질을 높일 수 있는 장치를 만들어야 한다. 의사결정과정에 모든 구성원의 참여를 높이거나 자원의 확충으로 정보를 충분하게 제공해 줄 수 있는 방법을 제시해야 한다.

최적모형은 의사결정에 규범적 접근을 시도한 점과 의사결정의 정책적 측면에의 관심, 그리고 합리적 요인과 초합리적 요인을 동시에 고려한다는 점에서 다른 의사결정모형과 구분된다.

6) 무정부적 모형

무정부적 모형(organized anarchy model)은 사이몬 등이 제기한 제한된 합리성을 보다 극단화시켜 의사결정에서의 비합리적 측면을 부각시키는 이론이다. 의사결정과정은 개별의사결정자들의 인지능력 및 유의집중의 한계, 대안들과 결과들을 제약하면서도 흔히 그 자체 주목받지 못하고 지나쳐 버리는 외적 요인들, 나아가 실제 의사결정의 위치에 있는 사람이 내린 선택이 조직행위로 이어지지 못하는, 합리성과는 거리가 먼 그러한 상황이다. 이 모형이 주목하는 또 다른 조직의사결정의 특징은 빈번히 결정의 과정 자체가 그 결과보다 더 중요하게 간주된다는 점이다. 즉 의사결정과정은 보다 나은 대안을 선택하는 과정으로서보다 오히려 그 자체가 의사결정자들과 주위에 일이 적절하게 수행되고 있음을 확인시켜 주는 과정으로서 더 의미가 있는 것이다.

무정부적 모형에서 조직의사결정은 '일관성이 없이 빈약하게 정의된 선호체계', '모호한 기술', '유동적인 참여자'로 특징된다(Michael Cohen et. al., 1972).

문제성 있는 선호체계(problematic preferences) 조직의사결정은 기존의 잘 짜여진 선호체계들에 의거하여 이루어지는 것이 아니라, 사전에 아무런 안정되고 일관성 있는 선호체계 없이 이루어진다.

불명확한 기술체계(unclear technology) 조직에서의 과제수행은 이에 요구되는 기술적 인과관계에 대한 명확한 이해를 토대로 수행되는 것이 아니라, 오히려 단순시행착오, 그리고 그때그때의 필요에 따른 실용적인 고안들을 토대로 이루어진다.

유동적인 참여(fluid participation) 조직의사결정과정에서 구성원들이 들이는 시간이나 노력에 있어 매우 유동적이다.

이러한 특성을 지닌 조직은 다양한 참여자들에 의해 온갖 종류의 문제들 · 해결책들 · 선택기회들이 생성되는 대로 쏟아져 들어와 그 속에서 배회하는 쓰레기통과 같은 것으로 비유된다. 즉 어떤 문제에 어떤 해결책이 부착되는가는 거의 우연에 의해 결정된다. 예컨대 어떤 목적을 지닌 어떤 사람이 우연히 그 현장에 있게 되었는가, 언제 어떠한 해결책이나 문제들이 제시되었는가 등의 우연들이다.

이와 같은 조직의 특성을 토대로 코헨 등은 조직의사결정의 몇몇 특이한 측면에 주목하였다. 우선 조직 목표에 대한 명확한 규정이나 구성원들간의 상당한 합의가 없이도 조직에서는 어쨌거나 선택이 이루어진다는 점이다. 다음에는 특정의 문제를 둘러싸고 조직구성원들이 동원되는 유의집중(attention focus)의 패턴이다. 이들은 조직에서 모든 사람들이 항상 모든 문제들에 관심을 갖는 것이 아니기 때문에 특정사안에 관심이 집중되었다가 사라지는 유의집중의 패턴은 조직의사결정과정을 이해하는 데 핵심적이라고 본다. 수많은 문제들에 둘러싸인 조직의사결정자들은 실제 어느 한 문제에 투입할 수 있는 시간이 제한되어 있다. 따라서 의사결정과정은 누가 우연히 특정의 문제에 주목하고 시간을 들여 개입하는가의 문제와 크게 관련을 갖는다. 또한 선택은 대안들에 대한 평가가 이루어지기 전에 비공식적 · 직관적으로 이루어진다. 즉 먼저 결정을 하고, 그 후에 결정에 대한 합리적이고 타당한 이유를 찾는 것이다.

이러한 상황은 많은 조직에서, 특히 공공기관 · 교육기관들에서 일상적으로 볼 수 있는 현상이다(Scott, 1986 : 279). 기업체같이 좀더 목표가 명확하고 표준화된 일상적 활동을 하는 조직의 경우에는 무정부적 모형을 적용하는 것이 부적절할 수 있다. 그러나 코헨 등은 이러한 조직에서도 위기적 상황에서 일시적인 마비현상이 나타날 때는 무정부적 모형이 매우 적절하게 적용될 수 있다고 주장한다.

조직의사결정의 모형들은 정도의 차이는 있지만 공통적으로 조직에서의 의사결정이 대부분 다음과 같은 특성을 지닌다고 본다. 의사결정행위는 조직의 어디에서나 발생한다. 의사결정은 완전한 합리성을 따르기보다는 여러 현실적인 제약을 받는다. 결정을 요하는 문제는 미래의 상황이기 때문에 의사결정에는 항상 불확실성이 있게 마련이다. 대안의 선택을 두고 흔히 관련된 개인이나 집단간에 갈등이 있으며, 따라서 조직의사결정은 갈등의 해소과정을 거쳐 이루어진다. 고려되는 대안의 범위 역시 지극히 한정되어 있다(윤재풍, 1986 : 378).

3. 의사결정의 전략

조직의사결정과정에는 여러 전략들이 있게 되는데, 이러한 전략은 결정상황에 따라 달라진다. 톰슨은 조직의사결정전략을 결정하는 변수로서 '인과관계에 대한 확신'(beliefs about cause/effect relation)과 '가능한 결과에 대한 선호'(preferences regarding possible outcomes)를 제시하였다. 이 두 변수는 사안에 따라 유동적이기 때문에 이에 따라 의사결정의 전략이 달라진다. 톰슨은 두 변수에 의거하여 의사결정전략의 네 가

[도표 11-1] 의사결정전략의 유형

인과관계에 대한 확신	가능한 결과에 대한 선호	
	합 의	미 합 의
확 실	계산전략	타협전략
불 확 실	판단전략	직관적 전략

자료 : Thompson, 1967.

지 유형을 제시하였다(Thompson, 1967 : 178-179).

1) 계산전략

인과관계에 대한 신념이 확실하고 결과에 대한 선호에 있어서 구성원들간의 합의가 분명한 상황에서는 의사결정은 계산전략에 의한다. 바람직한 가치에의 합의나 목적에 대한 합의가 있고 방법에 대한 신념이 확실하기 때문에 의사결정은 용이한 편이며, 기계적인 계산에 의해 수행된다. 계산전략이 가장 효과적인 조직구조는 관료제적 조직이다.

2) 판단전략

바람직한 결과에 대한 합의는 되어 있으나 인과관계가 불확실한 경우, 결정은 공동의 판단에 따라 이루어진다. 인과관계가 분명하지 않을 때 사물에 대한 지각이 서로 다른 여러 사람의 공동적인 판단에 따르는 것이 안전하기 때문이다. 판단전략이 적합한 조직구조는 모든 구성원이 의사결정과정에 어느 정도 대등한 자격으로 참여하는 합의체적 구조이다. 이 경우는 지식의 불완전성으로 조직내 지배적인 연합이 인과관계의 지식을 독점할 수 없는 상황으로 전문가적 조직구조에서 가장 효과적이다.

3) 타협전략

인과관계에 대한 신념은 확실하지만 바람직한 결과에 대한 구성원들간의 합의가 어려운 경우에는 타협전략이 취해진다. 결과에 대한 합의를 도출해 내기 위해 보다 집중적인 대안의 탐색과 구성원들간의 타협이 필요한 상황이다.

4) 직관적 전략

인과관계도 불확실하고 결과에 대한 합의도 어려울 때 결정은 결정자의 광범위하고도 비정형적인 직관에 의해 이루어진다. 이것은 베버의 카리스마적 조직에서 가장 효과적이다.

조직의 지배적인 연합은 그들에게 유리한 방향으로 의사결정의 전략을 끌고 가고자 경쟁한다. 조직내에서는 인과관계에 대한 지식과 바람직한 결과에 대한 주도권을 놓고 집단들간에 각축이 나타나게 되는 것이다. 그러나 기존지식이 불완전하여 인과관계에 대한 확실성을 확보하지 못하는 경우, 지배적인 연합이 일방적으로 의사결정상황을 통제하기는 어려워진다. 예를 들어 새로운 의료수술, 새로운 국가계획 등의 조직활동에 관련된 모든 변수들이 조직의 일방적인 통제하에 있고, 지배적인 연합에 의해 확립될 수 있을지라도, 지식의 불완전성이나 격차가 클 때에는 판단전략이 요구되게 되는 것이다.

의사결정의 모형들은 네 가지의 의사결정상황에서 그 적합성이 달라지는데, 즉 결과에 대한 선호에 있어서의 구성원들간의 합의와 기술적 인과관계의 이해여부에 따라 각 모형들의 적합성이 달라진다(도표 11-2). 계산전략은 합리적 모형, 판단전략에서는(제한된 합리성의) 시행착오모형, 타협전략에서는 연합모형, 그리고 모든 것이 모호한 직관적 전략에서는 무정부적 모형이 그 이론적 적합성이 높다고 할 수 있다(Hatch, 1997 : 276).

[도표 11-2] 의사결정상황과 각 의사결정모형의 적합성

인과관계에 대한 확신	가능한 결과에 대한 선호	
	합 의	미 합 의
확 실	합리적 모형	연합모형
불 확 실	제한된 합리성모형 (시행착오모형)	무정부적 모형

자료 : Hatch, 1997 : 276.

4. 조직의사결정의 문제점

조직의사결정은 다양한 정보와 지식, 경험의 활용, 전문적인 평가능력, 창의적이고 다양한 아이디어의 창출, 집단적 합의에 따른 민주적 의사결정 등 여러 이점을 갖는다. 반면에 조직의사결정에는 다음과 같은 문제들이 나타난다. 우선 시간의 낭비와 의사결정의 지연이라는 문제이다. 의사결정을 내리기 위해 집단을 소집하고 상호작용을 통해 해결책에 도달하는 과정에서 많은 시간과 경비가 소요되는 것이다. 또한 조직구성원이 책임을 서로 나누게 됨에 따라 일을 적게 하려는 경향도 나타낼 수 있다. 이러한 경향은 책임소재가 불분명하고 과제분담이 불공정하거나, 개인적 기여에의 합당한 인정을 받을 수 없는 경우 더욱 심하다.

조직의사결정에 나타나는 여러 제약요인과 문제점을 살펴보면 다음과 같다(윤재풍, 1986 : 380-383 ; 오석홍, 1985 : 534-538).

정보의 부족 의사결정과정에서의 문제의 인지, 대안의 탐색과 분석 등에 요구되는 정보가 부족하다.

의사전달체계의 장애 의사결정의 과정은 의사전달에 의존하게 되는데, 의사전달체계상의 여러 장애는 바로 의사결정의 장애로 이어진다.

목표에 대한 합의의 부재 의사결정에서 추구해야 할 가치나 목표가 모호하고 구성원들간의 합의가 어려울 때가 많다. 결과적으로 의사결정의 목표와 기준이 합리적으로 이루어지기보다는 결정자의 자의나 여러 이해집단간의 타협에 의해 결정되는 경우가 흔히 나타난다.

물리적 자원의 제약 의사결정의 과정을 진행시키는 데 필요한 물리적 자원에서의 제약이다. 물리적 자원이 충분치 않으면 의사결정의 과정이 부실해지며, 최적의 대안을 선택할 수 없게 된다. 예컨대 정부조직에서 예산이나 시간부족으로 중요한 현안에 대한 의사결정을 보류하거나 의사결정과정을 신속하게 진행시키지 못하거나 또는 선택된 해결방안을 실행하지 못하는 경우가 흔히 나타난다.

의사결정자의 시간제약 조직에서 의사결정자는 매우 긴급한 새로운 문제에 당면하거나 기타 다른 일로 시간제약을 받게 되는 경우가 많다. 의사결정자의 시간제약이 클 경우 보다 신중하게 사안을 검토할 수 없게 되어 잘못된 의사결정으로 나갈 위험이 커지게 된다.

위계상의 권위적 통제, 선례존중, 익숙한 대안의 선호 위계상의 권위적 통제는 하급자의 참신한 의사결정을 위축시킨다. 권위적인 상급자들은 현상유지적인 경향이 있으며, 기존의 정책과 방침에서 벗어나는 의사결정을 꺼리고 기존의 익숙한 해결방안을 안이하게 답습하는 경향이 있다. 그렇기 때문에 한번 결정된 결과는 스스로를 지속시키는 타성이 있다. 예컨대 선임자가 어떤 중대문제에 관해 정책을 결정하고 거기에 많은 인적 · 물적 자원을 투입하였으면, 후임자가 그러한 정책의 오류나 비합리성을 발견하더라도 좀처럼 수정하기가 어렵다.

분화와 전문화로 인한 제약 조직의 하위단위들은 각기 자기영역의 이해관계와 관심사에만 주의를 기울이고, 다른 부서와의 정보교환에 인색한 경향이 있다. 이러한 경향은 전체수준에서의 합리적 의사결정을 제약한다. 의사결정을 보조하는 특정분야의 전문가들은 자기분야에 국한되는 안목으로 자기주장을 지나치게 고집하는 경향이 있으며, 전문가적 권위를 방어하기 위해 자신이 갖고 있는 정보를 다른 사람들과 공유하기를 꺼려하는 경향이 있다. IMF라는 국가경제의 비상사태에서 주무부처인 재정경제원이 적절히 대응하지 못했던 데에는 재정경제원이 구경제기획원과 재무부의 통합으로 이루어진 조직이라는 데서도 원인이 있을 수 있다. 재정경제원내에는 이 두 집단간의 과도한 경쟁의식과 배타적인 태도로 인해 정보공유를 꺼리는 등, 업무추진 과정에서 사사건건 손발이 맞지 않는 문제가 발생하곤 하였던 것이다.

조직분위기와 환경상의 제약 조직이 추구하는 기본적인 가치나 일반적인 분위기가 개별적인 의사결정의 합리적 실행을 제약할 수 있다. 예컨대 가시적이고 단기적인 이윤추구를 기본적인 가치로 삼는 기업에서 연구개발분야의 의사결정은 이윤추구라는 요청 때문에 전반적으로 위축되게 된다.

이러한 상황적 내지는 조직구조적 요인 이외에도 인간의 지각오차 등 의사결정자 개인의 심리적 요인이 조직의 의사결정의 합리성을 제약시킨다. 특히 조직의사결정에서 제기되는 문제의 하나가 집단사고(groupthink)의 경향이다. 집단사고는 집단에서 의견의 일치를 보기 위해 구성원들에게 지나치게 집단압력을 가함으로써 특정의견에의 동조를 강제하는 병적 현상이다. 이러한 집단사고는 집단적 합리화, 반대집단에 대한 고정관념, 반대자에 대한 직접적 압력의 행사 등을 동반한다(Janis, 1972). 주로 집단결속력이 큰 집단에서 이러한 경향이 나타나는데, 일치된 집단의사를 지나치게 강조한 나머지 실제적인 비판은 도외시하고 최선의 결정보다는 특정의견에의 집단일치로 몰아가 획일적이고 비합리적인 결정을 초래하게 되는 것이다. 이러한 집단사고는 부정적이고 비효율적인 결과를 낳는다. 즉 가능한 대안의 탐색을 제약하게 되어 이용할 수 있는 모든 대안에 대한 객관적이고 합리적인 평가를 어렵게 하는 것이다. 관련정보에 대한 조사가 제한되어 있어서 선택된 대안보다 더 나은 대안이 있는지조차 고려해 보지 않는다. 대안들에 대한 정보처리과정도 편파적이고 의례적이다(양창삼, 1993 : 557).

5. 의사결정의 비합리성

조직내외의 여러 현실적인 제약으로 의사결정이 최소한의 합리성도 확보하기 어렵다는 사고로부터 브루손(Nils Brusson, 1985)은 의사결정이론 자체에 대해 비판을 제기하였다. 무엇보다도 그는 기존의 의사결정이론들이 지나치게 의사결정 그 자체에만 관심을 둔다고 보았다. 의사결정에만 관심을 국한시키는 것은 조직의 보다 중요하고 의미 있는 활동인 실행의 바로 직전에서 분석을 멈추는 것이라는 것이다. 브루손은 중요한 것은 실행 그 자체이지 의사결정이 아니라고 주장한다. 의사결정이 아무리 합리적으로 이루어진다고 해도 그것이 성공적인 실행으로 이어지지 못하는 경우가 비일비재하다. 대안들간의 갈등 · 모순 · 양립불가능성들은 결정된 대안의 실행을 사실상 마비시키게 된다. 그렇기 때문에 보다 중요한 것은 실행의 합리성, 즉 '무엇인가 실행해 낸다'는 그 자체이다(Hatch, 1997 : 280-281).

조직에서 이러한 갈등이나 모순들이 별 문제가 되지 않는 상황은 사안 자체가 비교적 단순하고 지엽적인 경우들이다. 즉 중요하지 않고 지엽적인 단순사안의 경우에만 기존에 나온 결정이 무리 없이 실행에 옮겨질 수 있는 것이다. 역설적이게도 중요한 사안일수록 결정된 다음에 실행에 옮겨지지 않는다. 의사결정의 합리성을 추구하면 할수록 결정된 대안을 실행에 옮기기가 더욱 어려워진다. 결국 중요한 사안을 결정하고 실행에 옮기기 위해서는 합리성의 희생을 감수해야 한다. 브루손이 제안하는 의사결정의 비합리성의 모형은 극소수만의 대안들을 고려하고, 대안의 긍정적인 결과만을 고려하며, 의사결정의 목표 자체도 가능한 사전에 설정하는 것을 피하고, 의사결정의 과정 속에서 목표나 기준 자체를 계속 수정해 가면서 이루어지는 의사결정과정이다. 이러한 의사결정의 비합리성으로써 중요한 것은 어쨌거나 무엇인가 실행할 수 있는 실행의 합리성을 확보할 수 있다는 것이다. 브루손의 의사결정과 실행에 대한 이러한 사고는 우리가 흔히 당면하는 이것 저것 다 따지다 보면 아무것도 할 수 없게 되는 현실을 반영한다.

의사결정의 토대가 합리성이 아니라면 궁극적으로 무엇이 그 토대인가. 브루손은 이데올로기라고 본다. 결정된 사안이 실행에 옮겨지기 위해서는 구성원들의 동기와 합의를 끌어낼 수 있어야 하는데, 바로 이 과정에서 이데올로기가 핵심적이라는 것이다. 브루손의 이러한 주장은 조직의사결정은 결국 많은 부분 조직내의 권력과 정치적 과정에 의해 결정된다는 것을 시사하고 있다. 실제 많은 조직에서 의사결정과정을 유도하고 실행하는 힘은 합리성보다는 조직내 권력관계 등이 중요하게 작용한다. 중요한 것은 합리성이 아니라 정치이며, 조직내의 권력관계인 것이다.

사례

불탄 숭례문, 소방당국 · 문화재청 부실진화 책임공방

화마로 불과 5시간 만에 잿더미로 변한 숭례문 화재는 문화재청과 소방당국이 유기적으로 초기진압만 잘 했더라면 붕괴까지는 가지 않았을 것이라는 지적이 나오고 있다. 숭례문 관리책임을 맡고 있는 서울 중구청은 "소방당국이 문화재청의 지휘를 받는 과정에서 의사결정이 지연되는 바람에 화재를 초기에 진압하지 못했다"면서 화재 발생 72분 후에야 직접 살수 방식의 진화작업이 이뤄졌다고 내부보고서에서 밝혔다.

보고서에 따르면, 소방당국이 문화재청의 요청에 따라 초기 간접진화 방식으로 어느 정도 성공한 것으로 잘못 판단함에 따라 일부 소방력이 철수하는 등 완전소화 작전을 소홀히 한 측면이 있다고 진단했다. 초기 진화과정에서 소방당국과 문화재청이 지나치게 신중하게 접근, 지붕 해체 작업이 지연되면서 화재를 키웠다는 따가운 지적에 대해서도 양 기관이 서로 다른 의견을 내놓고 있다.

중구청이 자체적으로 파악한 시간대별 화재 상황에 따르면 당일 오후 8시48분 화재가 발생한 뒤 오후 8시59분쯤 현장 진압을 하던 중부소방서 측이 대전 소재 문화재청과 화재 진압방식을 논의했으나 이 과정에서 문화재청이 '진화는 하되 문화재가 손실되지 않도록 신중하게 불을 꺼달라' 고 요청해 초기에 적극적인 진화에 나서지 못했다고 말했다. 화재 초기 숭례문 내부에서 진화작업을 한 소방구조대원도 "화재 초기 숭례문이 국보 1호라는 상징성 때문에 문화재청에서(발화지점 부근을) 부수지 못하게 했다. 부수지 않고서는 불을 끌 수 없는 데 이게 화재를 키웠다"고 말했다.

오후 9시30분쯤 중구청 관계자가 실측설계보고서를 제공하면서 "주요 기둥에 불길이 침투하는 등 화재가 심하게 번짐에 따라 지붕 기와를 제거한 후 직접살수 방식의 강경진압이 불가피하다"고 수차례 건의했으나 살수 방식의 화재진압 결정을 내려 줄 문화재청 간부가 현장에 없어 공격적인 진압이 늦춰졌다고 보고서는 지적했다.

그러다가 오후 9시45분쯤에야 문화재청이 "화재진압을 최우선으로 해도 좋다"는 입장을 서울시 관계자를 통해 소방본부 측에 전달했으며, 오후 10시쯤 화재 재발화로 사태가 악화되자 그때서야 직접살수 방식으로 화재진압 방식이 변경됐다. 화재 발생 72분 만에 직접 살수가 이뤄진 것이다. 간접진화는 지붕에만 물을 뿌리는 데 비해 직접 살수는 기둥 등 건물 전체에 물이 스며들도록 진화하는 방식이다.

소방방재본부와 문화재청의 주장은 제각각이다. 소방방재본부는 숭례문 화재 발생 10분여 뒤인 오후 8시59분 문화재청에 화재 사실을 통보했지만 당시 문화재청으로부터 "신중한 진화를 해 줄 것"을 요청받아 화재 초기에 소극적인 진화작업을 펼쳤다고 주장했다. 소방당국은 오후 9시40분쯤에야 문화재청으로부터 다시 "숭례문의 일부를 파기해도 된다"는 협조를 얻어낸 뒤 적극적인 진화에 나섰다는 것이다.

그러나 문화재청은 숭례문의 화재 발생을 처음 인지한 것은 오후 9시10분쯤으로 그나마도 문화재청의 한 직원이 방송뉴스를 통해 처음 접했고, 서울시소방본부장에게도 전화로 "화재진압을 위해 숭례문 지붕을 떼어내라"고 통보했다고 밝혔다. 문화재청의 관계자는 "화재 진압은 기본적으로 현장의 진화 책임자가 상황을 판단, 결정하는 것이지 문화재청과 일일이 상의해 진화 방법을 결정할 수는 없는 것"이라면서 "누각 지붕 해체도 문화재청에서는 조기에 할 수 있도록 통보한 것으로 알고 있다"고 밝혔다. 서로 책임 떠넘기기에 급급하고 있는 것이다.

소방방재청 국립방재교육연구원 방재연구소장을 역임한 한 대학교수는 "관리체계가 이원화돼 있지만 화재진압에서 최우선으로 고려할 것은 현장의 판단"이라며 "이번 화재는 문화재 일부가 파손된다 하더라도 초기에 많은 물을 분사할 필요가 있었다"고 지적했다.

자료 : 세계일보, 2008. 02. 12

제12장
조직갈등

1. 갈등에 대한 제시각

조직에서 갈등이란 "조직내 행동주체간의 대립적 내지 적대적인 상호작용이나 교호작용"을 의미한다(민진, 1996 : 235). 어느 조직에나 정도 차이는 있으나 갈등이 있다. 환경과의 관계에서, 또한 조직내 집단들간에, 또는 구성원들간에 갈등이 있는 것이다. 조직갈등에 대한 시각은 다음 세 가지로 분류된다. 우선 갈등을 병리적 현상으로 보고 그러한 갈등을 관리 · 통제하는 데 관심을 집중하는 시각, 둘째로는 갈등을 조직의 정상적이고 자연스러운 현상으로 인정하고 이와 관련된 제반 조직측면에 관심을 두는 시각, 마지막으로 갈등을 조직현실의 가장 중심적이고 본질적인 현실이자 조직의 역동성의 원천으로 적극적으로 수용하는 시각이다(Hatch, 1997 : 302-304). 두 번째와 세 번째의 시각은 갈등을 조직의 자연스럽고 필연적인 현실로 받아들인다는 점에서 어느 정도 공유하는 점은 있지만, 그 근본에 깔린 이념적 기반에 있어서는 이 둘 간에 상당한 차이가 있다. 첫번째와 두 번째의 시각이 기본적으로 조직의 중심논리를 도구적 합리성에 두고 있는 반면, 세 번째 시각은 거시적인 사회갈등의 전통인 마르크스주의 계급지배이론에 뿌리를 두고 있다. 이러한 마르크스주의의 급진적 시각에서 보는 조직의 논리는 기본적으로 계급적 지배관계이며, 따라서 조직합리성 역시 이러한 계급지배를 정당화하고 합리화하는 이데올로기이다. 이 부분에 대해서는 이 장의 뒷부분에서 다루기로 하겠다.

1) 역기능으로서의 갈등

일반적으로 갈등에 대한 의미는 부정적이다. 대부분의 사회에서 사람들은 어렸을 때부터 다른 사람들과의 협력, 조화는 좋은 것이고 갈등이나 투쟁은 나쁜 것이라는 식으로 사회화되기 때문이다. 특히 초기 조직이론에서는 갈등을 조직에 역기능적으로 보는 시각이 지배적이었다. 갈등이란 조직의 통합과 조화를 저해한다는 점에서 역기능적이다. 고전적 합리론에서부터 인간관계이론에 이르기까지의 조직이론들이 이러한 시각에 속하며, 이들의 갈등에 대한 관심은 주로 조직내 갈등을 해소하고 궁극적으로 조직에서의 협력과 조화를 달성하는 데 있다. 따라서 이들은 조직관리자의 입장에서 조직 내 갈등을 해소하는 방향으로 조직내의 다양한 조정의 측면에 관심을 집중하였다. 예를 들어 부서간에 갈등을 해소하기 위해 부서들간의 조정체계를 보다 활성화시키는 등의 방식으로 조직갈등의 문제에 접근하였다. 그러나 이러한 방식으로는 갈등의 일시적인 완화는 될지라도 결코 조직내 갈등의 원천이 사라지지 않는다는 인식으로부터 갈등을 조직의 자연스러운 현상으로 수용하는 시각이 나오게 되었다(Hatch, 1997 : 302).

2) 자연스러운 현상으로서의 갈등

갈등을 자연스러운 현상으로 보는 시각에서는 갈등은 설사 조직에 바람직스럽지 못한 것이긴 해도 피할 수 없는 현실로 받아들인다. 갈등을 자연스러운 현상으로 받아들이면서 관심의 초점은 갈등에 대한 보다 본질적인 이해와 조직내의 갈등을 야기시키는 여러 원천들로 옮겨지게 되었다. 더 나아가 갈등이란 단순히 역기능만 갖는 것이 아니라 조직에 긍정적인 영향을 미칠 수도 있다는 점이 인식되게 되었다. 왜냐하면 갈등은 조직내에 다양한 의견을 표출시켜 조직이 발전하는 데 필요한 자극, 적응, 혁신 또한 보다 나은 의사결정의 방향으로 이끌기 때문이다. 갈등이 아예 없는 조직은 이러한 자극이 결여되어 오히려 조직도태로 이어지게 된다. 따라서 갈등이 있는 것이 조직효과성에 도움이 된다는 인식이다.

3) 갈등에 대한 상황적 접근

갈등은 조직활동에 자극을 주고 활력을 불어넣는다는 점에서 긍정적으로 작용하지만,

[도표 12-1] 갈등수준과 조직성과성

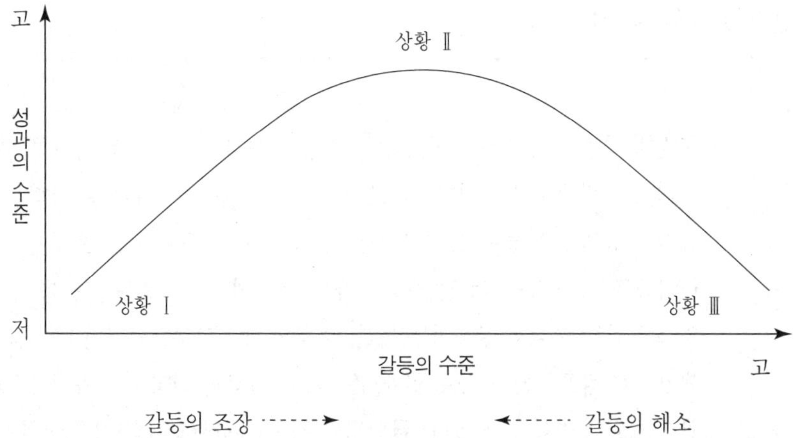

갈등의 수준	낮 음	중 간	높 음
조직행동의 특징	환경변화에 적응력 둔화, 무사안일, 침체적, 의욕상실	환경변화에 적극적 대응, 창조적, 변화지향적, 활발한 문제해결, 적극적 목표달성적	혼란, 분열, 상호조정 결여, 목적의식결여
성과의 수준	낮 음	높 음	낮 음

자료 : 김선봉, 1996 : 136.

조직내 갈등이 너무 과도하게 되어도 조직에 부정적인 영향을 미치게 된다. 즉 조직성과와 관련하여 갈등이란 너무 지나쳐도, 또한 너무 없어도 안 되는 것이다. 이러한 사고로부터 갈등에 대한 상황적 논리가 등장하고, 갈등의 정도와 조직성과의 관계에 주목하게 되었다.

[도표 12-1]에서 갈등의 수준이 가장 낮은 상황 I의 경우, 전체적으로 조직활력이 둔화되고 의욕상실의 조직행동이 나타난다. 이에 따라 조직성과의 수준은 낮다. 반면에 갈등의 수준이 가장 높은 상황 III의 경우에는 조직행동의 지나친 혼란과 분열로 조직성과의 수준이 낮다. 갈등이 중간 수준인 상황 II의 경우 조직에서 활발한 문제해결, 변화에의 개방성이 높으며 조직성과의 수준이 가장 높다.

2. 갈등의 원천

조직내 갈등의 양상은 크게 수평적 갈등과 수직적 갈등으로 나뉜다. 수평적 갈등은 조직내 동일위계상의 부서나 개인들간에 나타나는 갈등이며, 수직적 갈등은 조직의 상이한 계층의 집단들이나 개인들간에 나타나는 갈등이다. 대표적인 수직적 갈등은 관리자층과 노동자층간의 갈등이다. 또한 본사와 공장, 또는 본사와 프랜차이스 지사와의 갈등들도 수직적 갈등의 예이다. 미국의 패스트푸드업체인 타코벨, 버거킹 같은 프랜차이스 점포주들은 바로 옆에 본사가 직영점을 개점하는 등의 문제로 본사와 갈등관계에 빠지는 경우가 있다. 극단적인 경우는 상권침해의 이유로 본사를 고소하는 경우도 발생한다(Daft, 1998: 299-300).

수평적 갈등은 각 단위부서들간의 갈등 또는 매트릭스조직에서 흔히 있게 되는 프로젝트간의 갈등들이다. 수직적 갈등이 주로 권력(권위)이라는 메커니즘을 축으로 형성되는 데 비해, 수평적 갈등은 보다 다양한 원천에서 비롯된다(Hatch, 1997 : 309-312 ; 최창현 외, 1996 : 312-314 ; 오석홍, 1983 : 598-600).

조직에서 갈등이 나타나는 원인에는 여러 가지가 있다. 우선 구성원 개개인의 갈등을 유발하는 성격도 한 원인이 될 수 있다. 그러나 여기에서는 조직구조적 측면에서 야기되는 갈등의 원천들에 국한시켜 살펴보기로 하자.

1) 분화에 따른 집단특성

조직에서 분화가 이루어지게 되면서 조직내에는 여러 하위집단들이 출현한다. 이들 집단들은 다양한 활동, 세부적인 운영목표, 과제지향성, 나아가 집단정체성을 갖게 된다. 이에 따라 이들 하위집단들은 상이한 사고나 집단특성을 갖게 된다. 예컨대 기업의 기술개발부서의 연구원과 생산부서의 관리자는 과제를 수행하는 시간적 프레임에서 상당한 차이를 보인다. 기술개발부서의 관리자는 비교적 장기적인 시간프레임을 갖는 데 비해 생산부서의 관리자는 단기적인 시간프레임을 갖는 경향이 있다. 이러한 차이는 이들 집단들간에 갈등의 요인으로 작용하게 된다. 그러나 차이가 있다고 해서 자동적으로 갈등을 유발하는 것은 아니며 작업의 상호의존성이나 기타 차별적인 보상구조 같은 것들이 같이 나타날 때 차이는 갈등을 유발하는 요인으로 작용하게 된다.

2) 운영목표의 대립

조직의 전체목표는 실행과정에서 여러 운영목표로 조직내 하위집단들에게 분할된다. 예를 들어 기업의 이윤창출이라는 전체목표는 그 실행과정에서 생산 · 판매 등의 각 기능별로 분할된다. 이들 각 부서들은 생산비의 최소화, 매출의 극대화 등의 세부적인 운영목표들을 갖게 되는데, 부서들의 운영목표들간에 상충성이 있을 수 있다. 매출의 극대화를 운영목표로 하는 판매부서는 고객서비스를 원활하게 하기 위해 유연한 생산흐름을 요구하지만, 생산성의 극대화라는 생산부서의 운영목표는 기계적인 일관생산흐름을 요구하게 되어 이 두 부서의 각각의 운영목표의 논리는 부딪히게 된다. 이러한 운영목표의 대립으로 부서간에 갈등상황이 야기될 수 있다.

3) 차별적인 보상

조직은 효율적인 수행을 위해 부서들간의 협력과 조화를 필요로 하지만, 동시에 부서들간의 경쟁관계를 조장시켜 각 부서의 효율성을 증대시키고자 한다. 그리하여 많은 조직들에서 부서들간의 경쟁을 자극하여 각 부서별 성과를 증대시키는 방안으로 차별적인 보상 · 유인제도를 둔다. 이러한 차별적 보상은 조직의 전체 성과를 높인다는 이점은 있지만, 동시에 부서들간의 지나친 경쟁과 대립을 조장하여 갈등의 원천이 될 수 있다.

4) 제한된 자원

대부분의 조직자원은 제한되어 있으며, 이러한 제한된 자원을 놓고 부서들간에 상당한 경쟁이 있게 된다. 조직내 다양한 행위주체들간에 자원분배에 있어서의 합의를 이끌어 내기가 쉽지 않은 것이다. 예를 들어 대학조직에서 매년 학교예산배정을 둘러싸고 부서들간에 상당한 이견과 경쟁관계가 출현할 수 있다. 부속병원에서는 가능한 많은 예산을 새로운 의료기자재 도입이나 병원의 임상이나 실험실을 확충하는 것에 배정할 것을 기대하는 반면, 대학도서관에서는 보다 많은 최신장서를 구입하고 기타 최신정보시설을 확보하는 데 배정할 것을 기대한다. 대학병원이 최신기자재로 완비하고, 좋은 의료시설을 갖추고, 그리고 도서관에 장서가 충분히 구비되고, 기타 첨단자료시설들을 갖추는 것은 좋은 대학이 되기 위한 중요한 요건이다. 문제는 대학의 한정된 예산으로 이 모두를 동시에 추진하기 어렵다는 것이다. 이에 따라 병원측과 도서관

간에 예산배정을 둘러싸고 갈등이 빚어질 수 있다. 마찬가지로 복지예산확충이나 사회간접자본확충 등의 예산배정을 둘러싼 정부부처간의 갈등도 이러한 제한된 자원에 의해 야기되는 갈등의 일례이다.

5) 지위불일치

조직내에는 여러 지위체계가 존재한다. 상급자가 하급자에게 지시하는 것은 조직의 위계구조에 의해 정당화되기 때문에 갈등으로 발전할 개연성은 상대적으로 적다. 그러나 때로는 업무추진과정에서 상급자가 하급자로부터 지도나 지시를 받아야 하게 되는 경우가 있을 수 있다. 이와 같은 경우 지위불일치가 일어나고 갈등상황이 나타날 수 있다. 예를 들어 오늘날과 같이 컴퓨터가 조직활동에 급속하게 확산되면서 이러한 종류의 지위불일치 현상은 흔히 나타난다. 즉 컴퓨터에 능숙한 신입사원이 업무추진과정에서 컴퓨터문맹인 상급자의 지위를 위태롭게 하면서 이 둘 간에 지위불일치의 갈등이 있을 수 있다.

6) 영역의 모호성

조직에서는 각 부서별로 업무영역이 분할되지만, 실제 많은 조직에서 이러한 업무영역이 칼로 긋듯이 명확한 것은 아니다. 특히 부서들간의 경계부분에서 이러한 영역의 모호성은 흔히 있게 된다. 영역의 모호성이라는 문제는 조직이 일상적으로 돌아가는 평상시에는 별 문제가 되지 않는다. 그러나 문제가 발생하게 되면, 특히 중요한 고과상의 보상이나 책임문제가 걸리는 경우, 관련부서들간에 첨예한 갈등상황이 벌어질 수 있다. 큰 보상이나 이권이 걸려 있는 경우에는 서로 자기부서의 공으로 돌리고자 자기영역이라고 주장하겠지만, 중대과실의 책임문제가 걸려 있는 경우에는 서로 자기 소관이 아니라고 미루는 경우가 비일비재하다. 예를 들어 도시가스폭발과 같은 대형사고가 발생하게 되면, 각 관할행정부서들간에 서로 발뺌에 급급하고 책임소재를 두고 이들 부서들간에 갈등상황이 나타나는 것은 이러한 영역의 모호성에서 비롯되는 것이다.

7) 지각의 차이

사물에 대한 지각이 서로 상이한 사람들간의 상호작용에는 갈등이 나타날 가능성이 크다. 이러한 지각의 차이는 개인 성격에서부터 매우 다양한 요인에서 비롯되지만, 조직연구에서 관심을 두는 부분은 업무분화에서 비롯되는 시각의 차이이다. 기능적으로나 계층적으로 상이한 조직단위에 위치한 구성원들간에 하나의 조직현안을 놓고 서로 지각하는 바가 달라질 수 있다. 동일한 사안을 두고 상급자가 지각하는 내용과 생각은 하급자가 지각하는 것과 다를 수 있으며, 생산부서와 판매부서간에도 지각차이가 존재할 수 있다. 1980년대 후반 국내 각 연구기관에서 행정직노조를 중심으로 추진되었던 단일호봉제에 대한 연구부와 행정관리부간의 시각차도 이러한 일면을 보여 주는 것이다. 또한 근래 들어 각 기업에서의 연봉제나 정리해고를 둘러싼 여러 논쟁들도 상당부분 경영진과 일반 구성원들간의 지각차이에서 비롯된다.

8) 의사전달장애

의사전달과정에서의 장애도 갈등의 요인이 될 수 있다. 그러나 앞에서의 여러 요인들이 조직에 내장된 피할 수 없는 것들이라면, 의사전달장애에 의한 갈등은 보다 원활하고 투명한 의사전달체계를 확보함으로써 어느 정도 완화될 수 있는 갈등이다.

이상의 갈등의 요인은 보다 거시적인 틀에서 조명하게 되면 궁극적으로 조직의 환경 · 기술 · 사회구조 · 조직문화와 관련된다(Hatch, 1997 : 313-315). 우선 환경은 조직내의 다양한 분화를 가져오는 일차적 요인이다. 환경의 요건에 따라 조직에서 분화가 이루어지고, 조직내에 이해관계가 다른 하위집단들이 출현하게 되기 때문이다. 마찬가지로 기술도 부서들간의 과제의 설정이나 분할에 직접적으로 관련되고, 환경과 마찬가지로 부서들간의 분화와 역학관계에 영향을 미치게 된다. 또한 조직내에는 하위집단들간에 다양한 하위문화가 있다. 이러한 다양한 하위문화도 조직내의 갈등의 원천으로 작용한다. 예를 들어 특정의 연구산물을 놓고 과학자집단의 문화는 널리 공개해서 과학발전에 기여하고자 하는 것이지만, 경영자집단의 문화는 독점적으로 관리하여 기업이윤을 높이는 것이다.

3. 조직갈등에 대한 마르크스주의 시각

위계구조로 대표되는 조직의 사회적 구조는 조직내의 수직적 갈등의 조건을 마련한다. 조직의 수평적 갈등에 대해서는 연구가 상당부분 집중적으로 이루어져온 데 비해, 수직적 갈등이라는 문제는 상대적으로 덜 비중 있게 다루어졌다. 여기에는 무엇보다도 조직의 수직적 갈등이라는 것이 조직내의 권위관계를 중심으로 야기되는 문제이고, 기본적으로 조직의 권위가 정당하게 행사되는 한에 있어서는 이러한 갈등은 그 자체 문제성 있는 것은 아니라는 생각이 깔려 있기 때문이다. 그러나 마르크스주의 관점은 조직위계상의 이러한 수직적 갈등의 문제를 조직갈등의 가장 핵심으로 본다. 여기에서 가장 중심적으로 고찰하는 측면은 자본과 노동으로 갈라지는 조직의 수직적 계급관계이다.

마르크스주의 시각은 조직갈등에 대하여 가장 급진적인 시각을 대표한다. 여기에서 조직의 본질은 단순히 효율성을 극대화시키기 위해 고안된 기술체계가 아니라, 통제와 이윤을 극대화하기 위해 고안된 자본가의 권력지배체계이다. 조직의 위계구조는 조정을 위한 합리적 수단이기보다는 노동자로부터 잉여를 착취해 내고 자본을 축적하기 위한 도구로서 발달된 것이다(Stephen Marglin, 1974). 조직위계구조에 대한 이러한 마르크스주의 사고는 권위관계를 기본적으로 조정이라는 차원에서 이해하는 여타의 시각과 크게 배치되는 것이다.

마르크스주의 접근에서는 조직이 목표를 추구하기 위한 합리적 도구라는 가정 자체가 '누구의' 목표가 달성되고 있는가 하는 핵심적 문제를 간과하고 있다고 비판한다. 예를 들어 현대사회의 노동과정의 자동화는 한편으로는 노동자를 더욱더 철저히 지배하는 과정이자 동시에 노동자의 소외를 크게 증대시키는 과정이다. 이러한 자본주의 조직과정에서 갈등은 필연적이며, 오히려 새로운 사회로의 변혁을 위해 더욱더 강렬해질 필요가 있다.

조직에서의 통제 또는 규정 · 절차 · 공식적 규칙들은 그 자체가 노동자들에 대한 통제 및 이에 대한 정당화의 과정이다. 여러 공식적인 규정과 절차에 의한 지배는 권력위계의 제도화이며, 이것의 효과는 다름 아닌 조직내 지배종속관계를 정당화시키고 비가시화시키는 것이다. 기존의 조직시각에서 강조하는 합의나 합리성 자체가 이데올로기이다. 즉 지배계급에 대한 비판의식을 호도하고, 기존의 질서를 정당화시키기 위해 사용되는 이데올로기인 것이다(Richard Edwards, 1979). 이러한 마르크스주의 접근은 조직갈등의 문제를 지나치게 계급의 차원으로 획일화시킨다는 문제가 있다. 현대조직에서의 다양한 갈등양상들을 고려할 때 갈등에 대한 이러한 계급중심의 단차원적 접근은 그 범위를 지나치게 협소하게 국한시키는 것이다.

근래에 들어와 마르크스주의 사고를 근간으로 하면서 조직갈등의 문제를 계급갈등에 국한시키지 않는 급진적 시각이 출현하고 있다. 이들은 조직의 권력 · 갈등 · 변

[도표 12-2] 조직권력과 갈등에 대한 시각 : 단원적 · 다원적 · 급진적

	단 원 적	다 원 적	급 진 적
관 심	공동의 목표	느슨한 연합체	사회구성체내의 '계급'
갈 등	드물고, 일시적, 일탈적 현상, 관리적 조치에 의해 해소가능	편재적, 해소불가	편재적, 사회일반 변화를 위한 추동력
권 력	권위적 관계, 통제란 공동목표 달성을 위한 요건	총체적 불평등, 영가적 현상, 지배집단의 통제하에 있음	총체적 불평등, 영가적 현상, 지배집단의 통제하에 있음

자료 : Gareth Morgan, 1986 : 264-265.

혁이라는 문제들을 조직의 본질로서 보고, 이러한 조직현실에 대한 보다 포괄적인 정치경제적 접근을 시도한다. 이에 따라 갈등의 원천으로서 조직에서의 성별관계 · 인종 등의 여러 다양한 요인들이 새롭게 주목되고 있다. 특히 벤슨(Kenneth Benson, 1977) 등의 현상학적 지향의 급진적 이론가들은 사회실재를 규정하는 권력의 힘에 관심을 주목하였다. 벤슨에 의하면 어느 특정시점에서의 조직이란 기존의 권력관계가 응축된 실재이다. 따라서 조직이 갖는 역동성은 기존의 실재를 재구성하는 자기파괴적 과정을 필연적으로 포함하게 된다. 그리하여 조직에는 기존의 실재를 유지하고자 하는 세력과 조직변동의 과정에서 새로운 실재를 추진해 나가고자 하는 세력간에 항상 긴장과 갈등이 내재하게 된다는 것이다.

4. 갈등의 관리

1) 갈등관리에 대한 시각

조직갈등에 대한 여러 시각에는 그 저변에 좁혀지기 힘든 근본적인 인식의 차이가 자리하고 있다. 이러한 인식상의 차이는 갈등에 대한 분석과 관리방법에서의 차이로 이어진다. 특히 갈등의 관리나 통제에 대한 접근방식에 있어서 그 시각의 차이는 매우 크게 벌어진다. 급진적 이론가들에게는 갈등의 해소나 관리라는 용어는 아예 없다. 그러한 시도 자체가 조직갈등의 본질을 호도하고자 하는 구체적인 관리자의 의도로 간

주된다. 따라서 갈등의 완화 · 회피 등의 구체적인 전략들에는 관심이 없다. 오히려 조직이 효율성이라는 명분하에 조직의 지배관계를 은닉하고 있는 한 그러한 갈등을 내장하고 있는 구조의 근본적인 변혁이 없이 갈등관계의 일시적 해소는 오히려 현실을 악화시킬 뿐이라고 본다. 즉 지배를 중심논리로 하는 조직에서 갈등은 필연적인 것이며, 조직갈등의 해결 등의 문제는 의미가 없다는 것이다. 그러나 여타의 조직관점에서는 조직에서의 갈등이란 어쨌거나 관리 · 통제되어야 하는 것으로 보는 시각이 지배적이다. 특히 갈등에 대한 보수적인 입장에서는 갈등의 효과적인 통제와 관리에 많은 노력을 기울여 왔다. 따라서 여기에서는 갈등 그 자체에 대한 관심보다는 갈등관련 당사자들간의 갈등조정을 위한 다양한 전략들이 모색된다.

2) 조직갈등의 해소방안

갈등을 완화시키고 회피하기 위한 구체적인 전략에는 다음과 같은 것들이 있다(오석홍, 1985 : 602-605 ; 윤재풍, 1986 : 313).

(1) 상호문제해결

갈등을 일으키고 있는 당사자들간의 직접 접촉으로써 갈등이 되는 문제를 공동으로 해결하게 하는 방식이다. 당사자들이 협동적인 문제해결능력을 가지고 있을 때 이 방법은 효과적이다. 이러한 방식은 의사전달상의 문제로 발생한 갈등에는 효과적이지만 보다 직접적인 이해관계가 걸린 사안에서는 별 효과가 없다.

(2) 상위목표의 제시

상위목표(superordinate goal)는 한 개 부서 힘으로만은 달성이 어려워 여러 부서들의 협력관계로서만 달성될 수 있는 목표이다. 상위목표의 제시는 갈등을 일으키고 있는 당사자들이 공동으로 추구해야 하는 상위목표를 제시하여 갈등을 완화시키는 방법이다. 즉, 공동의 과제, 프로젝트 등 당사자들간의 협력을 통해서만 달성할 수 있는 상위목적을 제시하는 것이다.

(3) 여유자원의 증대

자원의 증대는 조직내 전체적인 가용자원을 늘려 자원을 둘러싼 갈등상황을 해소하는 것이다. 희소자원을 둘러싸고 벌어지는 경쟁에서 초래되는 갈등을 해소하는데 가장 효과적인 방법이다.

(4) 회　피

회피는 갈등을 야기하는 의사결정을 보류·회피하거나 갈등당사자들간의 접촉을 피함으로써 갈등상황을 억제하는 방법으로 단기적으로 갈등을 완화시킬 수 있다.

(5) 완　화

완화는 갈등 당사자의 차이를 무시하고 유사점이나 공동이익을 강조하여 갈등을 완화하고 해소하는 방법이다.

(6) 타　협

타협은 당사자들이 대립되는 주장을 부분적으로 양보하여 공동의 결정에 도달하도록 하는 방법이다. 이러한 타협에는 당사자들간의 협상과 제3자에 의한 중재가 포함된다.

(7) 공식적 명령

구성원들의 의견대립에 의한 갈등을 공식적 권위에 의하여 상급자가 명령으로 해소하는 것이다.

(8) 조직구조의 재조정

조직구조상의 변화를 통해 갈등을 해소하는 것이다. 예컨대 갈등관계에 있는 부서들간의 업무상의 상호의존성을 줄이게 되면 상호의존성으로부터 비롯되었던 갈등은 사라지게 된다. 이외에도 갈등부서들을 통합시키거나, 상호작용을 늘리는 것도 갈등을 줄이는 방법이다. 조직구조의 재조정을 통한 갈등해소는 다른 방법에 비해 비교적 문제가 되는 갈등의 근본원인을 제거한다는 이점이 있다.

이상의 다양한 방법들이 갈등을 완화하고 해소시키는 데 동원되지만, 갈등이 사라지는 것은 아니다. 갈등해소안은 대부분 미봉책에 머무르는 경우가 많다. 결국 조직에서 갈등의 관리란 갈등을 완전히 제거하는 것이라기보다는 관리할 만한 수준으로 유지하는 것으로 귀착되게 된다.

조직갈등에 대한 포스트모더니즘적 시각은 조직을 구성하는 요소들의 다양성을 강조한다. 본질적으로 다양성이 있을 수밖에 없는 상황에서 합의나 통합은 어쨌거나 갈등을 내장할 수밖에 없다는 인식이다. 조직에서 굳이 조화나 통합을 내세우는 사람들은 사실 기존체제에서의 상당한 기득권을 갖는 사람들로서 다양성을 억압하고, 변화를 저지시키고, 기존체제를 계속 유지하고자 하는 사람들일 가능성이 높다. 즉 변화를 저지시키고 기존체제에서의 그들의 기득권을 계속 향유하고자 하는 것이다.

사례

찬밥 부처들 영역 다툼

SK텔레콤의 하나로텔레콤 인수 인가를 위한 정보통신심의위원회를 앞두고 부처는 부처대로, 이해 기업들은 기업대로 치열한 신경전을 보이고 있다. 새 정부에서 정보통신부가 통폐합되고, 친기업 정책에 따라 기업 검찰인 공정거래위원회의 위상도 예전 같지 않을 것으로 예상되면서 기업들도 거세게 자기 주장들을 펼치고 있는 모습이다. 한마디로 업무영역을 둘러싸고 관계당국은 고유 영역을 내세우며 대립각을 세우고, 업체들은 이 틈을 타 공개적으로 당국에 대한 반발수위를 높이는 모습이다.

정보통신심의위원회가 공정위가 부여한 조건들을 무시한 결정을 내릴 경우 제3의 부처가 조정에 나설 수밖에 없는 상황도 벌어질 것으로 우려된다. 지난 15일 공정거래위원회가 전원회의에서 SK텔레콤(017670)의 하나로텔레콤 인수를 허용하되 주파수 재분배 등의 조건을 붙여야 한다는 의견을 제시한 뒤 정보통신부는 물론 SK텔레콤과 하나로통신이 적극 반발하고 있다. 정보통신부는 전원회의가 그날 오후 8시가 넘어 끝났음에도 즉각 자료를 내고 주파수 문제는 "공정위 소관이 아니라, 전파법, 전기통신사업 법규정에 따른 정통부 장관의 소관사항"이라며 반발했다. 공정위가 전원회의 결과를 발표하면서 정보통신부가 자신들의 결정을 감안하지 않은 결정을 내릴 경우 별도 시정조치를 내릴 수 있다고 압박한 것과 대척점을 이루고 있다.

해당 기업들도 강력 반발하고 나섰다. SK텔레콤은 공정위의 인가 조건을 받아들일 경우 하나로텔레콤 인수 시너지가 없다며 공정의 결정을 받아들일 수 없다고 강력 반발했다. 하나로텔레콤은 SK텔레콤에 인수되지 않을 경우 회사 생존이 위협받을 수 있다고 협박에 가까운 불만을 토로했다. 관련 부처들이 새정부 출범과 함께 힘이 약화될 것이라는 전망 아래 기업들이 자기 주장을 대놓고 펴고 있다는 지적도 나오고 있다.

정보통신부는 새정부 출범과 함께 부처가 폐지되고 기능별로 방송통신위원회와 지식경제부로 흩어진다. 공정거래위원회 역시 참여정부 시절 대표적 재벌 규제 부처로서 경제 검찰로까지 불렸지만 친기업 을 표방하는 새정부 아래에서는 아무래도 힘이 약화될 것이라는 전망이 우세하다. 이같은 배경 때문에 정보통신부는 지식경제부에서의 입지를 위해, 그리고 공정위는 여전히 기업들에게 영향을 미치고 있음을 보여주기 위해 더 강한 모습을 보여 주는 것이 아니냐는 시각까지 나오고 있다.

통신업체들은 이해가 첨예하게 갈리고 있는 만큼 정보통신정책심의위원회에서 어떠한 결정이 나더라도 불만을 제기할 것으로 보인다. 정보통신정책심의위원회 뒤 양부처가 어떤 방식으로 부처 위상을 훼손하지 않고 SK텔레콤과 하나로통신의 기업결합건을 마무리 지을지 관심이다.

자료 : 이데일리, 2008. 2. 19.

제13장
리 더 십

1. 리더십이란

조직에서 리더십은 구성원의 태도나 행동을 조직목표의 실현에 기여하는 방향으로 지도하는 능력이다. 이러한 리더십은 주어진 상황에서 일정한 목표달성을 위해 리더가 구성원 또는 집단에 대한 영향력이나 권력을 행사하는 것을 의미한다. 이러한 의미에서 리더십은 본질적으로 권력의 행사이며, 권력은 리더십의 필수적인 원천이다. 이와 함께 리더십은 권력의 일방적 행사로서보다는 구성원의 자발적인 동의를 이끌어내는 능력이라는 측면도 강조된다. 에치오니(Amitai Etzioni, 1965)는 리더십을 "지도자의 개인적 자질에 토대하며 광범위한 문제들에 관하여 추종자들에게 자발적인 동의를 이끌어내는 능력"이라고 정의하고 있다(유영옥, 1997 : 328). 권력관계를 강조하든, 구성원들의 자발적인 추종을 강조하든, 공통적으로 리더십의 주요기능은 조직구성원들의 활동을 통합 · 조정하는 것이다.

셀즈닉(Philip Selznick, 1957)은 리더십의 역할을 외부환경과 내부환경을 중심으로 가장 효율적인 조직목적과 사회적 역할을 설정하는 것으로 보았다. 즉 조직의 사명과 목적을 조직제도와 구조에 반영시켜 조직이 갖고 있는 기본적 성격을 구현하며, 조직이 지향하는 가치와 특징을 추구하고, 조직구성원들이나 집단들간의 갈등을 조정하여 조직의 안정을 기하며, 구성원들간의 상호협력을 촉진시키는 것이다(오석홍, 1985 : 565).

리더십에 대한 연구는 리더의 개인적 자질이나 특성에 대한 관심에서 시작되어 사회심리적 측면, 리더행동, 나아가 조직의 구조적 특성이나 상황에 대한 관심으로 발전되어 왔다. 즉 리더의 개인적인 자질과 특성의 파악에 주력한 특성이론으로부터 외부로 드러난 리더의 행동스타일에 주목한 행태이론, 이어 리더십을 특정의 상황과 연계시킨 상황이론, 나아가 구성원행동의 귀인을 규명하는 귀인이론들로 발전되어 왔다(양창삼, 1993 : 613-615). 이와 함께 최근의 이론들은 급변하는 환경에 맞추어 구성원들에게 새로운 비전을 제시하고 조직변혁을 성공적으로 이끌어내는 리더의 능력에도 관심을 기울이는 추세이다(Robbins, 1998 ; Hellriegel et.al., 1998). 이 장에서는 초기 이론에서부터 최근에 이르기까지의 리더십의 다양한 이론들을 살펴보고, 이어 여성리더의 증가, 팀리더십의 확산, 구성원들에 대한 권한부여 등과 같은 현대조직에서 리더십과 관련하여 관심이 늘고 있는 몇 가지 측면들에 대해 보기로 하겠다.

2. 특성이론

초기의 리더십이론은 효과적인 리더에게는 남과 다른 개인적인 특성이 있다는 가정하에 리더들이 가지고 있는 일련의 개인적인 자질이나 능력에서의 공통적인 특성을 규명해 내는 데 관심을 집중하였다. 이러한 초기이론을 대표하는 특성이론(trait theory)은 리더와 리더가 아닌 사람을 구별할 수 있는 특징이나 특성이 존재한다는 가정에 토대한다. 따라서 특성이론이 관심 갖는 부분은 성공적인 리더가 지닌 지적 · 인성적 · 물리적인 특성이다. 이러한 특성이론은 1950년대까지의 리더십연구를 주도하였다.

특성이론의 틀에서 리더의 특별한 품성이나 능력을 규명해 내고자 하는 연구가 이루어지고 리더의 특성으로서 특정의 인성 · 정신력 · 상상력 · 판단력 등의 수많은 요소들이 제시되었다. 그러나 리더의 특성이라고 규명된 것들간에 상호배타성이 나타나기도 하고, 또한 일관성 있는 리더특성들을 규명해 내는 데도 여러 어려움이 제기되었다. 리더의 특성과 리더십간의 인과관계에서도 의문이 제기되었는데, 예컨대 리더의 중요한 특성으로서의 자기확신성은 리더십의 원인으로 볼 수도 있지만 동시에 리더가 됨으로써 갖게 된 특성일 수도 있다는 인식이다. 더 중요하게는 리더의 개인적 자질이 리더십연구의 보다 근원적 관심이 되는 조직의 효과성이라는 측면에서 차지하는 비중이 매우 미미하다는 사실이 인식되게 되었다. 또한 리더가 지니고 있다고 간주되는 개인적 특성의 규명에 지나치게 주력하면서 리더십이 행사되는 특정의 조직상황이나 환경을 간과하고 있다는 비판도 제기되었다.

3. 행태이론

리더들이 지닌 보편적인 개인적 자질이나 특성을 규명해 내는 데 여러 문제점들이 드러나면서 리더의 보편적인 행동스타일의 측면에 관심을 두는 리더십의 행태이론(behavioral theory)이 출현하였다. 행태이론은 리더십의 가장 중요한 측면은 리더가 여러 상황에서 실제 행동하는 스타일이라는 점을 강조한다. 즉 성공적인 리더와 성공적이지 못한 리더는 그들의 행동스타일에 의해 구별된다는 것이다. 그리하여 행태이론은 효과적인 리더의 행동유형을 규명해 내는 데 이론적 관심을 집중하였다. 행태이론은 아이오와 · 오하이오 · 미시간 · 하바드대학교 등의 각 연구팀이 주축이 되어 1950년대에서 1960년대까지 리더십연구를 주도하였다. 이러한 연구는 공통적으로 리더와 구성원의 관계를 중심으로 리더의 행동유형이 업무성과와 구성원의 만족도에 영향을 미친다는 가정에 토대하고 있다(김선봉, 1996 : 148).

1) 아이오와연구

레빈(K. Lewin), 리핏(R. Lippit), 화이트(R. White) 등이 중심이 된 아이오와대학교 연구에서는 리더의 행동유형을 독재형 · 민주형 · 자유방임형의 셋으로 구분하였다(유영옥, 1997 : 332-333).

독재형 독재형 리더행동은 리더가 권한 및 의사결정권을 독점하고 하위구성원에게는 필요한 범위내의 지시나 최소한의 정보만 제공하는 행동스타일이다. 따라서 구성원은 아무런 실질적인 의사결정권한이 없이 명령대로 실행만 하는 관계이다. 이러한 리더십유형에서는 구성원이 리더에 대하여 공포와 적대심을 갖게 되고, 구성원들의 만족도가 낮은 경향이 있다.

민주형 민주형 리더행동은 조직관리의 분권화를 강조하고 의사결정 등의 조직활동을 구성원과의 협의나 참여에 의해 하는 행동스타일이다. 문제해결 등의 과제는 집단이 공동으로 수행해야 할 문제로 간주되며, 리더와 구성원은 하나의 사회단위로서 행동하게 된다. 이러한 유형에서 리더의 기능은 주로 구성원의 자발적 활동에

[도표 13-1] 리더십유형 비교 : 독재형 · 민주형 · 방임형

독 재 형	민 주 형	자유방임형
리더에게 반감표시	리더를 존경	리더를 타인시
직업량은 많으나 질은 낮음	작업량과 질 우수	낭비와 파손품이 많음
의견교환이 제한적	의견교환이 활발	의견교환이 없음
성원간의 적대심 및 공격심	성원간의 상호관계 원만	독자적 행동
내적 불만 · 연대감 부족	성의와 연대감을 가짐	연대감 없음
의존적이며 복종적	자발적 행동	무질서적
개성을 발휘하지 못함	통찰력 발휘	개성이 강함

자료 : 김선봉, 1996 : 155.

대한 조정자의 역할이다.

자유방임형 자유방임형은 목표설정이나 문제해결을 전적으로 구성원 스스로 하도록 방임하는 리더스타일이다. 따라서 구성원은 스스로 훈련하고 과제수행에의 동기화가 이루어져야 한다. 이러한 유형에서는 구성원에게 지나친 자유가 허용됨으로써 사실상 리더로서의 가이드가 적절히 이루어지지 못하거나, 집단규율의 일관성을 유지하기가 곤란해지는 경우가 나타날 수 있다.

2) 오하이오연구

오하이오대학교의 리더십연구는 리더행위를 구조주도적 요소와 배려적인 요소로 구분하였다. 이러한 분류는 리더십행위가 단일차원이 아닌 둘 이상의 차원을 지닌다는 것을 의미하는 것이다. 이들은 요인분석을 통해 리더십 행동스타일에서 배려성 · 구조주도성 · 생산중심성 · 사회적 감수성 등의 요인을 규명해 내었다. 여기에서 다시 사회적 감수성을 배려에 포함시키고, 생산중심을 구조주도에 포함시켜 리더행동을 구조주도적인 것과 배려적인 것의 두 차원으로 구분하였다(김선봉, 1996 : 156-158 ; 최창현 외, 1996 : 257-258).

구조주도형 리더십 구조주도형 (initiating structure) 리더십은 구성원의 과업환경을 구조화시키는, 즉 업무나 구성원을 조직화하는 과업 및 목표지향성을 띤 지시적 성격의 리더십유형이다. 이러한 리더는 구성원들간의 관계를 규정하고 과업을 설정 · 배정하며, 역할을 정하고 조직의 패턴, 직무수행절차, 지시 및 보고 등 집단내 의

[도표 13-2] 오하이오 · 미시간 · 하바드 연구의 비교

	과 업 형	인간관계형
오하이오	구조주도형	배 려 형
미 시 간	생산지향형	구성원지향형
하 바 드	과 업 형	사회정서형

사전달경로를 분명히 하는 한편 성과도 구체적으로 평가하는 행동유형을 가지고 있다.

배려형 리더십 배려형(consideration) 리더십은 구성원과의 관계를 중요시하고 리더와 구성원, 구성원들간의 신뢰 · 상호존중 · 온정, 그리고 상호협력 등 구성원의 개인적 욕구를 인정하는 지원적 리더유형이다.

일반적으로 이 두 차원 모두에서 높게 나오는 리더들이 구성원들의 작업수행능력이나 만족도가 높은 경향이 있다. 반면에 이 두 차원 중 구조주도형에서만 높은 리더들은 구성원들의 반감이나 무관심이 높은 경향이 있고 반대로 배려형에서만 높은 리더들은 과제성취능력이 낮은 경향이 있다. 그러나 연구에 따라서는 예외적인 결과도 나오고 있어 리더행태유형과 과제수행능력, 구성원만족도 간에 확고한 인과관계의 규명에는 어려움이 있는 것으로 지적된다(Robbins, 1998 : 350).

3) 미시간연구

미시간대학교의 리더십연구는 리더십행동에 있어 직무와 구성원 중 어느 것을 강조하는가에 따라 생산지향형 리더십과 구성원지향형 리더십을 구분하였다.

생산지향형 생산지향형(production-oriented)은 직무요인과 생산성과를 강조하며 면밀한 감독과 통제에 의한 리더행동이다.

구성원지향형 구성원지향형(employee-oriented)은 구성원의 인간관계적 측면을 강조한다. 이 유형은 구성원들의 다양한 욕구와 개성을 배려하고 인간적인 접근을 한다.

4) 하바드연구

하바드대학교의 리더십연구는 리더유형을 과업형 리더와 사회정서형 리더의 두 유형으로 나누었다. 과업형 리더는 명령지향적으로 구성원으로 하여금 과업수행을 위한

제안은 허용하되 리더 자신의 의견을 앞세우는 데 비하여, 사회정서형 리더는 구성원의 의사표현의 기회를 보다 많이 허용하고 그 의견을 반영하는 심리적 후원을 한다.

오하이오 · 미시간 · 하바드의 리더십연구를 종합하면, 크게 과업형과 인간관계형으로 구분된다. 즉 오하이오연구의 구조주도, 미시간연구의 생산지향, 하바드연구의 과업주도형은 과업형으로, 오하이오연구의 배려형, 미시간연구의 구성원지향, 하바드연구의 사회정서적 리더십은 인간관계형으로 분류될 수 있다.

5) 관리그리드모형

블레이크와 머튼(R.R. Blake and J.S. Mouton, 1964)은 리더십을 생산에 대한 관심과 인간에 대한 관심의 두 개의 차원으로 결합시킨 관리그리드(managerial grid)모형을 제시하였다. 생산과 인간에 대한 관심이 모두 높은 리더가 이상형이지만, 현실적으로는 이 두 측면의 조합에 따라 리더에는 여러 유형이 있게 된다. 관리그리드모형에서는 두 개의 차원을 결합하여 리더의 행동을 다섯 가지로 구분하였다(최창현 외, 1996 : 258-260; 오석홍, 1985 : 578-579).

첫째, 무관심형으로 생산과 인간에 대한 관심이 모두 낮은 리더유형이다. 즉 리더가 성과와 인간 모두에 대해 잘 해보고자 하는 관심이나 노력이 거의 없으며, 주로 조직내 자신의 지위를 유지하기 위한 최소의 노력만을 하는 유형이다.

둘째, 친목형으로 인간에 대한 관심은 높은 반면, 생산에 대한 관심은 낮은 유형이다. 리더는 주로 구성원의 욕구와 만족에 관심을 갖고 인간적인 분위기를 조성하는 데 주로 주력하는 인기 위주의 리더유형이다.

셋째, 과업형으로 생산에 대한 관심은 높은 반면, 인간에 대한 관심은 낮은 유형이다. 업무수행에서의 인간적인 요소는 최소화시키고 과업에 대한 능력을 중시하는 리더유형이다.

넷째, 타협형으로 인간과 생산에 반반씩 관심을 두는 유형이다. 생산에서의 능률과 인간적 요소를 절충하여 대충 만족할 정도 수준의 성과를 지향하는 유형이다.

다섯째, 단합형으로 생산 및 인간에 대한 관심이 모두 높은 유형이다. 즉 조직의 목표달성을 위하여 조직과 조직구성원의 상호의존관계와 공동체의식을 강조함으로써 구성원들간에 신뢰와 존경의 관계가 형성되고 조직목표달성을 위해 헌신하도록 유도하는 유형이다.

블레이크와 머튼은 이 중 단합형을 가장 이상적인 리더십의 유형으로 제시하고 유능한 리더의 육성을 위하여 이러한 자질을 증진시킬 수 있는 폭넓은 훈련프로그램을 개발해야 한다고 주장하였다. 실제로 이들은 관리그리드훈련을 거친 조직에서는 구성원의 행위가 변화하고 생산성이 증가한다고 주장하였다.

리더특성을 강조하는 특성이론에서는 기본적으로 리더는 타고난 특성에 의해 결정된다. 반면에 행태이론에서는 리더의 독특한 행동스타일은 타고난다기보다는 학습의 결과라고 본다. 그러나 특성이론과 마찬가지로 리더십행태이론 역시 어떤 행동유형이 가장 성과가 높은가에 대하여 명쾌하게 답하지 못한다는 한계가 있다. 예를 들어 민주적 리더십이 독재적 리더십보다 구성원의 만족도도 높고 효과적이지만, 조직이 위기상황에 있을 때는 오히려 독재적 리더십이 효과적일 뿐 아니라 구성원의 만족도도 더 높을 수가 있다. 이 때문에 리더십에 대한 유형화가 이루어진다고 해도 이들

[도표 13-3] 관리 그리드모형

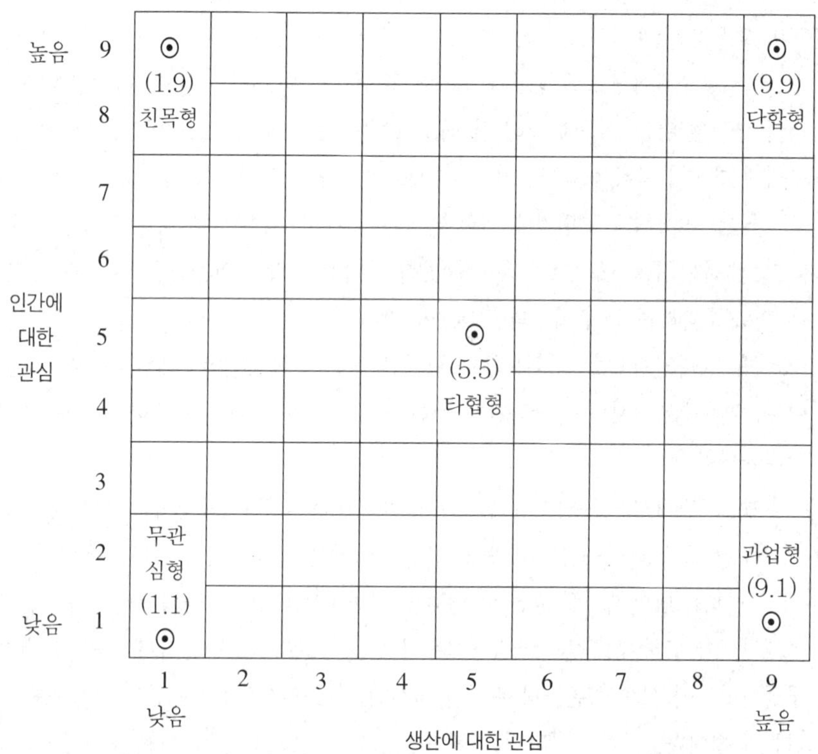

자료 : 최창현 외, 1996 : 259.

유형 중 어떤 유형이 언제 효과적인가 하는 것은 명쾌하게 예측될 수 없다는 문제가 있는 것이다. 무엇보다도 각 유형의 효과성은 조직이 과제 · 특성 등의 당면한 특정상황에 따라 달라진다. 여기에서 리더십을 상황과 연계시켜 설명하는 리더십의 상황이론이 나오고 있다.

4. 상황이론

상황이론(contingency theory)은 1960년대 이후 행태이론의 문제점을 비판하면서 출현하였다. 이 이론의 핵심은 상황에 따라 리더십스타일의 유효성이 달라진다는 것이다. 즉 상황에 따라 리더십의 효과가 달라지기 때문에 가장 효과적인 리더의 보편적인 유형은 없으며 상황적 요건에 가장 적합한 리더가 가장 효과적인 리더이다. 상황이론에서는 유효성이 리더십스타일 뿐 아니라 리더십이 행사되는 상황에 의해 결정된다고 보기 때문에 리더십행사에 영향을 미치는 주요 상황을 중심으로 리더와 상황과의 관계를 연구하였다. 효과적인 리더십에 영향을 주는 상황적 요소에는 리더와 구성원의 특성, 과업의 성격, 집단의 구조 및 특성 등이 고려되었다(김선봉, 1996 : 149-153 ; Hellriegel, et.al. 1998 : 310-331).

1) Fidler의 상황이론

피들러(F.E. Fiedler, 1967)는 리더십의 유효성이 상황의 호의성에 의해 결정된다고 보았다. 상황의 호의성은 리더가 영향력을 행사하는 데 있어서의 상황의 유리함을 나타내는 정도이다. 피들러는 이러한 상황의 호의성을 결정하는 상황변수로 리더와 구성원관계, 과업의 구조화정도, 리더의 지위권한의 세 가지를 제시하였다.

(1) 리더와 구성원관계

리더와 구성원관계(leader-member relations)는 리더가 구성원들로부터 받는 신임과 충성의 정도, 리더가 구성원들에 의해 매력적인 인물로 인지되는 정도를 나타낸다. 리더십 자체가 다른 사람들의 행동에 영향을 미치는 과정이므로, 구성원들이 리더를 지지하거나 신뢰하게 되면 구성원들이 리더에 대해 거부감을 갖거나 내키지 않는 순응을 하는 경우보다 리더의 영향력은 더욱 커지게 된다.

(2) 과업의 구조화 정도

과업의 구조화 정도(degree of task structure)는 과업내용이나 방법이 조직에서 구체적으로 규정되는 정도이다. 즉 과업이 어느 정도 구조화되어 있는가 하는 것은 과업의 목표가 얼마나 분명하게 설정되고, 누가 무엇을 언제 어떻게 수행할 것인가에 대한 업무상의 절차가 공식적으로 규정된 정도를 나타낸다. 과업이 구조화되어 있을수록 리더십행사에 유리하다.

(3) 리더의 지위권한

지위권한(leader's position power)은 리더의 공식적 지위에 수반되는 권력이며, 여기에는 보상과 처벌권, 공식적 권위, 그리고 리더에 대한 조직으로부터의 지원까지를 포함한다. 즉 리더의 지위권한은 리더가 집단구성원의 행동에 영향을 미칠 수 있는 능력으로서 공식적 · 합법적 · 강압적 권력 등을 포함한다. 특히 승진 · 해임 등의 상벌문제에 대한 리더의 권한은 매우 중요하며, 이러한 영향력이 클수록 리더의 지위권한은 강화된다.

이상의 세 가지 상황 변수가 상황의 호의성을 결정하게 되는데, 리더에게 가장 유리한 상황은 조직구성원이 리더를 따르고, 과업구조화의 정도가 높으며, 리더의 지위권한이 강력한 경우이다.

여기에다 피들러는 리더들이 자기가 가장 싫어하는 동료를 어떻게 평가하는가를 점수화시킨 LPC(the least preferred co-worker)척도를 만들고, 여기에서 나온 LPC점수를 토대로 리더를 과업지향형 또는 관계지향형으로 구분하였다. 피들러는 자기가 가장 싫어하는 동료를 관대하게 평가하는 높은 LPC점수의 리더를 대인관계에서 높은 수준의 만족감을 얻는 관계지향형 리더, 자기가 가장 싫어하는 동료를 부정적으로 평가하는 낮은 LPC점수의 리더를 과업성과에서 높은 수준의 만족감을 얻는 과업지향형 리더로 분류하였다.

상황의 호의성을 결정하는 세 변수를 조합하면 8가지 상황이 나오게 되는데, 이것을 호의성이 가장 좋은 상황에서 가장 나쁜 상황으로 크게 셋으로 나누고, 이것을 다시 관계지향형 리더와 과업지향형 리더 변수와 결합하면 [도표 13-4]와 같다(Robbins, 1998: 354-357). 이 모형에 의하면 과업지향적 리더는 상황적 호의성이 높거나 낮은 양극단에서 성과가 높게 나오고 호의성이 중간 정도인 상황에서는 성과가 가장 낮다. 반면에 관계지향적 리더는 상황의 호의성이 중간 정도의 상황에서 과업수행이 가장 효과적이다.

피들러의 상황이론은 리더십의 효과성이라는 문제를 특성이론이나 형태이론이 간과했던 상황과 연계시켜 보았다는 점에서 좀더 유용한 설명력을 갖는다. 그러나 모형의 핵심 변수인 LPC점수가 관계지향 · 과업지향리더의 타당한 척도인가 하는 것에 대해서는 문제를 안고 있다. 더군다나 반복된 연구에서 LPC점수의 신뢰도 자체도 매우 낮은 것으로 드러나고 있다(Robbins, 1998 : 357).

2) 경로-목표이론

하우스(R.J. House, 1971)는 리더의 행동에 영향을 미치는 상황변수의 실제적인 실험을 토대로 경로-목표이론(path-goal theory)을 전개하였다. 이 이론은 리더의 행동이 구성원의 동기 · 만족 · 업적에 어떠한 영향을 미치는가를 설명하는 것이다. 즉 작업목표 · 개인목표 및 목표달성경로에 대한 구성원의 인지에 리더가 어떻게 영향을 줄 것인가에 관하여 초점을 두고 있다. 경로-목표이론은 리더가 구성원에게 보상을 제공할

[도표 13-4] Fiedler의 상황의 호의성 · 리더십 유형 · 성과

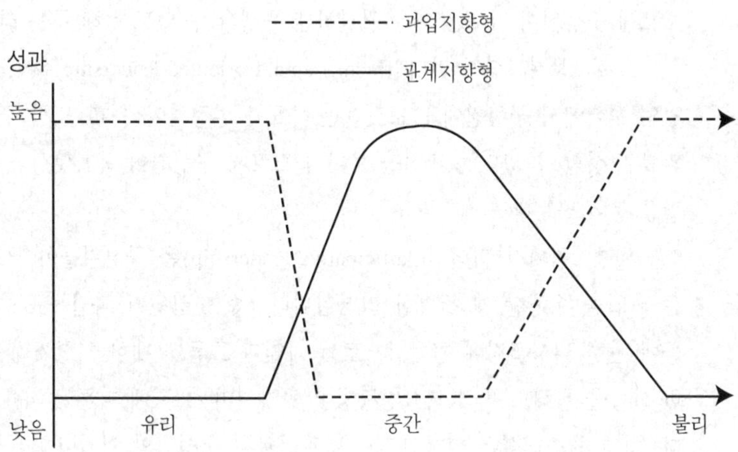

범 주	I	II	III	IV	V	VI	VII	VIII
리더-구성원 관계	좋음	좋음	좋음	좋음	나쁨	나쁨	나쁨	나쁨
과업의 구조화 정도	높음	높음	낮음	낮음	높음	높음	낮음	낮음
리더의 지위권한	강	약	강	약	강	약	강	약

자료 : Robbins, 1998 : 356.

수 있고, 특정목표를 달성한 구성원에게 보상을 계속 제공함으로써 유효한 리더가 된다고 본다.

경로-목표이론은 리더의 행동을 네 가지 유형(지시적 · 지원적 · 참여적 · 성취지향적 리더십)으로 구분하고, 상황변수로는 구성원의 특성(구성원의 능력 및 성격, 욕구 및 동기)과 근무환경의 특성(과업의 구조화 정도, 작업집단의 특성, 조직내의 규정과 절차 등)을 고려하여 각 상황에서의 효과적인 리더의 행동을 다음과 같이 제시하고 있다(최창현 외, 1996 ; 265-267 ; Robbins, 1998 : 361-363).

첫째, 지시적 리더십(directive leadership)은 구성원의 역할모호성이 높은 상황에서 필요한 리더십유형이다. 즉 과업이 구조화되어 있지 않거나, 업무수행에 대한 구성원의 경험 및 지식이 부족하고 공식화된 절차나 방법 등이 이루어져 있지 않을 때, 구성원의 노력이나 만족을 증대시킬 수 있는 리더십유형으로 구성원의 활동을 계획 · 통제 · 조정하는 리더십이다. 구성원의 참여는 낮으며, 리더가 세부적인 것까지 지시한다.

둘째, 지원적 리더십(supportive leadership)은 구성원이 스트레스를 많이 받거나 단조롭고 지루한 업무를 수행하는 상황에서 작업환경의 부정적인 측면을 최소화시킴으로써 구성원이 업무를 더욱 원활하게 수행할 수 있도록 해 주는 리더십유형이다.

셋째, 성취지향적 리더십(achievement-oriented leadership)은 구조화되지 않은 과업의 수행에서 구성원에게 도전적인 목표를 설정하여 주고, 또한 구성원에게 높은 성과를 달성할 수 있다는 확신을 보여 줌으로써 구성원이 목표달성을 추구하는 데 자신감을 불어 넣는다.

넷째, 참여적 리더십(participative leadership)은 구성원들이 구조화되어 있지 않은 과업을 수행할 때 필요한 리더십이다. 즉 구성원이 과업목표 · 계획 · 절차 · 방법 등에 관한 의사결정에 참여함으로써 과업과 그들에 대한 역할기대를 학습하고, 이러한 학습을 통해 그들의 역할명료성이 높아지며, 노력에 따른 성과에의 기대도 높아진다. 이러한 리더십은 기본적으로 팀관리로서 구성원의 의견이 의사결정에 많이 반영되는 유형이다.

경로-목표이론의 핵심은 상황적 요소에 따라 이에 요구되는 효과적 리더행동이 달라진다는 것을 보는 점이다. 따라서 리더는 구성원들의 특성 및 과업의 환경적 요소들과 상호작용을 하면서 적절한 리더행동을 통해 구성원들의 목표에 대한 유의성과 기대감에 영향을 주고, 이들의 동기수준과 노력, 성과와 만족감을 높일 수 있다. 이 이론의 문제점은 우선 이론의 모형과 그것이 포함하는 변수들이 복잡하여 측정에서의

[도표 13-5] 경로 - 목표이론

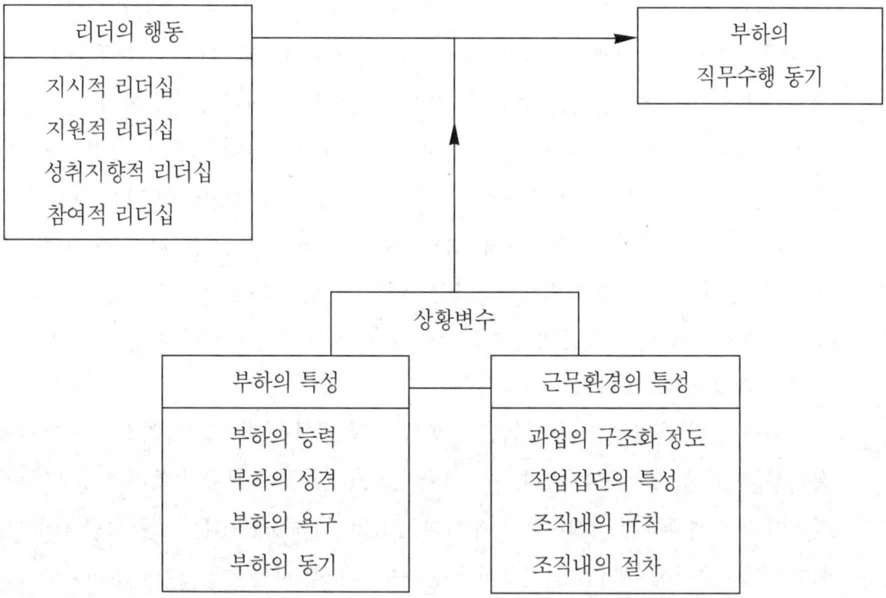

자료 : 최창현, 1996 : 266.

타당성과 신뢰도의 검증이 어렵다는 것이다. 또한 리더가 상황에 맞게 그들의 리더십 스타일을 바꿀 수 있다는 가정 자체도 비현실적이라는 비판이 제기된다. 그러나 이 이론은 특정의 리더십스타일이 어떻게 특정상황에서 효과적이고 다른 상황에서는 비효과적인가를 설명할 수 있다는 점에서 유용성을 갖는다(최창현 외, 1996 : 265-267 ; 양창삼, 1993 : 637-643).

5. 귀인이론

귀인이론(attribution theory)은 구성원행동의 원인과 단서를 찾고 당면한 리더십상황에 적절한 행동을 형성하는 리더의 행동을 연구한다. 리더십에 대한 이러한 접근은 개인은 주어진 상황에서 나타나는 모든 단서를 중심으로 상황을 정확하게 추리하려고 노력한다는 개인행동에 대한 귀인이론에 기반하고 있다.

귀인이론은 사람들이 다른 사람의 행동을 관찰한 후 그러한 행동의 원인을 그 사람에 대해 평소에 갖고 있는 가정에 토대하여 추론하는 성향이 있다고 가정한다. 어떤 행동결과가 지각내에 들어오면 그 행동이 왜 일어났는가, 왜 그런 행동을 취했는가를 추론한다. 행동의 원인은 주로 두 가지로 귀결된다. 하나는 환경적 원인, 곧 외적 귀인이 작용하는 경우이다. 이것은 그 사람 외부의 환경이나 자연의 힘이 작용한다고 보는 것이다. 과업수행의 어려움 · 불운 · 기회 등이 외적 귀인에 속한다. 다른 하나는 개인적 원인, 곧 내적 귀인이 작용하는 경우이다. 개인의 능력이나 노력, 내적 긴장 및 강도 등이 내적 귀인에 속한다. 어떤 행위의 원인을 내적인 것으로 보는가 외적인 것으로 보는가에 따라 같은 행동이라 하더라도 그에 대한 사람들의 평가는 크게 달라지게 된다(Robbins, 1998 : 94-96).

이러한 외적 귀인과 내적 귀인과 함께 특정 행동을 평가하고 가정하는 기반에는 특이성, 합의성, 일관성이 있다. 특이성(distinctiveness)은 사람의 특정 행동이 특정의 상황이나 과제에서만 발생하는 정도이다. 합의성(consensus)은 모든 사람들이 그 유사한 상황에 처하게 되면 동일하게 행동하는 정도를 나타낸다. 일관성(consistence)은 사람들의 행동에서의 일관성을 나타낸다(Robbins, 1998 : 95-96). 어떤 사람의 행동이 특이성이 높다는 것은 평소와는 다른 행동을 한다는 것으로 이 경우 사람들은 내적 원인보다는 외적 원인으로 그 행동을 평가하고 해석하게 된다. 예를 들어 생전 지각을 안 하던 사람이 지각을 했다면 그 사람의 태만과 같은 내적 원인보다는 출근길에 피치 못할 교통사고라든가 하는 외적 원인을 찾게 되는 것이다. 합의성은 다른 사람들도 같은 상황에서 다 그렇게 행동하는 것으로, 합의성이 높은 행동은 내적 원인보다는 외적 원인에서 그 설명을 구하게 된다. 리더십에 대한 귀인이론은 구성원행동에 대한 단서의 분석을 통한 추리과정에 초점을 맞추고 있다. 이러한 추리로써 특정상황의 특이성 · 합의성, 그리고 일관성을 중심으로 상황을 파악하고, 이것이 어떻게 구성원의 행동에서의 원인이 되는가를 분석하는 것이다.

귀인이론에서 보는 효과적인 리더는 구성원들의 업무수행상에서의 성패의 내적, 외적 요인들을 특이성, 합의성, 일관성의 차원에서 적절히 파악하여 구성원들에 대하여 적절한 가이드나 행동지침을 제공할 수 있는 사람이다. 따라서 만약 리더가 구성원의 부진한 근무성과의 원인을 개인적인 노력이나 능력이 부족한 탓으로 돌린다면, 그에 따른 리더의 반응은 질책 · 훈련 등이 될 것이다. 반면에 리더가 그 원인을 부적절한 업무설계나 과중한 업무 같은 외부의 요인에서 찾는다면, 구성원에게 부정적인 반응을 보이기보다는 이러한 문제점을 해소하는 데 노력하게 될 것이다. 마찬가지로 구성원들도 리더의 행동으로부터 어떤 인과관계를 추정한다. 즉 구성원들은 대체로 그들의 과제수행에 미치는 리더의 영향이 크다고 생각하며, 이러한 영향을 어떻게 받아들이는가에 따라 리더의 효과성에 대하여 부정적, 또는 긍정적인 태도를 갖게 된다. 구성원들은 자신들의 과제수행이 성공적인 경우에는 리더를 성공적인 리더로 평가하는 반면, 성공적이지 못할 때는 그들 자신의 탓으로보다는 리더의 무능한 리더십 탓으로 돌리는 경향이 있다. 따라서 실제 기업이 잘 되고 못 되는 데 있어서 외부의 환경이나 상황적 여건들이 결정적인 경우에도 흔히 리더십 탓으로 그 원인을 돌리는 것이다. 기업상황이 어려워지게 되면 리더십에 문제가 있다고 보고 최고관리자를 교체하는 반면, 기업이 잘 되면 그 성공을 또 쉽게 최고관리자의 훌륭한 리더십으로 돌리는 경우를 흔히 볼 수 있는 것이다(Robbins, 1998 : 370).

6. 비전제시적 리더십이론

리더십이란 구성원들의 행동을 미래의 목표로 지향시킨다는 점에서 기본적으로 미래지향적이다. 비전제시적 리더십이론은 구성원들에게 조직이 나아가고자 하는 구체적인 목표나 방향 등에서의 미래의 비전을 제시하고 이의 실현을 위해 구성원들의 동참을 이끌어내고 인도할 수 있는 리더의 행동이나 능력을 강조한다. 이러한 비전제시적 리더이론에는 카리스마, 거래관계적, 변혁적 리더이론이 있다(Robbins,1998 : 369-376; Hellriegel, et.al., 1998 : 336-350).

1) 카리스마 리더이론

카리스마 리더(charismatic leaders)는 적극적으로 미래의 비전과 새로운 가능성을 창출하고 제시하여 구성원들에게 조직에 요구되는 행동을 끌어낸다. 카리스마 리더십의 토대는 리더가 제시하는 미래에의 비전과 희망을 통한 구성원들의 리더에 대한 동일시이다. 이러한 동일시과정에는 구성원들이 리더를 탁월한 지도력이나 판단력의 소유자로 인식하고 특정의 리더 행동을 이러한 리더의 탁월한 능력의 일면으로 받아들인다는 점에서 앞의 귀인이론의 논리와 연결된다. 카리스마 리더들은 공통적으로 강한 자신감, 주도력, 믿음이나 목표에의 강한 자기확신의 행동특성을 보인다. 이들은 특히 모호하거나 불확실한 현실이나 아이디어를 상징이나 은유로 명쾌하고 강력한 메시지로 바꾸어 전달하는 데 탁월한 능력을 발휘한다. 이러한 능력을 바탕으로 구성원들의 감정에 강한 호소력을 발휘하여, 구성원들의 리더에의 동일시를 불러일으켜 모험을 감수한 결단이나 헌신을 최대한 끌어낼 수 있는 것이다.

이러한 카리스마 리더십이 조직의 모든 상황에서 항상 효과적이거나 요구되는 것은 아니다. 카리스마 리더십은 구성원들이 수행하는 과제가 이념적인 성격이 있을 때 가장 적합하다. 따라서 카리스마 리더는 정치나 종교단체, 전시하의 군대조직 같은 데서는 효과적이지만, 기업과 같은 일상적인 조직에서는 혁신적인 변화가 요구되는 특별한 상황에서만 효과적이다.

2) 거래관계적 리더

거래관계적 리더(transactional leaders)는 보상이나 처벌을 통해 구성원들의 행동에 영향을 미친다. 카리스마 리더와 달리 거래관계적 리더는 구성원들의 감정에 호소하기보다는 구성원의 행위결과에 대한 보상과 처벌의 교환이라는 측면에서 접근한다. 리더와 구성원과의 관계는 기본적으로 계약적 교환관계로서 여기에서의 교환관계는 비단 물질적인 것뿐 아니라 사회적 또는 심리적인 보상까지를 포함한다. 1990년대 이래 미국내 가장 성공적인 은행으로 자리잡고 있는 뱅크아메리카의 최고관리자였던 로젠버그는 은행의 경쟁력확보에 요구되는 구성원들의 행동기준을 제시하고, 탁월한 업적을 발휘하는 구성원들에 대하여는 직접 칭찬하는 편지를 써서 보내고 또 사내 뉴스레터에 공고하여 구성원들의 성취의욕과 동기를 자극하였다.

3) 변혁적 리더

변혁적 리더(transformational leaders)는 구성원들에게 강한 감정적인 몰입을 불러일으켜 이들이 조직목표와 활동을 위해 적극적으로 동참하고자 하는 강한 동기를 부여한다. 카리스마 리더와 달리 변혁적 리더는 리더 자신에 대한 동일시보다는 특정의 가치체계들에 대한 구성원들의 합의를 끌어내는 데 주력한다. 이를 위해 변혁적 리더는 자신을 지도자로서보다는 조직의 공복이나 하인으로 내세우고 구성원 모두가 조직의 리더라는 자기의식을 고취시키고 조직목표달성을 위해 스스로 노력하는 동기부여를 심는 데 주력한다.

이러한 변혁적 리더들은 스스로를 변화의 추진자로서 구성원들에게 미래의 새로운 희망을 심어주고 이에 대한 확고한 자신감과 자기효능성의 고취와 함께 이를 위한 모험을 감수할 수 있는 용기를 북돋우는 데 주력한다. 카리스마 리더가 리더가 제시한 미래의 구체적인 비전에의 동참을 끌어내는 데 비해, 변혁적 리더는 구성원들 스스로의 미래에 대한 가능성, 비전을 적극적으로 모색하도록 하는 강한 동기부여를 추구한다. 구성원들에게 이러한 영향을 주기 위해 변혁적 리더들이 취하는 행동은 크게 세 가지로서, 비전제시(vision), 프레이밍(framing), 인상관리(impression management)이다. 우선 구성원들을 정서적으로 결속시킬 수 있는 강한 비전의 제시가 이루어진다. 프레이밍은 기존체제에 도전하는 새로운 미래상에 대한 구체적인 틀을 제시하는 것이다. 마지막으로 리더는 구성원들에게의 호소력과 효능성을 극대화하고 조직가치와 믿음을 강화하기 위해 다양한 인상관리를 구사한다. 이와 같은 변혁적 리더십은 조직의 초기 형성단계나 또는 그의 존속이 위협받는 위기상황에서 특히 효과적이다.

7. 현대조직에서의 리더십의 새로운 주제들

현대조직에서 리더십과 관련하여 팀리더십의 부각, 구성원들에게의 권한부여, 성, 국가문화적 변수와 같은 측면들에 대한 관심들이 부각되고 있다(Robbins, 1998 : 377-384).

1) 팀리더십의 증가

현대의 조직구조들은 수직적 통제구조에서 점점 수평화된 팀체제로 바뀌고 있다. 이에 따라 리더의 역할도 기존의 위계구조상의 감독과 통제라는 것에서 팀단위에서의 지휘의 비중이 커지고 있다. 그러나 기존의 위계적 구조에서의 감독과 통제라는 역할과 팀단위에서의 과제수행의 지휘라는 역할에는 상당한 차이가 있기 때문에 기존의 위계상의 리더역할에 익숙해온 관리자들은 새로운 상황에 적응하는 데 어려움을 느낄 수도 있다. 무엇보다도 기존의 명령-통제체제에서 수용될 수 있었던 리더의 다소 독단적인 측면들이 팀체제에서는 받아들여지기 어려운 것이다. 팀체제에서는 리더의 구성원들에 대한 인내심, 정보의 공유, 신뢰를 요구하며 일방적인 권위의 행사도 상당부분 삼가해야 하는 것이다. 동시에 팀리더들은 구성원들의 업무수행에서 필요할 때마다 적절히 지도력을 발휘할 수 있어야 한다. 실제 리더가 이 두 측면을 균형 있게 구사하기란 쉽지 않다. 많은 리더들이 구성원들이 스스로 알아서 과제를 수행하도록 맡겨야 할 상황에서는 지나치게 간섭하거나, 또는 구성원들에게 다소간의 지침이나 방향이 필요한 상황에서는 지나치게 방임적으로 하는 문제들이 나타난다.

최근의 연구들은 팀리더들에게 요구되는 역할을 크게 팀의 외부와의 경계를 관리하는 측면과 팀내부과정의 활성화의 두 가지로 제시하고 있다. 이러한 활동들에는 구체적으로 조직상부, 조직내 다른 팀들, 고객이나 공급자 등의 외부 관계요소들과 팀을 연결시키는 동시에 이들로부터 팀을 보호할 수 있어야 하며, 팀내부적으로는 구성원의 고충해결, 갈등관리 등의 활동들이 포함된다(Robbins, 1998 : 378-379).

2) 구성원들에 대한 권한부여

현대의 조직들이 점점 더 팀단위구조로 바뀌면서 구성원들에게 좀더 많은 자율성과 업무재량이 주어지고 있다. 리더들이 효과적으로 조직을 끌고 가기 위해서는 구성원들에게 좀더 많은 재량과 권한이 인정되는 권한부여(empowerment)의 필요가 있는 것이다. 현대의 조직구성원들은 상대적으로 기술이나 지식수준이 높고 과제에 대한 전문적인 능력이 리더보다도 우위인 경우도 많다. 이러한 상황에서 리더의 지나친 간섭이나 통제는 팀의 효율성을 떨어뜨릴 수 있다. 따라서 리더들은 구성원들의 업무능력을 신뢰하고, 필요한 정보를 공유하며, 용기를 북돋아주면서 구성원들이 스스로 알아서 업무를 수행할 수 있도록 권한을 부여해야 한다는 것이다. 그러나 이러한 주장이 모든 상황에 적용되는 것은 아니다. 특정 리더십유형의 적합성은 상황에 따라 달라진다. 대체적으로 현대조직에서는 구성원들에게 상당한 자기권한을 부여함으로써 적극적인 참여를 유도해내는 경향이 있지만, 상황에 따라서는 지나친 권한부여가 오히려 비효과적일 수도 있는 것이다(Robbins, 1998 : 381).

3) 성의 변수: 리더십스타일에 성별 차이가 존재하는가

현대 사회에서 여성들의 사회 참여가 증가하면서 여성들 중에도 조직의 리더로 부상하는 경우가 늘고 있다. 지금까지 리더는 주로 남성들이었기 때문에 흔히 리더의 자질이라고 하는 것은 남성적인 것으로 이해되었다. 그렇다면 새로이 리더위치에 오르는 여성들의 리더십스타일은 기존의 남성리더들과 비교했을 때 어떠한 차이점이 있는가 하는 것이다. 결론적으로 리더십스타일의 특성에 있어서 남녀간의 차이는 크지 않은 것으로 드러나고 있다. 즉 남녀간의 리더십스타일에는 차이보다는 유사성이 더 크다.

성별 유사성이 큰 이유는 우선 리더로서의 커리어를 선택하는 과정에서의 개인의 자기선택적인 측면과 조직의 선발이라는 두 가지 측면을 들 수 있다. 우선 개인의 자기선택적인 측면에서 보면 사회에는 리더십과 관련한 자질, 즉 지도력, 자기확신성 등과 같은 어느 정도 일반화된 사회적 기대가 있으며, 이러한 자질을 갖춘 사람들은, 남녀를 불문하고, 스스로 리더로의 커리어를 선택할 확률이 높다는 점이다. 마찬가지로 조직에서는 일정 수준 이상의 능력이나 자질을 갖춘 사람들만을 선발하여 리더로 오르는 궤도에 진입시키기 때문에 이러한 조직내 선발과정을 거쳐서 리더의 지위에 오른 사람들간에는 차이보다는 공통점이 더 클 수밖에 없는 것이다.

이와 같이 남녀 리더들간에는 유사성이 더 크지만, 한 가지 중요한 차이가 있다면 여성들의 리더십스타일이 주로 참여적이고 민주적인 데 비해 남성들은 주로 명령하는 스타일이 주를 이룬다는 점이다. 여성리더들은 일반적으로 구성원들에게 자신감과 참여를 북돋우고, 구성원들과 정보와 권력을 공유하는 민주적인 경향이 남성들에 비해 높게 나타난다. 또한 여성들은 리더로서의 영향력을 자신의 전문적인 지식이나 능력, 대인관계적 기술에 토대하는 경향이 있는 것으로 조사되고 있다. 반면에 남성리더들은 명령-통제방식을 선호하며, 영향력의 기반을 주로 공식적인 위계관계에 두는 경향이 있는 것으로 조사되고 있다. 이러한 여성과 남성 리더간의 차이는 현대조직에서 중요한 의미를 갖는데, 현대의 조직들은 점점 더 기존의 통제, 경직성, 비밀주의에서 유연성, 팀워크, 신뢰, 정보공유의 방향으로 나가고 있다는 점이다. 이런 점에서 전통적으로 여성적 자질이라고 인식되어온 인간관계적 자질이 새로운 조직사회에서의 중요한 리더자질로 관심을 끌고 있는 것이다(Robbins, 1998 : 377-378).

4) 상황변수로서의 국가문화

최근 들어 조직 리더십에 매우 중요한 변수로 부각되고 있는 것이 사회에 따라 달라지는 조직문화의 다양성이다. 예를 들어 권력과 관련하여 권력격차가 큰 사회와 작은 사회에서의 특정 리더십유형의 효과성은 다르다. 남미나 아시아국가들 같이 권력격차가 크고 이것이 인정되는 사회에서는 명령-통제방식의 리더스타일이 효과적일 수 있지만, 덴마크, 노르웨이 등의 북유럽가들에서와 같이 권력격차가 작고, 민주주의 성향이 높은 사회에서는 명령-통제방식의 리더스타일은 구성원들의 반감을 불러일으키고 결과적으로 그 효과성도 떨어지게 된다. 이와 같이 특정 유형의 리더십의 효과가 각 국가의 문화에 따라 달라지기 때문에 국가간의 비교문화적 측면이 현대의 리더십연구에서 고려되어야 할 중요한 요인으로 인식되고 있다. 더군다나 현대 조직들은 점점 더 그 활동영역이 세계적으로 확대되고 있는 까닭에 조직의 다른 부분에서와 마찬가지로 국가간의 비교문화적 관점이 중요해지고 있는 것이다(Robbins, 1998 : 382-383).

조직의 전략과 조직통제에 관련된 일련의 의사결정 등, 조직활동에서 리더의 역할은 매우 중요하다. 리더십이론들은 여러 단계를 거쳐 발전되어 왔으며, 계속 새로운 관점이 출현하여 왔다. 초기의 리더십연구는 주로 심리학자들이 중심이 되어 리더의 인성이나 행동유형에 주목하였으나, 이어 리더십이 행사되는 상황변수에 주목하는 상황이론이 등장하여 리더십의 문제를 개인적 자질이나 특성으로서보다 사회 · 조직변수와 관련짓게 되었다. 또한 리더십연구는 전통적으로 소집단을 중심으로 미시적인 대인관계구조 속에서 연구되어 왔다. 그러나 상황이론이나 시스템적 사고가 리더십이론에 도입되면서 리더의 행동은 조직 전체의 수준에서 일어난다는 것을 인식하게 되었고, 거시적인 측면의 리더십연구가 출현하게 되었다. 특히 각 사회의 문화적 차이, 독특한 관습, 전통, 생활수준 등의 차이들이 리더십이론의 보편적인 유용성을 제약하는 부분으로 인식됨에 따라 리더십연구에서 비교문화적 접근의 중요성도 커지고 있다. 최근 들어서는 조직변혁에 대한 관심이 고조되면서 조직변혁과정에서의 리더십의 역할에 대한 관심이 늘고 있다. 앞으로의 리더십연구는 사회전체라는 거시적인 시각과 변혁이라는 흐름 속에서의 리더의 변화하는 역할에 대한 논의가 더욱 활발해질 전망이다.

사례

'도전 경영 21년'…글로벌 기업 일궜다

이건희 전삼성그룹 회장은 삼성을 정글의 최강자로 만들어 놓은 '도전의 경영자' 이자 '집요한 승부사' 다. 이 전회장은 삼성회장이 되기 전부터, 또 되고난 이후에도 현실에 안주하지 않았다. 이 전회장의 20년 재임 동안 삼성의 경영 성과는 눈부시다. 1987년 취임 당시 14조원이었던 그룹 매출은 2006년 말 152조원으로 약 11배 가까이 늘었고 이익은 1900억원에서 14조 2000억원으로 75배, 주식 시가총액은 1조원에서 140조원으로 무려 140배나 증가했다. 2007년 삼성의 브랜드 가치는 169억달러로 세계 21위에 올랐다.

이러한 삼성의 성장에는 이 회장의 강력한 리더십이 있었다. 이 전회장의 리더십의 특징은 끊임없이 시대를 이끄는 화두를 선점하고 이를 통한 조직의 긴장과 성장엔진을 자극하였다. 그는 신경영선언, 강소국론, 천재경영론, 준비경영, 다자인경영론, 창조경영론으로 이어지는 새로운 사고와 통찰로 삼성이라는 거함을 이끌어 왔다.

회장에 취임한 후 이 전회장은 '삼성 내부에 긴장감이 없고 내가 제일이라는 착각 속에 빠져 있다. 이걸 고쳐야 한다' 는 절박감을 느꼈으며 그래서 나온 결론이 이른바 신경영 선언으로 알려진 1993년 프랑크푸르트 선언이다. "마누라와 자식을 빼고 다 바꿔라"는 프랑크푸르트 선언은 국내 최고라는 허명에 안주하던 삼성 임직원에게 충격을 줘 관행을 깨지 않으면 공멸할 것이라는 위기의식에서 나온 경영론이다.

2001년 '강소국론' 은 네덜란드와 핀란드 등 유럽국가를 통찰하면서 제기했다. 이들 유럽 국가는 규모는 작지만 세계적인 대기업이 국제 경쟁력을 갖추면서 강국의 위치를 확보했다며 이들처럼 대기업이 국가경제에 대한 사명감을 갖고 경영에 힘써야 한다고 강조했다. 2002년 탁월한 천재 한명이 10만, 20만명의 직원을 먹여살린다' 는 '천재경영론' 을 들고 나왔다. "빌 게이츠 같은 인재가 3, 4명 있으면 우리의 1인당 국민소득도 2만 달러, 3만 달러로 늘어날 수 있다"며 미리 사과나무를 심으라는 '준비경영' 은 세상이 어떻게 변하고 시장이 어떻게 변하든 미래를 책임질 수 있는 천재급 인재의 확보를 강조하였다. 2005년에는 "한눈에 삼성 제품이라는 것을 알 수 있도록 독창적인 '삼성 디자인' 을 만들어야 한다"는 '디자인경영론' 으로 이어졌다. 또 2006년에는 "과거에 해오던 대로 하거나 남의 것을 베껴서는 절대로 독자성이 생기지 않기 때문에 모든 것을 원점에서 보고 새로운 것을 찾아내는 창조성이 필요하다"며 이른바 '창조경영론' 을 제시했다.

이 같이 이 회장은 끊임없이 새로운 비젼과 화두를 끌어내면서 거대 조직 삼성을 이끌어 온 것이다.

자료 : 문화일보, 2008. 04. 23; 경향신문, 2008. 09. 29; 동아일보, 2008. 04. 23 .

제14장
조직의 효과성

조직의 구성원들이나 조직과 관계를 갖는 사람들은 모두 조직이 효과적이기를 기대한다. 사실 우리는 매일매일의 일상생활에서 조직의 효과성을 따지면서 살아간다. 예컨대 어느 회사제품이 더 좋은가, 어느 학원이 잘 가르치는가를 비교할 때 우리는 바로 조직의 효과성을 비교하고 있는 것이다. 우리가 조직을 공부하는 가장 중요한 이유 중 하나도 왜 그리고 어떻게 조직이 효과적이 되고 또는 비효과적이 되는가를 이해하는 것이다.

그러나 조직의 효과성을 분석하고 평가하는 작업은 그리 간단치만은 않다. 가장 상식적인 수준에서 보면 조직의 효과성은 조직의 목표를 효율적으로 달성하는 정도이다. 그러나 문제는 조직목표 자체가 그렇게 단순명쾌하지 않다는 사실이다. 더욱이 조직목표에 대한 구성원들간의 합의도 당연한 것으로 가정할 수 있는 것이 아니다. 이 장에서는 조직효과성에 대한 다양한 모형들을 중심으로 조직효과성의 분석에 내재한 쟁점과 문제들을 살펴보기로 한다.

1. 목표달성모형

목표달성모형(the goal-attainment approach)의 기본가정은 조직이 의도적이고 합리적인 목표추구적 행위자라는 것이다. 이런 점에서 조직효과성을 평가하는 기본은 조직의 목표달성의 정도이다(Robbins, 1990 : 54). 이러한 가정은 어느 조직이든 구성원들간에 분명하게 이해되고 합의된 목표가 있으며, 목표달성과 관련한 조직산출에 대한 정확한 측정과 평가가 가능하다는 것을 전제한다. 이러한 목표달성모형은 조직의 목표달성의 정도가 비교적 분명한 기업조직을 중심으로 가장 많이 적용되어 온 모형이다.

목표달성모형은 얼핏 명쾌하고 단순해 보이지만, 실제 적용을 하게 되면 매우 복잡하고 모호한 부분을 안고 있다. 목표달성모형에서의 효과성은 '조직이 그 목표를 달성하는 정도'로 정의된다. 그러나 대부분의 조직이 다양하면서도 상충적인 목표를 가진다는 점에서 이러한 정의는 상당한 논란과 복잡성을 지니게 된다(Daft, 1998: 37-38).

한난과 프리만(Hannan and Freeman, 1977b)은 목표달성모형에 내재한 몇 가지 문제점을 제기하였다. 우선 조직분석에서 목표라는 것 자체가 안고 있는 모호성이다. 조직에는 한 개의 통합된 목표가 아닌 다양한 때로는 상충적인 목표가 있으며, 이들을 둘러싼 조직내 합의도 쉽지 않다. 조직목표의 이러한 다양성과 상충성, 그리고 합의의 부재라는 문제는 분명하게 규정된 공식목표를 갖고 있는 조직이라고 해서 예외가 아니다. 따라서 목표를 측정하는 데 있어서 '누구의', '어떤' 목표인가 하는 점이 항상 민감한 쟁점으로 등장하게 된다. 둘째는 포괄적으로 정의된 조직의 전체목표가 실제 조직내 단위활동을 통해 추진되면서 야기되는 문제들이다. 조직내의 수많은 단위들은 각 수준에서 추구하는 목표가 있으며, 이러한 목표들이 항상 서로 통합된, 일치된 방향으로 나가는 것은 아니다. 예컨대 목표달성의 측정에는 상위목표의 실현수단으로서의 2차 목표를 가지고 측정하는 것이 일반적이다. 1차 상위목표가 아닌 2차 목표를 측정하는 이유는 상위목표에 비해 측정가능성이 높다는 점과 또 2차 목표가 성공적으로 수행되게 되면 1차 목표도 달성되리라고 보기 때문이다. 그러나 무엇을 2차 목표로 보는가는 학자에 따라서 크게 달라진다. 예를 들어 생산성, 직원들의 사기, 직원들의 단결, 환경에 적응력 등등 2차 목표만 거론해도 20여 가지 이상이 나온다(조석준, 1990 : 81). 마지막으로 목표달성에서의 시간적 변수의 문제이다. 단기적인 목표를 고려할 것인가 혹은 장기적인 목표를 고려할 것인가 하는 것이다. 예를 들어 산출을 평가하는 데 있어서 단기간에 성공을 거둘 수 있는 산출은 장기적으로는 손실을 가져올 수도 있는 것이다. 또한 단기적인가 장기적인가의 선호는 조직의 각 계층이나 부서에 따라 달라진다. 연구개발부서는 주로 장기적인 관점에서 목표를 선호할 것이고, 생산판매부서는 단기적인 이윤창출의 목표를 선호할 것이다. 이러한 목표 자체에 내재한 모호성과 함께 조직의 성과와 산출의 개념화와 측정상의 문제도 목표달성모형의 유용성을 제약하는 부분이다. 결론적으로 한난과 프리만은 효과성 자체를 과학적 개념에서 배제시켜야 할 것이라고 주장하였다.

목표달성모형의 또 다른 문제점은 때로는 목표가 사전에 규정되어 행위를 인도하기보다는 오히려 이미 일어난 행위를 정당화하는 사후적 논리로 쓰여지고 있다는 점이다. 즉 조직목표가 미래 행동을 가이드하고 인도하기보다는 이미 이루어진 행동을 정당화하는 측면이다. 다수의 목표를 둘러싼 하위집단들간의 경쟁과 함께 목표가 갖는 사후정당화적 측면은 조직목표의 달성 정도가 얼마만큼이나 조직의 실제 성과를 비교할 수 있는 근거를 제공할 수 있을 것인가에 의문을 갖게 하는 부분이다.

2. 체제자원모형

체제자원모형(the system resource approach)에서는 조직의 효과성을 조직이 환경 속의 다른 사회요소들과의 경쟁관계에서 희소자원을 획득하고 활용하여 그의 기능을 유지시켜 나가는 능력이라는 측면에서 접근한다. 조직의 효과성이란 "조직을 보전하기 위하여 요구되는 희소자원을 획득하고 개발하는 능력"으로 정의된다(Seashore and Yuchtman, 1967 : 393 ; Hall, 1982 : 384). 목표달성모형이 조직의 산출이라는 측면에서 조직효과성을 접근하는 데 비해, 체제자원모형은 조직의 투입이라는 측면에서 접근하는 것이다(Daft, 1998 : 38-39).

조직효과성에 대한 체제자원모형의 논리는 시스템적인 관점에 토대하고 있다. 시스템으로서의 조직은 외부환경과의 상호관계를 성공적으로 유지함으로써 조직생존에 필요한 자원들을 안정되게 공급받을 수 있어야 한다. 소비자, 외부공급자, 정부기관 등의 외부 환경요소들은 조직의 안정된 운영을 위협할 수 있으며 이들과 좋은 관계를 유지하는 것은 조직의 생존에 중요한 관건인 것이다. 시스템으로서의 조직은 환경에서 조직생존에 필요한 자원들을 획득해야 하는 만큼, 많은 자원을 얻을수록 효과성이 높다. 따라서 조직의 효과성은 자원의 획득과 관련한 활동의 측면에서 평가될 수 있다고 보는 것이다.

체제자원모형에서는 목표보다는 수단이 효과성을 결정하는 중요한 기준이 된다. 그렇다고 이 모형이 목표의 중요성을 전적으로 무시하는 것은 아니다. 단지 목표를 효과성의 수많은 기준의 단지 한 요소로서 간주하고, 조직의 장기적인 생존가능성을 증대시키는 다른 기준들에 더 비중을 두는 것이다. 그러한 다른 중요한 기준으로 목표달성에 요구되는 수단이라는 측면을 강조하는 것이다(Robbins, 1990 : 58).

체제자원모형은 효과성의 평가에 있어서 시스템으로서의 조직활동의 상호의존성을 고려하는 한편, 화폐 등의 객관적인 희소자원의 가치비교를 통해 조직들간의 효과성의 상대비교가 가능하다는 이점이 있다(최창현 외, 1996 : 406-407). 또한 이 모형은 조직의 효과성에 있어서 조직과 환경간의 거래가 갖는 중요성을 부각시켰다는 점에서 의의를 지닌다(Hall, 1982 : 386).

그러나 체제자원모형에 대하여도 몇 가지 측면에서 비판이 제기된다. 우선 조직의 자원획득이라는 일부 활동만을 강조함으로써 조직 전체의 효과성과는 괴리가 있게 된다는 점이다. 효과성을 평가하는 데 있어서 목표보다는 수단 그 자체를 기준으로 한다는 점에 대해서도 문제가 제기된다. 즉 목표보다 수단이 절대적일 수 있는가 하는 것이다. 수단이 아무리 성공적이라고 하더라고 목표달성에 유효한 효과를 가져올 수 없다면, 그것은 효과적일 수 없는 것이다. 획득한 자원이 조직의 목표달성에 기여하지 않을 수도 있다. 또한 효과성을 평가하는 데 어떤 자원을 공통적으로 적용할 것인가 하는 문제도 간단히 정의될 수 있는 사안이 아니며, 자원획득의 최적화에 대한 보편적인 기준도 명쾌하지 않다는 문제도 지적된다(최창현 외, 1996 : 406-407 ; 조석준, 1996 : 82 ; Hall, 1982 : 380).

3. 전략적 이해관계모형

전략적 이해관계모형(the strategic-constituencies approach)은 조직의 효과성을 접근하는 데 있어서 조직의 다양한 활동을 통합적으로 보면서 조직의 여러 이해관계자라는 변수에 초점을 둔다. 이해관계자란 조직과 이해관계를 갖는 조직내외의 집단들로서 조직의 성공과 의존성에 영향을 미치는 집단들이다. 전략적 이해관계모형은 조직을 조직내외에 존재하는 이들 요소들과 상호교환의 고리로 연결된 통합체로 본다.

효과적인 조직이란 그의 생존을 유지하는 데 필요한 지원을 제공하는 조직내외의 이해관계자들의 요구들에 적절히 대응할 수 있어야 한다. 환경으로부터 지원을 확보해야 한다는 점에서는 앞에서의 체제자원모형과 유사하지만, 이 모형에서는 조직생

[도표 14-1] 이해관계집단의 효과성 기준

이해관계자	효과성의 기준
소 유 주	재정적 수익
종 업 원	근무만족도 · 급여 · 감독
고 객	제품과 서비스의 수준
채 권 자	신 용 도
지역사회	지역사회에의 공헌도
공 급 자	만족스러운 거래
정 부	법과 규제의 준수

자료 : Richard Daft, 1998 : 41.

존에 가장 핵심적인 관건이 되는 전략적 이해관계집단을 좀더 구체적으로 특정화시킨다는 점에서 차이가 있다.

목표달성모형이 조직을 의도적이고 합리적인 목표추구적 행위자라고 인식하는데 비해, 전략적 이해관계모형은 조직을 자원에 대한 통제를 놓고 경쟁하는 다양한 이해관계자들의 정치적인 장으로 이해한다. 나아가 조직의 각 이해관계자는 권력의 점유 정도나, 가치체계들에서 상당한 차이가 있기 때문에 이들간의 선호체계에서 일치를 보기란 매우 어렵다(Daft, 1998: 41). 예컨대 기업조직의 다양한 이해관계자들은 각기 다른 이해관심을 갖는데, 주주들의 가장 주된 관심은 높은 배당이익이나 주식가격이며, 노조의 주된 관심은 고용안정과 높은 임금수준이며, 환경기관들의 관심은 제반 환경관리기준의 준수이다.

조직 내외의 각 이해집단이 상이한 의도를 갖고 조직에 참여하여 경합적인 요구를 하긴 해도 모든 이해집단이 조직의 성공에 동일한 비중을 갖는 것은 아니다. 따라서 조직의 효과성은 조직성공의 핵심이 되는 전략적 이해관계집단을 파악하여 그 이해집단의 요구를 충족시킬 수 있는 조직의 능력에 의해 결정된다. 예를 들어 담배제조업체를 보자. 이 경우의 중요한 이해관계집단은 회사의 매출이윤과 생산성에 우선적인 관심을 갖는 조직관리자 및 주주집단, 이 회사 담배의 소비자, 그리고 간접흡연의 피해 등 담배가 건강과 환경에 대해 미치는 영향에 대해 민감하게 반응하는 일반시민단체들이다. 이들 집단들이 회사에 대해 갖는 기대는 상충적이다. 일반시민단체가 의회에 압력을 넣어 담배판매와 소비와 관련한 많은 금지나 제약을 관철시키게 되면, 이

회사는 치명적으로 타격을 받게 된다는 점에서 일반시민단체는 이 회사가 중요하게 고려해야 하는 이해집단이다. 경고문 삽입, 광고금지, 공공건물이나 거리에서의 금연 조치, 모든 비행기의 흡연석폐지 등의 조치는 지속적으로 담배회사의 영업력을 크게 위축시켜 왔다(Robbins, 1990 : 64).

이러한 전략적 이해관계모형에서 조직효과성의 판단기준 설정은 다음과 같이 이루어진다. 우선 조직의 전략적 환경요소와 내부요소의 파악이다. 그리고 각 요소들에 대한 조직의 의존성의 정도와 그 중요성, 그리고 각 요소들의 조직에 대한 기대수준의 평가이다. 마지막으로 여러 가지 기대를 비교하여 공통성과 양립불가능성을 가려내고, 이들의 상대적인 중요성을 결정하는 것이다(최창현 외 : 1996, 412-413).

이 모형 역시 몇 가지 문제점이 지적된다. 우선 조직성공에 가장 중요한 전략적 이해관계요소를 가려내는 작업이 쉽지 않은 점이다. 요소들간의 상대적 중요성의 결정기준도 분명하지 못할 뿐더러, 이들의 조직에 대한 기대 역시 정확히 파악하기란 쉽지 않다. 더군다나 조직환경이 급속하게 변화하는 상황에서는 가장 핵심적인 전략적 이해관계요소도 유동적이기 때문에 과거의 핵심적인 이해관계요소라 할지라도 현재나 미래에서도 여전히 그럴 것이라고 기대하기 어렵게 된다. 마지막으로 조직내 지배집단의 이해관계에 따라 이 모든 판단이 왜곡될 수 있다는 것이다.

4. 경쟁적 가치모형

퀸과 로바우(Robert Quinn and John Rohrbaugh, 1983)에 의해 제시된 경쟁적 가치모형(the competing-values approach)은 조직의 효과성을 평가하는 데 있어서 하나의 최선의 기준이 존재하지 않는다는 인식으로부터 출발한다. 대신 조직효과의 여러 모형들에서 제시되었던 핵심변수들을 종합하여 효과성에 대한 종합적인 분석틀을 시도하고 있다.

경쟁적 가치모형의 출발점은 조직의 효과성을 평가하는 가치나 기준은 평가자가 누구인가에 달라진다는 것이다. 즉 주주집단, 노조, 경영진, 환경집단 등의 여러 이해관계자집단 중 평가자가 누구인가에 따라 조직은 효과적일 수도 있고 효과적이지 못할 수도 있다. 결국 효과성에 대한 평가는 조직의 내재적인 효과성을 보여 주는 것이 아니라 평가자 자신의 가치체계를 보여 주는 것이다. 따라서 조직의 효과성을 평가하는 데 있어서 평가자의 조직내외의 입장에 따라 달라지는 다양한 주관적 가치와 이해관심이 핵심이 된다. 즉 조직은 하나인데 어느 시각에서 보는가에 따라 효과적인 조직으로 평가될 수도 있고, 그렇지 못한 조직으로 평가될 수도 있다. 이런 결과가 나타나는 것은 무엇보다도 조직의 효과성이 다양한 이해관계집단을 중심으로 여러 차원과 영역에 걸쳐 있기 때문이다. 따라서 한 영역에서의 효과성이 반드시 다른 영역에서의 효과성을 의미하지 않는다(Hall, 1982 : 409).

퀸과 로바우(Quinn and Rohrbauch, 1983)는 조직효과성을 어느 한 입장에서의 일차원적인 관점으로 접근하는 대신 다차원적으로 접근해야 할 것이라고 보았다. 이를 위해 경쟁적 가치모형에서는 우선 조직효과성의 수많은 기준들을 다음 세 가지 차원으로 분류하였다.

1) 유연성 대 통제

조직구조의 특징과 관련되는 것으로 혁신 · 적응성 · 변화에 가치를 두는 유연성(flexibility)과 안정 · 질서 · 예측성에 가치를 두는 통제(control)의 두 개의 대립적인 특성으로 대비된다.

[도표 14 - 2] 8개의 효과성 범주

유 형	특 징	정 의
OFM	유 연 성	변화하는 외부 상황이나 요구에 대하여 적응할 수 있는 능력
OFE	자원획득	외부지원을 늘리고 인력규모를 확대할 수 있는 능력
OCM	기 획	목표가 분명하고 명료함
OCE	생산성과 효율성	산출규모가 크고, 투입 대 산출비가 높음
PCM	정보의 가용성	구성원들간에 업무와 관련된 정보흐름이 활발
PCE	안 정 성	질서, 연속성, 매끄러운 운영
PFM	결속적인 인력	구성원 상호간의 신뢰, 존중 및 협력
PFE	숙련된 인력	훈련과 기술을 겸비한 인력

주: O ; organization, P ; people; F; flexibility, C ; control, M ; means, E ; ends.
자료: Robbins, 1990 : 449.

2) 인간 대 조직

조직이 보다 중점을 두는 측면과 관련되는 것으로 조직구성원의 복지를 강조하는 인간(people)과 조직성과를 강조하는 조직(organization)의 두 개로 대비된다. 즉 구성원들의 감정이나 요구에 비중을 두는가 아니면 조직의 과제달성이나 생산성에 비중을 두는가의 대비이다.

3) 수단 대 목표

조직효과성의 기준으로 목표와 수단 중 어디에 더 비중을 두는가 하는 차원이다. 수단(means)에 비중을 두는 입장은 조직의 과제를 수행하는 과정을 강조하고 시간적으로 장기적인 관점으로 보는 반면, 목표(ends)에 비중을 두는 입장은 최종적인 산출을 강조하고 시간적으로도 단기적이라는 특징이 있다. 즉 과정을 강조하는가, 목표달성을 강조하는가 하는가이다. 이 차원은 앞에서 목표달성모형과 체제자원모형이 갈라졌던 부분이다.

이 세 가지 차원을 조합하면 [도표 14-2]에서와 같은 8가지 유형이 가능하다. 이 중 조직구조(통제와 유연성)와 조직의 중점(조직 대 인간)을 조합하면 다음 네 가지 효과성모형이 나온다(Robbins, 1990: 70).

(1) 개방체계모형(open-systems model)

조직과 유연성을 강조하는 조직으로 조직의 효과성은 주로 (수단으로서의) 유연성과 (목적으로서의) 자원획득능력에 의해 평가된다. 여기에서는 조직의 유연성과 신속성이 강조된다.

(2) 합리적 목표모형(rational-goal model)

조직과 통제를 강조하는 조직으로 조직의 효과성은 (수단으로서의) 계획, (목적으로서의) 높은 생산성과 효율성에 의해 평가된다. 조직의 생산성. 이윤 등이 강조된다.

(3) 내부과정모형(internal-process model)

인간과 통제를 강조하는 조직으로 조직의 효과성은 (수단으로서의) 정보의 가용성과 (목적으로서의) 안정과 질서에 의해 평가된다. 조직의 안정성과 균형유지가 강조된다.

(4) 인간관계모형(human-relations model)

인간과 유연성을 강조하는 조직으로 조직의 효과성은 (수단으로서의) 결속적인 인적자원과 (목적으로서의) 숙련된 인적자원에 의해 평가된다. 조직내 인적자원의 가치의 인

[도표 14 - 3] 경쟁적 가치모형

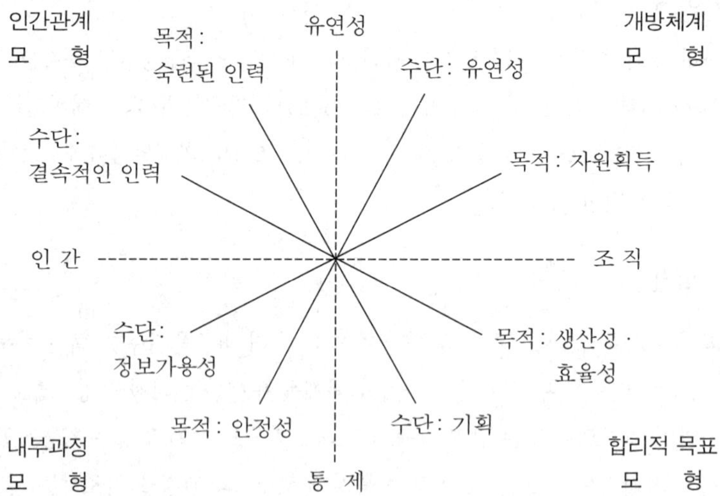

자료 : Robbins, 1990 : 72.

정과 개발이 강조된다.

네 가지 모형에서 인간과 유연성을 중시하는 인간관계모형은 조직과 통제 중심의 합리적 목표모형과 가장 대립되는 모형이다. 마찬가지로 유연성과 조직을 강조하는 개방체계모형은 통제와 인간을 강조하는 내부과정모형과 가장 대립되는 모형이다. 네 가지 효과성모형에 대한 선호도는 평가자의 입장에 따라 달라진다. 예를 들어 노조의 입장에서는 인간관계모형을 가장 효과적인 조직모형으로 간주하는 반면, 관리자의 입장에서는 합리적 목표모형을 가장 효과적인 모형으로 간주하는 경향이 있다.

따라서 문제는 어느 집단의 관점에서 조직효과성을 볼 것인가 하는 점이다. 이들 다양한 이해관계집단들의 상대적인 영향력이나 전략적 비중은 조직의 지배적인 연합이 조직 생존에 핵심적이라고 판단하는 전략적 요소들이 무엇인가에 따라 달라진다. 따라서 조직의 효과성의 평가에서 네 가지 중 어느 모형을 사용할 것인가는 조직이 처한 상황에 따라 유동적이게 되는 것이다.

퀸과 카메론 (Quinn and Cameron, 1983)은 조직효과성을 측정하는 데 어느 모형을 사용할 것인가 하는 것은 조직의 성장단계에 따라 달라진다고 보았다. 창업단계에는 혁신과 창의성이 강조되는 개방체계모형, 집단공동체단계에서는 인간관계모형, 활동의 효율성이 강조되는 공식화단계에는 합리적 목표모형이나 내부과정모형이 적합하다. 마지막으로 조직 자체의 변화와 성장을 도모해야 하는 정교화단계에서는 다시 개방체계모형으로 조직의 효과성을 평가하는 것이 적합하다는 것이다(Robbins, 1990 : 74-75).

경쟁적 가치모형은 조직효과성의 평가에서 평가자의 입장에 따른 주관성을 고려했다는 점과 효과성의 분석을 단일차원이 아닌 다차원적으로 시도했다는 점에서 의의가 있다. 특히 앞의 모형들에서 부분적으로 제기되었던 다양한 선호체계와 가치들을 종합하여 유형화를 시도하고 있는 점은 경쟁적 가치모형이 갖는 강점이다. 그러나 실제 이 모형을 적용하는 데 있어서는 다른 모형들과 마찬가지로 문제점을 드러내고 있다. 우선 제시한 차원들의 타당성에 대한 검증이 거의 되지 못했다는 점이다. 또한 조직성장단계와 조직효과성의 모형의 적합성의 관계도 아직은 가설적 수준이다. 나아가 조직이 성장의 어느 단계에 있는지 정확히 판단하는 것 역시 쉽지 않다는 문제가 있다(최창현 외, 1996 : 416).

조직효과성의 평가는 매우 복잡다단한데, 이것은 사실 조직 자체의 복합성으로부터 비롯되는 것이다. 조직은 환경으로부터 자원을 받아들여 이러한 자원의 전환과정을 통해 조직산물로 다시 환경으로 내보낸다. 이 과정에서 조직은 다양한 활동을 수행할 뿐 아니라, 다양한 이해관계자를 갖는다. 조직효과성의 다양한 모형은 이들 여러 관계요소들 중에서 특정 측면을 부각시키면서 발전해 온 것이다.

[도표 14-4] 효과성 측정의 접근방법

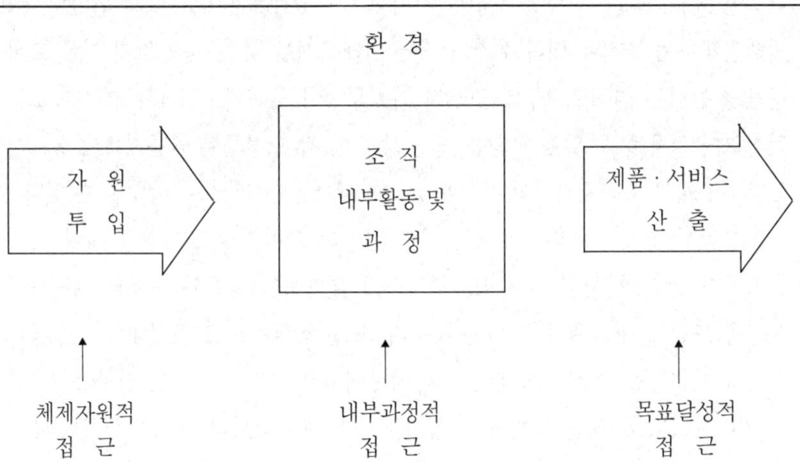

자료 : Daft, 1998 : 37.

[도표 14 - 5] 조직효과성의 모형 비교

모 형	조직효과성의 정의	언제 적합한가
목표달성모형	목표의 달성	조직목표와 시간적 차원이 분명하고 측정가능한 경우
체제자원모형	필요한 자원의 획득	투입과 산출간에 분명한 인과관계가 존재하고 이를 확인할 수 있는 경우
전략적 이해관계모형	모든 전략적 이해관계 요소의 충족	전략적 이해관계요소들이 조직에 미치는 영향이 크고 조직이 이러한 요구에 적절히 대응해야 하는 경우
경쟁적 가치모형	주요 부분에 대한 강조와 구성요소들의 선호와의 부합	조직이 강조하는 바가 분명하지 않거나 시간 경과에 따른 기준의 변화가 관심인 경우

자료 : Cameron, 1984 : 276; Robbins, 1990 : 77에서 재인용.

전통적으로 조직효과성의 평가는 주로 조직의 목표라는 측면에서 접근되었으나, 목표 자체에 내재한 문제들, 즉 다원적 목표의 문제와 목표달성지표의 계량가능성, 목표의 합의성과 주관성의 문제점이 제기되었다. 목표모형의 이러한 문제점으로 목표를 달성하기 위한 수단이라는 측면이 부각되면서 체제자원모형이 출현하고, 이어 조직의 다양한 이해관계자 집단을 고려한 전략적 이해관계모형이 나오게 되었다. 나아가 각 이해관계자는 조직에 대하여 각기 다른 이해관계를 갖는 만큼 각기 다른 효과성의 기준을 갖는다는 인식으로부터 경쟁적 가치모형이 출현하고 있다. 그러나 모든 조직에 적절하게 적용될 수 있는 모형은 쉽지 않으며, 각 모형들은 나름대로의 유용성을 갖고 있다. 네 개의 조직효과성의 모형은 [도표 14-5]에서와 같이 비교될 수 있다.

조직의 효과성이라는 문제는 가장 단순해 보이면서도 가장 분석이 어려운 조직 측면이다. 우선 다양한 시도에도 불구하고 효과성의 평가와 분석과 관련하여 명쾌한 해법을 도출해 내지 못하고 있는 것이다. 또한 궁극적으로 조직내외의 수많은 관련집단이나 개인들을 고려했을 때 누구의 기준에서 효과적인가 하는 질문으로부터 헤어날 수 없다는 점도 어려운 문제이다. 한 집단에게 효과적이라 해도 다른 집단에게는 해가 되는 상충적 관계가 흔히 있다. 그럼에도 불구하고 조직의 중요한 존재이유가 특정과제와 기능의 수행에 있다고 간주되는 만큼 조직의 효과성이란 문제는 여전히 조직연구의 핵심이다. 조직효과성에 대한 다양한 이론들의 주장을 고려했을 때 조직효과성의 평가는 조직의 상황과 조직이 추구하는 목표, 그리고 조직내외의 다양한 이해집단에 대한 종합적인 고려를 필요로 하는 것이다.

사례

어느 조직이 과연 효과적인가

평균적으로 도요다의 근로자는 일인당 일년에 57.7대의 자동차를 생산한다. 반면에 포드는 일인당 16.1대에 불과하다. 이와 비슷하게 도요다는 자동차 한 대당 인건비로 630달러를 쓰는 데 비해, 포드는 2,379달러를 쓴다. 그러나 포드는 자동차 한 대당 555달러를 벌어들이는 데 비해 도요다는 466달러를 벌어들인다. 포드와 도요다 중 어느 회사가 더 효과적인가?

1987년 몬산토사의 매출은 전년에 비해 11% 증가하였다. 반면에 롬앤 하스 화학은 단지 7%증가에 그쳤다. 이 둘 중 어느 회사가 더 효과적인가? 또 1987년 워너 람버트의 이윤은 감소했지만 자본투자에 대한 수익률은 30.5%에 달했는데, 이는 몬산토사의 11.2%나 롬앤 하스의 17.8%에 비해 매우 높은 것이다. 이 세 회사 중 어느 회사가 가장 효과적인가?

대학이 잘하고 있다는 것을 어떻게 알 수 있는가? 졸업생들이 전원 취업이 되면 대학이 효과적이라고 할 수 있는가? 또는 신입생 지원율의 증가나 감소, 대학도서관에서 대출된 책 수, 학생들의 대학생활에 대한 만족도, 교수 일인당 평균 저술, 또는 졸업생들의 졸업 후 20년간의 평균 급여 중 어느 것을 볼 것인가?

자료: Stephen Robbins, 1990 : 47-49.

제 3 부　조직변화와 사회

제 3 부에서는 조직의 좀더 포괄적이고 제도적인 측면과 조직변화의 측면들을 다루고 있다. 우선 조직문화, 조직의 변화와 혁신, 그리고 새로이 출현하고 있는 조직모형으로서의 가상조직과 관련한 논의들을 소개하고, 마지막으로 현대사회에서의 조직이 개인 · 사회와 갖는 몇 가지 핵심적 측면들에 대해 살펴본다.

제15장
조직문화

1. 조직문화의 정의

어느 사회에나 사회문화가 있듯이 조직에는 조직문화가 있다. 조직문화란 구성원들이 공유하는 가치와 신념, 규범과 전통, 지식, 습관과 기술 모두를 포괄한다. 이러한 조직문화는 조직이 속한 보다 광범위한 사회문화로부터 형성되지만 조직문화에는 일반 사회문화와는 구분되는 부분이 있다. 한국의 사회문화가 있으며, 동시에 삼성 · 현대의 독특한 기업문화가 있는 것이다.

조직문화의 개념은 다양하게 정의되어 왔다(Hatch, 1997 : 205). 버거와 룩맨(Peter Burger and Thomas Luckman, 1967)은 조직문화를 "조직구성원들간의 지속적인 상호작용에 의하여 끊임없이 창조되고 재구성되는 인간상호작용의 메커니즘인 동시에 상호작용의 결과적 산물로서의 사회적 실재"라고 정의하였다. 오우치(William Ouchi, 1981)는 "조직의 전통과 분위기로서 조직의 가치관과 신조, 그리고 행동패턴을 규정하는 기준이 되는 것"이라고 정의하였다. 쉬일과 마틴(Shiel and Martin, 1984)은 "구성원들이 공유하는 가치 · 믿음 · 기대들로서 특정유형의 의미의 공유를 통하여 조직을 결속시키는 접착제 같은 것이다"라고 정의하고 있다. 샤인(Edgar Schein, 1985 : 6)의 조직문화는 "집단이 외부에의 적응이나 내부통합의 문제에 대처하는 과정에서 창출해내고 발견해내고 발전시킨, 그리고 이러한 문제들과 관련하여 인식하고 생각하고 느끼는 올바른 방식으로서 구성원들이 타당하다고 인정하고 새로운 구성원들에게는 주지되어야 할 기본적인 전제들"이다(양창삼, 1993 : 687-688 ; Hatch, 1997 : 205).

이상과 같은 조직문화의 정의에는 공통적으로 조직구성원들이 집단적으로 공유하는 구성원의 행동과 조직 행동의 기본전제로서 작용하는 조직고유의 지배적인 가치 · 신념 · 규범 · 관습 · 행동양식 모두가 포함된다(Hatch, 1997 : 205).

2. 조직문화의 기능

조직문화는 조직에서 다양한 기능을 수행하는 데 가장 중요한 것은 구성원들을 하나로 결속시켜 주는 규범적 접착제로서의 기능이다.

조직문화의 이러한 기능은 조직문화가 수행하는 다음의 기능들로 구성된다. 첫째, 조직문화는 구성원들에게 행동의 기준 및 방향을 지시해 줌으로써 구성원의 행동이나 태도를 인도하고 규정한다. 둘째, 구성원들에게 '우리' 라는 정체의식을 심어 주며, 그들을 통합시킨다. 예를 들어 '삼성맨' · '현대맨' 등의 정체성의 각인이다. 셋째, 조직문화는 구성원들이 조직에서의 기대에 부응하고, 조직이 지향하는 바에 몰입하도록 해 준다. 구성원들에게 "우리는 업계 일등기업이다" 라는 자기확신을 끊임없이 주지시켜 조직목표에의 강도높은 동일시를 달성하는 것이다. 넷째, 조직문화는 불확실한 상황에서 행위의 신빙성을 제공해 주는 가이드로 기능한다. 마지막으로 조직문화의 통제체계로서의 기능이다. 경제적 통제, 정치적 통제와 함께 설득과 교화로서의 규범적 통제체계로서의 기능이다(Scott, 1988 : 292;양창삼, 1993 : 689). 통제체계로서의 조직문화는 조직에서 공식화된 규정이나 지침과 동일한 효과를 갖는다. 확고하게 자리잡은 강력한 조직문화는 구성원들의 행동에 대한 공식적인 지침이나 규정이 없이도 조직행동의 일관성과 예측성을 끌어낼 수 있다. 즉 고도의 공식화된 통제체제와 마찬가지로 조직문화는 조직활동의 예측성, 일관성, 그리고 조직안정에 기여한다. 따라서 조직문화와 공식화간에는 일면 상호대체적인 관계가 성립된다(Robbins, 1990 : 443-444). 이러한 것들은 모두 사회적 체계로서의 조직의 안정성을 높이는 데 기여한다.

조직문화의 기능은 조직이 성장해 감에 따라 변화한다. 조직의 초기 발전단계에는 문화는 안정되고 예측가능한 환경을 창출하며, 일체감과 의사소통의 체계를 제공하여 성장을 위한 긍정적인 요인으로 기능한다. 조직의 중간발전단계에서는 여러 하위문화가 생성되기 때문에 전체문화와 하위문화의 통합이 핵심적이다. 성숙기와 쇠퇴를 변화시킬 필요가 생기게 된다. 이 단계에서는 조직개혁 · 대규모 인력교체 등을 통한 기존 문화의 쇄신이나 새로운 문화의 창출이 요구되게 된다(최창현 외, 1996 : 430-431).

3. 조직문화의 구성요소

조직문화를 구성하는 요소들은 여러 학자들에 의해 다양하게 제시되었다(유영옥, 1997 : 233 ; 김선봉, 1997 : 314).

1) Schein의 모형

샤인(Edgar Schein)은 조직문화의 구성요소를 세 수준에서 파악하였다. 즉 가장 심층부의 잠재의식 수준에서의 기본적인 믿음과 전제, 인식 수준에서의 가치와 규범, 가시적 수준에서의 표면에 드러난 인공물이다(Hatch, 1997 : 210-213 ; 최창현 외, 1996 : 438 ; 양창삼, 1993 : 691).

믿음과 전제(beliefs and assumptions) 구성원들이 의심할 여지 없이 당연한 진리로서 간주하는 기본전제로서 겉으로 드러나지 않는, 구성원들의 거의 잠재의식 속에 존재한다. 믿음과 전제는 조직문화의 핵심으로서 구성원들이 인식하고 생각하고 행동하는 것에 영향을 미친다. 예를 들어 개인주의가 당연하게 받아들여지는 조직에서는 집단의 이익을 위해 자신의 이익을 희생하는 행동은 거의 기대조차 하지 않는 것이다.

규범과 가치(norms and values) 기본적인 믿음이 표출되어 만들어 내는 본질적인 가치를 지닌 사회적 원칙 · 목표 · 기준들이다. 가치는 무엇이 옳고 그른가를 판단하는 기준이며, 규범은 주어진 문화 속에서 구성원들의 다양한 상황에서의 적합한 구체적인 행동방식 내지는 지침들이다. 가치가 구성원들에게 무엇이 중요한가를 규정한다면, 규범은 구성원들에게 기대되는 행동양식을 규정한다. 창의성에 대한 존중, 개인적 책임의 중시, 개방성 등이 이러한 예이다

인공물(artifacts) 인공물은 조직의 규범 · 가치 · 가정들에 기초하여 조직에서 가시화되어 있는 기술 · 도구 · 전통 및 의례 · 의식 등의 물리적 · 상징적 · 행동적

[도표 15-1] 샤인의 조직문화모형

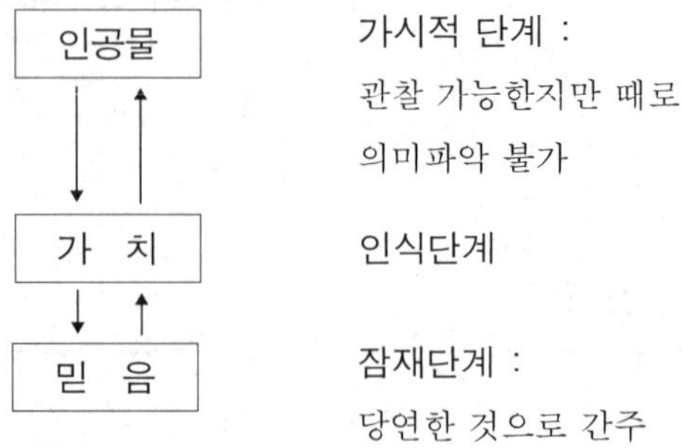

자료 : Hatch, 1997 : 211.

표현물이다. 예컨대 포장재업체인 AGI의 본사 사무실은 다른 일반 기업들과 달리 개인적 작업공간이 거의 없이, 개방된 공동 공간과 회의실로 되어 있다. 이 같은 비공식적 분위기의 사무실은 구성원들에게 개방, 평등, 창의성과 유연성을 중시한다는 기업문화의 메시지를 은연중에 전달하게 된다. 마찬가지로 일반 사무실에 비교되는 중역들의 집무실의 호화스러움의 정도, 회사간부 승용차의 차종에서도 조직이 지향하는 가치체계가 평등지향적인가 또는 권위적인가 하는 등을 볼 수 있다. 이러한 인공물은 조직의 전체적인 인상과 문화적 특징을 구성하는 주요 요인이다.

특정의 조직문화의 외부에 드러난 인공물을 분석하면 그 밑에 깔려 있는 가치관을 도출해낼 수 있고, 다시 가치관을 통해 구성원의 기본적인 믿음을 도출해낼 수 있는 것이다(최창현 외, 1996 : 438).

2) Pascale의 7S 모형

파스칼(Richard Pascale, 1981) 등은 조직문화의 구성요소로서 공유가치(shared values), 전략(strategy), 구조(structure), 제도 · 절차(system), 구성원(staff), 관리기술(skill), 그리고 관리스타일(style) 등 이른바 7S를 들고 있다. 이들 요소들은 서로 관련되어 있으며, 이 중에서도 가장 핵심적인 것은 공유가치이다(양창삼, 1993 : 691-692 ; 김선봉, 1996 : 314).

공유가치 공유가치는 조직에서 구성원들이 받아들이는 가치관 · 이념 · 전통 · 기본목표 등이다. 공유가치는 조직체의 전략목표설정과 조직구성원의 행동양식 등 여러 측면에 영향을 미치는 조직문화의 요소이다. 공유가치는 조직문화에서 전통적으로 가장 중요하게 간주되는 요소이다.

전 략 전략은 조직의 목표달성을 위한 장기적인 계획과 조직의 자원배분패턴들이다. 조직의 장기적인 방향과 조직의 기본성격을 지배하는 요소로서 조직의 중심가치 또는 상위목표를 중심으로 이를 달성하기 위한 조직운영에 장기적인 상황정의의 준거틀을 제공하고, 다른 요소들에 영향을 주게 된다.

구 조 구조는 조직의 전략을 수행하는 데에 필요한 조직구조와 직무설계, 권한관계와 방침의 규정, 그리고 상호관계 및 조직구성원 행동에 영향을 주는 공식요소들이다.

제도 · 시스템 제도 및 시스템은 일상적 조직운영과 경영과정에 관련된 모든 제도들이다. 의사전달제도 · 의사결정제도 · 경영정보시스템 · 보상제도 · 인센티브 · 목표설정제도 등 주어진 조직구조 하에서 조직목표와 전략을 실제로 달성하는 데에 적용되는 모든 제도와 시스템들을 포함한다.

구 성 원 구성원은 조직체의 인적 자원으로서 능력, 전문성, 가치관과 신념, 욕구와 동기, 그리고 지각과 태도들을 지닌다.

스 타 일 스타일은 조직구성원들의 행동양식과 패턴으로서, 예컨대 리더십 행동스타일을 포함한다. 구성원 상호관계, 집단관계, 그리고 상하관계에 있어 기본적인 특성을 지배하는 요소로서 조직분위기에 직접적인 영향을 미친다.

기 술 구성원들이 조직운영에 실제로 적용하고 있는 경영관리상의 요소로서 동기부여 · 강화 · 통제 · 통합조정 · 갈등관리 · 변화관리, 그리고 과제수행상에서 구체적인 기술과 기법들을 포함한다.

이상의 구성요소들은 상호 밀접한 관계가 있으며, 조직은 이들 요소간에 일관성 있는 적합관계를 유지함으로써 조직목표를 달성하는 과정에서의 효과성의 극대화를 시도한다.

4. 조직문화의 형성요소

조직문화의 형성에는 매우 다양한 요소들이 기여한다(양창삼, 1993 : 690).

조직이 속한 문화권 조직이 어떤 문화권에 속해 있는가 하는 것은 조직문화형성에 핵심이다. 이러한 문화권에는 크게는 동양문화권과 서양문화권으로부터 한국문화 · 미국문화 · 일본문화 등 많은 문화권들이 있다.

최고경영자의 경영철학 최고경영자의 경영이념과 철학은 조직이 지향하는 가치관의 형성에 직접적으로 기여한다. 삼성의 이병철 회장의 경영철학 또는 현대 정주영 회장의 경영철학이 이러한 예이다.

조직의 역사 조직은 어느 정도 영속성과 역사성을 갖는다. 이러한 조직의 역사성은 조직문화의 형성과 유지에 기여한다.

조직환경 조직이 속해 있는 업종, 경쟁정도, 변화의 속도, 정치경제적 위험부담, 지리적 위치 등의 다양한 조직내외의 환경적 요인은 조직문화형성에 영향을 미친다.

대체문화의 유무 대체문화의 유무는 조직문화형성에 관련을 갖는다. 조직이 오랜 역사와 안정된 구성원을 지니고 있다 해도 그 조직문화를 대신할 수 있는 대체문화가 존재한다면, 조직고유의 문화형성이 어렵게 된다. 대체문화가 없는 경우에는 구성원들에게 보다 폭넓게 조직의 가치가 확산되고 내재화되어 조직의 문화가 자리잡게 된다.

5. 조직문화의 유지와 전승

조직 문화는 조직내 다양한 기제에 의해 유지되고 전승된다. 이러한 기제들에는 신규구성원의 선발과정, 최고경영층의 언행, 사회화가 핵심적이다(Robbins, 1998 : 605-609).

1) 구성원의 선발과정

신규구성원의 선발이나 채용과정은 조직에서 성공적으로 과제를 수행할 수 있는 능력이나 지식, 기술을 갖춘 사람들을 선발해 들이는 것이다. 객관적인 기준에 의해 일차적으로 선발이 이루어진 후에 마지막 결정단계에서 가장 중요한 것은 조직관리자의 주관적 판단이다. 동일한 객관적 자질이나 조건을 충족시키는 다수의 지원자 중에서 신입자를 선발하는 마지막 판단에서 중요하게 고려되는 것이 지원자의 전반적인 행동이나 가치체계가 조직의 성향과 맞는가를 고려하게 된다. 이러한 선발과정을 통해 조직문화에 비교적 가장 조화를 이룰 사람을 조직에 선별해 들이는 것이다.

2) 최고경영층의 언행

최고경영층의 언행은 조직문화에 중요한 영향을 미친다. 이들의 행동스타일이나 가치, 규범들은 구성원들에게 조직에서 합당한 행위규범의 기준들을 제시하고 영향을 미친다. 조직에서 인정되는 모험성이나 자유분방성의 정도, 과제수행에서의 자율성의 정도, 승진이나 보상의 기준, 복장스타일 같은 것들이 제시되는 것이다. 예컨대 SK기업은 최고경영자가 앞장서서 캐쥬얼복장으로 근무하여 정통적인 정장스타일에서 자유로운 캐쥬얼스타일의 복장문화로의 변화를 주도하였다.

3) 사 회 화

조직의 신규구성원은 신입사원교육이나 오리엔테이션을 통해 조직문화의 집중적인 사회화과정을 거치게 된다. 선발과정에서 조직에의 적합성 여부가 상당부분 검증된다 하여도 조직내 훈련과정을 통해 좀더 완벽하게 조직의 구성원으로 사회화시키는 것이다. 사회화는 조직에 처음 발을 디딜 때 가장 집중적으로 이루어지나, 그 후의 조직생활에서도 지속적인 사회화가 이루어진다.

사회화과정은 크게 입직전단계, 인카운터단계, 교정단계의 세 단계로 진행된다. 입직전(prearrival)단계는 개인이 조직에 들어오기 전까지의 사회화과정에서 거친 학습기간을 나타낸다. 이 단계 사회화과정에서 형성된 개인의 여러 성향과 가치관이 조직문화와 어느 만큼 조화를 이루는가에 의해 채용에서의 일차 결정이 이루어지게 된다. 인카운터(encounter)단계는 개인이 조직에서의 실제 경험을 통해 조직에 들어오기 전에 가졌던 기대와 현실을 비교인식하는 단계이다. 조직의 현실이 가졌던 기대와 거의 같을 수도 있고, 크게 다를 수도 있다. 괴리가 크지 않은 경우에는 기존의 기대를 재확인하게 되지만, 그 괴리가 큰 경우에는 보다 집중적인 사회화과정을 거쳐 조직에 맞지 않는 기존의 행위스타일이나 가치, 규범들을 폐기하고, 새로운 조직문화의 학습을 받게 된다. 개인이 조직문화에 적응하지 못하는 경우 끝내는 조직을 떠나야 하는 경우도 나타난다. 교정단계(metamorphosis stage)에서는 인카운터 단계에서 발견된 조직문화와 맞지 않는 부분들에 대한 집중적인 교정이 이루어지는 단계이다. 교정단계를 거치면서 개인은 보다 철저하게 조직의 구성원으로 태어나는 것이다.

6. 조직문화에 대한 분석시각

문화는 조직에 영향을 미치는 외생적 변수라는 측면과 동시에 조직의 스타일이나 규범을 구성하는 내생적 변수라는 양면성을 지닌다. 내생적 변수로서의 문화는 기술 · 구조와 마찬가지로 조직을 구성하는 요소이다. 외생적 변수로서의 문화는 환경의 한 요소로서 조직에 영향을 미치게 된다. 이와 함께 조직문화에 대한 시각에는 크게 도구적 시각과 상징적 시각이 있다. 도구적 접근이 조직문화의 실제성과 응용성을 강조하는 데 비해 상징적 시각은 조직 그 자체를 문화적 현상으로서 접근한다. 도구적 시각을 대표하는 경영학적 접근과 조직문화에 대한 상징적 시각을 보기로 하자.

1) 경영학적 접근

경영학적 접근은 그 안에서도 비교사회적 시각에서 외적 사회문화와 조직내적 요소간의 관계에 관심을 두는 비교경영학적 접근과 기업의 창조물로서의 기업문화를 분석하는 기업문화적 접근으로 나누어 볼 수 있다(양창삼, 1993 : 696-698).

비교경영학적 접근(comparative management) 거시적인 사회문화를 독립변수로 보고, 사회문화가 조직성원들의 태도와 행동에 미치는 영향에 관심을 둔다. 외생적 독립변수로서의 문화가 조직에 유입되고, 그 결과 개별구성원의 태도와 행동양식이 결정된다고 보는 것이다. 이러한 접근에서는 외적 요소인 사회문화와 내적 요소인 경영이념 · 가치관 · 신념 · 방침 등과의 관계를 분석하고, 조직성원의 태도와 행동, 그리고 전체 조직행동을 조직이 속한 사회문화적 특성을 중심으로 연구한다. 이러한 접근의 예로는 최근까지 상당한 관심을 모았던 미국식 경영문화와 일본식경영문화의 비교연구 등이다. 이러한 접근에서는 거시사회적인 문화적 환경이 조직문화에 미치는 영향과 그 관계가 주요 관심이다.

기업문화적 접근(corporate culture) 조직 자체가 문화를 창조한다는 전제하에서 개별조직의 조직문화의 요소와 특성들을 집중적으로 연구한다. 이러한 접근에서는 조직문화는 기술이나 구조와 마찬가지로 조직의 내부변수이다. 여기에서의 주관심은 조직이 만들어 내는 다양한 행동패턴이나 스타일, 가치, 의례, 의식, 전설과 같은 것들이다. 이러한 접근에서는 특정의 조직문화를 조직의 성과와 관련시켜 분석한다.

이러한 예로는 3M의 기업문화, IBM과 애플사의 조직문화비교 등에서 볼 수 있다. 또한 최근 관심을 끌고 있는 우수조직문화, 강한 문화 등이 이러한 접근방식의 예이다.

2) 상징적 시각

상징적 시각(symbolic perspective)에서의 조직문화의 분석은 기본적으로 조직 자체가 사회문화적으로 구성된 실재라는 사고로부터 출발한다. 조직연구에서 상징적인 접근은 조직문화의 분야에서 특히 두드러지는데, 이것은 문화라는 현상 자체가 기본적으로 의미의 공유로서 조직현상의 다른 어떤 부분보다도 상징적 · 현상학적이라는 특성을 지니고 있기 때문이다. 상징적 시각에서 보는 조직이란 단순히 기계적 체계가 아니라 사람들이 모여 복잡한 상징적 활동을 하는 문화체계로서 의미를 갖는다. 이들은 기존의 조직이론이 조직의 합리적 측면에 관심을 국한시킴으로써 구성원이 인식하는 조직의 실재를 지나치게 객관화시켰다고 지적한다. 상징적 시각에서는 공유된 상징이나 의미체계로서의 문화의 측면에 초점을 맞추고 문화적 상징이 형성되고, 이러한 것들이 의미 있게 연결되어 조직실재를 창출해 내는 측면에 관심을 집중한다.

상징적 접근에서 보는 조직은 기본적으로 공유된 의미체계에 근거하여 그 의미를 창출하고 재창조하는 공유된 해석세계에 의존한다. 따라서 상징적 접근에서 관심을 두는 부분은 조직구성원의 '상황정의'이다. 상황정의는 사회세계의 의미에 토대한 공유된 의미 · 이해 · 감각들로서 구성원들이 주어진 상황들을 독특한 방식으로 의미를 부여하고 이해하는 실재의 구성과정이다. 이러한 상징적 접근의 강점은 조직의 실재를 보는 데 있어서 조직이 물리적으로 수행하는 직접적인 활동의 실용적 측면에서의 기계적인 관점을 탈피하고, 조직의 이데올로기 · 가치 · 신념 등이 유통되는 과정을 드러내 보여 준다는 점이다. 때로는 가장 합리적으로 보이는 조직의 측면들의 많은 부분이 오히려 상징적이고 '주술적인' 의미에 토대하고 있다는 사실을 강조하는 것이다(Gareth Morgan, 1986 : 184).

조직문화에 대한 상징적 체계로서의 해석은 상징의 사회적 의미창출에 관심을 둔다. 예를 들어 벤츠자동차회사의 로고를 보자. 벤츠 로고는 자동차 브랜드로서의 의미만 있는 것이 아니라, 상류계층이라는 사회적 의미가 더해진다. 사회에서의 특정의 품격을 나타내는 상징적 의미를 갖게 되면서 단순히 특정브랜드의 자동차라는 이상의 문화적 의미가 부착되게 되는 것이다. 기업의 사무실이나 연구실의 책상 등의 사무비품의 비치도 단순히 일을 하기 위한 도구에 그치는 것이 아니라, 조직의 독특한 품격을 창출해 내는 데 일조한다(Hatch, 1997 : 219).

7. 조직문화의 비교분석

조직문화는 조직이 속한 사회문화로부터 직접적인 영향을 받는다. 따라서 조직문화의 분석은 조직연구에서도 가장 비교사회적 관점이 요구되는 부분이다. 특히 조직연구가 미국이나 유럽을 중심으로 발전해 오면서 서구중심적 편향성이라는 문제가 제기되고, 이들 사회에서의 연구성과의 보편적인 타당성에 대해서도 상당한 의문이 제기되고 있는 것이다. 따라서 오늘날의 조직연구에서 비교문화적 연구에 대한 관심이 크게 늘고 있는 추세이다.

거시적인 사회문화는 조직내로 유입되어 조직내 의미 있는 변수나 관계들에 영향을 미치게 된다. 조직문화의 비교사회적 분석에는 다음 몇 가지 차원에서 각 사회의 문화유형의 특성이 분석된다(Scott,1987).

첫째, 특정변수에 있어서의 각 사회문화간에 나타나는 정도의 차이이다. 예를 들어 미국조직은 유사한 영국조직에 비해 상대적으로 공식화의 정도가 높은 경향이 있다. 둘째, 특질상의 차이로서 이는 사회에 따라 달라지는 특정의 문화적 제약의 유무이다. 예를 들어 각 사회의 특정종교에 따른 종교적 제약의 유무이다. 이러한 특질상의 차이는 각 사회의 조직문화의 특성에 매우 큰 영향을 미친다. 셋째, 관계적 차이는 문화적 변수가 조직의 특정변수들간의 상호관계에 영향을 미치는 것이다. 예를 들어 미국의 노동자는 근접감독에 대해 매우 부정적인 반면, 필리핀의 노동자들은 그러한 감독에 대해 별 거부감이 없는 편이다. 마지막으로, 유형의 차이는 특정의 변수들이 문화에 의해 독특한 결합이나 분포양상을 갖게 되는 측면이다. 예를 들어 상이한 문화체계에 따라 상이한 조직유형이 나타나게 되는 측면이다.

조직문화의 비교연구에서 가장 관심을 모은 것은 조직문화의 국가적 차이에 대한 것이다. 이 중 대표적인 것으로 래머스와 힉슨 (Lammers and Hickson, 1979)의 연구, 그리고 호프스테드(Geert Hofstede, 1984)의 연구를 보기로 하자(Scott, 1987 : 131).

1) Lammers와 Hickson의 조직문화유형

래머스와 힉슨(Lammers and Hickson, 1979)은 조직문화의 비교사회적 분석에서 라틴유형 · 앵글로색슨유형 · 전통적 유형의 3개의 문화적 유형을 비교하였다.

첫째, 라틴유형은 불란서 · 이탈리아 · 스페인 조직에서 나타나는 유형으로 집권성, 경직된 위계화 및 조직내 위계구조상의 높은 격차, 불확실성의 영역에서의 높은 갈등수준을 특징으로 한다. 둘째, 앵글로색슨유형은 영국 · 미국 · 스칸디나비아 조직들에서 나타나는데, 분권화, 비경제적인 계층화, 융통성 있는 규칙적용이 특징이다. 셋째, 전통적 유형은 아시아 등 지역에서 볼 수 있는 유형으로 가부장적 리더십, 암묵적 규칙, 공식적 역할과 비공식적 역할에 대한 경계의 모호성이라는 특징을 갖는다(Scott, 1987 : 131).

래머스와 힉슨은 이러한 각 사회의 문화유형은 조직활동에 대해 다음 세 가지 측면에서 영향을 미친다고 보았다. 첫째, 흔히 법적 요건이나 정부규제에 내포된 일반화된 사회적 가치 · 규범역할들은 조직이 평가되는 방식이나 조직의 주요 고객이나 대중에 대한 반응양식에 영향을 미친다. 둘째, 조직이 '무엇을 할 수 있고 해야 하는가'에 대한 사회적 모형이나 전제를 제시하여 조직설계자의 개념설정에 영향을 미친다. 마지막으로 조직외부로부터 유입된 가치, 규범에서 파생되는 역할을 수행하고 상호관계하는 조직의 엘리트나 일반구성원의 신념이나 행위에 영향을 미친다.

2) Hofstede의 국가간 조직문화비교

호프스테드(Geert Hofstede, 1984)는 조직문화란 기본적으로 조직이 속한 보다 거시적인 사회문화의 표현으로 보았다. 그는 세계 40여 개국에 펼쳐 있는 IBM자회사들을 대상으로 국가에 따라 달라지는 문화차이를 비교연구하였다. 각 사회의 독특한 문화적 특성이 조직문화에 직접적으로 영향을 미친다는 가정 하에 호프스테드는 권력격차, 불확실성의 회피, 개인주의, 성별주의의 네 가지 차원에서 각국의 문화유형을 규명하였다.

첫째, 권력격차는 권력 · 부 · 명예 등에서의 차등적 분포에 대한 용인성의 정도이다. 권력격차에 대하여 가장 부정적인 태도를 드러내는 국가는 덴마크로서 사람들간의 평등성의 가치가 매우 강하여 조직내의 지나친 권력격차는 용인되지 않는다. 따라서 덴마크의 경우 가시적인 불평등체계는 기업의 효과적인 성과에 매우 부정적으로 작용한다.

둘째, 불확실성의 회피는 불확실성이나 모호함에 대한 적응성 또는 유연성과 관련을 갖는다. 불확실성의 회피가 높다는 것은 불확실성에 대한 낮은 유연성을 의미한다. 불확실성의 회피에 있어서 그리스나 일본의 경우 그 정도가 매우 높게 나타나는 반면, 싱가포르나 스웨덴에서는 상대적으로 낮은 편이다.

셋째, 개인주의는 집단의 일원으로서보다 개개인으로서의 행동이 기대되는 정도이다. 개인주의가 강한 문화에서는 개인 스스로의 자율성이 강조되고 구성원들간의 상호관계도 느슨한 데 비해, 개인주의가 약한 사회는 집단적 가치에의 동조나 결속이 매우 강조된다. 미국과 같이 개인주의가 발달한 사회에서는 개인주의가 복지의 기본원칙으로 인정되는 반면, 멕시코나 중국에서는 개인주의는 바람직스럽지 못하고 소외적인 것으로 간주하는 경향이 있다.

넷째, 성별주의(남성중심성)는 사회에서 여성과 남성의 역할이 분명하게 구분되는 정도이다. 성별주의문화가 강한 사회에서는 업무수행과 관련하여 실적주의와 승진 등의 요소들이 중요하게 고려되는 반면, 성별주의가 약한 사회에서는 업무수행에서의 대인관계 · 서비스 · 물리적 환경이 중요하게 고려되고, 또한 여성들의 전문직에의 진출이 다른 지역보다 높은 경향이 있다.

이러한 호프스테드의 연구는 국가들간에 달라지는 문화유형 이외에도 보다 중요하게는 국가간의 이러한 문화유형의 차이가 각 사회의 조직문화의 형성에 핵심적인 요소라는 것을 보여 주고 있다(Hatch, 1997 : 206-210 ; Scott, 1986 : 131).

8. 기업문화의 분석

기업문화와 관련하여 근래 들어와 가장 활발하게 이루어지는 부분이 조직성과와 관련시킨 특정의 조직문화의 유형에 대한 것이다. 소위 우수기업의 독특한 조직특성을 규명하고자 하는 일환에서 기업문화에 대한 관심이 크게 일고 있는 것이다.

1) Deal과 Kennedy의 강력한 기업문화

기업문화에 대한 매우 영향력 있는 연구는 딜과 케네디(Terreuce Deal and Allan

Kennedy, 1982)의 기업의 문화강도(cultural strength)에 대한 연구이다. 여기에서 문화강도란 조직성원들이 핵심적 가치들을 공유하는 정도이다. 이러한 문화강도는 핵심가치와 연관되는 다양한 상징적 인공물로부터 유추된다. 문화강도가 높은 강력한 문화는 구성원들이 평상시 어떻게 행동해야 하는가를 명확히 제시해 주는 비공식적인 체계다. 무엇이 기대되는지 분명히 알면 구성원들은 주어진 상황에서 어떻게 행동해야 하는가를 신속하게 파악할 수 있다. 강력한 문화는 구성원들로 하여금 하고 있는 일에 대해 즐거움을 느끼게 해 주고, 따라서 구성원들을 더욱 열심히 일하게 만든다. '단순히 먹고 살기 위해 회사에 다니지요'가 아닌 '우리 회사, 대단한 회사지요' 하는 소속에의 긍지를 갖게 해 주는 것이다.

딜과 케네디는 강력한 조직문화의 구성요소로서 조직환경, 기본가치, 중심인물, 의례와 의식, 그리고 문화네트워크를 들었다(Deal and Kennedy, 1982).

조직환경 조직의 문화가 형성되는 데에 가장 큰 영향을 미치는 요소는 조직의 환경이다. 고객 · 기술 · 경쟁 · 정부정책 · 법 등의 환경의 영향에 따라 조직문화가 달라진다.

기본가치 조직의 구성원이 공유하는 믿음이나 기본가치는 조직문화의 중요한 구성요소이다. 3M의 창의성, IBM의 고객서비스, 혼다의 혼다주의, LG의 인화단결 등이 이러한 기본가치의 예이다.

중심인물 조직문화형성의 중요한 내적 요소는 기본가치의 형성과 확립에 결정적인 역할을 수행하는 중심인물이다. 창업주나 전문경영인 등에 의해 강조되는 정신들이 조직문화형성에 영향을 미친다. 강력한 문화를 가진 기업에서는 창업자나 선구적 경영인에 대한 신화적인 전설이 활발하게 유포된다. 예를 들어 현대의 경우, 정주영 회장의 기발한 아이디어와 배짱으로 여러 어려움을 헤쳐 나갈 수 있었다는 일화가 널리 유포되는 것이다.

의식과 의례 강력한 문화를 가진 기업은 회사생활에 있어서 행동의 의례와 의식을 창출해 낸다. 의례의 밑바닥에는 문화의 핵심요소인 기본적인 믿음을 상징하는 신화가 존재한다. 어떤 문화든 그것을 표현할 수 있는 행사나 기회가 주어지지 않는다면 소멸하게 된다. 의례와 의식은 기업문화의 구체적인 결집으로서 조직에서 일해 나가는 방식에 대해 가장 확실하고 광범위한 영향을 미친다. 조직생활에 있어서의 행동의 규범을 제시하고 조직의 기본적인 문화가치를 극화시키는 의례는 사람들이 경험할 수 있는 무대와 각본을 제공해 줌으로써 혼돈스러운 현실에 질서를 부여한다.

조직관리에 대한 문헌들은 포트폴리오 · 비용함수 등과 같은 최적화 및 개념적인 전략체계로 가득차 있지만, 과연 이러한 도구들이 실제 의사결정에 실질적으로 활용되고 있는가. 오히려 그것들은 관리자들이 의사결정이라는 중요한 임무를 수행하는데 있어 최적의 경영기법을 도입하고 있다는 안도감을 갖도록 하는 의례인 경우가 많다. 관리자가 실제로 의사결정을 하는 방식은 직원들을 한 방에 모아놓고 수집한 정보와 자료들을 검토하여 결론을 짜맞추어 최선의 결정을 내리는 것이다. 회의도 마찬가지이다. 의례로서의 회의는 문화적 신념과 가치기준을 극적으로 표현하는 사건들로서 관리자로 하여금 무대에 올려 놓을 수 있는 기회를 제공해 주는 것이다.

문화네트워크 문화네트워크는 비공식적 매체로서 조직내의 기본적인 의사전달수단으로 지위나 계층에 관계 없이 회사의 모든 부서를 결합시킨다. 이 네트워크는 정보를 전달할 뿐 아니라 그 정보의 의미를 사원들에게 해석해 주기 때문에 더욱 중요하다. 일례를 들어 보자. 어느 회사에서 부사장의 사직이 있을 때 공식발표로는 그의 사직이 단순히 일신상의 이유 때문이라고 설명된다. 그러나 발표가 있은 지 반나절 후에는 네트워크가 비공식적인 '진실'을 유포시킨다. 부사장은 3년 동안 계속적으로 예산편성에 실패하였으며, 이러한 것을 회사가 용납할 수 없었다는 것이다. 조직에서 집행되는 일의 90%가 공식행사와는 무관하다. 실제 업무는 문화네트워크에서 이루어지고 있는 것이다. 의사결정을 하고, 지지를 얻고, 의견을 형성시키는 등의 과정은 실제 회의 전후에 문화네트워크를 통해 이루어진다(Deal and Kennedy, 1982).

2) Z형 조직문화

오우치(William Ouchi, 1981)가 제시한 Z형 조직문화는 미국식 조직문화에 일본식 조직문화적 요소가 혼합된 유형이다(최창현 외, 1996 : 433-436 ; 양창삼, 1993 : 710-714). 오우치는 조직문화를 비교할 수 있는 일곱 가지 기준으로 고용, 평가, 경력경로, 통제, 의사결정, 책임, 인간에 대한 관심을 제시하였다. 일본의 경제적 성공에 힘입어 일본식 경영문화가 큰 관심을 끌었는데, 일본식 경영문화의 특징은 종신고용 · 연공서열제 · 집단공동체적 가치지향 등이다. 이러한 일본식 요소를 미국식의 합리적 경영방식에 접목시킨 것이 Z형조직문화로, 여기에서는 회사타운을 형성하여 작업공동체를 만들고, 조직성원들간의 상호작용을 강조하고, 그리고 인간중심적 조직활동을 통해 집단지향적 조직문화를 개발하는 것이다. 오우치는 Z형이 생산성이 높은 이유로 집단적인 가치의 중시, 개인에 대한 장기적 · 종합적인 평가, 다양한 업무순환제, 그리

[도표 15-2] Ouchi의 Z형 기업문화비교

기준 \ 조직유형	전형적 일본조직	Z유형의 미국조직	전형적 미국조직
고 용	종신고용	장기고용	단기고용
평 가	엄격한 평가와 느린 승진	엄격한 평가와 느린 승진	신속한 평가와 빠른 승진
경력경로	비전문화	다기능적	전 문 화
통 제	비공식적 · 암묵적	비공식적 · 암묵적	공식적 · 명시적
의사결정	집 단 적	집 단 적	개 인 적
책임소재	집 단	개 인	개 인
인간에 대한 관 심	총 체 적	총 체 적	조 직 내 역할에 국한

자료 : 최창현 외, 1996 : 433.

고 장기고용을 통한 구성원의 조직에의 헌신을 향상시키는 조직문화를 가지고 있다는 점을 들었다. 생산성 및 효율성은 기업의 자금이나 시설, 그리고 근면한 노동력으로서만 높아지는 것이 아니다. 오히려 구성원들을 능동적으로, 그리고 효율적으로 일하도록 만드는 조직풍토, 조직분위기 또는 조직문화가 중요하다. 오우치는 이러한 Z형문화의 조직으로 IBM · 코닥 · 휴렛 패커드 등의 미국의 대표적인 우량기업들을 예로 들고 있다.

3) Bennis의 새로운 조직문화

베니스(Warren Bennis, 1959)는 탈관료제적 조직대안으로서의 애드호크라시조직에서의 새로운 조직문화를 제시하였다. 애드호크라시 조직문화는 가설적 정신과 실험주의를 존중한다. 가설적 정신은 만사에 신중하되 실수도 존중하며, 실험주의는 모든 생각을 실험하고 실천하는 것이다. 이러한 면모로써 조직은 마치 대학이나 연구소와 같은 특성을 지닌다. 새로운 조직에서의 인간성이란 이러한 과학적이고 유연한 태도를 선호한다. 의사표시의 자유, 반대할 수 있는 자유, 개인의 의견존중, 이해의 추구, 보편주의, 동료적 분위기 등이 이러한 조직문화가 중시하는 가치들이다. 이러한 조직문화는 개방체계적인 성격을 띨 뿐 아니라 사회성과 사회적 책임도 함께 강조한다. 베니스는 이러한 정신상황에 부응하는 작업집단이나 조직은 연구소 · 실험실 같은 자유방임적 조직으로서 이러한 조직문화를 가질수록 불확실한 상황에 신축성 있게 대처할 수 있다고 보았다.

9. 조직문화의 충돌

기업합병이나 획득, 제휴가 늘면서 많은 조직들이 다른 조직들과 공동 활동을 추진하는 기회가 크게 늘고 있다. 이 과정에서 상이한 조직문화들간의 문화적 충격이나 충돌이 중요한 문제로 떠오르고 있다. 재정적으로나 기술적으로나 아무런 문제가 없는 기업간 합병에서 이질적인 기업문화가 통합되지 못하면서 결국 합병이나 제휴가 무산되는 경우도 나타난다. 예를 들어 애플과 IBM사의 전략적 제휴에서 나타나는 기업문화 충돌을 보자. 매우 자유분방한 반기성체제적인 애플의 분위기와 정통 화이트칼라 분위기의 IBM사의 직원들이 공동프로젝트 등의 과업을 수행하면서 여러 가지 업무수행과정에서의 부조화라는 문제에 당면하게 되었던 것이다. 우리 사회에서도 IMF 이후 외국기업들이 우리 기업을 획득하는 사례가 늘면서 직원들이 갑자기 바뀐 경영관행이나 외국기업문화에의 적응문제가 중요한 사안이 되고 있는 것이다.

조직간 문화충돌의 정도는 조직문화의 강도와 이질성에 따라 다르다. 관련되는 두 조직이 모두 강력한 문화를 가졌을 경우에는 합병에 따른 문화적 통합이 순조롭지 못한 경향이 있다. 그러나 두 문화간에 유사성이 큰 경우에는 순조로운 조직통합이 가능하다. 거대 기업인 레이놀즈와 나비스코의 합병은 별 무리가 없이 이루어졌는데, 이 두 기업 모두 조직문화의 강도는 높았지만, 그들간의 유사성이 컸기 때문이다. 조직문화의 강도가 약한 경우에는 비교적 순조로운 문화통합이 가능하다. 이 경우 문화강도가 약한 조직이 문화강도가 강한 조직에 적응하면서 문화통합이 진행된다. 조직내 하위문화가 많을수록 조직문화 통합에 대한 저항이 크다. 왜냐하면 하위문화가 많다는 것은 그만큼 조직내에 다양한 이해관계를 갖는 하위집단들이 많다는 것을 의미하는 것으로 그만큼 문화에 있어서도 일관된 변화나 통합을 추진하기가 어렵기 때문이다 (Robbins, 1990 : 450-451).

조직의 문화충돌이나 충격의 문제는 성공적인 기업간 합병이나 획득, 제휴에는 단순히 경제적인 측면 이상의 조직문화차원에서도 많은 대비가 필요하다는 것을 의미한다.

10. 조직문화의 관리

조직문화에 대한 연구는 조직마다 문화가 다르며, 이러한 조직문화의 차이가 조직의 성과에 영향을 미친다는 것을 보여 주고 있다. 문화가 조직성과에 미치는 영향은 조직의 발전단계에 따라 달라진다. 초기에는 조직성과에 긍정적으로 기능했던 문화특성이 어느 단계에 들어서면 조직의 발전에 부정적으로 작용하게 되기도 한다. 문화가 갖는 이러한 측면은 문화의 관리라는 차원에서 중요한 의미를 갖는다. 즉 조직문화가 조직의 성과에 긍정적으로 기능하는 경우에는 조직문화를 더욱더 보존하고 강화하는 방향으로 관리가 요구된다. 그러나 조직문화가 조직의 성과에 부정적으로 기능하는 경우에는 조직의 성과를 향상시키는 방향으로 조직문화를 바꾸어야 하는 것이다(최창현 외, 1996 : 439).

문화가 갖는 이러한 측면을 고려했을 때 조직문화를 어떻게 관리할 것인가 하는 문제는 조직의 효율성의 연장선상에서 중요한 과제로 대두되게 된다. 조직문화에 대한 관리로서의 이러한 접근은 조직문화를 관리자의 영향과 통제가 행사되는 또 다른 조직측면으로 간주하는 것이다. 즉 조직문화의 가치와 규범들을 조직수행에 보다 바람직한 방향으로 관리 · 통제하고자 하는 경영자적 관심이다. 조직문화에 대한 이러한 접근에 회의적인 시각에서는 사람들의 규범이나 가치는 기본적인 전제나 의문의 여지없이 받아들이는 신념의 심층에 뿌리를 두고 있기 때문에 문화를 관리한다는 것은 지극히 제한적일 수밖에 없음을 강조한다.

이 두 입장 모두 조직문화에 가장 영향력을 크게 미치는 조직구성원은 조직관리자라는 가정을 하고 있다. 조직생활에서의 관리자들이 갖는 탁월한 가시성과 조직내 지배적인 지위나 영향력으로 그들의 행동이 조직내 다른 사람들의 기준이 되는 것을 당연시하는 것이다. 그러나 조직의 상층부가 행사하는 영향력이 자동적으로 조직의 일반구성원의 문화에 유입될 수 있는가 하는 점은 의문이 제기된다. 조직문화에 대한 상징적 접근에서 보면 조직상층부 역시 조직문화의 영향에서 벗어날 수 없기 때문이다. 아무리 이들이 조직문화의 관리자이고자 하더라도 이들 역시 조직문화에 의해 구속받는 존재인 것이다(Hatch,1997 : 234-235).

이러한 것을 고려했을 때 조직문화 자체를 변화시키고자 하는 조직관리자의 시도는 그 효과가 제한적일 수밖에 없다. 따라서 조직변화를 시도하고자 할 때에는 문화 자체의 변화를 시도하기보다는 문화적 맥락을 고려하는 것이 보다 중요하다는 주장이 제기된다. 조직문화를 억지로 변화시키고자 하더라도 그러한 변화는 많은 경우 예측할 수도 없거니와 때로는 바람직스럽지 못한 방향으로 흐를 수도 있다는 주장이다.

11. 어떤 상황하에서 문화는 변화될 수 있는가

현대사회에서는 정부정책이나 국제경쟁, 조직간 합병이나 제휴, 정보통신기술의 발달 등 조직을 둘러싼 환경이 크게 변화하고 있으며 이에 따라 기존의 조직문화가 조직발전을 저해하는 경우도 나타나고 있다. 이러한 경우 조직이 계속 살아남기 위해서는 조직의 다른 부분들과 마찬가지로 조직문화도 새롭게 변화되어야 한다는 압력이 커질 수밖에 없다. 조직문화의 변화가 성공적으로 추진될 수 있는 여부는 조직이 처한 상황에 따라 다르다. 조직이 극적인 위기상황에 처해 있거나, 조직리더십체제에 큰 변화가 있거나, 설립된 지 얼마 안 되는 신생조직인 경우에는 조직문화의 변화가 비교적 용이하게 이루어질 수 있다(Robbins, 1990 : 457-459).

1) 극적인 위기상황

가장 일반적으로는 구성원들의 조직상황에 대한 위기감이 높을 때 조직문화의 변화가 비교적 쉽게 이루어질 수 있다. 이러한 상황에서는 구성원들의 기존체제에 대한 회의와 문제의식이 고조되기 때문에, 구성원들의 기존과 다른 가치체계나 조직방식에 대한 태도가 좀더 긍정적이고 개방적일 수 있기 때문이다.

2) 조직리더진의 변화

최고경영진들의 조직리더층은 조직문화의 유지에서 핵심적이다. 따라서 조직리더진의 변화는 새로운 가치체계의 이식에 유리한 상황을 제공한다. 이 경우에도 새로운 리더는 조직이 나가야 할 새로운 비전 등의 분명한 대안을 제시할 수 있어야만 성공적으로 조직문화의 변화를 이끌 수 있다.

3) 조직의 수명주기상의 단계

수명주기상에서 조직이 형성기에서 성장기, 그리고 성장기에서 쇠퇴기로 넘어가는 시기에는 조직문화의 변화가 비교적 쉽게 추진될 수 있다. 형성기에서 성장기로 넘어가는 시기에는 조직문화가 아직 확고하게 뿌리내리지 못했을 뿐 아니라, 조직이 확장하면서 조직전반에 새로운 변화가 일어나는 시기이기 때문이다. 마찬가지로 쇠퇴기로 넘어가는 시기도 조직문화의 변화가 이루어지기 유리한 상황인데, 조직쇠퇴와 함께 조직규모와 활동영역이 축소되면서 현 체제에 대한 조직구성원의 위기감에 따른 갱신에의 요구가 확산되기 때문이다.

이외에도 조직의 연령, 규모들도 조직문화의 변화가능성에 영향을 미치는 요인들이다. 우선 신생조직에서는 아직 조직문화가 확고히 자리잡지 않은 만큼 조직문화의 변화가 비교적 용이하게 이루어질 수 있다. 그리고 조직의 규모가 작은 경우에도 변화가 비교적 쉽게 추진될 수 있는데, 경영진들의 조직구성원들을 일일이 상대한 의사소통관계와 상호작용이 가능하기 때문이다.

지금까지의 조직문화에 대한 연구는 조직마다 문화가 다르며, 이러한 조직문화의 차이가 조직의 성과에 영향을 미치게 된다는 것을 보여 주고 있다. 문화가 갖는 이러한 측면을 고려했을 때 조직문화도 효과적인 조직관리의 연장선상에서 매우 핵심적인 주제로 대두되고 있는 것이다. 조직연구에서 조직문화에 대한 관심은 더욱 늘고 있는 추세이다. 여기에는 많은 조직들이 팀체제 등과 같은 분권화된 구조로 바뀌면서 구성원들의 자율적인 재량과 권한이 확대되고 있는 것이 한 요인이다. 이러한 변화는 기존의 공식적 절차나 규정보다는 개개 구성원의 자율적인 내면화에 의한 사회문화적 통제의 중요성을 증대시키기 때문이다. 강력한 문화는 구성원들에게 기대되는 공동의 규범이나 가치체계를 명료화시켜 줌으로써 공식적인 통제 없이도 구성원들에게 보이지 않는 지침과 기준을 제공해 준다(Robbins,1998 : 601). 또한 조직들의 활동 폭이 넓어지면서 세계적인 수준에서의 조직간 관계망이 확대되고 있는 점도 문화에 대한 관심이 늘고 있는 이유이다.

사례 1

삼성 출신 볼보맨의 문화충격

볼보건설기계 코리아 직원들은 지난 해 7월 삼성그룹 계열 삼성중공업직원에서 스웨덴 볼보그룹 직원으로 옷을 갈아 입었다. 그로부터 1년 여가 지난 지금 삼성맨들이 경험한 문화적 충격은 한두 가지가 아니다. 한마디로 한국 최고기업이라는 삼성그룹조차 세계 일류기업과 비교할 때는 우물 안 개구리에 지나지 않는다는 점을 실감하고 있다.

삼성맨들이 볼보맨이 되면서 느낀 첫번째 충격은 비서 없는 사장의 출현이다. 새로 부임한 사장은 손수 서류를 들고 복사를 하는가 하면 직접 연설문 원고를 쓰고 손수 타이핑을 하며 아무때나 직원들 책상까지 찾아와 업무를 협의한다. 삼성시절 한달에 한번도 사장얼굴을 보기가 쉽지 않았던 것과 비교하면 참으로 엄청난 변화인 셈이다.

볼보건설기계 코리아의 한 '삼성맨'은 삼성과 볼보의 차이를 '토론문화'에서 찾았다. 삼성에서는 사장 앞에 결재서류를 들고 가기 전에 실무진들이 가장 유력한 방안을 만들어 보고하면 됐고 중요한 계약건이 있을 경우 사장은 막판 싸인만 하면 될 정도로 사전에 실무진들이 완벽하게 준비를 마쳐 놓는 것이 관례였다. 그러나 볼보에서는 사장 앞에서 직원들이 직접 자신이 생각하는 방안을 제시하고 사장과 격렬한 토론을 거친 후 사장이 최종안을 선택하는 방식이 보통이다. 삼성 시절 그룹에서 결정하면 무조건 따라야 했던 상명하달식의 조직문화도 완전히 바뀌었다. 볼보의 경우 전세계의 사업장들이 구매－판매－애프터서비스 조직별로 수평연결돼 있어 수직적 명령체계 대신 수평적 상호협조체계가 보다 중시된다.

삼성 출신 볼보맨들은 "무려 1년 여가 지난 지금도 사장이나 임원들 눈치를 보지 않고 토론한다거나 사장 앞에서 자기 의견을 제시하며 토론하는 것 등이 어색하고 낯설다"며 "그러나 볼보의 문화를 직접경험하면서 세계적인 기업의 진정한 경쟁력이 무엇인가를 배우고 있다"고 전했다.

국제통화기금(IMF) 체제 이후 국내 대기업 계열사들이 다국적 기업에 흡수되면서 해당 조직원들이 겪은 문화적 충격은 국내 대기업들에게도 자성과 변화의 계기로 작용하고 있다.

자료 : 매일경제, 1999. 6. 17.

사례 2

포드, 마쓰다 경영장악 실패

최근 미국 · 유럽 자동차 회사들과 일본 업체들간의 사업제휴가 문화적 차이로 인해 곳곳에서 문제점을 드러내고 있다. 지난해부터 국경을 넘어선 제휴합병이 봇물처럼 늘어나고 있는 가운데 이들 제휴합병의 성공적인 정착이 새로운 관심사로 부각되고 있다. 문화적 차이로 제휴합병이 겉도는 대표적인 사례로는 지난 96년 외국기업으로서 처음으로 일본 자동차 회사인 마쓰다 주식 33.4%를 인수해 경영권을 확보한 포드가 꼽힌다.

볼보의 승용차 사업, 영국 재규어 자동차 등의 경영권을 확보하고 있는 포드는 세계화 전략에 박차를 가하기 위해 마쓰다의 사업영역을 기존 포드의 네트워크에 그대로 통합시키려고 했다. 포드는 이러한 거대네트워크를 기반으로 디자인, 부품 조달 등 생산 과정을 통합시켜 비용을 줄이려는 계획이었다. 지난해 포드는 마쓰다 부품 공급업체로는 처음으로 전기부품회사인 날텍을 미국 최대 자동차 부품업체인 비스티온과 연결시켰다. 자동차 부품업체들이 미국, 유럽, 일본 등 현지에서 공급이 가능해야만 그 만큼 합병효과가 크다는 계산이었다. 하지만 마쓰다는 기존 특유의 기업문화 등 전통에 대한 강한 자부심을 가지고 있기 때문에 포드의 전략이 실행되는 데 많은 어려움이 있었다. 마쓰다 노동조합장은 "로마에 가서는 로마법을 따라야 한다"며 "포드는 일본 경영문화에 대해 신중한 고려를 하지 않았다"고 말했다.

이러한 불협화음은 그대로 실적에 반영됐다. 지난해 3월부터 올 3월까지 마쓰다 수익이 87%나 떨어지자 마쓰다 회장인 제임스 밀러와 최고 재무 담당자(CFO)인 게리 헥스터가 모두 사임했다. 포드 이사회 출신인 밀러는 지난 18개월 동안 회장직에 있으면서 이처럼 문화가 다른 일본기업에 대한 인식이 부족했다는 평가를 받았다. 전문가들은 일본기업과의 합병이 성공을 거두려면 일본기업문화를 제대로 이해하는 것이 시급하다고 지적한다. 전 마쓰다의 이사였던 야마모토는 "마쓰다는 포드, 볼보, 재규어가 아니다"며 "일본 근로자들의 의견을 묻지 않는 등 근로자들을 신뢰하지 못하면 일본에서 사업하는 데 많은 어려움이 따를 것"이라고 말했다. 이러한 포드-마쓰다 사례는 GM, 다임러크라이슬러, 르노 등 일본에 진출해 있는 외국기업들을 긴장시키고 있다. 이에 따라 마쓰다의 새 회장인 마크 필드스는 이러한 문화적 차이를 극복하는 것을 최우선의 과제로 삼고 있다. 그는 포드 이사회 출신이지만 전체 포드 기업경영 전략에 마쓰다를 맞추는 것이 아니라 마쓰다 고유문화를 이해하려고 하고 또 단점보다는 장점을 찾아내려고 노력한다

자료 : 매일경제, 2000. 6. 7.

제16장
조직변화

대다수 조직들에는 거의 항상 크고 작은 변화가 있으며 때로는 이러한 변화로 조직 전체가 바뀌기도 한다. 조직은 기본적으로 조직의 전략, 기술, 환경 등에 의해 영향 받는다. 이들 요인들이 고정되어 있는 것이 아니라, 시간이 지나면서 계속 변화한다는 점에서 조직이 변화하는 것은 당연한 일이다. 성공적으로 살아남기 위해서 조직은 이러한 변화요인들에 끊임없이 대처하고 관리해야 하는 것이다. 더군다나 현대사회는 정보화, 세계화, 직업세계의 변화, 여성의 사회적 진출 등으로 조직을 둘러싼 환경이 빠르게 변화하고 있다. 과거에 비해 현대의 조직들은 매우 큰 변화환경에 처해있으며, 이러한 변화들에 대한 성공적인 대처는 현대조직이 당면한 주요 과제이다. 이 장에서는 조직변화와 관련한 제반 측면에 대해 살펴보기로 한다.

1. 계획적 변화와 발생적 변화

개방체계로서의 조직은 환경과 상호의존적인 존재이다. 따라서 환경변화를 예측하고 이에 맞추어 조직변화를 계획하고, 관리해야 하는 문제는 조직활동의 핵심을 이룬다. 일반적으로 조직 변화는 조직이 환경에 보다 잘 적응하면서 생존할 수 있도록 그 형태를 개조하고 변형하는 것으로 정의된다. 조직변화에 대한 이러한 정의는 변화를 합리적으로 계획된 인위적인 것, 즉 계획적 변화 (planned change)로 보는 것이다. 조직변화의 많은 연구들은 주로 계획적 변화의 측면에 집중되어 왔는데, 여기에는 조직의 관리라는 시각에서 조직변화도 조직의 다른 부분과 마찬가지로 조직관리자가 적극적으로 계획하고 관리할 대상으로 접근하였기 때문이다. 조직에는 이와 같이 계획적 변화와 함께 별 의도나 계획 없이 발생적으로 이루어지는 변화도 적지 않다. 발생적 변화로서의 시각에서는 조직의 의도적인 계획에 의해 추진되는 변화가 아니라 조직 내외의 여러 요인들에 의해 그때그때 우연적으로 이루어지는 변화의 발생적 측면을 강조한다(Hatch, 1997 : 352).

계획적 변화의 목표는 환경에 대한 조직의 적합성을 높이기 위해 조직의 구조나 구성원의 행동을 변화시키는 것이다. 기존의 제품시장이 쇠퇴한다든지, 새로이 강력한 경쟁자가 출현한다든지, 관련 정책이나 법령이 바뀐다든지 하게 되면 조직은 계속 존속하기 위해서 이들 변화들에 적응하여야 하는 것이다. 계획적 변화는 조직의 여러 수준에서 추진된다. 가장 미시적 수준에서 조직구성원 개개인이나 구성원들간의 인간관계 측면에서의 변화이다. 이와 같이 변화의 대상이 개인이나 집단인 경우 주로 이들에 대한 훈련, 재교육, 감수성 훈련들이 이루어진다. 좀더 거시적인 수준에서 이루어지는 조직변화는 권위구조, 업무구조, 기술, 정보접근성 및 보상분배구조 등과 같은 조직구조의 차원에서 이루어지는 변화이다.

2. 조직변화의 계획과 실행

부분적인 변화라 하더라도 그 미치는 효과나 영향은 그 한 부분에 국한되는 것이 아니라 시간이 지나면서 조직전체에 파급되게 된다. 따라서 조직변화는 치밀한 계획하에 추진될 필요가 있는 것이다. 조직변화의 필요성의 처음 인지에서부터 실행에 이르기까지의 변화의 과정을 변화의 동인, 변화추진자, 변화의 대상 및 실행전략의 측면에서 살펴보기로 하자(Robbins, 1990 : 385-398).

1) 변화의 동인

조직은 변화가 필요하다는 것을 언제 어떻게 인지하게 되는가? 주로 조직이 추구하는 기회의 포착, 새로운 문제의 대두, 이에 대한 적응과정에서 조직변화의 필요성이 인지된다. 이러한 기회와 문제요인들은 조직 외부에서 발생할 수도 있고, 조직 내부, 또는 조직 내·외부에서 동시에 발생할 수 있다. 전략, 기술, 환경, 권력관계 등, 조직변화를 야기시키는 동인들은 매우 다양하다. 예컨대 조직 목표의 변화, 새로운 기자재장비의 설치, 노동력의 과잉이나 부족, 첨단전산관리시스템의 도입, 정부정책, 금리 · 환율 등의 정치경제변수들이다. 현대사회는 특히 정보화, 지구촌화, 여성운동, 고용관계의 변화 등 조직을 둘러 싼 환경이 급속하게 변화하고 있으며, 이러한 변화들은 현대 조직변화의 다양한 동인을 제공하고 있다(Robbins, 1998 : 626-627).

컴퓨터와 정보통신기술의 발달과 같은 기술혁신, 인터넷의 확산은 조직 전반에 엄청난 변화를 가져오고 있다. 컴퓨터의 사용은 조직구성원의 업무기술에 변화를 가져오고 있다. 많은 활동들이 자동화됨에 따라 이와 관련된 기존의 업무기술들은 급속하게 도태되고 있는 반면, 새로운 업무기술과 능력이 요구되고 있다. 이러한 변화로 구성원들에 대한 훈련이나 교육프로그램도 과거에 비해 크게 늘고 있다. 또한 컴퓨터의 확산이 상급자의 감독체제를 상당부분 대치시키면서 조직구조도 관리자의 통제범위가 확대되는 수평화된 구조로 바뀌고 있다. 마찬가지로 정보기술의 발전은 기존의 관련 업무의 효율성을 획기적으로 증대시키고, 이에 따라 관련 인력의 축소를 야기하고 있다.

거시적인 경제환경의 변화도 많은 조직에서 변화를 야기하게 된다. 국제 유가의 급격한 등락, 불황이나 국제 주식시장의 불안 등은 기업들의 활동영역과 생존에 엄청난 파급을 야기한다. 예컨대 IMF 구제금융 같은 경제적 충격은 우리 기업조직의 근본적인 패러다임까지 변화시키는 엄청난 동인이었다. 특히 오늘날 제조업이 쇠퇴하고 새로이 지식기반산업 중심의 디지털경제화라는 거시경제환경의 변화로 경제환경은 더욱 앞을 내다보기 힘들 정도로 격변의 시대로 진입하고 있다.

노동인구의 변화도 조직에 중요한 변화를 야기시키는 요인이다. 노동인구의 전반적인 교육수준의 향상과 여성노동의 증가는 사회인력구조와 고용구조를 크게 변화시키고 있다. 노동시장에서는 비정규직의 전반적인 확대로 기존의 고용문화에 큰 변화를 야기하고 있으며, 또한 여성노동이 증가하고 맞벌이 가정이 늘면서 기존의 남성중심의 조직문화나 업무수행에서의 변화가 요구되는 한편 사내보육문제 같은 새로운 조직문제도 발생하고 있다.

사회노령화, 결혼관의 변화, 소비자 기호의 변화와 같은 사회적 변화도 조직에 큰 변화를 가져오는 요인들이다. 사회노령화로 노인인구가 늘면서 실버산업에서의 새로운 사업기회가 나타나고 있으며, 학령 인구의 감소에 대처하여 대학들은 성인들을 위한 재교육이나 평생교육프로그램과 같은 교과과정을 확대해 나가고 있다. 결혼관과 가족관계의 변화로 독신가구를 비롯한 단독가구가 증가하면서 기업들의 생산체제도 기존의 가정용 포장중심에서 일인용 미니포장의 생산비중을 늘리는 방향으로 나가고 있다.

마찬가지로 세계화의 추세는 기업조직변화에 매우 큰 영향을 미치고 있다. 외국인의 직접투자나 주식매입이 자유화되면서 기업소유의 외국인비중이 늘고 있으며, 외국인 임원이나 직원들도 크게 늘고 있다. 이에 따라 국내기업과 외국기업의 기준도 모호해지고 있으며, 기업문화나 경영문화에서의 큰 변화가 요구되고 있다. 이러한 변화는 궁극적으로 세계 각 지역의 문화들에 대한 폭넓은 수용과 이해를 필요로 하며 기존의 조직문화에서의 상당한 변화를 요구하게 되는 것이다.

2) 변화추진자

변화추진자(change agent)는 변화의 과정에서 변화를 주도하고 매개하는 사람이다. 변화추진자는 주로 최고관리자를 비롯한 상위관리층이지만 때로는 새로이 세력을 확대하고 있는 조직구성원이나 집단인 경우도 있다. 또는 외부에서 초빙한 전문컨설컨트가 맡기도 한다(Robbins, 1990 : 388).

변화추진자가 누구인가, 어떤 이해관계를 갖는가 하는 것은 변화의 구체적인 과정과 그 결과에 매우 중요한 의미를 갖는다. 변화와 관련한 의사결정은 가치중립적이고 투명한 것이 아니다. 거의 모든 변화추진자들은 자기자신의 이해관계를 갖는다. 조직의 각 부서들은 조직내 중심세력이 되기 위해 경쟁한다. 이러한 경쟁에서 이기게 되면, 자신들의 부서에 좀더 나은 대우를 기대할 수 있기 때문이다. 예컨대 최고관리자가 마케팅부서 출신이라면 그는 마케팅부서의 문제를 세심하게 이해해 줄 뿐 아니라 이들의 조직기여에 대해 좀더 후하게 평가해 줄 것이다. 누가 권한을 갖고 있는가에 따라 조직활동의 평가가 달라지는 만큼 이들 변화추진자의 배경이나 이해관계는 조직변화의 과정이나 결과에서 매우 중요하다(Robbins, 1990 : 389).

변화추진자가 외부인인 경우에는 두 가지 가능성이 있다. 우선 합리적 시각에서 보면, 외부 인물은 조직의 당면한 문제를 객관적으로 분석하고 전문적인 조언을 제공할 수 있는 적임자이다. 이들은 조직구성원이 미처 인식하지 못했던 문제를 볼 수 있는 새로운 시각을 제공함으로써 문제해결에 도움을 줄 수 있다. 반면에 외부 인물은 기존 지배층의 단지 바람막이용일 수 있다. 즉 변화의 과정이 편파적이 아니라는 것을 과시하기 위한 외부전문가의 활용이다. 특히 관리자가 어떤 특정 방향으로의 변화나 이해관계에 치우친다고 보일 우려가 있을 때 이러한 방법에 의존한다. 이런 점에서 외부컨설턴트는 관리자가 선호하는 대안을 객관적인 것으로 포장하기 위한 방편이 되는 것이다. 이것이 가능한 이유는 외부컨설턴트는 일단 객관적이고 전문적이라고 받아들여지기 때문이다. 이들은 조직과 영구적인 고용관계를 갖지 않기 때문에 이들이 제시하는 제안이나 권고는 조직내의 아무런 이해관계가 없을 것으로 간주되는 것이다. 때로 외부컨설턴트는 조직관리자가 원하는 방침을 간파하고 그것을 정당화하는 논리를 제공해 줌으로써, 조직으로부터 계속적인 일거리를 확보할 수도 있다. 결과적으로 이들은 조직지배층의 집단이해와 밀착된 조직변화에 대하여 정당성을 제공하는 수단으로 되는 것이다(Robbins, 1990 : 390).

조직의 변화추진자가 내부인인가 또는 외부인인가는 변화의 급진성이나 신중성의 정도에 영향을 미친다. 즉 변화추진자가 외부인물인 경우에는 변화는 좀더 급진적이고 대대적으로 이루어지는 경향이 있는 반면 내부인물인 경우에는 신중하게 진행되는 경향이 있다. 왜냐하면 외부인은 변화만 주도해 놓고 떠나기 때문에 차후에 야기될 수 있는 문제들에 대하여 책임을 진다거나 신경 쓸 일이 없지만, 조직관리자와 같은 내부인인 경우에는 변화에 대한 책임도 따르고 조직내 반발이나 저항 등의 파장을 조직생활에서 직접 겪어내야 하기 때문이다(Robbins, 1992 : 276).

3) 개입전략

개입전략(intervention strategies)은 변화를 실행에 옮기는 구체적인 방법의 선택이다. 개입전략은 크게 구성원, 구조, 기술, 조직과정의 네 가지 수준에서 고려된다(Robbins, 1990 : 392-393 ; Robbins, 1992 : 288-295).

(1) 구성원

구성원수준에서의 개입전략은 구성원의 태도나 행동을 변화시키는 데 집중된다. 여기에는 감수성훈련, 조사피드백, 과정자문법, 팀구축과 같은 방법들이 포함된다. **감수성훈련**(sensitivity training)은 집단워크숍을 통해 조직구성원들의 자신에 대한 객관적인 인식과 타인에 대한 민감성을 높여 구성원들간의 인간관계와 집단생활의 효율성을 높이는 것이다. 이러한 훈련으로 구성원들은 집단생활에서의 적응력이 높아지고 다른 구성원들과의 조화도 잘 이루게 된다. **조사피드백기법**(survey feedback)은 구성원들을 상대로 태도나 기타 조직생활 전반에 대한 조사자료를 수집하고 이 조사자료를 전체 구성원들에게 공개하여 조직현안에 대한 구성원의 이해를 높이는 기법이다. **과정자문기법**(process consultation)은 외부 전문컨설턴트의 도움을 받아 조직에서의 업무흐름, 구성원들간의 비공식적, 공식적 관계 등 조직과정상에서의 조직관리자가 미처 인식하지 못했던 문제점들을 파악하고 바로잡는 방법이다. 감수성훈련과 비교하여 과정자문법은 좀더 과제지향적이라는 특징이 있다. **팀구축**은 조직에서의 팀단위의 조정을 보다 원활하게 하기 위한 방법이다. 특히 오늘날에는 조직에서의 많은 활동이 개인보다는 팀단위로 이루어지기 때문에 팀단위의 상호의존성과 조정에 대한 관심이 늘고 있다.

(2) 구 조

조직구조의 수준에서의 개입전략은 권위 분포, 명령계통, 공식화의 정도, 보상의 분배, 직위, 부서 등에서 변화를 시도하는 것이다. 즉 조직 상부의 통제범위의 축소·확대나, 연봉제, 스톡옵션 등의 성과급제로의 보상체계의 변화, 수평적 연결망의 확대 같은 것들이 포함된다. 오늘날의 많은 조직들은 과거에 비해 수평화, 분권화되는 경향이 있다. 이러한 구조는 집권화된 수직적 구조에 비해 관리비용을 줄일 수 있는 경제적 효과 외에도 개개인의 자율성이 높아지는 이점이 있다. 이와 함께 많은 조직들이 연공제적 보상체계에서 성과급제로 전환하고 있다. 개인별 성과급제와 함께 팀단위 성과급제가 늘고 있는데, 팀단위 성과급제는 팀워크나 협력을 촉진시킨다는 이점이 있다.

(3) 기 술

기술에 대한 개입전략은 설비, 작업활동의 상호의존성 등과 같이 구성원들간의 업무관계나 작업의 기술적 수준에 변화를 주는 것이다. 신기술이나 장비도입, 직무순환제, 작업모듈화 등을 통한 작업구조의 재설계 같은 것들이다. 예를 들어 대량단순조립생산체제에서 모듈생산체제로 전환하면 작업관계가 변화하게 되고, 각 근로자에게 요구되는 기술수준에 변화가 따르게 된다.

(4) 조직과정

조직과정의 개입전략은 의사결정이나 의사전달체계 등의 조직과정이나 절차를 변화시키는 것이다. 예를 들어 조직의 공식화나 집권화의 정도가 달라지게 되면, 이와 함께 조직내 의사소통흐름이나 의사결정과정에서의 변화가 따르게 된다.

4) 실 행

개입방법과 수준이 정해진 다음엔 변화를 실행에 옮기는 단계이다. 실행이 이루어지는 변화과정과 실행기법을 살펴보기로 하자(Robbins, 1990 : 393-397).

(1) 변화과정

레빈(Kurt Lewin, 1958)의 변화과정에 대한 모형에서 변화과정은 기존체제의 해동(unfreezing), 새로운 상태로의 변화(changing), 변화된 새로운 상태를 안정화시키는 재동결(refreezing)의 세 단계로 진행한다.[1] 첫번째 단계는 기존체제를 해동시키는 것이다. 사회체계에는 한편으로는 변화를 추동하고 다른 한편으로는 변화를 억제하는 힘들간의 평형이 존재한다. 사람들은 평형상태가 깨지는 것에 저항하는 경향이 있기 때문에 체계의 평형상태를 깨야 하는 해동과정에서 상당한 저항이 있게 된다. 따라서 해동에는 변화추진력의 강화, 저항세력의 억제, 그리고 이 두 방법이 동시적으로 활용된다. 기존체제가 해동이 되면 변화가 도입된다. 이 단계에서는 새로운 가치, 태도, 행동, 조직구조 등의 변화의 새로운 요소들이 도입되고 실행에 옮겨지게 된다. 많은 경우 해동과 변화의 도입은 동시적으로 진행된다. 마지막 재동결 단계에서는 도입된 변화를 안정화시켜 조직의 새로운 현실로 정착시킨다. 이에 따라 새로운 조직구조나 행

[도표 16-1] Lewin의 변화모형

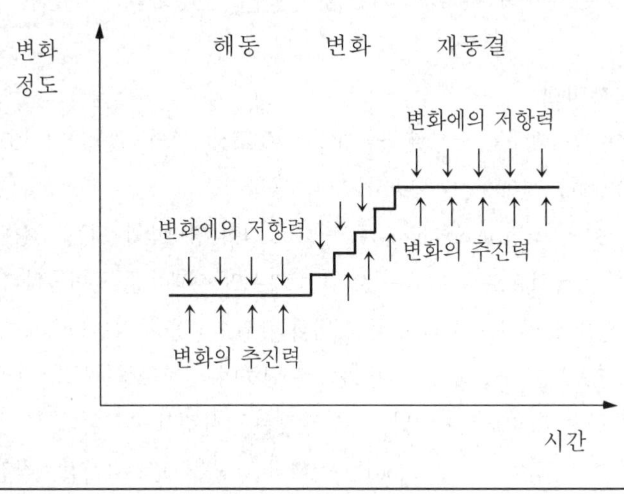

자료 : Jones, 1998 : 524.

1) 이 모형에서 레빈의 관심은 기본적으로 변화보다는 안정에 있다. 변화란 새로운 안정화를 전제로 한 일시적인 불안정이다.

동패턴이 조직현실로 안정화되고 제도화되게 된다(Hatch, 1997 : 353-354 ; Robbins, 1998 : 638-640).

조직에서 변화가 재동결되고 안정화되는데는 다음 몇 가지 요인이 핵심적이다. 우선 **보상분배체계**이다. 변화에 따른 보상이 구성원들의 기대에 못 미칠 경우 변화는 한시적으로 그치고 원래 상태로 복귀하고자 하는 압력을 받게된다. 다음은 조직내 유력 인물이나 조직관리자의 **강력한 지원**이다. 이들이 변화를 계속 인정하고 정당성을 부여하면 변화는 유지되지만, 이러한 지원이 약해지거나 끊기면 이전 상태로 되돌아갈 가능성이 크다. 다음은 변화와 관련한 **정보의 확산**이다. 구성원들에게 정보가 제대로 제공되지 않으면 구성원들은 변화과정에서 어떤 행동을 해야 할지 모르게 되고 방향성을 상실하여 이전상태로 되돌아갈 가능성이 크다. 다음은 **집단압력**이다. 변화에 대하여 집단내 다른 구성원들이 취하는 태도는 개인이 변화를 수용하거나 거부하는데 중요하다. 조직에서 변화에 동참하는 사람이 많을수록 사람들은 변화를 수용하게 되며 변화는 안정화된다. 마지막으로 변화의 실행과정에의 **구성원의 직접적인 참여**도 안정화에 중요한 요인으로 작용한다. 많은 사람들에게 의견제안의 기회를 주는 등의 변화과정에 직접 참여할 기회를 제공할수록 변화는 좀더 잘 수용되고 안정화된다. 마지막으로 조직에서 변화가 **포괄하는 범위**이다. 조직내 일부 부서에 국한된 변화보다 여러 부서를 포괄하는 변화가 좀더 정당화되고 안정화되는 경향이 있다(Robbins, 1990 : 396).

(2) 실행기법

변화를 실행하는 데에는 구성원들을 대상으로 조정, 참여, 설득, 그리고 명령의 방법들이 있다(Robbins, 1990 : 397-398).

조 정 조정(intervention)은 변화로 직접 영향받게 되는 구성원들에게 변화의 필요성을 적극적으로 홍보하는 것이다. 기존의 성과수준이 미흡하여 새로운 기준을 마련할 필요가 있다든지 하는 등의 변화의 필요성을 구성원들에게 주지시키는 것이다. 태스크포스를 구성하는 등 변화와 관련하여 일반구성원들의 다양한 제안이나 의견을 수용하는 과정을 거치지만, 최종 결정은 변화추진자가 한다.

참 여 참여(participation)는 실행의 결정을 변화에 의해 직접적으로 영향을 받게되는 구성원들에게 위임하는 것이다. 변화추진자는 태스크포스를 구성하는 등의 활동을 통해 변화의 필요성을 설명하되, 최종 결정은 구성원들이 내리도록 하여 여기에서 나온 결정을 수용하는 입장을 취한다.

설 득 설득(persuasion)은 변화의 사안을 조직내외의 전문가들에게 위임하여 검토하게 하고 변화추진자는 이들이 제시한 의견을 전적으로 수용하는 방식이다. 이렇게 나온 결론을 구성원들에게 적극적으로 홍보하고 설득하여 실행에 옮긴다.

명 령 명령(edict)은 조직관리자가 조직변화의 사안을 일방적으로 결정하고 명령하는 하향식 방식으로 추진하는 방법이다. 변화의 구체적인 실행과정에서 조직구성원들의 참여는 거의 없으며, 이들에게는 최종적인 통보만 주어진다.

위 방법들 중에서 조직에서 가장 널리 활용되는 실행기법은 설득이다. 그러나 성공률이 가장 높은 것은 조정, 그 다음이 참여, 설득이다. 명령의 경우 그 성공률이 가장 낮다(Robbins, 1990 : 398). 그러나 각 방법의 적합성은 조직의 유형이나 조직이 처한 상황, 또한 사회에 따라 차이가 있기 때문에 어느 방법이 일반적으로 가장 성공적이라고 하기는 어렵다. 예컨대 브라질이나 필리핀과 같이 권력격차가 큰 사회에서는 위로부터의 명령에 의한 하향식 변화가 비교적 무리 없이 수용될 가능성이 큰 반면, 덴마크 같이 권력격차가 낮은 사회에서는 이러한 방법에 의존하여 변화를 시도하는 것은 거의 효과가 없을 것이다. 이 경우 전체 구성원의 참여를 통해 변화를 실행하는 방식이 효과적이다.

이상에서 살펴본 조직변화의 관리모형은 변화의 동인에서부터 실행에 옮겨지기까지의 단계적인 접근이다. 이러한 모형은 변화가 의도적으로 계획되고 합리적으로 관리될 수 있다는 것을 전제한다. 그러나 조직에서 실제 진행되는 변화과정은 하나의 단선적 변화가 아닌 여러 요인들이 중첩되어 이루어지는 매우 복합적인 과정이다(Hatch, 1997 : 356).

1970년대 이래 조직변화의 복합적이고 다원적인 측면이 인식되면서 기존의 지나치게 단순화된 변화모형으로는 이러한 측면들을 제대로 포착할 수 없다는 비판이 일게 되었다. 칸터 등(Kanter, Stein and Jick, 1992)은 레빈의 모형을 조직변화의 복잡한 양상을 지나치게 단순화시킨 "얼음조각 모형"(ice cube model)이라고 비판하고, 조직변화의 동인은 거시적, 미시적, 정치적의 세 수준에서 종합적으로 접근될 필요가 있다고 주장하였다. 거시적 변화동인은 조직 환경의 수준에서 작동하는 힘으로 다른 조직이나 기타 환경요소로부터 야기되는데, 환경자원의 희소성의 정도, 불확실성의 정도, 사회문화적 기대 등이 포함된다. 조직변화의 이러한 측면은 주로 조직군생태이론이나 자원의존이론, 신제도이론 등에서 중점적으로 다루어 온 측면들이다. 미시적 변화동인은 조직의 규모나 연령과 같이 조직자체의 수명주기 상에서 나타나는 성장이나 쇠되 등의 요인들이다. 마지막으로 조직내 정치적 변화동인은 조직내 다양한 이해관계자들간의 권력과 통제를 둘러싼 투쟁과 역학관계로부터 비롯되는 힘이다. 이 세 가지 변화동인들은 조직의 여러 수준에서 다양한 형태로 발현되며, 조직변화의 다양하고 복합적인 양상을 야기하게 된다.[2)]

3. 조직변화에의 저항요인

조직에서 변화란 쉽게 이루어지는 것이 아니다. 조직은 변화에 저항하는 경향이 있으며, 일반적으로 평형을 유지하고자 하는 경향이 있다. 예컨대 사회적으로는 대대적인 변화나 개혁정책을 표방하는 정부도 그 조직자체는 변화를 수용하기보다는 가능한 한 기존체제를 유지하고자 하는 경향이 강하며, 새로운 것에 개방적이고 진보적인 교육목표를 내세우는 교육기관도 조직 자체는 변화에 소극적이다. 이러한 변화에의 저항이 반드시 부정적인 것만은 아니며 조직의 안정성과 예측성이 유지될 수 있다는 긍정적인 면도 있다(Robbins, 1990 : 401).

왜 조직은 변화를 거부하는가? 여기에는 구성원 개개인 수준에서부터 조직수준에 이르기까지 여러 요인들이 있다. 우선 구성원 개인수준에서 보면 개인습관, 안정성의 추구, 불이익에 대한 우려, 미지에의 두려움, 선택적 정보처리 등이다. 사람들의 행동은 아무렇게나 이루어지는 것이 아니라 각각의 상황에 나름대로의 특정화된 행동양식으로 발전되어 습관으로 굳어진다. 일단 습관이 굳어지면 사람들은 새로운 행동양식으로 바꾸는 것을 매우 꺼리는 경향이 있다. 변화란 사람들이 익숙해온 습관에 변화를 요구하기 때문에 사람들은 변화에 부정적인 태도를 갖게 되는 것이다. 사람들은 안정성에의 강한 욕구를 갖고 있으며 이러한 안정성을 위협하는 변화에 저항하는 경향이 있다. 대다수 사람들은 크든 작든 그들의 경제적 이익 등의 기득권을 조금이라도 잃게 되는 것에 크게 저항한다. 특히 조직에서 변화를 시도하고 추진할 수 있는 가장 유리한 위치에 있는 상층부에 있는 사람일수록 변화에 의해 잃게 되는 기득권이 크

2) Kanter, Stein and Jick, 1992, *The challenge of organizational change : How companies experience it and leaders guide it,* New York : Free Press. Hatch, 1997 : 356-358에서 재인용.

다는 것을 감안할 때 이들의 저항은 말할 것도 없다. 미지에의 두려움도 중요한 이유이다. 변화란 지금까지의 익숙하고 확실한 세계를 포기하고 불확실성과 모호성의 세계로의 진입을 의미한다. 사람들은 변화가 가져올 이러한 불확실성과 모호성을 우려하여 변화에 거부하는 경향을 보인다. 마지막으로 선택적 정보처리이다. 사람들은 외부 세계를 인지하는 데 있어서 그들 자신의 주관적인 관점에 크게 영향을 받는다. 선택적 정보처리는 사람들이 자신의 생각이나 관점에 배치되는 내용들은 무시하고 그에 부합되는 내용만 선별해 경청해 들이는 것이다. 조직변화에 대해서도 이러한 선택적 정보처리가 이루어지면서 일단 변화를 반대하는 방향으로 생각이 경직되는 경향이 있다(Robbins, 1998 : 632-633 ; 1992 : 280-281 ; 1990 : 401-402).

조직수준에서의 저항요인으로는 우선 조직구조에 내장된 관료적 특성으로, 이러한 조직특성은 변화에 매우 경직된 반응을 보인다. 또한 조직에 따라 어느 정도는 환경을 관리하거나 완충시킬 수 있는 능력이 있는 것도 외부 환경으로부터의 변화압력을 어느 정도 회피해 갈 수 있는 부분이다. 조직변화는 많은 경우 조직내 역학구조에 변화를 야기하기 때문에 이러한 변화로 직접 불이익을 받게 되는 집단의 저항이 매우 크다. 특정의 전문기술직의 집단적 저항도 무시할 수 없다. 조직 자체의 독특한 조직구조나 행위패턴을 포괄하는 조직문화도 일반적으로 변화에 저항적이다(Robbins, 1992 : 281-282).

카우프만 (Herbert Kaufman, 1976)은 변화에 저항하는 조직내 요인으로 안정적인 집단 혜택 내지는 기존체제에의 선호, 조직내의 이기적 동기를 지닌 세력들의 집단적인 반대, 그리고 조직에 내재한 변화불능성 등을 들고 있다. 변화불능성은 조직생활 그 자체가 변화능력이 배제된 맹인들을 양성해낸다는 데에 원인이 있다. 과거의 방식 그대로 조직구성원들이 모두 똑같은 틀 속에서 선발되고 경력을 쌓고 승진하기 때문에 조직 내부적으로는 새로운 변화요인에 대처하여 변화를 주도할 수 있는 조직 능력이 배양될 수 없는 것이다. 이외에도 내재한 체제적인 장애물로서 기존 체제에의 매몰비용, 법률, 규칙과 같은 공식적 제약, 사회관습이나 문화들과 같은 요인들도 변화에 부정적으로 작용하는 요인들이다. 조직변화에 부정적인 이러한 것들을 고려할 때 조직이 변화하는 상황에 맞추어 주도적으로 변화를 계획하고 추진하기보다는 오히려 변화를 거부하고 타성에 빠지는 경우가 더 현실에 가깝다고 볼 수 있다.

대부분의 조직이 변화를 기피하고 기존체제에의 타성을 갖는 경향이 있다는 것은 상당부분 권력통제시각의 인식과도 부합된다. 사실 조직의 권력층은 기존체제를 바꾸어야 할 이유가 거의 없다고 할 수 있다. 왜냐하면 기존체제란 다름 아닌 권력층의 권력과 이해관계, 통제력을 유지시키는 기반인 것이다(Robbins, 1990 : 405).

4. 저항의 극복

성공적인 변화를 위해서는 조직의 타성과 변화에의 저항을 극복해내야 한다. 이를 위해 조직은 여러 방법들을 동원하는데 이들 각 방법에 대해 살펴보면 다음과 같다(Robbins, 1998 : 636-637).

1) 교육과 의사소통(education and communication)

변화의 필요성과 논리에 대해 조직구성원들과의 대화를 늘리고 교육을 하는 것이다. 집단보고회나 토론 등을 통해 구성원들에게 변화가 가져올 유익성을 이해시켜 저항을 줄인다.

2) 참여(participation)

변화과정에서 구성원들의 직접적인 참여기회를 확대시켜 저항을 줄이는 것이다. 사람들은 변화의 방향이나 내용을 결정하는 과정에 자신들의 의견을 제시할 수 있는 기회가 주어질수록 변화를 수용하는 경향이 커진다. 구성원들의 참여를 통해 변화에의 합의를 유도해 낼 수 있으나, 이 과정에서 시간이 많이 소요된다는 문제가 있다.

3) 촉진과 지원(facilitation and support)

구성원들에 대한 상담 등을 통해 이들이 변화에 대해 갖는 불확실성과 불안감을 완화시키는 한편, 필요한 교육이나 훈련을 지원하는 방법으로 구성원들의 저항을 완화시키는 것이다. 이러한 방법의 난점은 시간과 비용이 많이 소요되는 점이다.

4) 협상(negotiation)

변화를 거부하는 집단이나 구성원들에게 변화를 수용하는 데 대한 보상을 제공하는 등의 협상을 통해 저항을 줄이는 것이다. 이 방법은 조직내 소수 특정집단의 반대에 대처하는데는 효과적이지만, 다른 집단으로부터도 같은 요구가 있게 되면 수용하기가 어렵고 수용할 수 있다 해도 비용이 많이 든다는 문제점이 있다.

5) 조작과 호선(manipulation and cooptation)

변화에 유리한 방향으로 정보나 상황을 유도하거나 저항요인을 호선해 들임으로써 저항을 줄이는 것이다. 변화에 유리한 정보는 공개하고 불리한 내용은 무시하고 감추는 식으로 구성원들에게 변화를 바람직한 대안으로 제시하는 한편, 반대세력의 핵심인물들을 변화과정에 참여시켜 그들의 의견을 경청하고 반영하는 형식을 취하면서 동의를 이끌어내는 것이다. 여기에서 의견을 경청하고 하는 것은 그들의 의견을 실제 반영하고자 하는 것이 아니라 단지 그들로부터 동의를 이끌어내고자 하기 위한 요식적 과정인 경우가 많다. 이 경우 상대방이 이용당하고 있다는 것을 눈치채게 되면 변화추진자의 신뢰도는 일시에 추락할 위험이 있다.

6) 강제(coercion)

위협이나 강제력으로써 구성원들의 저항을 줄이는 방법이다. 변화를 거부하거나 동참하지 않는 사람들을 원하지 않는 전근을 보내거나, 승진에서 탈락시키는 방법 등으로 불이익을 주고 위협하는 것이다.

5. 조직변화와 내부양립성

조직에는 다양한 부분들간에 양립성이 존재하며, 변화로 인해 이러한 양립성이 깨지면 조직전체의 균형이 흔들리게 된다. 조직구조상의 수많은 요소들간에 양립성과 균형이 유지되어야 한다는 것은 조직변화와 관련하여 중요한 시사를 하는 부분이다. 즉 조직에서 일단 변화가 일어나게 되면, 그 변화는 부분에 국한될 수 있는 것이 아니라 조직전체로 퍼져나갈 수밖에 없다는 것이다. 부분적인 변화라 하더라도, 전체 조직요소들간의 균형과 일관성이 깨지면서, 결국 그 변화는 조직전체로 파급되게 된다. 변화의 이러한 포괄성은 조직에서 그때그때 시의적절하게 변화를 추진하기 어렵게 하는 부분이다(Robbins, 1990 : 403).

일반적으로 조직관리자는 가능한 한 변화를 회피하는 경향이 있는데, 여기에는 변화에 수반되는 비용, 조직분열, 관리통솔상의 어려움 등의 이유가 있다. 그러나 조직환경이 변화하기 때문에 이에 대응한 조직변화는 어쨌든 피할 수 없는 상황에 처하게 된다. 이 경우 조직관리자는 두 가지 선택이 있다. 첫번째는 환경변화에 맞추어 점진적으로 변화하면서 그 폭은 가능한 최소한으로 유지하는 것이다. 이 경우 환경과의 적합성은 유지할 수 있으나, 조직의 내부요소들간의 일관성과 양립성은 떨어진다는 문제가 있다. 두 번째는 조직변화를 최대한 미루다가, 마지막에 가서 전면적인 변화를 시도하는 것이다. 이 경우 조직내부의 일관성과 양립성은 확보되지만, 변화를 미루는 만큼 계속 변화하고 있는 환경에의 적합성이 떨어진다는 문제가 있다(ibid, 404).

6. 조직변화는 계획되는가

조직변화가 객관적인 조직성과능력을 확보하기 위해 면밀한 계획하에 이루어진다는 합리적 가정에는 상당한 의문이 제기된다. 조직변화는 계획적이지 못하며, 기술적 합리성의 증대, 또는 환경요구에 대한 좀더 나은 적응도 아니며 많은 경우 우연적으로 발생되는 측면이 있다고 보는 것이다. 계획적 변화로서 접근하는 시각에서 변화는 조직의 최고관리자나 외부컨설턴트와 같이 특정의 권한을 갖는 사람에 의해 주도되고 추진된다. 그러나 발생적 변화로서 접근하는 시각에서는 변화의 주도요인들은 조직의 직접적인 통제밖에 존재한다는 것을 강조한다. 여기에서는 계획적 변화라고 하는 것도 흔히 변화가 일단 일어나고 이러한 변화를 정당화해 주는 계획이 뒤따르는 형식으로 이루어진다고 본다. 이 경우 변화에 대한 의미는 변화가 이미 이루어진 후에 사후적으로 부여되는 것이다(Hatch, 1997 : 352).

조직변화를 계획적 합리적 과정으로보다는 우연적 힘에 의한 발생적 과정으로 보는 입장에는 다음 몇 가지가 있다(Hatch, 1997 : 351-352 ; Robbins, 1990 : 404-405). 우선 권력통제시각에서는 변화란 보다 나은 적응을 위한 계획적인 결과의 산물이라기보다는 조직내외의 지배연합들간의 역학관계의 산물이라는 주장을 편다. 일반적으로 변화는 힘있는 집단의 이해관계에 의해 이루어지지만, 객관적으로 좀더 정당한 외양을 갖게끔 포장되는 것뿐이다. 조직효과성을 증진시킨다는 목표와 합치되는 것으로 계획적 변화로 합리화시키는 것이다. 또한 조직에서 변화에 대한 압력은 지배적인 연합의 외부 어디에서고 형성될 수 있다. 지배집단이 이러한 압력을 제대로 통제하지 못하는 사이, 변화는 그냥 일어나 버리는 것이다. 이 과정에서 지배집단이 원하지 않는 방향으로 변화가 진행될 수도 있으며 이렇게 되면 지배집단은 그들의 조직지배력을 잃게 된다. 결국 변화란 조직내외의 지배연합들간에 변화하는 역학관계의 산물이다.

시스템 접근에서는 자기생산적이고 자기준거적 시스템으로서의 조직의 특성을 강조한다. 여기에서는 조직변화를 조직외부의 압력이나 자극에 대한 반응으로서보다는 자기생산적 자기준거적의 자기학습과정에서와 같은 조직 스스로의 내부역동성의 측면을 강조한다. 조직은 스스로의 변화주체가 되지만, 계획적 변화에서와 같이 특정의 변화추진자에 의해 어떤 방향성을 갖고 추진되는 것이 아니라 조직구성원 모두가 자기 영역에서 변화를 실행하는 방식으로 이루어진다.

조직변화의 연구에서 합리적 체계론은 변화에 대한 통제와 계획을 강조하며 자연체계론은 변화에 대한 적응을 강조한다. 합리적 시각이든 자연적 시각이든 이 둘에서는 공통적으로 조직변화의 폭이나 그 미치는 영향을 조직이 관리할 만한 수준에서 안정화시키고자 하는 경향이 강하다. 골드스타인(Goldstein, 1994)은 조직 변화의 연구들이 체계를 새로운 형태로 나가게 하는 잠재 에너지와 역동성에 초점을 맞추기 보다는 변화에 저항하고 안정화시키는 측면에 집중하는 경향이 있다고 보았다.[3)]

이에 비해 자생이론이나 혼돈이론에서는 여러 요인들 사이의 상호작용에 의해 전연 새로운 질서가 출현하는 예측불가의 자연적 창발성을 강조한다. 또한 체계 변화를 설명하는데 있어 외부요인으로 설명하기보다는 체계내 요소들의 복합적인 상호작용을 통해 자생적으로 생성되는 면을 강조한다. 변화를 단선적으로 보다는 연결고리적으로, 또한 기계적 인과성 보다는 상호인과성의 현상으로 접근하는 것이다.

마루야마(Maruyama, 1963)는 정과 부의 피드백이 체계 역동성을 야기하고 체계 변화에 미치는 영향에 초점을 맞추었다. 편차를 상쇄시키는 부의 피드백은 변화를 억제하고 체계의 안정성을 설명하는데 중요하다. 반면에 편차를 증폭시키는 정의 피드백은 변화가 더 큰 변화로 나가도록 하여 체계의 급격한 변동을 설명하는데 유효하다.

3) Goldstein, J. 1994. *Unshackled Organization*. Portland, Or: Productivity Press. Morgan, 2006: 259 재인용.

기존의 운영규범으로부터 이탈을 규명하고 수정하도록 해주는 부의 피드백 과정을 유지함으로써 체계는 안정된 정체성을 유지할 수 있다. 또한 새로운 여건의 변화를 수용하기 위해 이러한 규범을 수정할 수 있게 해주는 이중순환학습의 능력을 개발하여 체계는 스스로 진화하게 된다.

혼돈이론에 의하면 비선형의 복잡한 체계는 질서와 혼돈을 모두 지닌 다양한 체계의 상호작용으로 특징된다. 체계의 무작위성과 다양성, 불안정성은 변화의 중요한 자원들이다. 무작위적인 표면적인 혼돈으로부터 궁극적으로 일관성 있는 질서가 출현하는데 이렇게 출현하는 새로운 질서는 특정의 의도적 계획에 의한 것이 아니라 그냥 자연적으로 생성된 것이다. 즉 새로운 질서는 창발적이며 자유로우며 이러한 변화의 본질은 계획되거나 사전에 정해질 수 있는 것이 아니다.

혼돈체계의 나비효과는 초기에 아주 작은 변화가 점점 더 큰 변화를 일으키면서 궁극적으로 체계에 엄청난 요동을 가져오게 된다는 점에서 매우 중요하다. 이러한 나비효과는 아주 작은 변화가 잠재적으로 크나큰 변화로 발전할 수 있다는 점에서 변화에 대한 관리자적 과제를 제기하고 있다. 관리자의 역할은 적합한 자기조직의 형태가 출현하기 좋도록 상황을 조성하는 것으로 여기에는 새로운 변화로의 전환에 유리한 방향으로 지배적인 유형을 파괴시키고 새로운 맥락을 창출하는 것들이 포함된다.

포스트모던 접근은 조직변화에 대하여 또 다른 급진적인 시각을 제공한다. 조직의 실재란 조직구성원들간에 집합적으로 의미가 부여되고 공유되는 사회구성적인 과정이다. 조직의 각 집단은 자신들에게 유리한 방향으로 조직을 변화시키고자 하며 자신들의 세계관으로 다른 사람들의 세계관을 규정하고자 한다. 그러나 사회구성적 현실에서 특정 집단의 일방적인 의도나 강제가 그대로 조직현실로 관철되는 것은 아니며, 다른 사람들의 최소한의 현실인정이나 묵인이 요구된다. 이렇게 보면 지배층에 의해 일방적으로 이루어지는 변화에는 피지배집단도 책임을 면할 수 없다. 왜냐하면 이러한 변화에 반대하고 저항하는 대신 오히려 당연한 것으로 묵과하여 이러한 현실에 기여했기 때문이다. 그러나 조직현실의 이러한 사회구성적 성격은 현실의 규정 자체를 조직구성원의 다양한 참여와 논의하에 놓는다는 점에서 조직내 민주성이 증대될 수 있는 면도 지닌다.

이러한 전제하에 조직변화에 대한 포스트모던 접근의 핵심이 되는 개념은 해체(deconstruction)이다. 해체란 기존의 당연하게 받아들여졌던 조직의 현실들이 문제성 있는 것으로 제기되고, 파괴되는 과정이다. 해체를 통해 조직은 비로소 이전에 고려조차 하지 않았던 대안들에 새로이 눈뜨게 된다. 해체는 해동과 유사하지만, 이 둘 간에는 중요한 차이가 있다. 해동은 새로운 (계획된) 대안이 도입되고 재동결을 통해 새로운 평형에 도달하게 될 것이 전제된다. 그러나 해체는 그 과정에서 어떤 새로운 대안이 사전에 계획되거나, 또는 재동결이라는 또 다른 안정화를 전제하는 것이 아니라 무정형의 다양한 해석과 대안에 열려진 상태로 남겨두는 것이다(Hatch, 1997 : 366-367).

사례 1

정부조직개편, 공무원 철밥통 깨기 "역시나..."

절차의 민주성을 도모한다며 무려 46억 원의 예산과 민간경영진단팀까지 투입, 45만여 국가공무원들을 벌벌 떨게했던 2차 정부조직 개편이 초라한 몰골을 드러내고 말았다. 호랑이를 그린다며 기염을 토하던게 불과 몇 달 전인데 고양이도 못 그린채 꼬리를 내리고만 형국이다. 조직개편과정에서 철밥통 공무원의 위력과 공동정권의 한계를 재차 실감해야 했기 때문이다.

정부는 민간 컨설팅기관으로 하여금 국민의 입장에서 부처별 기능과 역할을 객관적으로 평가, 그 결과에 따라 정부조직을 원점에서 재정비하겠다고 수 차례 강조해 왔다. 정부는 또 이 같은 절차가 민주주의를 실현하기 위해 역대정권 가운데 사상 처음 시도한 것이라는 자랑을 빠뜨리지 않았다. 그러나 정작 정부경영진단팀 및 조정위원회가 부처간 통폐합을 통해 3개 부를 줄이는 개편시안을 확정하자 「민간의 의견일 뿐 정부안이 아니다」며 돌연 그 가치를 깎아내리는 추태를 보였다.

최종 정부안은 지난해 1차 정부조직 개편 때 성사시키지 못한 기획예산처, 중앙인사위원회 신설을 제외하곤 하나같이 현행 체제를 유지하는 선으로 대폭 후퇴했다. 당초 기획예산 「처」로 된 배경도 기능측면의 배려가 아니라 17부에서 18부로 늘어날 경우「작은 정부」라는 목표가 말장난에 그칠 것을 염려한 때문이라는 후문이다. 정부의 이 같은 형태는 「이번 조직개편안은 기능중심의 혁신적 내용을 담고 있다」는 주장의 신빙성을 크게 떨어뜨리기에 충분하다.

2차 정부조직 개편작업과정이 보여 준 또 다른 문제점은 소위 「철밥통」공무원들의 부처이기주의와 공동정권의 한계 노출이다. 공무원들은 살아 남기 위해 민간인까지 내세워 전방위 로비전을 펼쳤고 이는 공동정권의 취약점을 교묘히 자극, 소기의 목적을 달성하는 데 성공했다. 당초 마련한 정부조직 개편안 중 원안대로 관철된 것은 중앙인사위원회밖에 없고 나머지 대부분은 소수지분측인 자민련안대로 확정됐다. 내각제개헌 및 내년 총선과 관련, 자민련과 공무원 조직을 자극할 필요가 없다는 정치적 계산 때문이었다는 게 중론이다. 개혁이라는 대원칙이 현실의 벽을 넘지 못하고 좌초한 셈이다.

자료: 서울경제, 1999. 3. 23.

사례 2

책임론에 발목잡힌 구조조정

글로벌 금융위기와 실물경제 위기가 급속히 진행되는 가운데 한국경제도 빠른 속도로 침체의 늪에 빠져들고 있다. 내년 상반기 경기침체의 골이 깊어지면 더 이상 버티지 못하는 부실기업들이 속출해 은행 부실을 초래하는 등 한국경제를 위기에 빠트릴 것이란 우려가 커지고 있다. 이런 최악의 상황을 막기 위해 정부는 부실기업을 선별해 과감히 퇴출시키겠다는 목적으로 구조조정 프로그램을 가동했다. 그러나 시간이 흐를수록 정부의 구조조정 방침은 퇴색되고, 오히려 정부와 금융권의 도움으로 연명해 가는 부실기업들이 늘고 있다. 정부가 겉으로는 선제적 구조조정을 외치면서도 실제로는 행동에 옮기지 못하는 이유는 무엇일까?

8개 시중 · 국책은행장들이 8일 오후 서울 명동 은행회관에서 간담회를 갖고, 대주단(貸主團) 협약에 가입 신청한 27개 건설사의 채권 만기를 1년 연장해 주기로 결정했다. 건설업이나 중소조선업 등 부실 우려 업종에 대한 선제적 구조조정 필요성에도 불구하고 정부가 직접 못나서는 이유를 정부는 "IMF 때와 달리 아직은 입원 수술할 단계가 아니라 통원 치료가 가능한 상태"로 설명하고 있다. 금융위원회 부위원장도 라디오 인터뷰에서 "(기업구조조정은) 채권단 중심으로 이루어져야 한다"면서 정부가 구조조정을 진두지휘할 뜻이 없음을 밝혔다.

하지만 속사정은 다르다. 금융당국 관계자들의 말을 종합하면 "아직 부실이 드러나지 않은 상태에서 부실 징후가 있는 기업에 대한 선제적 구조조정은 위헌의 소지가 있는데 내가 왜 총대를 메느냐"는 것이다. 자칫 구조조정에 나섰다가 괜히 나중에 변양호 전 재정경제부 금융감독원장처럼 책임론의 희생양이 될 수 있다는 이른바 '변양호 효과'가 작용하고 있는 셈이다. 변 전 원장은 2003년 신용카드사태 당시 외환은행을 부실금융기관으로 지정해 론스타에 매각하는 결정을 내린 책임자로서 감사원 감사와 검찰 조사를 받았다.

현재 금융당국이 선제적으로 구조조정에 나설 수 있는 근거는 기업구조조정촉진법(기촉법)이다. 기촉법은 아직 부실화되지 않았더라도 부실 징후가 있다고 판단되는 기업은 채권단이 구조조정 프로그램에 집어넣을 수 있도록 규정하고 있다. 문제는 '부실 징후 기업'이란 표현이 너무 애매하다는 것이다. 기촉법에 따르면 "부실 징후 기업이란 주채권은행이나 채권단이 정상적인 방법으로는 차입금 상환이 어렵다고 인정한 기업"으로 정의돼 있다. 즉 부실 징후 기업을 판단하는 명확한 기준은 없고, 판단의 주체만 채권단으로 정하고 있는 것이다.

이 문제를 해결하려면 결국 누군가 소신 있는 관료가 적극적으로 나서 부실 징후 기업에 대한 가이드라인을 제시해야 하는데 '변양호 효과' 때문에 아무도 나서지 못한다는 것이다. 금융위 관계자는 금융위가 좀더 적극적으로 나서길 기대한다면 최소한 감사원장 수준에서 "정책 판단에 대해서는 사후 책임을 묻지 않겠다"는 면책 선언이 있어야 한다고 말했다.

자료: 조선일보, 2008. 12. 09.

제17장
조직혁신과 학습

오늘날 급격하게 변화하는 조직환경은 조직이나 조직구성원들에게도 점점 더 지금까지와는 전혀 다른 대응을 요구하고 있다. 특히 최근의 급변하는 경제적, 기술적, 사회문화적 환경에서 변화에 대한 조직의 유연하고도 신속한 대처가 크게 강조되고 있는 것이다. 이에 따라 현대의 조직연구들에서 조직의 혁신과 학습능력에 대한 관심이 높아지고 있다. 이 장에서는 조직의 혁신과 학습에 대하여 살펴보기로 하자.

1. 조직혁신

1) 기술혁신과 관리혁신

혁신적인 조직은 조직관리자들의 오랜 관심이 되어 왔지만, 혁신은 특히 현대조직의 가장 우선적인 관심이다. 혁신은 이전에는 없었던 전연 새로운 요소를 조직에 도입하는 것이다. 조직에서 혁신은 현재의 운영방식이나 기술로부터 이탈하는 모든 것을 포괄하는 개념으로 크게 기술혁신과 관리혁신의 두 가지가 있다. 기술혁신은 제품생산이나 서비스에서 새로운 도구, 기법, 장치들을 도입하는 것이다. 새로운 의료기술이나 기기의 도입, 신제품의 개발, 공장에서의 자동화기계의 도입 등이 기술혁신의 예이다. 관리혁신은 조직의 운영구조나 과정에 새로운 요소를 도입하는 것이다. 예를 들어 MBO, OD 도입, 유연시간제의 도입, 또는 기계적 조직구조의 매트릭스구조로의 전환 같은 것들이다. 즉 혁신이란 제품이나 기술혁신에서부터 제품생산공정, 새로운 관리구조, 새로운 전략수립이나 프로그램개발들을 다 포괄한다(Robbins, 1990: 399).

조직에서 이루어지는 혁신은 그 구체적인 형태나 급진성의 정도에서 많은 차이가 있다. 예컨대 음료수업체가 신세대계층을 대상으로 기존의 탄산음료보다 탄산농도를 낮춘 신제품을 내놓는 점진적인 혁신에서부터 최초의 인터넷서점 아마존 같은 획기적인 혁신에 이르기까지 그 급진성의 정도에 크게 차이가 난다. 혁신은 조직내에서 자생적으로 이루어질 수도 있고, 외부에서 유입될 수도 있으며, 때로는 외부로부터 강제되기도 한다. 예를 들어 최근 수년 동안 대학들 사이에 확산되고 있는 학부제 같은 경우 자체적으로 필요성을 인식하고 시행한 대학도 있지만, 일부 대학에서는 교육부 지침에 대한 순응, 또는 지원금을 더 많이 받아내기 위해서 도입하고 있는 측면도 있다. 마찬가지로 최근 들어 우리 기업들에 확산되고 있는 사외이사제도도 기업지배구조개선이라는 정부의 강력한 요구에 기업이 할 수 없이 순응하는 방식으로 이루어지고 있는 혁신의 한 예이다.

2) 혁신조직의 특징

조직에 따라서는 상대적으로 혁신적인 조직이 있는가 하면 혁신과는 거리가 먼 구태의연한 조직들이 있다. 조직혁신에는 조직의 구조, 문화, 인적자원이 모두 영향을 미친다(Robbins, 1998 : 646-647). 우선 조직구조에서 보면 유기적 조직이 기계적 조직보다 혁신이 활발하게 일어나는 경향이 있다. 왜냐하면 유기적 조직은 수직적 분화와 공식화의 정도가 낮고 분권화되어 있기 때문에 구성원들의 유연성, 적응성, 상호배양성이 활발하며, 새로운 것에 대한 개방성이 높기 때문이다. 따라서 혁신은 단순조직이나 애드호크라시조직에서 가장 활발하게 이루어지는 반면 효율성을 우선하는 일상적이고 표준화된 기계적 조직에서는 활발하지 못한 경향이 있다.

그러나 유기적 조직이 항상 혁신에 유리하기만 한 것은 아니며, 기술혁신과 관리혁신에 따라 적합한 구조에 다소 차이가 있다(Daft, 1998 : 195-196). 즉 기술혁신은 유기적 조직에서 유리하지만 관리혁신은 기계적 조직에서 더 유리한 경향이 있다. 조직의 전략, 목표, 통제구조, 인력배치와 관련되는 관리혁신은 주로 조직상부로부터 하향식으로 추진되기 때문에 상부에 강력한 권한이 집중된 기계적 조직에서 비교적 성공적이다. 반면에 하부구성원이 상당한 자율과 권한을 갖는 유기적 조직에서는 위로부터의 일방적인 변화에 대한 구성원들의 저항이 만만치 않기 때문에 관리혁신이 쉽게 추진되기 어렵다. 예를 들어 정부서비스기관에 대한 연구에서는 유기적인 핵심운영을 갖는 조직에서는 관리혁신을 추진하기가 매우 어려운 경향이 있는 것으로 조사

[도표 17-1] 조직혁신의 이중모형

	혁신의 유형	
	관리혁신	기술혁신

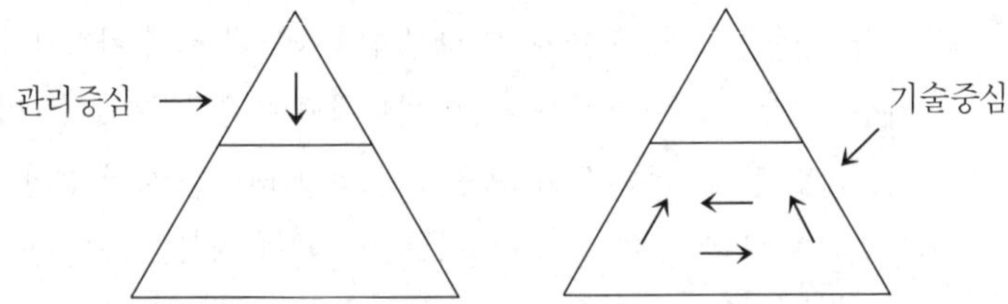

	관리혁신	기술혁신
변화의 방향	하 향 적	상 향 적
변화의 예	전 략	생산기법
	다운사이징	작업흐름
	구 조	제품 아이디어
최적의 조직설계	기 계 적	유 기 적

자료 : Richard Daft, 1998 : 196.

되고 있다. 정부서비스기관의 핵심운영의 전문인력들이 위로부터의 일방적인 개혁에 크게 반발하기 때문이다. 따라서 관리혁신은 기계적 조직에서 오히려 유리하다. 반면에 기술혁신은 밑으로부터의 활발한 아이디어에 의존하기 때문에 하위구성원의 자율이나 창의적인 활동이 활발한 유기적 조직에서 성공적인 반면 기계적 조직에서는 불리하다.

혁신적인 조직들의 조직문화는 대체로 실험을 장려하고, 조직에서의 성공과 실패 모두를 수용한다는 특성이 있다. 대부분의 조직들에서는 실패에 대한 페널티가 크기 때문에 사람들은 실패를 범하지 않으려고 지나치게 조심하게 되고 모험이나 새로운 것을 시도할 가능성이 매우 낮다. 반면에 성공적인 혁신조직들은 실패를 새로운 것에 대한 개척과정에서의 당연히 수반되는 결과로 인정하고 받아들이기 때문에 사람들이 실패에 대한 부담 없이 새로운 것을 시도할 가능성이 높다. 인적자원관리에서도 혁신적인 조직은 높은 고용안정성을 보장하여 구성원들이 해고의 걱정이나 두려움 없이 새로운 실험을 시도해 볼 수 있는 환경을 제공해 주고, 구성원들이 흐름에 뒤떨어지지 않도록 교육이나 훈련을 활발하게 촉진시키는 것으로 나타나고 있다. 또한 부서간 의사소통이 활발하고, 조직 내 여유자원이 충분하거나, 경영진의 근속기간이 오랠수록 혁신에 유리한 경향이 있는 것으로 조사되고 있다. 이와 함께 조직 리더들의 가치관이나 태도도 조직혁신성에 영향을 미치는데 안정지향보다는 변화를 선호하는 리더집단이 이끄는 조직에서 혁신성향이 높다(Robbins, 1998 : 646-647).

2. 조직학습

1) 학습조직

혁신과 함께 1990년대 이래의 조직변화에서의 또 하나의 중요한 관심은 학습조직의 구축이다. 학습조직이란 "조직의 모든 구성원이 스스로 새로운 지식의 창조, 획득, 공유 등의 활동을 통해 새로운 환경에 적응할 수 있는 끊임없는 자기 변신의 능력을 갖는 조직이다"(Robbins, 1998 : 648). 세계화와 정보통신기술들의 획기적인 발전과 함께 점점 더 조직환경이 복잡해지고 불확실해지면서 새로운 것에 대한 조직의 학습능력이 그 어느 때보다도 중요해지고 있다.

조직업무에서의 근본적인 변화도 학습조직으로의 변화를 요구하고 있다. 지금까지 조직은 대량생산시스템과 같이 기계에 기반한 물리적인 자원의 효율성에 토대하였다. 이러한 체제에서 조직의 대다수 구성원은 기계화된 작업의 부속적인 성격이 강했으며, 일상적인 과제를 표준화된 절차에 따라 수행하기만 하면 되었다. 그러나 오늘날 조직생산의 과제는 점점 더 지식에 기반하고 있으며, 조직활동에서 아이디어와 정보의 처리와 생산이 차지하는 비중도 높아지고 있다. 이와 같이 지식기반적으로 바뀌면서 구성원의 문제해결능력과 지속적인 학습능력이 조직의 핵심적인 경쟁력이 되고 있는 것이다(Daft, 1998 : 346). 조직의 생산적 기반이 기계에서 아이디어로의 비중이 높아지는 현대조직에서 구성원들에게도 물리적인 효율성의 논리가 아닌 능동적인 문제해결능력과 참여가 요구되고 있는 것이다. 과거의 조직이 기본적으로 물리적인 효율성의 극대화에 최대의 가치를 부여했다면, 현대의 조직에서 가장 중요한 것은 조직의 학습능력이라는 주장이다.

센지(Peter Senge, 1990)는 점점 더 복잡해지고 경쟁이 치열해지는 현대사회의 기업환경에서 기업이 살아남기 위해서는 학습능력이 절대적이라고 주장하고 있다. 학습능력이 없는 기업은 기본적으로 과거의 것을 답습할 수밖에 없고 여기에서 기업이 실패할 수밖에 없다는 주장이다. 그는 학습조직이 바로 조직의 미래라고까지 주장하고

있다: "세계가 점점 더 상호연결되고 기업활동이 더욱 더 복잡해지고 역동적으로 되어 가는 상황에서 업무란 점점 더 '학습적'으로 될 필요가 있다. 조직을 위한 학습은 이제 한 사람으로는 충분하지 않다. 조직의 최상부에서 문제를 파악하고 나머지 사람들은 위로부터의 위대한 전략가의 명령에 따르도록 했던 방식은 이제 더 이상 통하지 않는다.미래에 진정으로 탁월할 수 있는 조직은 조직의 모든 수준에서 사람들의 참여와 능력을 자극할 수 있는 조직이다."[1)]

2) 조직학습의 과정

조직에서 학습은 어떻게 이루어지는가? 리빗과 마아치 (Leavitt and March, 1988)는 조직에서의 학습은 조직의 다른 과정들과 마찬가지의 방식으로 이루어진다고 보았다. 즉 시행착오를 해가면서 직접 경험을 통해 학습이 이루어질 수도 있고, 모방을 통한 간접 학습도 가능하다. 중요한 것은 학습조직은 각 구성원들이 끊임없는 실험정신과 시행착오를 통해서 새로운 것을 터득해 가는 것이다(Hatch, 1997 : 370).

조직학습에 대한 시스템적 접근은 좀더 체계적인 모형을 제시하고 있다. 여기에서 조직은 기본적으로 사이버네틱 시스템으로서 지능적이며, 자기규제적이다. 가장 단순한 사이버네틱 시스템은 사전에 미리 정해진 기준으로부터의 이탈을 감지해 내고 수정하는 정도의 학습능력을 지니며 대부분의 조직들은 이러한 정도의 학습능력이 있다. 그러나 이러한 단일순환학습(single-loop learning)능력은 기존의 운영기준에 의해 결정된 행위경로만을 유지할 수 있으며, 행위기준자체의 적절성 자체에 대해서는 판단할 수 있는 능력이 없다. 따라서 기준이 잘못 설정된 경우 학습은 단지 부적절한 행동양식을 반복하는 결과가 되어 조직의 학습능력은 깨지게 되는 것이다. 좀더 발전된 사이버네틱 시스템으로서의 조직은 운영기준상의 착오를 찾아내어 수정하고, 그 구체적인 운영을 안내해 주는 기준자체에도 영향을 미치는 이중순환학습(double-loop learning)이 가능하다.

단일순환학습의 조직은 환경을 탐색하고 이미 설정된 기준에 기초하여 일반적인 성과를 조절하는 능력을 갖는다. 대부분의 조직은 이러한 단일순환학습에는 비교적 능숙하다. 이중순환학습의 조직은 조직의 구성원리를 근본적으로 비판하고 재규정할

1) Peter Senge, 1990. *The fifth discipline: the art and practice of the learning organization.* New York: Doubleday. Hatch, 1997: 371에서 재인용.

[도표 17-2] 단일순환학습과 이중순환학습

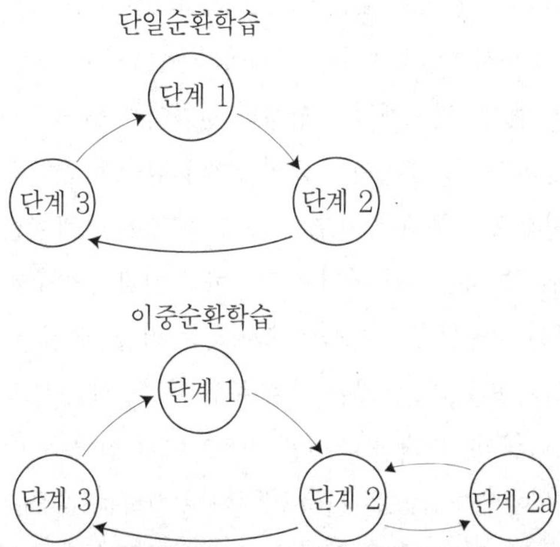

주 : 단계 1 = 환경에의 감지, 탐사, 조정 과정
단계 2 = 정보의 운영규범에 대한 비교
단계 2a = 운영규범이 적절한가에 대한 의문의 과정
단계 3 = 적절한 행위를 유발하는 과정
자료 : Gareth Morgan, 1989 : 118.

수 있는 자기구성능력을 갖는다. 이러한 이중순환학습체계는 운영 규범의 타당성에 대해 의문을 제기하여 기존의 규범과 정책, 운영과정들을 재검토하고 비판하여 상황에 대한 이중적인 관찰이 가능하다. 이중순환학습으로 조직은 환경에서 발생하는 변화에 개방적일 수 있고 조직운영에서의 절차와 가정에 대해 의문을 제기할 수 있게 되는 것이다(Morgan, 1989 : 122 ; Robbins, 1998 : 649). 지금까지 이러한 이중순환 학습능력은 전적으로 조직의 전략수립자나 최고경영층의 영역이었다. 그러나 조직이 환경의 급속한 변화에 대처하여 점점 더 많은 전문인력을 두게 되면서 이러한 이중순환 학습능력은 조직전체로 요구되고 있는 것이다(Daft, 1999 : 348).

3) 조직학습의 장애요인

많은 조직들이 대체적으로 주어진 기준에 의해 기계적으로 적응하는 단일순환학습에는 능숙한 반면, 새로운 비판적 사고를 요구하는 이중순환학습에는 능숙하지 못하다. 여기에는 다음과 같은 이유들이 있다(Morgan,1989 : 118).

첫째, 조직의 관료적 특성이 구성원들에게 단편적인 사고 구조를 심어주고, 비판적으로 사고하는 능력을 약화시킨다는 점이다. 구성원들은 조직내에서 정해진 위치를 차지하고, 그것에 대해 전적으로 순응하도록 기대되며, 또 그러한 행동에 의해 보상을 받는다. 이러한 직무시스템하에서는 정책이나 운영기준 자체에 대한 비판적 관점이 거의 불가능하다. 둘째, 관료제적 책임성의 원칙에 의해 조직구성원의 방어적 태도가 조장되고 있는 점이다. 즉 개인은 조직의 운영규범을 비판하는 식의 결과가 불투명한 행동을 취해 개인적으로 문제를 자초하기보다는 기존의 확실한 기준에 집착하게 되는 것이다. 셋째, 대다수 사람들이 빠지는 인식이나 지각에서의 자기왜곡이다. 대다수 조직구성원들은 주위 사람들에게 그들이 수행하는 일을 잘 알고 있다는 인상을 주는 방향으로 언행을 하게 되는데, 이것은 단지 주위 사람들에게 그러한 인상을 주는 것으로 끝나는 것이 아니라, 그러한 확신을 스스로에게 심어주고, 자기 합리화에 빠지는 결과를 가져온다. 이러한 태도는 결국 자신이 수행하는 과제방식의 성격과 효과를 의심해 보기보다는 오히려 강화하게 되어 상황의 진정한 실제에 접하고 효과적으로 대처하는 것을 어렵게 하게 된다. 더군다나 조직상황에서 집단사고 같은 사회적 강화까지 있게 되면 이러한 자기합리화는 더욱 강화되는 경향이 있다(Jones, 1998 : 489-490).

리빗과 마아치는 조직학습의 실패요인으로 미신적 학습, 성공의 모호성, 유능성의 함정을 들고 있다. 미신적 학습은 행위와 결과간에 인과관계의 잘못된 규정으로부터 비롯된다. 예를 들어 승진이란 탁월한 능력에 대한 보상으로 간주되지만, 사실은 승진된 사람이 조직의 현 리더의 특성을 빼 닮았기 때문에 승진으로 이어졌다면, 실제 승진과 능력과는 인과관계가 없으면서도 그런 듯이 잘못 인식되는 것이다. 이 같은 잘못된 인과관계의 규정은 승진된 사람이 스스로 능력이 있는 것으로 잘못된 자기확신에 빠져들게 한다. 학습실패가 나타나는 또 다른 원인은 성공의 모호성이다. 성공의 기준이나 목표가 끊임없이 변화하고, 특정의 기준들에 대한 기대 수준이 유동적인 경우 조직의 성공여부를 인식하는 것 자체가 매우 어려울 수 있다. 더구나 조직성공을 정략적으로 과장하거나 폄하시키게 되면 조직의 실제 성취 정도의 모호성이 더욱 커지게 된다. 특히 성공을 분명하게 규정하기 어려운 경우에는 과거의 통했던 기준에 의해 학습한다는 것 자체가 매우 어렵게 된다. 유능성의 함정은 조직이 자신이 획득한 능력의 함정에 빠지게 되는 것이다. 유능성의 함정에 갇히게 되면 조직에서의 개선방식은 궁극적으로 조직에게 아무런 경쟁적인 우위를 부여하지 못하는 결과를 낳게 된다. 조직이 이러한 문제에 빠지게 되는 것은 기존의 방식들이 계속 성공을 거두면서, 그 방식에 계속 의존하게 되고, 좀더 나은 방식에 대한 탐색의 동기가 크게 줄어들게 되면서이다. 더 나은 새로운 것에 대한 탐색이 없이 기존의 방식에 안주해 있는 동안 경쟁조직이 그보다 월등 나은 방식을 개발하게 되면 순식간에 경쟁에서 뒤쳐지게 되는 것이다.[2)]

와익(Karl Weick, 1991 : 117)은 조직학습의 실패를 자극-반응의 모형으로서 설명하고 있다. 학습이란 기본적으로 동일한 자극에 대한 상이한 반응이라는 끊임없는 시행착오의 과정을 통해 이루어지는 과정이다. 그러나 대부분의 조직에서는 그 반대의 과정, 즉 상이한 자극에 대한 동일한 반응의 행동방식이 주를 이룬다. 이것은 대부분의 조직의 반응체계가 동일한 반응을 유발하도록 짜여져 있기 때문이다. 즉 조직의 공식화, 업무분화, 일상화된 표준운영체계, 사회화 과정 등이 조직에서의 다양성을 위축시키고 획일적인 행위양식, 즉 동일한 반응을 조장하는 것이다.

조직학습에서의 이러한 문제들은 많은 조직에서 학습능력을 터득하는 것이 쉽지 않다는 것을 나타낸다. 특히 현대조직이 필요로 하는 것은 이중순환학습능력이다. 급속하게 변화하는 새로운 질서 속에서 조직활동의 새로운 패러다임이 출현하고 있기 때문이다. 변화가 별로 없는 안정된 환경에서는 기존의 패턴을 답습하더라도 큰 문제가 없다. 그러나 변화의 폭이 커지게 되면 기존의 방식은 더 이상 쓸모가 없어지며 새로운 방식이나 시각을 학습할 필요가 그만큼 커지게 된다. 특히 현대의 조직환경은 그 어느 때보다도 변화의 폭이 크고 전세계적이다. 이에 따라 소위 학습조직으로서의 새로운 자기변신이 조직생존의 중요한 요건으로 강조되고 있는 것이다.

4) 학습조직의 구축

전통적인 위계구조의 조직에서는 최고관리층이 조직의 전략과 필요한 구상을 도맡았으며 일반 구성원들은 반복적이고 일상적인 과제만을 수행하면 되는 체제였다. 따라서 학습조직의 구축은 전통적인 위계구조를 뛰어넘는 새로운 조직논리를 요구한다 (Daft, 1998: 347-349).

수평조직이 수직적인 위계구조의 조직과 획기적으로 달라지게 된 점은 구성원들에게 스스로 구상하고 알아서 과제를 수행하는 권한이 부여되게 된 점이다. 여전히 최고관리층이 전반적인 전략방향 등에 대한 지침은 정하지만 구성원들은 이러한 지침을 실행에 옮기거나 과제를 수행하는 데 있어서 상당한 재량권을 갖는다. 학습조직은 여

---

2) Hatch, 1997 : 370-371에서 재인용.

기에서 더 나아가 조직의 전략방향을 수립하는 과정에도 구성원들이 직접 참여하고 기여하게 하는 것이다. 즉 구성원들은 조직의 목표와 수단 모두에 책임을 갖고 참여하여 조직전체의 목표달성에 참여하게 된다. 이러한 전통조직에서 학습조직으로서의 발전과정에서 구성원들의 관계를 살펴보면 [도표 17-3]과 같다.

성공적인 학습조직들은 공통적으로 다음과 같은 특성들을 갖는다.[3)] 첫째, 조직의 모든 구성원이 받아들이고 공유하는 전망이나 시각이 있다. 둘째, 낡은 사고 방식과 문제해결이나 업무수행에서의 표준화된 방식들을 폐기한다. 셋째, 구성원들은 조직의 모든 과정, 활동, 기능, 환경과의 상호작용을 상호관계체제의 한 부분으로 인식한다. 넷째, 비난이나 징계의 두려움 없이 수직적인 위계나 수평적인 경계를 초월한 구성원들 상호간의 열린 의사소통이 이루어진다. 마지막으로 구성원들은 개인이익이나 분열된 부서 이익을 초월하여 조직이 공유하는 비전을 성취하기 위해 협력한다.

요컨대 학습조직이 되기 위해서는 모험이나 실험, 개방성에 가치를 두는 조직문

[도표 17-3] 학습조직으로의 발전

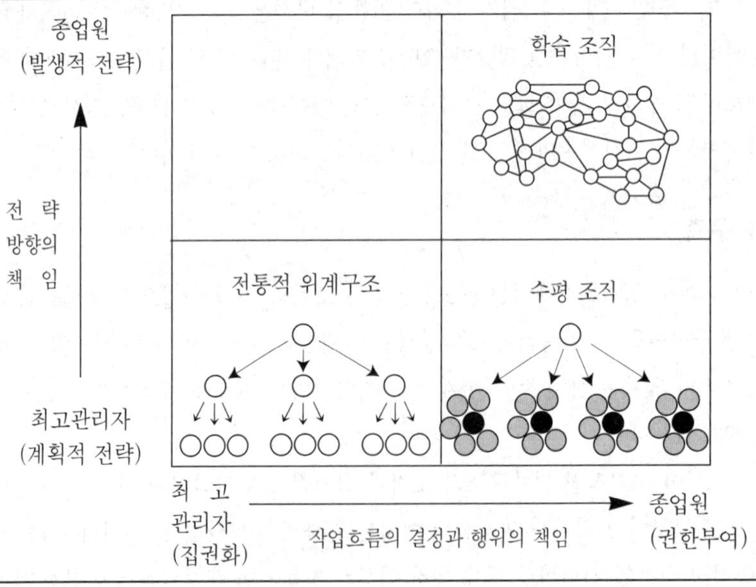

자료 : Richard Daft, 1998 : 348.

3) Peter Senge, 1990. *The fifth discipline: the art and practice of the learning organization.* New York: Doubleday. Robbins, 1998:649에서 재인용.

화를 발전시키는 한편, 조직내의 위계나 기능 단위들간의 협력과 상호작용을 가로막는 높은 장벽들도 걷어낼 필요가 있는 것이다. 나아가 의견의 불일치, 건설적인 비판, 기타 조직내의 갈등에 대하여도 개방적일 필요가 있는 것이다.

오늘날의 조직환경은 한 마디로 혼돈과 불확실성이다. 따라서 조직이 기존의 방식으로 외부환경을 관리하고 예측하는 것이 점점 더 어려워지고 있는 것이다. 또한 현대조직의 중요한 자산은 돈이나 기계가 아닌 정보이다. 이에 따라 조직들도 지금까지와는 근본적으로 다른 방식의 조직운영이나 활동논리를 필요로 하면서 혁신과 학습능력에 대한 관심이 크게 늘고 있다. 조직구조에 있어서도 보다 획기적이고 근본적인 변화가 나타나고 있는데, 즉 공식적 위계층의 축소, 기능적 단위들간의 느슨한 경계, 나아가 조직간 경계들이 사라지는 새로운 개념의 조직의 출현이다.

사례

3M의 학습조직

3M은 산업소비재, 정보전자, 생명과학 사업부문에 50여 개 이상의 제품사업부를 거느린 기업이다. 3M은 지속적인 상품개발이나 혁신역량이 탁월하다. 3M의 성장의 원동력은 조직의 학습역량으로, 즉 기업성공에 필요한 능력을 창출하는 방식을 스스로 발견하고 그것을 경쟁업체보다 먼저 행동으로 옮길 수 있는 능력이다. 3M은 고객의 욕구변화에 따라 기업을 지속적으로 변신시키는 소프트한 역량으로 이제까지 없었던 제품의 개발을 통해 주로 성장해 왔다.

3M의 이러한 능력은 수십 년에 걸쳐 조직에 체화된 다른 기업과 차별화된 역량으로 학습을 장려하는 기업가치관 그리고 이것이 실행가능하도록 지원하는 제도적 장치이다. 3M의 조직구조는 분권화되어, 거대 기업이면서도 소규모 유기적 조직의 특성을 고스란히 지니고 있다. 학습역량을 강화시키는 첫번째 요인은 모험을 장려하는 기업가치관이다. 직원의 창의성을 북돋아 주고 이를 제품에 반영하는 기업은 흔해도, 실패를 용인하는 기업은 흔치 않다. 실패를 용인하는 3M의 기업문화는 직원들이 지속적으로 학습하도록 하는 중요한 원천이 되고 있다. "실패를 두려워하지 말라," "경영자가 직원의 실패를 용인하지 못한다면 직원의 창의성은 말살된다," "실수는 할 수 있다. 실수는 언젠가는 더 큰 성장의 원천이 된다."는 것이 3M의 경영방침이다. 실패를 두려워하지 않는 실험 도전 정신은 직원의 학습을 장려하고 아이디어를 촉진시켰

다. 두 번째 요인은 이러한 기업가치관을 구체적이고 실행가능하도록 지원해 주는 일관성 있는 제도적 장치이다. 3M의 30% 규정은 각 사업부의 1년 매출의 30% 이상이 최근 5년 내에 개발된 제품 판매에서 나와야 한다는 원칙이다. 실제 3M 매출의 30% 이상이 개발된 지 4년 이하의 제품이며, 1995년에는 이 수치가 32%에 이르고 있다. 이러한 규정은 계속적인 실험과 혁신을 촉진하는 요인이 되고 있다. 또 다른 제도로 15% 규정이다. 이는 3M의 과학자나 기술자는 근무시간의 15%를 현재 진행중인 업무와 무관한 지식창조활동에 할애할 수 있도록 한 것이다. 이러한 시간에 개인적으로 관심 있는 부문에 전념할 수 있으며 새로운 아이디어를 구상할 수도 있다. 아이디어가 구체화된 프로젝트에 대해서는 사내 벤처지원자금으로 5만 달러까지의 자금이 나온다. 그리고 사내에 학습을 촉진시키는 독특한 팀운영방식을 지니고 있다. 예를 들어 어떤 직원이 새로운 아이디어가 있을 경우 이 직원은 기술, 영업, 기획, 재무 담당자들을 규합하여 아이디어의 구체적인 구상뿐 아니라 필요시 설계, 제작, 판매 역할까지 수행한다. 이렇게 축적된 지식이나 아이디어는 전체 회사로 전파되고 공유된다. 자신이 개발한 기술이라 할지라도 이는 자신의 것이 아닌 회사의 자산이라는 강한 공유의식이 있기 때문이다. 이와 같은 공유의식을 바탕으로 사내 아이디어는 각종 위원회나 전세계 3M과 연결된 화상회의로 세계로 확산되고 있다.

3M의 경쟁력은 수많은 시행착오를 통해 얻어진 경험과 지식을 부단하게 발전시킴으로써 이루어져온 것이다. 3M의 실패와 모험을 장려하는 기업문화, 그리고 이를 일관성 있게 실행하기 위한 각종 제도의 운용은 다른 기업이 모방할 수 없는 강력한 경쟁력의 원천이 된 것이다.

자료 : Stephen Robbins, 1998 : 646-648 ;
매일경제. 1996. 9. 24. "학습조직, 미국 3M."

제18장
정보통신기술의 발달과 가상조직

전통적인 의미에서 조직은 주로 공식적 · 물리적인 것이었다. 그러나 근래 들어와 조직의 이러한 의미에 큰 변화가 나타나고 있다. 이제 조직은 점점 더 비공식의 비물리적인 요소를 포함하는 방향으로 나가고 있는 것이다(Michael McMaster, 1997). 이러한 변화가 있게 된 것은 정보기술과 원격통신기술의 발달로 조직활동의 시간적 · 공간적 제약이 급격히 사라지고 있기 때문이다. 조직내 다양한 기능간 통합을 위한 자료의 공유, 공동의 데이터베이스 구축, CAD 등과 같은 표준화된 응용기법이 기능적 · 횡적 연결망을 확대시키고 조직내외의 자유로운 정보의 흐름을 촉진시키고 있다. 정보통신기술의 혁명으로 능률적이고 경쟁적인 조직의 설계에 있어서 이전과는 다른 새로운 가능성이 열리고 있는 것이다. 가상조직은 이러한 정보통신기술을 기반으로 조직활동의 물리적 기반이 사이버공간으로 이동하면서 출현하는 새로운 조직유형이다.

이 장에서는 조직의 새로운 모형으로 출현하고 있는 가상조직의 발전단계, 조직특성, 조직관리의 제반측면에 대해 살펴보기로 한다.

1. 새로운 정보통신기술의 혁명

오늘날의 조직변동의 가장 중요한 동인은 조직에서의 정보처리비용의 획기적인 절감을 가능케 하는 정보통신기술의 혁명이다. 컴퓨터 통신체제의 유연성과 기능확대는 조직의 어떤 통신요구에도 적절히 대응할 수 있는 유연성을 부여하고 있다. 정보통신기술은 그 자체가 기업환경에 엄청난 복잡성과 불확실성을 생성시키는 요인이다. 그러나 동시에 정보통신기술은 과거 기대할 수 없었던 새로운 수준의 조직내외의 조정을 가능하게 하는 요인이기도 하다. 기업은 정보통신기술을 이용함으로써 물리적인 한계를 극복하고 동시에 기업경영의 유연성 · 신속성, 그리고 전반적인 효율성을 증대시킬 수 있게 된 것이다.

가상기업에서는 전통적인 기업의 물리적인 기능이 전자통신에 의해 대체된다 (Henry Lucas, 1996). 또한 개별기업내의 또는 기업들간의 활동이 위계구조에 의한 수직적 통합이 아닌 정보기술에 의해 수평적으로 조정 · 통합된다. 조직활동의 전자적 통합은 다음 세 가지 축에 의해 이루어진다(Pascal Sieber, 1997).

1) 정보흐름의 자동화와 미디어단절성의 제거(기계-기계 통신 : EDI)

2) 비구조화된 자료의 상호교환(개인-개인 통신 : 그룹웨어)

3) 지역네트워크의 광역네트워크화(기업내외의 개인-기계 통신)

이러한 기본적인 전자통신기반과 함께 기업들간의 정보통신교류상의 보안 및 상호호환성, 또한 시스템 자체의 유연성으로써 환경변화에 따른 파트너교체도 쉽게 이루어질 수 있다.

이와 같은 전자적 통합에 의해 기업간 조정비용이 획기적으로 절감되면서 기업내외의 조정-집약적인 기업구조가 가능해지고, 이에 따라 윌리암슨(Williamson, 1967)이 시장거래의 문제로 제기하였던 환경불확실성과 소수의 기회주의에 보다 효과적으로 대응할 수 있게 되면서 기업의 시장기제의 활용성이 높아지고 있는 것이다.

2. 기업의 네트워크화

아쉬케나스 등(Ashkenas, et. al., 1995)은 기업과 환경과의 관계를 기업과 외부요소들이 함께 만들어 내는 가치집합(value constellation)의 틀에서 볼 것을 제안한다(W. Taylor, 1997). 가치집합내에는 수직적 · 수평적 · 대외적 · 지역적 경계들이 존재한다. 이러한 경계들은 일반적으로 정보흐름을 제한시키고, 환경변화에 대한 반응을 매우 지연시키는 문제가 있었다.

기업네트워크는 가치집합내의 다양한 기업, 요소들간의 경계가 와해되면서 출현하는 대표적인 새로운 기업모형이다. 이것은 독립적인 개별기업들이 네트워크내의 하

[도표 18-1] 경제조직의 3가지 모형

핵심요인	모 형		
	시 장	위 계	네트워크
규범적 토대	계약 - 소유권	고용관계	상호보완적 강점
의사소통의 수단	가 격	일상적 절차	관 계 적
갈등해소의 방식	법적 중재	관리적 감독	호혜성의 규범
유 연 성	높 음	낮 음	중 간
거래자의 헌신정도	낮 음	중간 - 높음	중간 - 높음
분 위 기	정확성 / 의심	공식적 · 관료적	개방적 · 호혜적
행위자의 선 택	독 립 적	의 존 적	상호의존적

자료 : Walter Powell, 1990, p. 300, Scott, 1998 : 277에서 재인용.

나의 매듭이 되어 공동의 목표달성을 위해 활동하는 과정에서 기업간 경계를 가로지르며 형성되는 기업간 결합이다.

기업네트워크에서는 개별단위기업들간의 필요한 활동이나 자원들이 이들간의 시장거래로써 결합된다. 필요자원들이 네트워크내 개별 기업들에 분산되어 있어 특정의 물품이나 서비스가 한 업체에 의해 생산되는 것이 아니라 여러 기업들간의 파트너관계로 생산되는 것이다. 따라서 기업네트워크에서는 기업내의 수직적 의사전달이나 통제관계들이 기업간 수평적 관계로 대치되고, 기업내 단위들을 결합시키는 공식적 관계는 기업들간의 파트너관계로 대치된다(David Skyrme Associates, 1997).

포웰(Walter Powell, 1990)은 이렇게 형성되는 조직네트워크를 단순히 시장과 위계의 중간형태로서보다는 오히려 "시장도 아니고 위계도 아닌" 매우 독특한 조직형태라고 본다. 네트워크는 시장보다는 지속적이고 포괄적인 연계이면서 위계보다는 호혜적이고 평등한 관계이다(Scott, 1998 : 277).

오늘날의 기업네트워크로의 추세는 허쉬(Paul Hirsch, 1972)가 일부 문화산업에서의 독특한 유형으로 주목하였던 기업모형의 전반적인 확산이다. 많은 기업들이 경비절감 · 업무효율화를 추구하면서 필요한 부품이나 서비스를 아웃소싱이나 전자시장 등에서 획득하는 경향이 늘고 있다. 기존의 위계제를 통해 부품을 내부적으로 생산하기보다 시장에서 구입하는 방향으로 전환하고 있는 것이다. 기업이 그 기능을 선별적으로 아웃소싱시켜 나가면서 궁극적으로 기업의 모든 활동이 네트워크를 통해 수행되게 된다. 이 경우에 기업은 가상기업의 한 형태가 되면서 그의 중심적인 활동을 정보브로커로서의 역할에 두게 된다.

3. 가상기업의 발전단계

기업이 가상기업으로 전환하는데는 몇 단계의 과정을 거친다(Pascal Sieber, 1997).

우선 지역적으로 분산된 활동단위를 통합하여 전체사업단위의 수를 줄이는 것이 첫단계이다. 두 번째 단계는 아웃소싱이다. 기업이 내부적으로 생산하던 물품이나 서비스를 아웃소싱시키거나 이윤센터 또는 독립조직을 만들어 네트워크화시키는 것이다. 세 번째 단계는 고객이나 공급자들을 가치부가과정에 통합해 들이는 것이다. 이와 같이 기업이 가상화의 단계를 거치면서 단일기업에서 기업들간의 네트워크화가 이루어진다. 이와 같은 가상화의 핵심은 기업역량의 핵심능력에의 집중, 아웃소싱, 기업프로세스혁신(BPR : Business Process Reengineering)이다.

대기업들이 일반적으로 위와 같이 단계적으로 가상기업으로 발전하는 데 비해, 중소기업들은 연합하여 바로 가상기업을 만들어 낸다. 대기업중심의 가상기업은 대기업이 네트워크브로커로서 중심적인 통제나 관리기능을 행사하면서, 중소기업들을 네트워크에 연결시키는 구조이다. 대기업주도의 가상기업은 기업간 정보프로세스에 필요한 기술기반에 있어서 중소기업중심의 가상기업에 비해 우위를 지닌다. 반면에 중소기업들로 이루어진 가상기업의 경우, 다양한 통제의 중심이 있게 된다. 어떤 것이 더 효과적인 체제인가에 대하여는 이견이 있다. 포와르와 세이블(Michael Piore and Charles Sabel, 1984)은 그 중소기업들간의 네트워크가 효율성이나 유연성에서 대기업들을 능가하게 될 것이라고 주장하는 데 비해, 칸터(Rosabeth Kanter, 1989)와 해리슨(Bennett Harrison, 1994)은 권력이나 자원에서 우세한 위치에 있는 대기업중심의 네트워크가 앞으로도 상당기간 동안은 성공적일 것이라고 주장한다. 해리슨은 이러한 대기업형태를 선도대기업이 하청기업들의 다양한 기여를 조정하는 네트워크형태로 제시하고 있다(Scott, 1998 : 278).

4. 가상기업의 조직특성

1) 가 상 성

가상기업은 '몇몇의 독립기업들이 기술, 비용 또는 시장접근을 공유하기 위해 정보기술로써 한시적으로 연결된 네트워크조직'이다. 이러한 정의는 가상기업이 지닌 네트워크적 성격을 강조한다. 가상기업에 대한 또 다른 정의는 '지역적으로 분산된 기업활동이 물리적인 로커스가 없이 전자통신으로 조정되는 기업'이다. 이러한 정의에서 '가상'이란 물리적으로 존재하지 않는다는 것이 강조된다. 이 두 정의는 공통적으로 정보통신기술에 의한 공간적 · 시간적 제약의 극복이라는 측면을 포함한다(David Skyrme Associates, 1997).

가상기업의 특성은 각 단위기업들이 다소간의 가상성(virtualness)을 갖게 된다는 점이다(Sieber, 1997). 여기에서 가상성이란 조직이 조직목표를 수행하는 과정에서 비교적 자유자재로 외부의 능력이나 자원을 조달하는 능력이다. 가상기업은 자체자원과 함께 외부(기업)의 지식이나 자원을 활용하여 서비스나 물품을 생산한다. 따라서 기업은 자체능력에 제약 받지 않고 비교적 자유롭게 필요자원이나 활동들을 외부로부터 끌어 들여 이러한 외부요소들을 결합하여 기업활동을 수행하는 것이다. 가상기업은 개별기업들이 그들의 기술과 자원을 결합하는 네트워크로서 각 기업들은 각각의 핵심적인 능력을 기여한다. 가상기업의 논리는 아웃소싱 · 프랜차이징으로써 외부자원들을 결합시켜 효율성의 범위를 여러 기업들간의 네트워크의 효율성으로 확장시키는 것이다. 이렇게 하여 기업들간의 "윈 - 윈" 관계를 추구한다.

정보통신기술로 연결된 가상기업은 여러 개별기업의 결합으로 이루어졌음에도 불구하고, 고객에게는 하나의 단일기업으로 인식된다. 미국의 꽃배달업체인 C&C(Calyx & Corolla)사의 경우를 보자. 이 회사는 각지의 화훼농장과 꽃공급계약을 맺고, 고객에의 배송은 페더럴익스프레스(Federal Express)사와 계약하여 미국전역으로 꽃배달서비스를 하고 있다. 고객으로부터의 주문은 바로 각 화훼농장에 보내지고, 각 농장은 주문대로 꽃을 포장하여 페더럴익스프레스사로 의뢰한다. C&C가 하는 일은 고객에게 카타로그를 발송하고, 샌프란시스코 본사에서 꽃배달주문을 접수받아 농장에 주문을 넣는 일이다. 화훼농장 · 페더럴익스프레스가 전자매체로 연결된 가상기업으로서 종래의 전통적인 단일조직과 다름없이 고객에게 물건을 공급하는 형태를 구축한 것이다(Lucas, 1996 : 34).

가상기업의 큰 이점은 각지에 흩어져 있는 소수의 프리랜서인력을 활용하여 바로 서비스를 시작할 수 있다는 점이다. 가상기업의 이러한 이점은 유연한 인력을 근간으로 하는 지식집약적인 서비스사업에서 가장 두드러진다. 예를 들어 유수의 컨설팅업체는 각 전문분야별로 수십 명의 전문인력을 상주시키고 컨설팅에 따르는 대부분의 인적 · 물리적 자원을 자체조달하여 왔다. 그러나 지금은 소수의 전문인력만으로 지역적으로 분산되어 있는 외부조직이나 인력, 자원을 활용하여 풀스케일의 컨설팅서비스를 제공하는 것이다(David Vine, 1997).

2) 분 권 화

가상기업화와 관련한 가장 핵심적인 흐름은 집권화된 위계제로부터 분권화된 구조로의 변화이다. 가상기업의 목표가 조직유연성과 신속성의 확보인 까닭에 이러한 조직은 인적 · 기술적 능력에 크게 의존하게 된다. 정보통신기술이 기본적으로 정보를 축적하고 공유하는 데 기여를 하나 궁극적인 판단과 의사결정은 사람이 하게 된다. 정보의 공유 및 의사결정에 의거하면서 가상기업은 보다 분권화된 방향으로 나가게 된다. 의사결정권은 의사결정에 필요한 정보와 지식을 갖고 있는 조직의 말단에 부여된다. 지식기반이 급속히 확대되면서 관리자가 이러한 지식의 빠른 변화속도에 발빠르게 쫓아간다는 것이 실질적으로 불가능해지고, 결국 문제상황에 가장 가까이 있는 업무당사자의 의사결정과 판단에 의존할 수밖에 없는 것이다. 이런 점은 가상기업에서 분명한 권력이동으로 경험된다.

기업간 관계가 전자정보통신에 의존하면서 기존의 그러한 관계나 거래를 중개하던 중간관리층도 축소된다(Yogesh Malhotra, 1997). 과제가 외부로 아웃소싱되면서 그러한 과제를 수행하던 중간관리층의 규모가 크게 축소되는 것이다. 결과적으로 가상기업에서는 하위직의 권한이 강화되게 된다. 정보화된 조직에서 담당하위직원은 과제를 수행하기 위해 필요로 하는 정보에 접근하고, 또한 그러한 정보를 직접 다룰 수 있다는 점에서 이전보다 실질적인 권한을 갖게 된다. 나아가 조정기제의 정보화로써 통제범위가 확대되고, 이에 따라 조직구조는 보다 수평적으로 되고, 하위직의 자기재량권한이 크게 확대된다. 따라서 가상기업의 조직특성은 분권화된 의사결정능력이 증대되고, 현장중심의 결정이 이루어진다는 점이다.

3) 팀 체 제

위계구조가 해체되고 의사결정의 완전한 분권화가 이루어지게 되면 기업의 각 하위부서들은 독자적인 결정단위가 되게 되고, 나아가 법적으로도 개별단위로 독립되게 된다. 이러한 방향으로 나가는 기업조직에 있어서의 걸림돌은 바로 조직 그 자체이다. 공식구조가 해체되고, 기능이나 부서가 아닌 프로젝트가 작업의 단위가 되는 것이다(Polly Labarre, 1997). 따라서 가상기업의 조직구조상의 또 하나의 특성은 팀체제이다. 즉 조직내 기능적, 그리고 기업간의 경계를 넘나드는 팀이 주축을 이룬다. 팀중심의 이러한 변화는 무엇보다도 역동적으로 변화하고 있는 기업환경에서 공식적인 조직구조가 적합하지 않다는 사고에 토대한다. 변화하는 환경에 탄력적으로 적응하는 구성원과 구조가 필요하다는 것이다.

팀은 공식적으로 조직되기도 하고, 비공식적일 수도 있으며, 단지 느슨한 네트워크로 구성되기도 한다. 팀은 부서들간의 커뮤니케이션과 협조체제를 막는 공식적 제약을 극복할 수 있게 해 준다. 사전에 규정된 절차보다는 상황의 역동성에 따라 그때그때의 효과적인 방법을 추구한다. 팀은 기본적으로 유동적으로 상황에 따라 신속하게 반응할 수 있다(Marvin Manheim, 1997).

요컨대 가상기업은 혁신성, 탄력성, 그리고 자기관리성의 특성을 갖는다. 가상기업에서의 자원성의 논리는 특정능력의 소지나 또는 공급확보가능성에 토대한다기보다는 그때그때 환경의 역동성에 따라 기업네트워크를 재구성하고 재구조화할 수 있는 능력에 있다. 이러한 것은 파트너의 선정과 가상화의 과정에 대한 적절한 통제능력을 요한다.

5. 가상기업에서의 조직통제와 신뢰

가상기업의 관리문제는 조직내적 및 조직간 관계라는 이중의 측면에서 접근된다. 가상기업의 각 단위조직이 내부적으로 행하는 조직관리라는 문제와 단위기업들간의 관리라는 문제이다. 우선 기업내적 관리와 관련한 부분은 물리적으로 부재하고 수평적으로 분권화된 조직을 어떻게 효과적으로 통제할 것인가 하는 문제이다. 지금까지의 조직관리는 사람에 대한 직접적인 통제와 감독에 기반하였다. 그러나 기존의 기업의 물리적 기반이 와해되면서 기업에서의 관리라는 문제에도 근본적인 변화가 요구되게 되었다. 가상기업의 이점과 융통성을 향유하기 위해서는 지금까지의 통제에 기반한 조직관리와는 근본적으로 다른 조직관리가 요구된다. 물리적인 로커스가 부재한 만큼 가상기업에서는 대면적이고 직접적인 감독이란 불가능하다.

이러한 점을 고려했을 때 근본적인 질문은 감독이나 통제 그 자체의 문제가 아니라, 이러한 것이 가상기업에 핵심적인가 하는 점이다(Malhotra, 1997). 오히려 가상기업의 핵심적 문제는 최고의 적응성과 유연성의 확보에 있다. 이러한 점에서 가상기업의 관리상의 중점은 각 구성원의 권한을 강화하고 자기통제능력을 제고하는 것이다. 구성원에게 보다 많은 책임과 권한을 부여하여 구성원 각자의 판단능력의 개발이 강조된다. 직접적인 감독이 불가능하기 때문에 업무규정과 실행에 관한 구체적인 사항은 구성원 각자에게 주어진다. 이러한 상황에서 가상기업의 중요한 요건은 구성원들 간의 신뢰이다. 여기에서 신뢰의 의미는 단지 속이지 않고 정직하게 수행한다는 것뿐 아니라, 타인의 통제나 감독 없이 일을 차질 없이 수행해 낼 수 있는 능력까지 포함한다(Charles Handy, 1995). 이것이 보장되지 못하면 다시 또 전통적인 의미의 통제와 감독이 요구되게 되고, 가상기업의 조직논리는 와해되게 된다.

따라서 가상기업에서의 새로운 조직문화는 반드시 신뢰를 창출해 낼 수 있어야 한다. 정보와 지식의 공유를 통해 관심과 정보의 자발적인 공유기반이 확대되고, 상호간의 신뢰 · 가치관 · 세계관의 공유가 이루어져야 하는 것이다. 의사소통의 채널을 개방하여 조직내 모든 관련사안들이 자유자재로 소통되도록 하고, 동시에 조직가치에 대한 다양한 의사교환이 가능하도록 함으로써 조직가치를 강화시켜 전통적인 의미에서의 감독이나 통제가 더 이상 필요하지 않는 조직분위기를 창출해 내는 것이다. 이것은 사전에 정해진 작업절차나 목표로써 구성원들이나 그의 행동을 통제하고자 하는 전통적 감독방식보다는 다양한 의미와 정보창출을 할 수 있는 인간공동체로의 근본적인 변화를 의미한다. 이 과정에서 정보통신기술은 단지 의사소통의 수단으로서가 아닌 공동체로 인도하는 길인 것이다. 이런 점에서 가상기업에서의 통제는 관료적 통제가 아닌 클랜방식의 통제가 될 필요가 있다(Malhotra, 1997).

기업간 관리에서도 중요한 것은 상호신뢰의 문제로 귀결된다. 우찌(Brian Uzzi, 1996)는 기업들간의 "배태적"(embedded) 네트워크관계와 시장논리의 관계를 비교하면서, 네트워크관계가 신뢰와 상호지지의 관계에 토대하고 있음을 강조하였다. 이러한 신뢰관계에서는 기업간에 전략이나 민감한 노하우 등의 보다 정밀한 정보교환이 가능하여 기업간 기능과 활동을 긴밀하게 조정할 수 있게 된다. 따라서 네트워크내 기업들간의 공동작업이 원활하게 이루지고 기업의 거래효율성이 크게 증대되며 환경에 대한 적응력도 높아지게 된다. 우찌는 기존의 시장관계에 토대한 관계보다는 이러한 상호신뢰에 의한 네트워크관계가 앞으로의 조직환경에서 생존할 가능성이 훨씬 높다고 보았다(Scott, 1988 : 276). 따라서 가상기업의 조직간 네트워크는 기본적으로 파트너관계이다. 즉 기업간관계는 신뢰에 바탕을 둔다는 것이다. 상호간의 신뢰를 바탕으로 기존에 관계했던 조직들이 반복적으로 새로운 가상기업을 창출해 내는 것이다. 서로 신뢰할 만한 기업들간에 새로운 사업기회에의 동참을 위한 지속적인 관계가 이루어지면서 가상기업이 확장되게 된다.

가상기업으로의 진행은 기업활동의 불확실성과 복잡성을 여러 기업들에게 분산시킴으로써 전체로서의 유연성을 확보하는 것이다. 수직적 통합에 내재한 구조상의 경직성을 줄이고 새로운 시장의 진출 등에서 지역적으로 분산된 노하우와 지식의 접목을 꾀하는 것이다. 네이스빗(John Naisbitt, 1982)은 정보사회의 하이테크는 하이터치에 의한 균형이 필요하다고 주장하였다. 그리하여 가상기업에는 기술기반의 구축뿐 아니라 상호신뢰와 비구조화된 권위를 위한 조직문화적 기반의 구축이 절대적이다.

제19장
조직과 사회

현대사회에서 조직은 수많은 일을 한다. 사회에서 사람이 살아가는 데 필요로 하는 온갖 재화와 서비스를 제공하고, 또한 사람이 살아가는 삶의 의미도 제공해 주는 것이다. 사실 조직이 없다면 사회는 암흑과 같을 것이며, 사람들의 생활은 매우 고통스러워 질 것이다. 그만큼 조직은 현대사회를 살아가는 사람들에게 없어서는 안 될 필수적인 부분이 된 것이다. 그러나 모든 것에는 긍정적인 측면만 있는 것은 아니다. 긍정적인 것이 있는 반면에 부정적인 측면도 있다. 조직은 그 자체가 개인과 마찬가지로 사회의 구성원이면서 동시에 그 속에 구성원으로서의 개인을 포함한다. 본 장에서는 현대사회에서 조직에서 야기되는 문제들을 조직구성원의 삶과 조직, 일반사회 그리고 개인과의 관계라는 측면에서 살펴보기로 하겠다.

1. 조직과 구성원

근대사회가 전개되면서 거대조직화하는 사회 흐름에 대한 가장 고전적인 진단은 자본주의사회에 대한 마르크스(Karl Marx)의 비판과 현대관료제의 등장에 따른 인간합리성의 쇠퇴라는 베버(Max Weber)의 문제의식이다. 이들 이전에도 산업사회의 태동과 함께 노동분업 등 과거와는 전연 다른 새로운 생산방식이 확산되면서 이러한 흐름이 노동자 개인의 삶에 미치는 부정적인 영향이 인식되었다. 고전주의 자유방임론자였던 아담 스미스까지도 국가가 관심을 기울여야 할 가장 중요한 부분으로 대규모 분업생산체제가 야기시키는 '노동자의 우둔화' 의 문제를 제기하였던 것이다.

1) 소 외

현대조직사회에서 조직이 조직구성원 개인의 인성이나 삶에 미치는 부정적인 한 단면으로 흔히 제기되는 것이 조직에서 개인이 경험하는 소외의 문제이다. 이러한 소외의 문제를 가장 강도 높게 제기한 이론가는 마르크스이다. 마르크스가 제기한 소외의 문제는 좁게는 자본주의생산체제에서 노동자의 생산물이 더 이상 노동자에게 속하지 않고 그에게 소외적 힘으로 되어버리는 과정이다. 베버는 마르크스가 제기한 노동자의 소외라는 문제를 근대사회의 합리화의 흐름에서 나타나는 몰인격화의 과정으로 일반화시켰다. 소외라는 문제는 비단 생산현장에 국한되는 것이 아닌 현대사회의 어디에서나 나타나는 현상인 것이다. 이와 관련하여 베버가 보다 근본적인 문제로 본 것은 현대사회의 관료적 과정에서의 공식적 합리성과 실질적 합리성간의 괴리라는 문제이다. 그는 관료제화가 추구하는 공식적 합리성은 개인의 실질적 합리성의 급속한 쇠퇴라는 대가를 딛고 얻어진다고 보았다. 기계와 같이 몰인격화되고 일상화된 관료적 과정에서 인간본유의 자주적이고 창조적이며, 나아가 영웅적인 요소들은 쇠퇴되고, 인간은 관료제라는 쇠우리 속에 갇힌 존재가 되는 것이다.

소외에 대한 연구는 대략 두 갈래로 전개되어 왔다. 하나는 개인이 경험하고 느끼는 소외에 대한 사회심리학적 분석이고, 다른 하나는 소외를 야기시키는 현대사회의 객관적 사회구조에 대한 비판적 고찰이다. 미국을 중심으로 이루어진 연구가 주로 전자의 흐름을 대표한다면, 독일 비판이론가 등을 중심으로 한 현대사회비판은 주로 후자의 흐름을 대표한다.

시이맨(Melvin Seeman, 1975)은 소외를 단일차원의 개념이 아닌 다차원적인 개념으로 보았다. 즉 우리가 통상 소외라고 하는 상태는 무력감 · 무의미 · 무규범 · 자기소외, 그리고 사회적 고립을 포함하는 것이다. 블라우너(Robert Blauner, 1964)는 노동자의 소외를 생산기술의 유형과 관련시켜 접근하였다. 그는 노동자들의 소외가 수공업단계에서 자동조립생산단계까지는 증가를 보이다가 자동연속공정생산단계에서는 오히려 감소하는 역U자형이라는 것을 제시하였다(유홍준, 1993 : 158). 구성원들의 심리상태로서의 소외에 대한 연구들은 주로 조직구성원의 직무만족도 · 작업헌신도 등의 사회심리적 상태와 이직 · 결근율 등의 행태적 자료의 분석을 통해 이러한 문제에 접근하였다. 이와 함께 구성원들이 주관적으로 느끼는 사회심리적 측면보다는 일을 둘러싼 객관적 조건으로서의 조직구조의 측면에서의 소외에 대한 분석이 이루어지기도 하였다. 이 경우에는 개인의 주관적인 의식보다는 객관적 조직구조가 중요하게 다루어지고 있다(Israel, 1971 ; Scott, 1998 : 323).

조직생활에 대한 여러 연구들은 작업장에서의 노동자의 만족도는 일 자체의 내재적 가치, 통제의 정도, 경제적 보상과 안정의 수준, 사회적 상호작용의 기회 등에 의해 크게 영향받는다는 것을 보여 주고 있다(Scott, 1998 : 324). 노동자들을 대상으로 이루어진 연구들은 노동자들의 주관적인 소외의식과 관련하여는 일관성 있는 결론을 내리지 못하고 있다. 그러나 많은 연구들은 조직이 개인구성원에게 미치는 영향이 단순히 조직 내에 국한되는 것이 아니라, 구성원의 조직 밖에서의 개인생활에까지 영향을 미친다는 점을 밝혀 내고 있다. 예를 들어 조직으로부터 받는 제약이나 스트레스가 클수록 개인은 기타의 여가활동이나 지역사회활동 또는 정치적 활동에의 참여 정도가 저조한 경향이 있다(Scott, 1998 : 324). 이런 관찰은 '조직생활과 개인생활의 분리' 가 베버 등의 합리적 고전조직이론가들이 강조했듯이 현실에서 그렇게 완벽하지 않다는 것을 시사한다.

조직이 소외의 원천이라는 문제의식의 이면에는 조직생활 그 자체가 구성원들에게 본질적인 삶의 의미를 제공해 주어야 한다는 기대가 깔려 있다. 특히 마르크스주의 이론가들의 조직비판에는 이러한 당위성이 분명하게 자리잡고 있는 것이다. 그러나 이 문제에 대하여는 오히려 다른 입장도 개진되고 있다. 즉 직업으로서의 개인의 조직생활의 도구적 측면을 그대로 인정하는 것이다. 조직생활을 도구로서 받아들이는 사고는 개인의 내재적인 삶의 의미는 결국 조직 밖의 사적 영역에서 추구될 수밖에 없다는 현실을 받아들이는 것이다(Drucker, 1969 ; Gorz, 1982).[1)]

2) 조직권위에의 복종

조직의 논리는 집합적 목표달성을 위한 개인활동의 일사분란한 조정과 통합이다. 이러한 조직의 논리로부터 조직구성원으로서의 개인의 조직에 대한 복종이 요구되게 된다. 머튼(Robert Merton, 1957)은 작업수행의 예측성과 정확성을 증대시키기 위한 관료적 고안으로서의 공식규정이나 절차 · 훈련 · 위계 등이 구성원의 과잉동조를 초래하고, 이들의 소심성 · 보수성을 야기시킨다고 보았다. 이것이 머튼이 제기한 관료적

---

1) 이러한 맥락에서 고츠(Gorz,1982)는 현대사회에서의 노동의 문제를 노동소외의 문제보다는 노동자의 노동시간 외 개인생활을 위한 자유시간의 확보라는 측면에서 접근하고 있다.

의례주의로서 수단과 목표의 전도(goal displacement)의 한 양상이다. 머튼은 의례주의에 빠져 목표와 수단이 전도되게 되면 본질적인 조직목표의 합리성을 잃게 된다고 보았으며, 이러한 것을 현대사회의 대표적인 일탈적 측면으로 부각시켰다.

조직권위에의 과잉동조가 갖는 사회병리적 측면을 일깨운 중요한 연구는 밀그램(Stanley Milgram, 1973)의 연구이다. 밀그램은 현대사회에서의 조직권위에 대한 맹종이라는 문제를 보여 주는 연구결과를 제시하였다(Scott, 1998 : 331-332). 이 연구의 내용을 보면 다음과 같다.

연구자는 일련의 학습을 시키는 과정에서 학생이 틀릴 때마다 벌로써 전기충격을 가하도록 (피험자인) 조교에게 지시한다. 충격의 강도는 단계적으로 높아지게 되어 있으며, 상당한 고통의 수준까지 높일 수 있다. 여기에서 학생은 연구자와 공모관계이며, 전기충격장치는 실제로는 가짜이다. 이 실험에서의 실제 피험자인 조교만이 이 장치가 실제로 작동되는 것으로 믿고 있다. 이 실험에는 예일대학의 학부생 · 대학원생 · 교수로부터 노동자 등의 다양한 사람들이 피험자인 조교로서 참여했는데, 여기에서 나타난 실험결과는 매우 충격적이었다. 사람들의 60% 이상이 연구자의 지시에 따라 위험수위가 넘는 수준까지 충격을 가하였던 것이다. 밀그램은 실험상황을 보다 세밀화시켜 시행한 결과 벌을 실행하는 구체적 행동이나 상황으로부터 거리가 있을수록 지시에 따르는 정도가 높은 것을 볼 수 있었다. 즉 전기충격레바를 조작하도록 지시받은 피험자가 그 명령에 응하는 정도는 학생의 손을 직접 전기충격판에 올려놓도록 지시받은 피험자가 명령에 응하는 정도보다 높았다. 그러나 각자 스스로 판단해서 집행하도록 했을 때는 피험자의 대부분이 매우 낮은 수준의 전기충격만을 가하였다.

실험이라는 폐쇄적 상황에서 나온 것이긴 하지만, 이 연구는 공식적 권위에 대한 개인의 맹목적인 복종의 한 단면을 보여 주고 있다. 이러한 결과에 대하여 밀그램은 조직구성원으로서의 개인은 그것이 초래할 결과에 대하여 개인적인 책임의식이 없이 권위에 대하여 맹목적으로 복종하는 경향이 있기 때문이라고 설명하였다. 특히 구체적인 실행으로부터 떨어져 있을수록 순응의 정도가 높아졌다는 것은 개인이 전체행위의 집행과정에서 단지 매개적인 위치를 차지할 때, 이러한 행위에 대한 개인의 판단이나 책임의식이 더욱 약해진다는 것을 시사한다. 즉 '위로부터의 지시를 수행할 뿐이라' 는 것으로서 자신의 행위에 대한 개인적인 판단이나 책임의식이 별로 없는 것이다.

여기에서 주목할 부분은 현대거대조직에서의 대다수 구성원 개개인이 하는 일은 바로 전체과정의 실행결과에의 책임이 전제되지 않은 매우 단편적이고도 매개적이라는 점이다. 밀그램은 바로 이 점이 현대의 복합조직사회에서의 매우 위험스러운 부분이라고 보았다. 조직에서는 특정의 행동이 일련의 연결된 행위들로 구성되고, 여기에서 각 개인은 전체조직활동에 대한 이해가 없이 단지 부분적인 역할만을 수행하게 된다. 조직에 내장된 이러한 메커니즘에 의해 조직에 의해 초래된 어떤 결과에 대하여도 어느 누구도 개인적으로는 아무런 책임의식을 갖지 않게 되는 것이다.

오히려 개인으로서는 조직의 명령체계를 거부하게 되면 더 큰 문제를 안게 된다. 명령체계를 따르지 않아 문제가 발생하게 되면 개인의 귀책사유가 되기 때문에 맹종은 조직에서의 개인이 취하는 합리적인 행동양식이 될 수밖에 없는 것이다. 특히 불확실한 상황에서 이러한 조직권위에의 맹종에의 압력은 더욱 커지는 경향이 있다. 사람들은 불확실한 상황에서 기존의 절차와 방식을 그대로 답습하고, 위로부터의 명령에 그대로 순응함으로써 자신에게 돌아올 수 있는 문제여지를 피하고자 하는 것이다. 현대사회의 복합체계로서의 조직은 개인에게 상당한 불확실성과 불안정성을 부과하게 된다. 이러한 복합조직내에서 조직권위에의 무비판적 복종은 개인이 자신을 보호하는 전형적인 행동양식으로 기능한다. 특히 구성원의 권위에 대한 불복이 거의 허용되지 않는 억압적인 체제에서는 개인적으로는 생각지도 못할 행동을 단지 위로부터의 지시라는 이유만으로 하게 된다. 바로 이러한 점이 나치의 유태인 대학살을 가능케 했던 조직의 힘이다.

머튼이 제기했던 과잉동조의 의례주의 또는 밀그램의 조직권위에의 맹종은 현대조직사회에서 개인이 어떠한 합리적인 개인적 판단을 유보한 채 조직의 논리에 무비판적으로 동조하는 '조직인'의 적나라한 모습을 확인시켜 주는 것이다. 이러한 것은 베버가 우려했던 조직이 추구하는 형식적 합리성에 의해 개인의 실질적 합리성의 매몰이라는 것과 맥락을 같이 한다.[2)]

이러한 과잉동조의 문제는 사회에서의 조직에 의한 범죄의 증가와 무관하지 않다. 현대사회에서 개인이 조직의 구성원으로서 조직의 필요에 따라 조직의 대행자로서 부정과 불법을 저지르는 경우는 무수히 많다. 조직형 대형사건이나 비리에 연루된 사람들 중에는 개인적인 이익을 위해 불법을 자행한 사람들도 있지만, 많은 경우 그가 속한 조직의 명령에 따라 아무 의식없이 그러한 행동을 하는 것이다. 더군다나 현대사

---

2) 일반적으로 조직에의 참여가 개인의 과잉동조 내지는 경직성을 야기한다고 주장된다. 그러나 이에 대한 실증적 연구는 오히려 그 반대의 관계도 보여 주고 있다. 즉 조직에의 참여는 새로운 아이디어에 대한 개인의 유연성과 개방성을 증대시킨다는 주장이다(Inkeles, 1969 ; Scott, 1998 : 329-330).

회에서 조직에 의한 폭력이나 범죄, 부정행위는 그 미치는 영향이나 파급에 있어서 개인과는 비교할 수 없을 정도로 큰 것이다.

2. 조직과 일반시민

조직이 사회에 대해 미치는 또 다른 측면의 문제는 조직이 사회에서 차지하는 독립적인 행위주체라는 데서 비롯된다. 현대사회에서 조직은 특정이익을 추구하는 주체로서 이러한 조직의 이익은 경우에 따라서는 개인의 이해관계와 직접적으로 부딪히게 된다.

현대사회에서 조직이 강력한 행위주체로 등장하면서 조직과 개인간의 관계는 점점 전자에게 더 많은 사회적 영향력이나 권력이 집중되는 양상으로 나가고 있다. 이것이 콜맨(James Coleman, 1974)이 제기한 조직과 개인간의 비대칭화의 흐름이다. 이러한 문제는 마르크스가 제기했던 개인(노동자)으로부터 탈취된 권력이 다른 개인(자본가)에게로의 귀속이라는 문제가 현대사회에 들어와 개인으로부터 탈취되어진 권력이 조직들에게 귀속되는 현실로 대치되고 있다는 것을 의미한다. 조직이 강력한 행위자로서 그 영향력이 확대되면서 사회 전체의 운영과정에서 개인의 이해가 충실히 반영되지 못하게 되는 것이다. 즉, 조직이 주도하는 현대사회에서 개인의 이익은 상대적으로 무시되는 경향이 점점 커지고 있는 것이다. 관료제에서의 권력의 독점, 올손(Mancur Olson, 1982)의 분배적 연합의 개념, 허시만(Albert Hirschman, 1970)의 독점조직의 나태를 중심으로 이러한 문제의 일면을 살펴보기로 하자.

1) 국민으로부터 관료제로의 권력이동

현대민주국가에서 갖는 정부조직의 당위성은 공익성이다. 그러나 현대정부조직과 이것이 대표하고 봉사하고자 하는 일반시민의 이익간에는 흔히 괴리가 있게 된다. 정부조직의 주인은 국민이지만 실제 이들 조직들은 시민의 권익을 대표하고, 이들의 이익에 봉사하는 공복으로서가 아니라 그 스스로 국민 위에 존재하는 특권집단화하는 경향이 나타나고 있다. 이러한 정부조직과의 관계에서 국민은 스스로 '통치의 능동적 주체'가 아닌 '통치되는 수동적 객체'화하고 있는 것이다. 전체사회적으로 보았을 때 정부조직은 '수단'이지만, 그 자체가 목적이 되어 국민 위에 군림하는 경향이 나타난다. 이에 따라 정부조직의 일반국민에 대한 공익적 봉사라는 부분은 크게 퇴색하게 된다. 예를 들어 의정활동이나 국정운영 등에서 각 정당이나 관료집단들이, 시급한 민생현안이나 이익은 제쳐 둔 채 자신들의 이해관계에만 매달려 정쟁을 벌이는 경우를 보자. 이러한 현상은 비단 정부조직뿐 아니라 대규모조직에서 흔히 나타나는 권력의 독점이라는 현상의 한 일면이다.

2) 분배적 연합으로서의 조직

올손(Mancur Olson, 1965)은 현대사회에서 조직화되지 못한 조용한 다수로서의 시민의 이익은 조직화된 소수의 이익에 밀려 무시되는 경향이 있다고 주장하였다. 즉 개인과 조직과의 비대칭성이라는 문제이다. 한편으로는 분산된 일반시민 개인의 이익과 다른 한편으로는 사회내 다양한 압력단체의 이익간의 경쟁에서 다수 일반시민의 이익은 무시되고 후자의 이익이 일방적으로 관철되는 것이다. 따라서 여러 사회 제반정책들이 다수 일반시민의 이익보다는 거대기업이나 상대적으로 특정소수의 이익을 대변하는 사회압력집단의 편익위주로 흐르게 된다.

나아가 올손은 현대사회에서 거대압력단체들이 야기하는 사회의 전반적인 효율성의 저하라는 문제를 제기하였다(Olson, 1982). 경제단체 · 노조 · 전문단체 등 기타 이익단체들은 회원들에게 두 가지 방식으로 혜택을 제공할 수 있다. 하나는 회원 각자가 효율적으로 활동할 수 있는 제반제도적 기반을 마련하여 회원들 전체의 효율성을 높여 회원 각자의 이익을 증대시키고 사회 전체의 효율성을 증대시키는 것이다. 다른 하나는 회원들의 임금수준이나 서비스비용을 올리거나 기타 법적인 보호장치확대 등의 압력을 행사하여 전체 사회자원으로부터 회원들에게 돌아가는 혜택의 몫을 늘리는 것이다. 올손은 대부분의 단체들은 일반적으로 전자의 방법보다는 후자의 방법으로 회원들의 혜택을 증대시키고자 하는 분배적 연합이라고 주장하였다. 사회내에 이러한 분배적 연합이 증가하면서 사회의 전반적인 효율성을 무시한 조직화된 요구만 늘기 때문에 이러한 사회단체들은 사회적 효율성과 생산을 감소시키는 방향으로 작동하게 된다.[3)]

3) 이러한 논리를 적용하여 올손은 2차대전 이후의 일본이나 독일의 경제적 도약과 영국의 상대적 쇠퇴를 비교하고 있다. 영국에서는 노조 등의 이익단체들이 막강한 영향력을 행사하면서 영국경제에 동맥경화증을 야기했던 반면, 패전으로 기득집단들의 전반적인 조직활동기반이 약화되었던 일본이나 독일에서는 전체경제활동이 보다 효율적으로 수행될 수 있었다는 것이다.

이러한 올손의 주장은 사회에서의 특정압력단체들의 활동을 비판적으로 직시할 수 있는 논리를 제공하고 있다. 미국의 예를 보면 전체 GNP에서 차지하는 의료비는 계속 증가하고 있다. 여기에는 미국사회의 노령화라는 문제가 일차적인 요인이지만 다른 한편으로는 미국의사협회 같은 관련단체들이 지속적으로 강화해온 여러 제도적 장치 등의 방식으로 의료인력의 증가를 의도적으로 제한하여 희소성과 독점적 지위를 강화해 왔다는 것도 중요한 이유이다.

이와 비슷한 예로서 우리 나라에서도 법률인력이 외국에 비해 적정수준에 크게 밑돌고, 결과적으로 우리 사회에서의 법률서비스비용은 우리보다 잘 사는 미국 등의 국가와 비교했을 때도 상대적으로 높은 편이다. 그럼에도 불구하고 사법고시 정원을 늘려야 한다는 일반의 주장은 항상 법조계와 관련이익단체로부터 상당한 저항을 불러 일으키곤 하였다. 법률집단의 논리는 법조인을 양산하게 되면, 법조인력의 질적 수준이 하락하게 된다는 것이다. 그러나 법률서비스가 과연 지극히 제한된 소수에 의해서만 적절히 수행될 수 있는가 하는 문제는 상당한 논쟁의 여지가 있다. 마찬가지로 한약분쟁 · 의약분업 등 각 사회단체들간의 분쟁의 실상에는 제각각 허울좋은 명분과 이유들을 내걸지만, 실질적으로 회원들의 사회에서의 몫을 키우고자 하는 분배라는 문제에 맞닿아 있는 것이다.

3) 독점조직의 나태

현대사회를 살아가는 개인은 수많은 조직들이 제공하는 재화와 서비스의 직접적인 고객이다. 크게는 국가조직의 행정서비스에서부터 학교 등의 교육기관의 교육서비스, 일반기업의 재화나 서비스의 고객이다. 문제는 이들 조직으로부터 개인이 만족스러운 서비스를 제공받고 있는가 하는 것이다.

허시만(Albert Hirschman, 1970)은 현대사회에서의 독점조직의 나태라는 문제를 제기하였다. 많은 경우 조직은 만족스러운 서비스를 제공하지 않는다는 것이다. 조직서비스에 불만을 갖는 고객이 그 불만을 표시하는 데는 두 가지 방법이 있다. 하나는 탈퇴(exit)로서 기존 조직과의 관계를 끊고 더 나은 서비스를 제공해 줄 것으로 기대되는 다른 조직으로 옮겨가는 것이다. 이러한 방법은 일반적으로 기업과 고객들간의 관계에서 나타나며, 다른 대안이 가능한 경우이다. 두 번째의 방법인 의사표현(voice)은 불만족한 상황을 변화시키기 위해 적극적으로 불만의 소리를 내어 문제를 제기하는 것이다. 이것은 선거 · 청원 · 항의 · 소요 등의 정치적인 방식으로 주로 독점적인 상황에서 취해진다. 의사표현은 탈퇴에 비해 개인적으로 수고와 노력이 드는 것으로 대다수 고객 개개인들은 귀찮아 하여 별로 내켜 하지 않는 방식이다. 허시만은 고객의 조직에 대한 지지(loyalty)의 정도가 높을수록 고객은 간단히 탈퇴를 해버리기보다 소리를 내어 불만사항을 시정하고자 하는 의사표현의 방식을 취한다고 보았다. 조직은 고객으로부터 이러한 지지를 적절히 확보할 수 있어야만, 조직쇠퇴를 막을 수 있다.

그렇다면 고객의 탈퇴도 여의치 않고, 또한 의사표현도 별 효과가 없는 독점조직의 상황에서는 어떠한가. 이 경우 조직은 점점 나태해지고, 조직의 전반적인 서비스수준은 쇠퇴하게 된다. 비교적 다른 대안이 가능한 경쟁시장의 조건에서는 이러한 문제는 결국 시장원리에 의해 해결되지만, 문제는 그러한 대안적 서비스가 없는 공공조직의 경우이다. 예를 들어 학교행정의 획일성이나 체벌, 폭력, 학교시설이나 기타 교과과정 등등 학교에 대한 우리 학부모 대다수가 갖는 불만은 매우 크다. 그러나 다른 지역으로 이사를 가기 전에는 더 나은 다른 학교로 옮겨간다는 것은 여의치 않으며, 또한 전학해 보았자 대다수 학교가 거의 다 비슷한 현실이기 때문에 탈퇴라는 것은 별 의미가 없는 대안이다. 그렇다고 학교에 대해 적극적인 의사표현을 할 수 있는 학부모도 별로 없으며, 그렇게 하여 무언가 달라질 수 있다고 기대하는 학부모도 거의 없다. 결국 대다수 학부모들은 빨리 대학입시의 관문을 통과하여 자녀의 중고등학교 기간이 지나가기만을 기다리거나, 일부 돈 있는 가정에서는 자녀의 조기유학이라는 극단적인 탈퇴의 방법을 취하는 것이다.

정부기관을 비롯 대다수 공조직이 이러한 독점조직의 나태라는 문제를 안고 있다. 그럼에도 불구하고 이러한 문제에 대하여 개인적으로 어떻게 해 볼 수 있는 대안이 지극히 제한되어 있다는 것이다. 이 때문에 개인들은 또 다른 조직을 필요로 하게 된다. 참교육을 위한 학부모의 모임, 환경단체, 경실련, 기타 시민단체 등을 결성하여 이러한 문제에 조직적인 대응을 모색하는 것이다.

현대사회에서 우리 인간은 대부분 조직에서 태어나서 조직에서 일생을 보낸다. 현대사회의 모든 조직은 최소한의 공익성을 필요로 한다. 이것은 개인영리를 목적으로 한 기업조직에서부터 단순히 회원들의 취미생활을 위한 자발적 조직에 이르기까지 조직의 생존을 위해서는 사회로부터의 정당성을 확보하고 최소한의 공익성이 담보되어야 하는 것이다. 그렇기 때문에 우리는 조직의 부정적인 측면들에도 민감할 필요가 있다. 이러한 것은 궁극적으로 조직의 사회적 역할과 개인이 조직과 맺는 제반관계를 보다 바람직한 방향으로 설계하고, 또한 조직 속의 개인의 역할을 비롯한 조직의 사회적 영향을 개인의 삶에 바람직한 방향으로 이끌기 위한 것이다. 이를 위해서는 조직과 조직구성원들의 새로운 사고에의 유연성과 개방성이 요구된다.

참고문헌

〈국내문헌〉

김선봉. 조직행동론. 민영사. 1996.

김인수. 거시조직이론 : 조직설계를 중심으로. 무역경영사. 1999.

민병원 · 김창욱(편). 복잡계워크샵. 삼성경제연구소. 2006.

민 진. 조직관리론. 대영문화사. 1996.

삼성경제연구소(편). 복잡성 과학의 이해와 적용. 1997.

신유근. 조직행위론. 다산출판사. 1982.

양창삼. 조직행동론. 민영사. 1993.

오석홍. 조직이론. 박영사. 1985.

오석홍(편). 조직학의 주요이론. 경세원. 1991.

유영옥. 행정조직론. 학문사. 1997.

유홍준. 조직사회학. 경문사. 1993.

윤영수 · 채승병. 복잡계개론 : 세상을 움직이는 숨겨진 질서 읽기. 삼성경제연구소. 2005.

윤재풍. 조직학원론. 박영사. 1986.

이창순. 조직이론. 박영사. 1994.

이창원 · 최창현. 새 조직론. 대영문화사. 1996.

조석준. 조직학강의. 서울대학교출판부. 1993.

최창현. 조직사회학. 학문사. 1995.

최창현. "카오스 이론과 조직관리". 삼성경제연구소(편). 복잡성 과학의 이해와 적용, 1997: 190-227.

〈외국문헌〉

Abegglen, James C., *The Japanese Factory: Aspects of Its Social Organization*, Glencoe, Ill.: Free Press, 1958.

Aiken, Michael, and Jerald Hage. "Organizational Interdependence and

Intraorganizational Structure." *American Sociological Review*, 33(December 1968), pp. 912-929.

Aldrich, Howard E., "Technology and Organizational Structure: A Reexamination of the Findings of the Aston Group." *Administrative Science Quarterly*, 17(March 1972), pp. 26-43.

_____ . *Organizations and Environments*. Englewood Cliffs, N.J.: Prentice-Hall, 1979.

_____ . and Jeffrey Pfeffer. "Environments of Organizations." *Annual Review of Sociology*, 2(1976), pp. 79-105.

Allison, Graham T., *Essence of Decision : Explaining the Cuban Missile Crisis*. Boston : Little, Brown, 1971.

Barker, E., *The Development of Public Services in Western Europe*, 1660-1930. New York : Oxford University Press, 1944.

Barnard, Chester I., *The Functions of the Executive*. Cambridge, Mass. : Harvard University Press, 1938.

_____ . *Organization and Management*. Cambridge, Mass.: Harvard University Press, 1948.

Bell, Daniel. *Work and Its Discontents*. Boston, Mass. : Beacon Press, 1956.

Bennis, Warren G., "Leadership Theory and Administrative Behavior." *Administrative Science Quarterly*, 4(December 1959), pp. 259-301.

_____ . *Changing Organizations*. New York : McGraw-Hill, 1966.

Benson, J. Kenneth. "Organizations: A Dialectical View." *Administrative Science Quarterly*, 22(March 1977), pp. 1-21.

Berger, Peter L., and Thomas Luckmann. *The Social Construction of Reality*. New York : Doubleday, 1967.

Bertalanffy, Ludwig von. "General System Theory." *General Systems : Yearbook of the Society for the Advancement of General Systems Theory*, 1(1956), pp. 1-10.

Bidwell, Charles E., "The School as a Formal Organization." in *Handbook of Organizations*. James G. March(ed.). Chicago: Rand McNally, 1965, pp. 972-1022.

Blau, Peter M., *The Dynamics of Bureaucracy*. Chicago: University of Chicago Press, 1955(Rev. 1963).

_____ . "Formal Organization : Dimensions of Analysis." *American Journal of Sociology*, 63(July 1957), pp. 58-69.

_____ . "Structural Effects." *American Sociological Review*, 25(April 1960), pp. 178-193.

_____ . *The Exchange and Power in Social Life*. New York : Wiley, 1964.

_____ . "The Hierarchy of Authority in Organizations." *American Journal of Sociology*, 73(January 1968), pp. 453-467.

_____ . "A Formal Theory of Differentiation in Organizations." *American Sociological Review*, 35(April 1970), pp. 201-218.

Blau, Peter M., and W. Richard Scott. *Formal Organizations*. San Francisco: Chandler, 1962.

Blauner, Robert. "Work Satisfaction and Industrial Trends in Modern Society." in *Labor and Trade Unionism*, Walter Galenson and Seymour Martin Lipset(eds.). New York: John Wiley, 1960, pp. 339-360.

Boulding, Kenneth E., *The Organizational Revolution*. New York: Harper and Brothers, 1953.

_____ . "General Systems Theory-The Skeleton of Science." *Management Science*, 2(April 1956), pp. 197-208.

Braverman, Harry. *Labor and Monopoly Capital: The Degradation of Work in the Twentieth Century*. New York : Monthly Review Press, 1974.

Brusson, Nils. *The Irrational Organization : Irrationality as a Basis for Organizational Action and Change*. Chichester : John Wiley, 1985.

Burns, Tom, and George M. Stalker. *The Management of Innovation*. London : Tavistock Publications, 1961.

Burrell, Gibson, and Gareth Morgan. *Sociological Paradigms and Organisational Analysis*. London : Heinemann, 1980.

Cameron, Kim S., "The Effectiveness of ineffectiveness." B. M. Staw and

L. L. Cummings(ed.). *Research in Organizational Behavior.* Vol 6, Greenwich, Conn. : JAI Press, 1984.

_____ . and David A. Whetten. "Perceptions of Organizational Effectiveness over Organizational Life Cycles." *Administrative Science Quarterly*(Dec. 1981), pp. 525-544.

Campbell, Donald. "Variation and Selective Retention in Socio-Cultural Evolution." *General Systems : Yearbook of the Society for General Systems Research,* 16(1969), pp. 69-85.

Campbell, John P., "On the Nature of Organizational Effectiveness." in *New Perspectives on Organizational Effectiveness.* Paul S. Goodman, and Johannes M. Pennings(eds.). San Francisco: Jossey-Bass, 1977, pp. 13-55.

Carey, Alex. "The Hawthorne Studies: A Radical Criticism." *American Sociological Review,* 32(June 1967), pp. 403-416.

Chandler, Alfred D., JR., *Strategy and Structure: Chapters in the History of the American Industrial Enterprise.* Cambridge, Ma.: The M.I.T. Press, 1962.

_____ . *The Visible Hand.* Cambridge, Mass.: Harvard University Press, 1977.

_____ . *Scale and Scope: The Dynamics of Industrial Capitalism.* Cambridge, Mass.: The Belknap Press of Harvard University Press, 1990.

Child, John. "Organizational Structure, Environment and Performance: The Role of Strategic Choice." *Sociology,* 6(January 1972), pp. 1-22.

Clark, Burton R., *Adult Education in Transition.* Berkeley: University of California Press, 1956.

Clegg, Stewart. *Modern Organizations: Organization Stuudies in the Postmodern World.* London : Sage, 1990.

Clegg, Stewart, and David Dunkerley. *Organization, Class and Control.* London: Routledge & Kegan Paul, 1980.(김진균 · 허석렬(역). 조직사회학: 조직 · 계급 · 통제. 풀빛, 1987).

Cohen, Michael D., James G. March, and Johan P. Olsen. "A Garbage Can

Model of Organizational Choice." *Administrative Science Quarterly*, 17(March 1972), pp. 1-25.

Coleman, James S., *Power and the Structure of Society*. New York: W. W. Norton & Co., Inc., 1974.

Crozier, Michel. *The Bureaucratic Phenomenon*. Chicago: University of Chicago Press, 1964.

Cyert, Richard M., and James G. March. *A Behavioral Theory of the Firm*. Englewood Cliffs, N.J.: Prentice-Hall, 1963.

Daft, Richard L. *Essentials of Organization : Theory and Design*. South-Western College Publishing, 1998.

Dahl, Robert. "The Concept of Power." *Behavioral Science*, 2, 1957, 99. 201-215.

Dalton, Melville. "Conflicts Between Staff and Line Managerial Officers." *American Sociological Review*, 15(June 1950), pp. 342-351.

David Skyrme Associates. "The Virtual Corporation." http://www.skyrme.com/insights/2virtorg.htm, 1997.

David Skyrme Associates. "The Networked Organization." *Management Insight*, No. 1. http://www.skyme.com/insights/2virtorg.htm, 1997.

Deal, Terrence, and Allan Kennedy. *Corporate Cultures: the Rites and Rituals of Corporate Life*(삼성출판사 편집국 역. 강한 기업, 강한 문화). 1987.

Delany, William. "The Development and Decline of Patrimonial and Bureaucratic Administrations." *Administrative Science Quarterly*, 7(March 1963), pp. 458-501.

Dill, William R., "Environment as an Influence on Managerial Autonomy." *Administrative Science Quarterly*, 2(March 1958), pp. 409-443.

DiMaggio, Paul J., and Walter W. Powell. "The Iron Cage Revisited: Institutional Isomorphism and Collective Rationality in Organizational Fields." *American Sociological Review*, 48(April 1983), pp. 147-160.

Dore, Ronald. *British Factory-Japanese Factory*. Berkeley: University of California Press, 1973.

Downs, Anthony. *Inside Bureaucracy*. Boston: Little, Brown, 1967.

Dror, Yehezkel. *Public Policymaking reexamined*. San Francisco : Chandler, 1968.

Drucker, Peter. *The Age of Discontinuity*. London : Heinemann, 1969.

Duncan, Robert B., "Characteristics of Organizational Environments and Perceived Environmental Uncertainty." *Administrative Science Quarterly*, 17(1972), pp. 313-327.

Edwards, Richard. *Contested Terrain: The Transformation of the Workplace in the Twentieth Century*. New York: Basic Books, 1979.

Emery, F. E., and E. L. Trist. "The Causal Texture of Organizational Environments." *Human Relations*, 18(February 1965), pp. 21-32.

Emerson, Richard M., "Power-Dependence Relations." *American Sociological Review*, 27(February 1962), pp. 31-40.

Etzioni, Amitai. *A Comparative Analysis of Complex Organizations*. New York: Free Press of Glencoe, 1961.

_____. *Modern Organizations*. Englewood Cliffs, N.J. : Prentice-Hall, 1964.

_____. and Edward W. Lehman(eds.). *A Sociological Reader on Complex Organizations*. 3rd ed., New York : Holt, Rinehart and Winston, 1980.

Evan, William M., "The Organization Set: Toward a Theory of Interorganizational Relations." in *Approaches to Organizational Design*. James D. Thompson(ed.). Pittsburgh: University of Pittsburgh Press, 1966, pp. 173-188.

Fayol, Henri. *General and Industrial Management*. Trans. by Constance Stours. London: Pitman, 1949(First published in 1919).

Fiedler, F. E. A *Theory of Leadership*. New York : McGrawhill, 1967.

Flax, Jane., "Postmodernism and Gender Relations in Feminist Theory." *Signs: Journal of Women in Culture and Society*, Vol 12, No. 4(1987), pp.621-643.

Fredrickson, James. "The Strategic Decision Process and Organizational Structure." *Academy of Management Review*. April 1986.

Freeman, John H., and Michael T. Hannan. "Growth and Decline Processes in Organizations." *American Sociological Review*, 40(April 1975), pp. 215-228.

Galbraith, Jay. *Designing Complex Organizations*. Reading, Mass.: Addison-Wesley, 1973.

Giddens, Anthony. *The Consequences of Modernity*. Stanford University Press, 1990.

Goldner, Fred H., "The Division of Labor: Process and Power." *in Power in Organizations*. Mayer N. Zald(ed.). Nashville, Tenn.: Vanderbilt University Press, 1970, pp. 97-143.

Goodman, Paul S., and Johannes M. Pennings(eds.). *New Perspectives on Organizational Effectiveness*. San Francisco : Jossey-Bass, 1977.

Gorz, André. *Farewell to the Working Class*. London : Pluto, 1982.

Gouldner, Alvin W., *Patterns of Industrial Bureaucracy*. Glencoe, Ill.: Free Press, 1954.

_____. "Organizational Analysis." in *Sociology Today*. Robert K. Merton, Leonard Broom, and Leonard S. Cottrell, Jr.(eds.). New York: Basic Books, 1959, pp. 400-428.

Guetzkow, Harold. "Communications in Organizations." *in Handbook of Organizations*. James G. March(ed.). Chicago: Rand McNally, 1965, pp. 534-573.

Gulick, Luther, and L. Urwick(eds.). *Papers on the Science of Administration*. New York: Institute of Public Administration, Columbia University, 1937.

Haberstroh, Chadwick J., "Organization Design and Systems Analysis." in *Handbook of Organizations*. James G. March(ed.). Chicago: Rand McNally, 1965, pp. 1171-1211.

Hage, Jerald, and Michael Aiken. "Routine Technology, Social Structure, and Organization Goals." *Administrative Science Quarterly*, 14(September 1969), pp. 366-376.

Hall, A.D., and R.E. Fagen. "Definition of System." *General Systems: The Yearbook of the Society for the Advancement of General Systems Theory*, 1(1956), pp. 18-28.

Hall, Richard H., "The Concept of Bureaucracy : An Empirical Assessment." *American Journal of Sociology*, 69(July 1963), pp. 32-40.

_____ . "Some Organizational Considerations in the Professional Organizational Relationship." *Administrative Science Quarterly*, 12(December 1967), pp. 461-478.

_____ . "Professionalization and Bureaucratization." *American Sociological Review*, 33(February 1968), pp. 92-104.

_____ . *Organizations : Structure and Process*. 3rd ed., Englewood Cliffs, N.J.: Prentice-Hall, 1982(정우일 · 이왕재(역). 조직론: 구조와 과정. 대영문화사, 1986).

Hall, Richard H., and Charles R. Tittle. "Bureaucracy and Its Correlates." *American Journal of Sociology*, 72(November 1966), pp. 267-272.

Handy, Charles. "Trust and the Virtual Organization." *Harvard Business Review*. (May-June, 1995): pp. 40-51.

Harrison, Bennett. *Lean and Mean : The Changing Landscape of Corporate Power in the Age of Flexibility*. New York : Basic Books, 1994.

Hannan, Michael T., and John Freeman. "The Population Ecology of Organizations." *American Journal of Sociology*, 82(March 1977a), pp. 929-964.

_____ . "Obstacles to Comparative Studies." in P. Goodman and J. Pennings(ed.). *New Perspectives on Organizational Effectiveness*. San Francisco: Jossey-Bass, 1977b.

_____ . "Structural Inertia and Organizational Change." *American Sociological Review*, 49(April 1984), pp. 149-164.

Hatch, Mary Jo. *Organization Theory*. Oxford University Press, 1997.

Hellriegel, Don, J. Slan Jr., and R. Woodman. *Organizational Behavior*(8th ed). South-Western College Publishing. 1998.

Hickson, David J., C. R. Hinings, C. A. Lee, R. E. Schneck, and J. M. Pennings. "A Strategic Contingencies' Theory of Intraorganizational Power." *Administrative Science Quarterly*, 16(June 1971), pp. 216-229.

Hickson, David J., D. S. Pugh, and Diana C. Preysey. "Operations Technology and Organization Structure: An Empirical Reappraisal." *Administrative Science Quarterly*, 14(September 1969), pp. 378-397.

Hinings, C. R., D. J. Hickson, J. M. Pennings, and R. E. Schneck. "Structural Conditions of Intraorganizational Power." *Administrative Science Quarterly*, 19(March 1974), pp. 22-44.

Hirsch, Paul M., "Processing Fads and Fashions: An Organization-Set Analysis of Cultural Industry." *American Journal of Sociology*, 77 (1972), pp. 639-659.

Hirschman, Albert O., *Exit, Voice, and Loyalty*. Cambridge, Mass.: Harvard University Press, 1970.

Holdaway, Edward A., and Thomas A. Blowers. "Administrative Ratios and Organizational Size : A Longitudinal Examination." *American Sociological Review*, 36(April 1971), pp. 278-286.

Hofstede, Geert. *Culture's Consequences: International Differences in Wok-Related Values*. Beverley Hills, Ca.: Sage, 1984.

Hollander, Edwin P., and James W. Julian. "Comtemporary Trends in the Analysis of Leadership Processes." *Psychological Bulletin*, 71(May 1969), pp. 387-397.

Homans, George C., *The Human Group*. New York: Harcourt, 1950.

_____. *Social Behavior: Its Elementary Forms*. New York: Harcourt, Brace and World, 1961.

Hulin, Charles L., and Milton R. Blood. "Job Enlargement, Individual Differences, and Worker Responses." *Psychological Bulletin*, 69(January 1968), pp. 41-55.

Inkeles, Alex. "Making Men Modern : On the Causes and Consequences of

Individual Change in Six Developing Countries." *American Journal of Sociology*, 75(1969), pp. 208-225.

Israel, Joachim. *Alienation : From Marx to Modern Sociology*. Boston : Allyn & Bacon, 1971.

Jacobs, David. "Dependency and Vulnerability: An Exchange Approach to the Control of Organization." *Administrative Science Quarterly*, 19(March 1974), pp. 45-59.

Janis, Irving L., *Victims of Groupthink*. Boston : Houghton Miffin, 1972.

Labarre, Polly. "This Organization is Dis-Organization." http://www.fastcompany.com/03/oticon.html, 1997.

Johnson, Richard A., Fremont E. Kast, and James E. Rosenzweig. *The Theory and Management of Systems*. 2nd ed., New York: McGraw-Hill, 1967.

Jones, Gareth R. *Organization Theory:Texts and Cases(2nd ed)*. Addison-Wesley Publishing Company, 1998.

Kanter, Rosabeth Moss. *When Giants Learn to Dance : Mastering the Challenges of Strategy, Management and Careers in the 1990s*. New York : Simon & Schuster, 1989.

Kasarda, John D., "The Structural Implications of Social System Size: A Three-Level Analysis." *American Sociological Review*, 39(February 1974), pp. 19-28.

Katz, Daniel, and Robert L. Kahn. *The Social Psychology of Organizations*. New York: John Wiley, 1966.

Kaufman, Herbert. "Emerging Conflicts in the Doctrines of Public Administration." *American Political Science Review*, 50(December 1956), pp. 1057-1073.

_____ . "Administrative Decentralization and Political Power." *Public Administration Review*, 29(January-February 1969), pp. 3-15.

_____ . "The Natural History of Human Organizations." *Administration and*

Society, 7(August 1975), pp. 131-149.

———. *Are Government Organizations Immortal?* Washington, D.C.: Brookings Institution, 1976.

Kerr, Clark, John T. Dunlop, Frederick Harbison, and Charles A. Myers. *Industrialism and Industrial Man*. 2nd ed., New York: Oxford University Press, 1964.

Kimberly, John. "Organizational Size and the Structuralist Perspective: A Review, Critique and Proposal." *Administrative Science Quarterly*, 21(December 1976), pp. 571-597.

Kornhauser, William. *Scientists in Industry: Conflict and Accommodation*. Berkeley: University of California Press, 1962.

Krupp, Sherman. *Pattern in Organization Analysis*. Philadelphia: Chilton, 1961.

Lammers, Cornelis J., and David J. Hickson(eds.). *Organizations Alike and Unlike: International and Interinstitutional Studies in the Sociology of Organizations*. London: Routledge & Kegan Paul, 1979.

Lawrence, Paul R., and Jay W. Lorsch. *Organization and Environment : Managing Differentiation and Integration*. Boston : Harvard University, 1967.

Leavitt, Barbara and James G. March(1988). Organizational learning. *Annual Review of Sociology*, 14:319-40.

Levine, Sol, and Paul E. White. "Exchange as a Conceptual Framework for the Study of Interorganizational Relationships." *Administrative Science Quarterly*, 5(March 1961), pp. 583-601.

Lindblom, Charles E., *The Policy-Making Process*. Englewood Cliffs, N.J.: Prentice-Hall, 1968.

Lipset, Seymour Martin. *Political Man*. New York: Doubleday, 1960.

———. Martin A. Trow, and James S. Coleman. *Union Democracy*. Glencoe, Ill.: Free Press, 1956.

Litterer, Joseph A.(ed.). *Organizations: Structure and Behavior*. New York: John Wiley, 1963.

Lucas, Henry D., *The T-Form Organization*(최창현 · 강제상 역. 정보기술과 조직혁명. 한언, 1996).

McCarthy, John D., and Mayer N. Zald. "Resource Mobilization and Social Movements: A Partial Theory." *American Journal of Sociology*, 82(May 1977), pp. 1212-1241.

McKinsey & Company, Inc., "The Elements of the Future Workplace." http://www-isc.unisg/ess2602/utbanski.html.

McMaster, Michael D., "Organising for Innovation: Technology and Intelligent Capacities." http://www.brint. com/km/mcmaster/confer.htm, 1997.

McMillan, Charles J., David J. Hickson, Christopher R. Hinings, and Rodney E. Schneck. "The Structure of Work Organizations Across Societies." *Academy of Management Journal*, 16(December 1973), pp. 555-569.

Malhotra, Yogesh. "Virtual Corporations, Human Issues & Information Technology." http://www.brint.com/interview/astdint.htm, 1997.

Mansfield, Roger. "Bureaucracy and Centralization: An Examination of Organizational Structure." *Administrative Science Quarterly*, 18(December 1973), pp. 77-88.

Manheim, Marvin. "팀 업무지원체제를 통한 전세계 조직들의 통합." Harashim, Linda M.(ed). *Global Networks*(황승연 외 역. 글로벌네트워크. 전예원, 1997).

March, James G., "Bounded Rationality, Ambiguity, and the Engineering of Choice." *Bell Journal of Economics*, 9(Autumn 1978), pp. 587-608.

_____ . and Johan P. Olsen. *Ambiguity and Choice in Organizations*. Bergen, Norway: Universitetsforlaget, 1976.

_____ . and Herbert A. Simon. *Organizations*. New York: John Wiley, 1958.

Marglin, Stephen. "What Do Bosses Do? : The Origins and Functions of Hierarchy in Capitalist Production." *Review of Radical Political Economics*, 6(Summer 1974), pp. 60-112.

Maruyama, M. 1963. "The Second Cybernetics: Deviation Amplifying

Mutual Causal Processes." *American Scientist*, 51: 164-179.

Mayo, Elton. *The Social Problems of an Industrial Civilization*. Boston: Graduate School of Business Administration, Harvard University, 1945.

Merton, Robert K., *Social Theory and Social Structure*. 2nd ed., Glencoe, Ill.: Free Press, 1957.

Messinger, Sheldon L., "Organizational Transformation: A Case Study of a Declining Social Movement." *American Sociological Review*, 20(February 1955), pp. 3-10.

Meyer, John W., "The Effects of Education as an Institution." *American Journal of Sociology*, 83(July 1977), pp. 55-77.

_____ . "Strategies for Further Research: Varieties of Environmental Variation." in *Environments and Organizations*. Marshall W. Meyer(ed.). San Francisco: Jossey-Bass, 1978.

Meyer, John W., and Brian Rowan. "Institutionalized Organizations: Formal Structure as Myth and Ceremony." *American Journal of Sociology*, 83(September 1977), pp. 340-363.

_____ . "The Structure of Educational Organizations." in *Environments and Organizations*. Marshall W. Meyer(ed.). San Francisco: Jossey-Bass, 1978, pp. 78-109.

Meyer, John W., W. Richard Scott, and Terrence E. Deal. "Institutional and Technical Sources of Organizational Structure: Explaining the Structure of Educational Organizations." in *Organization and the Human Services: Cross-Disciplinary Reflections*. Herman Stein(ed.). Philadelphia : Temple University Press, 1981.

Meyer, Marshall W., "Size and the Structure of Organizations: A Causal Analysis." *American Sociological Review*, 37(August 1972), pp. 434-441.

_____ . "Organizational Structure as Signaling." *Pacific Sociological Review*, 22(October 1979), pp. 481-500.

Michels, Robert. *Political Parties*. Trans. by Eden and Cedar Paul. Glencoe, Ill.: Free Press, 1949(first published in 1915).

Milgram, Stanley. *Obedience to Authority*. New York: Harper & Row,

Pub., 1974.

Miller, E. J., and A. K. Rice. *Systems of Organization*. London: Tavistock, 1967.

Miller, James. "Toward a General Theory for the Behavioral Science." *American Psychologist*, 10(1955).

Miller, Riel. "The Internet in Twenty Years: Cyberspace, the Next Frontier?" http://www.oecd.org/sge/au/highlight.htm, 1997.

Miller, Danny, "The Structural and Environmental Correlates of Business Strategy," *Strategic Management Journal*, January-February 1987.

Miles, Raymond E. and Charles C. Snow, *Organizational Strategy, Structure, an Process*. New York : McGraw-Hill, 1978.

Miles, Raymond E. and Charles C. Snow, "Fit, Failure and the Hall, p.21 of Fame," *California Management Review*, Spring 1984.

Mintzberg, Henry. *Structure in Fives: Designing Effective Organizations*. Englewood Cliffs, N.J. : Prentice Hall, 1983.

Mohr, Lawrence B., "Organizational Technology and Organizational Structures." *Administrative Science Quarterly*, 16(December 1971), pp. 444-459.

Mooney, James D., "The Principles of Organization." in *Papers on the Science of Administration*, Luther Gulick, and L. Urwick(eds.). New York: Institute of Public Administration, Columbia University, 1937.

_____ and Allan C. Reiley. *The Principles of Organization*. New York: Harper, 1939.

Morgan, Gareth. *Images of Organization*. Beverly Hills, Ca.: Sage Publications, Inc., 1986(오세철 · 박상언 역. 조직사회학. 현상과 인식, 1989).

——— . *Images of Organizations* (2nd ed) Sage Publications, Inc, 2006.

Mouzelis, Nicos P., *Organization and Bureaucracy: An Analysis of Modern Theories*. Chicago: Aldine, 1968.

Naisbitt, John. *Megatrend*. New York: Warner Books, 1982.

Olson, Mancur, Jr., *The Logic of Collective Action.* Cambridge, Mass.: Harvard University Press, 1965.

_____ . *The Rise and Decline of Nations : Economic Growth, Stagflation, and Social Rigidities.* New Haven : Yale University Press, 1982.

Ouchi, William. "Markets, Bureaucracies, and Clans." *Administrative Science Quarterly,* 25(1980):129-41.

_____ . *Theory Z.* Reading, Mass.: Addison-Wesley Publishing Company, 1981.

Parsons, Talcott. *The Social System.* Glencoe, Ill.: Free Press, 1951.

_____ . *Structure and Process in Modern Societies.* Glencoe, Ill.: Free Press, 1960.

Pascale, Richard T., and Anthony G. Athos. *The Art of Japanese Management.* New York : Penguin Books, 1981.

Pennings, J., "Measures of Organization Structure: A Methodological Note." *American Journal of Sociology,* 79(November 1973), pp. 686-704.

Perrow, Charles. "The Analysis of Goals in Complex Organizations." *American Sociological Review,* 26(December 1961), pp. 854-866.

_____ . "A Framework for the Comparative Analysis of Organizations." *American Sociological Review,* 32(April 1967), pp. 194-208.

_____ . *Organizational Analysis: A Sociological View.* Belmont, Ca.: Wadsworth, 1970.

_____ . "Review of Neuhauser, D.: *The Relationship Between Administrative Activities and Hospital Performance.*" *Administrative Science Quarterly,* 17(September 1972), pp. 419-421.

_____ . *Complex Organizations: A Critical Essay.* 2nd ed., Glenview, Ill.: Scott, Foresman, 1979.

Peters, Thomas J., and Robert H. Waterman, Jr., *In Search of Excellence.* New York : Harper & Row, 1982.

Pfeffer, Jeffrey. "Size and Composition of Corporate Boards of Directors: The Organization and Its Environment." *Administrative Science*

Quarterly, 17(June 1972a), pp. 218-228.

_____ . "Merger as a Response to Organizational Interdependence." *Administrative Science Quarterly*, 17(September 1972b), pp. 382-392.

_____ . "Interorganizational Influence and Managerial Attitudes." *Academy of Management Journal*, 15(1972c), pp. 315-333.

_____ . "Size, Composition, and Function of Hospital Boards of Directors: A Study of Organization-Environment Linkage." *Administrative Science Quarterly*, 18(September 1973), pp. 349-364.

_____ . *The External Control of Organizations*. New York: Harper & Row, Pub., 1978.

_____ . *Organizations and Organization Theory*. Boston: Pitman, 1982(서울대학교 산업 및 조직심리학 연구실 역. 현대조직이론. 법문사, 1986).

_____ and Phillip Nowak. "Joint Ventures and Interorganizational Dependence." *Administrative Science Quarterly*, 21(September 1976), pp. 398-418.

_____ and Gerald R. Salancik. "Organizational Decision Making as a Political Process: The Case of a University Budget." *Administrative Science Quarterly*, 19(June 1974), pp. 135-151.

Piore, Michael J., and Charles F. Sabel. *The Second Industrial Divide : Possibilities for Prosperity*. New York : Basic Books, 1984.

Porter, Michael E. *Competitive Strategy: Techniques for Analyzing Industries and Competitors*. New York: Free Press, 1980.

_____ . *Competitive Advantage: Creating and Sustaining Superior Peformance*. New York: Free Press, 1985.

Powell, Walter W., "Neither Market Nor Hierarchy: Network Forms of Organizations." in Barry M. Staw and Larry Cummings(ed.). *Research in Organizational Behavior*, 12(1990), pp. 295-336.

Pugh, D.S., D.J. Hickson, C.R. Hinings, and C. Turner. "Dimensions of Organization Structure." *Administrative Science Quarterly*, 13(June 1968), pp. 65-91.

_____ . "The Context of Organization Structures." *Administrative Science*

Quarterly, 14(March 1969), pp. 91-114.

Quinn Robert E., and Kim S. Cameron. "Organizational Life Cycles and Shifting Criteria of Effectiveness: Some Preliminary Evidence." *Management Science*. Jan. 1983, pp. 33-51.

_____ . and John Rohrbaugh. "A Spatial Model of Effectiveness Criteria : Towards a Competing Value Approach to Organizational Analysis." *Management Science*. March. 1983, pp. 363-377.

Robbins, Stephen P., *Organizational Theory: Structure, Designs and Applications*. 3rd ed., Prentice-Hall International, Inc., 1990.

_____ . *Organizational Behavior*(8th ed). Prentice-Hall Inc., 1998.

Roethlisberger, F. J., and William J. Dickson. *Management and the Worker*. Cambridge, Mass.: Harvard University Press, 1939.

Rosenberg, Hans. *Bureaucracy, Aristocracy and Autocracy: The Prussian Experience 1660-1815*. Cambridge, Mass.: Harvard University Press, 1958.

Rothschild-Whitt, Joyce. "The Collectivist Organization: An Alternative to Rational Bureaucratic Models." *American Sociological Review*, 44(August 1979), pp. 509-527.

Salancik, Gerald R., and Jeffrey Pfeffer. "An Examination of Need-Satisfaction Models of Job Attitudes." *Administrative Science Quarterly*, 22(September 1977), pp. 427-456.

Schein, Edgar H., *Organizational Culture and Leadership*. San Francisco : Jossey-Bass, 1985.

Scott, William G., and Terrence R. Mitchell. *Organization Theory: A Structural and Behavioral Analysis*. Richard D. Irwin and Dorsey Press, 1972.

Scott. W. Richard. "Organizational Structure." *Annual Review of Sociology*, 1(1975), pp. 1-20.

_____ . "Effectiveness of Organizational Effectiveness Studies." in *New Perspectives on Organizational Effectiveness.* Paul S. Goodman, and Johannes M. Pennings(eds.). San Francisco: Jossey-Bass, 1977, pp. 63-95.

_____ . *Organizations: Rational, Natural, and Open Systems*(2nd ed.), Englewood Cliffs, N.J.: Prentice-Hall, Inc., 1987.

_____ . *Organizations: Rational, Natural, and Open Systems*(3rd ed.), Englewood Cliffs, N.J.: Prentice-Hall, Inc., 1998.

_____ . "The Adolescence of Institutional Theory." *Administrative Science Quarterly*, 32(1987), pp. 493-511.

Seashore, Stanley E., *The Assessment of Organizational Performance.* Ann Arbor, Mich.: Survey Research Center, University of Michigan, 1962.

_____ . and Ephraim Yuchtman. "Factorial Analysis of Organizational Performance." *Administrative Science Quarterly*. 12, No 3(Dec. 1967), pp. 377-395.

Seeman, Melvin. "On the Meaning of Alienation." *American Sociological Review*, 24(December 1959), pp. 783-791.

_____ . "Alienation Studies." *Annual Review of Sociology*, 1(1975), pp. 91-123.

Selznick, Philip. "Foundations of the Theory of Organization." *American Sociological Review*, 13(February 1948), pp. 25-35.

_____ . *TVA and the Grass Roots.* Berkeley: University of California Press, 1949.

_____ . *Leadership in Administration.* New York: Harper & Row, Pub., 1957.

Senge, Peter M. *The fifth discipline: The art and practice of learning organization.* London: Century, 1990.

Shafritz, Jay M., and J. Steven Ott(eds.). *Classics of Organization.* 2nd ed., Chicago, Ill.: The Dorsey Press, 1987.

Sieber, Pascal, "Virtual Organizations: Static and Dynamic Viewpoints." http://www.virtual-organization.net/news/nl 1.2/sieber. html, 1997.

Siehl, Caren, and Joanne Martin. "The Role of Symbolic Management :

How can Managers Effectively Transmit Organizational Culture?" J. D. Hunt et. al.(eds.). *Leaders and Managers : International Perspectives on Managerial Behavior and Leadership.* New York : Pergamon, 1984.

Sills, D., *The Volunteers.* New York : Free Press, 1957.

Silverman, David. *The Theory of Organizations: A Sociological Framework.* New York: Basic Books, 1971.

Simmel, Georg. *Conflict and the Web of Group-affiliations.* Glencoe, Ill. : Free Press(1955 영역).

Simon, Herbert A., *Administrative Behavior.* 3rd ed., New York: Macmillan, 1976(1st ed., 1945).

_____ . *The New Science of Management Decision.* New York: Harper, 1960.

_____ . "The Architecture of Complexity." *Proceedings of the American Philosophical Society,* 106(December 1962), pp. 467-482.

_____ . "On the Concept of Organizational Goal." *Administrative Science Quarterly,* 9(June 1964), pp. 1-22.

Steers, Richard M., "Problems in the Measurement of Organizational Effectiveness." *Administrative Science Quarterly,* 20(December 1975), pp. 546-558.

Stinchcombe, Arthur L., "Bureaucratic and Craft Administration of Production: A Comparative Study." *Administrative Science Quarterly,* 4(September 1959), pp. 168-187.

_____ . "Social Structure and Organizations." in *Handbook of Organizations.* James G. March(ed.). Chicago: Rand McNally, 1965, pp. 142-193.

_____ . *Creating Efficient Industrial Administrations.* New York: Academic Press, 1974.

Strauss, Anselm, Leonard Schatzman, Danuta Ehrich, Rue Bucher, and Melvin Sabshin. "The Hospital and Its Negotiated Order." in *The Hospital in Modern Society.* Eliot Freidson(ed.). New York: Free Press, 1963, pp. 147-169.

Taylor, Frederick W., *The Principles of Scientific Management.* New York: Harper, 1911.

_____. *Scientific Management.* New York: Harper and Brothers, 1947.

Taylor, Wayne. 1997. Review of Ashkenas, R. D., Ulrich, T. Jick, and S. Kerr. *The Boundaryless Organizations.* San Francisco: Jessey-Bass. http://www.mgmt.utoronto.ca/~wensle/reviews/bprrevlb.htm, 1995.

Terreberry, Shirley. "The Evolution of Organizational Environments." *Administrative Science Quarterly,* 12(March 1968), pp. 590-613.

Thietart, R. A., and B. Forgues. "Chaos Theory and Organization." *Organization Science,* Vol 6(Jan/Feb. 1995), pp. 19-31.

Thompson, James D., *Organizations in Action.* New York: McGraw-Hill, 1967(조철옥 · 하현길 역. 조직행동론. 대영문화사, 1987).

_____. and William S. McEwen. "Organizational Goals and Environment: Goal-setting as an Interaction Process." *American Sociological Review,* Vol 23(Feb. 1958), pp. 23-31.

Thompson, Victor A., *Modern Organization.* New York: Knopf, 1961.

Toffler, Alvin. *Future Shock.* New York: Random House, 1970.

Tolbert, Pamela S., and Lynne G. Zucker. "Institutional Sources of Change in the Formal Structure of Organizations: The Civil Service Reform, 1880-1935." *Administrative Science Quarterly,* 28(March 1983), pp. 22-39.

Trist, E. L., and K. W. Bamforth. "Social and Psychological Consequences of the Longwall Method of Coal-Getting." *Human Relations,* 4(February 1951), pp. 3-28.

Trow, D. B., "Autonomy and Job Satisfaction in Task-Oriented Groups." *Journal of Abnormal and Social Psychology,* 54(1957), pp. 204-209.

Udy, Stanley H., JR., "'Bureaucracy' and 'Rationality' in Weber's Organization Theory." *American Sociological Review,* 24(December 1959a), pp. 791-795.

_____. *Organization of Work.* New Haven: Human Relations Area Files

Press, 1959b.

Uzzi, Brian. "The Sources and Consequences of Embeddedness for the Economic Performance of Organizations : The Network Effect." *American Sociological Review*, 61(1996), pp. 674-698.

_____. *Work in Traditional and Modern Society*. Englewood Cliffs, N.J.: Prentice-Hall, 1970.

Van de Ven, Andrew H., and Andre Delbecq. "A Task Contingent Model of Work-Unit Structure." *Administrative Science Quarterly*, 19(June 1974), pp. 183-197.

_____. Andrew H., Andre L. Delbecq, and Richard Koenig, JR., "Determinants of Coordination Modes Within Organizations." *American Sociological Review*, 41(April 1976), pp. 322-338.

Vine, David. "Binding Space and Time: The Virtual Organization." http://www.research.umbc.edu/~warr/virtorg.html, 1997.

Wamsley, Gary L., and Mayer N. Zald. *The Political Economy of Public Organizations*. Lexington, Mass.: Heath, 1973.

Warner, W. Lloyd, and J.O. Low. *The Social System of the Modern Factory*. New Haven, Conn.: Yale University Press, 1947.

Weber, Max. *From Max Weber: Essays in Sociology*. Hans H. Gerth, and C. Wright Mills(eds.). New York: Oxford University Press, 1946(first published in 1924).

_____. *Economy and Society*. G. Ross, and C. Wittich(eds.). Berkeley, Ca.: University of California Press, 1978.

Weick, Karl E., *The Social Psychology of Organizing*. Reading, Mass.: Addison-Wesley, 1969.

_____. "Educational Organizations as Loosely Coupled Systems." *Administrative Science Quarterly*, 21(March 1976), pp. 1-19.

_____. "Re-Punctuating the Problem." in *New Perspectives on Organizational Effectiveness*. Paul S. Goodman, and Johannes M.

Pennings(eds.). San Francisco: Jossey-Bass, 1977.

_____ . "The nontraditional quality of organizational learning." Organization Science, 2, 1991, pp. 116-124.

White, Ralph, and Ronald Lippitt. "Leader Behavior and Member Reaction in Three 'Social Climates.'" in *Group Dynamics*. Dorwin Cartwright, and Alvin Zander(eds.). Evanston, Ill.: Row, Peterson, 1953.

Whyte, William Foote et. al., *Money and Motivation: An Analysis of Incentives in Industry*. New York: Harper, 1955.

Whyte, William H., Jr., *The Organization Man*. New York: Simon & Schuster, 1956.

Wiener, Norbert. *I Am a Mathematician*. New York: Doubleday, 1956.

Wilensky, Harold L., "The Professionalization of Everyone?" *American Journal of Sociology*, 70(September 1964), pp. 137-158.

Willer, David E., "Max Weber's Missing Authority Type." *Sociological Inquiry*, 37(Spring 1967), pp. 231-239.

Williams, Lawrence K., William F. Whyte, and Charles S. Green. "Do Cultural Differences Affect Workers' Attitudes?" *Industrial Relations*, 5(May 1966), pp. 105-117.

Williamson, Oliver E., *Markets and Hierarchies: Analysis and Antitrust Implications*. New York: Free Press, 1975.

Wilson, Robert N., "Teamwork in the Operating Room." *Human Organization*, 12(Winter 1954), pp. 9-14.

Woodward, Joan. *Industrial Organization: Theory and Practice*. New York: Oxford University Press, 1965.

_____ . (ed.). *Industrial Organization: Behaviour and Control*. London: Oxford University Press, 1970.

_____ . *Management and Technology*. London : Her Majesty's stationary office, 1958.

Yuchtman, Ephraim, and Stanley E. Seashore. "A System Resource Approach to Organizational Effectiveness." *American Sociological*

Review, 32(December 1967), pp. 891-903.

Zald, Mayer N.(ed.). *Power in Organizations*. Nashville: Vanderbilt University Press, 1970.

Zald, Mayer N., and Robert Ash. "Social Movement Organization: Growth, Decay and Change." *Social Forces*, 44(March 1966), pp. 327-334.

_____ . and Patricia Denton. "From Evangelism to General Service: The Transformation of the YMCA." *Administrative Science Quarterly*, 8(September 1963), pp. 214-234.

Zucker, Lynne G., "The Role of Institutionalization in Cultural Persistance." *American Sociological Review*, 42(October 1977), pp. 726-743.

_____ . "Institutional Theories of Organization." *Annual Review of Sociology*, 13(1987), pp. 443-464.

인 명 색 인

사 항 색 인

著者略歷

서울대학교 사회과학대학 심리학 학사
미국 California State University, Hayward, 사회학 석사
미국 The University of Chicago, 사회학 박사
전 경희대학교 사회과학부 학부장
경희대학교 사회교육원 원장
현 경희대학교 정경대학 사회학 교수

著 書

조직이론(박영사, 1994)
포스트산업사회의 조직변화와 일(경희대학교 출판국, 2004) 외

제 2 개 정 판
조 직

1998年	8月	25日	初版發行
2001年	3月	15日	改訂版發行
2009年	2月	25日	第二改訂版發行
2014年	3月	10日	重版發行

著 者 李 昌 洵
發行人 安 鍾 萬
發行處 (株) 博 英 社
서울특별시 종로구 평동 13-31번지
전화 (733)6771 FAX (736)4818
등록 1959. 3. 11. 제300-1959-1호(倫)

www.pybook.co.kr e-mail : pys @ pybook.co.kr

정 가 25,000원 ISBN 978-89-7189-892-5